7 20 11697

vergl. Krieg Krieg

W0056194

Der Prozeß der Domestizierung des Feuers – eine faszinierende Geschichte von den Anfängen der Menschheit bis zur Gegenwart – ist zugleich auch der Prozeß der Zivilisation. Weil Menschen das Feuer gezähmt und ihrer Gesellschaft nutzbar gemacht haben, sind diese
Gesellschaften komplexer und die Menschen selbst zivilisierter geworden. Für Goudsblom brachte die ursprüngliche Domestizierung des
Feuers durch unsere frühesten menschlichen Vorfahren in der Vorgeschichte die erste grundlegende ökologische Wende. Der Prozeß der
Agrarisierung, der ohne die Kontrolle über das Feuer unvorstellbar
wäre, ist für ihn die zweite radikale Umstellung. Den dritten von Menschen verursachten ökologischen Wendepunkt bildet dann die Industrialisierung, für die Feuer wiederum eine unverzichtbare Rolle
spielte. Die bis dahin existierenden sozialen und kulturellen Unterschiede schienen zunächst unter dem Einfluß der Industrialisierung
nur größer zu werden. Wie aber Goudsblom in den letzten Kapiteln
seines Buches zeigt, gibt es gute Gründe, anzunehmen, daß sich in der
Gegenwart die Tendenzen zur Konvergenz allmählich verstärken.

insel taschenbuch 2613
Goudsblom
Die Entdeckung des Feuers

Johan Goudsblom
Die Entdeckung des Feuers

Aus dem Niederländischen
von Heike Hammer
und Elke Korte

Insel Verlag

insel taschenbuch 2613
Erste Auflage 2000
Insel Verlag Frankfurt am Main und Leipzig
© Suhrkamp Verlag Frankfurt am Main 1995
Hinweise zu dieser Ausgabe am Schluß des Bandes
Vertrieb durch den Suhrkamp Taschenbuch Verlag
Umschlag: Michael Hagemann
Druck: Friedrich Pustet, Regensburg
Printed in Germany

1 2 3 4 5 6 – 05 04 03 02 01 00

Inhalt

Danksagung 9

Einführung: Der Zivilisationsprozeß und die
Kontrolle über das Feuer 11
   Feuer 11
   Zivilisation 14
   Die Domestizierung des Feuers als
      Zivilisationsprozeß 18
   Aufbau des Buches 20

1. Die ursprüngliche Domestizierung des Feuers . . 24
   Die Phase des überwiegend passiven Umgangs
      mit Feuer 24
   Der Übergang zum aktiven Einsatz von Feuer 29
   Die Monopolisierung des Feuers durch die
      Menschen 35

2. Die Auswirkungen des Feuergebrauchs in
voragrarischen Gesellschaften 40
   Die wachsende Kluft zwischen Menschen und
      anderen Tieren 40
   Roden 45
   Kochen 51
   Wärme, Licht und andere Funktionen 56

3. Feuer und Agrarisierung 62
   Der zweite Übergang 62
   Der Einsatz von Feuer und die Agrarisierung 64
   Schlagen und Abbrennen: das europäische Beispiel . . 68
   Nach Brandrodung: Produktivitätssteigerung
      oder -minderung? 74

4. Feuer in seßhaften Agrargesellschaften 78
   Dominante Trends 78
   Feuerspezialisten: Töpfer, Schmiede und Krieger . . . 82
   Feuereinsatz und Feuergefahr in Städten 90
   Feuer auf dem Land 96

5. Feuer im alten Israel 99
   Gesellschaftlicher Hintergrund 99
   Feuer und Opferung 102
   Feuer als Zeichen göttlicher Macht 109
   Feuer als Zeichen göttlichen Zorns 113
   Feuer im Krieg 116
   Feuer im Alltag 121

6. Feuer im alten Griechenland und Rom 125
   Gesellschaftlicher Hintergrund 125
   Feuer in der Welt des Odysseus: die militärische
      Ordnung 129
   Feuer in der Welt des Hesiod: die Agrarordnung . . . 134
   Das Zeitalter der großen griechischen Kriege 137
   Feuergebrauch und soziale Schichtung 142
   Brände und Brandbekämpfung in der römischen
      Welt 147
   Feuer in der Religion 154
   Brennstoff und Entwaldung 162

7. Feuer im vorindustriellen Europa 165
   Die vier Stände 165
   Feuer und Religion 167
   Feuer im Krieg 176
   Feuer in Städten 184
   Feuer auf dem Land 197
   Feuer in Technologie und Wissenschaft 206

8. Feuer im Industriezeitalter 210
   Die Industrialisierung als dominante Entwicklung .. 210
   Das Zeitalter der Dampfmaschine und des
      Streichholzes 213
   Neue Energiequellen: diskreterer und diffuserer
      Gebrauch von Feuer 220
   Große Stadtbrände 225
   Jenseits feuergeschützter Zonen: Krieg 232
   Jenseits feuergeschützter Zonen: Waldbrände 236

9. Verschiedene Stufen der Kontrolle des Feuers .. 247
   Die individuelle Aneignung der Kontrolle des Feuers 247
   Unterschiedliche Spielarten des Feuergebrauchs
      zwischen und innerhalb von Gesellschaften 258
   Gestiegene Kontrolle des Feuers für die ganze
      Menschheit 265

   Literatur 273
   Register 290

Für Claartje
und Frank Goudsblom

Danksagung

Meine Absicht ist es, ein kühles Buch über Feuer vorzulegen. Ich hätte es jedoch nie ohne die warmherzige Unterstützung vieler Menschen und einiger Institutionen schreiben können.

Ich beginne mit der Nennung der Institutionen: die Fakultät für Soziologie und die Postgraduate School of Social Science an der Universität Amsterdam, das Netherlands Institute for Advanced Studies (NIAS), Wassenaar, und das All Souls College, Oxford. Die zwei Universitätsinstitute, denen ich angehöre, spielen eine besondere Rolle. Nicht nur, daß sie mir viele Gründe der Ablenkung boten, sondern sie gaben mir auch die Möglichkeit und ermunterten mich, mein Werk über das ziemlich unkonventionelle Thema der Feuerkontrolle auszuführen. Im NIAS fand ich ideale Bedingungen, um die Forschungsarbeit zu beginnen, und bei All Souls, um sie abzuschließen.

Die Spannbreite meines Themas ist groß. Ich wäre nie in der Lage gewesen, es ohne die Hilfe von Freunden und Kollegen aus anderen Disziplinen zu bewerkstelligen. Ich habe von dem Rat und den Anmerkungen folgender Personen – in nichtdiskriminierender holländischer alphabetischer Reihenfolge – profitiert: Anton Blok, Maarten van Bottenburg, D. P. Bosscha Erdbrink, Jan Maarten Bremer, Jan Bremmer, Guy Bush, Han Croon, Joost Crouwel, Sjaak van der Geest, Willy Groenman-van Waateringe, Bart van Heerikhuizen, Judith Herrin, Eric Jones, Bram Kempers, J. P. Kirby, A. Kortlandt, Rita de Koster, Benjo Maso, William McNeill, Fik Meijer, Ravi Mirchandani, Catherine Perlès, H. W. Pleket, Stephen Pyne, Machteld Roede, J. de Roos, Frans Saris, J. M. Schoffeleers, Fred Spier, Jeroen Staring, Margareta Steinby, Mieke van Stigt, Abram de Swaan, Jojada Verrips, Johannes van der Weiden, Nico Wilterdink und Jan Wind. Besonders dankbar bin ich Stephen Mennell und Bryan Wilson, die das ganze Buch als Manuskript gelesen haben und die mir – nicht zum ersten Male – geholfen haben, meinen Text von Hollandismen zu befreien. Lesley Levene hat dem Werk einen diskreten und sehr kompetenten letzten Schliff gegeben.

Einige gute Freunde, denen ich gerne dafür gedankt hätte, daß sie mich mit ihrem Interesse an meiner Arbeit sehr ermutigt haben, sind kürzlich verstorben. Ich halte ihr Andenken in Ehren: Dick Hillenius, Norbert Elias und Renate Rubinstein.

Meine Frau Maria Goudsblom-Oestreicher und ich wissen, wieviel an diesem Buch ihr zu verdanken ist. Auch ihretwegen widme ich es unseren Kindern.

Amsterdam, September 1991
J. G.

Einführung: Der Zivilisationsprozeß und die Kontrolle über das Feuer

Feuer

Die Fähigkeit, mit Feuer umzugehen, ist eine *universale* menschliche Errungenschaft, die wir in allen bekannten Gesellschaften finden. Sie ist in höherem Maße den Menschen vorbehalten als die Sprache oder der Gebrauch von Werkzeugen. Rudimentäre Formen von Sprache und Werkzeuggebrauch kommen auch bei den nichtmenschlichen Primaten und anderen Tieren vor; aber nur die Menschen haben – als Teil ihrer Kultur – gelernt, das Feuer zu kontrollieren.

Nach der einfachsten Definition in modernen Enzyklopädien ist Feuer ein Verbrennungsprozeß, der Wärme und Licht freisetzt. Sein unmittelbarer Effekt ist zerstörerisch. Es löst die hochkomplexen Strukturen organischer Substanzen auf und reduziert sie zu Asche und Rauch. Dieses Ergebnis ist irreversibel; es ist unmöglich, daß sich die Überreste wieder in ihre ursprünglichen Formen und Farben zurückverwandeln. Der Phönix, der sich aus seiner Asche erhebt, existiert nur in der menschlichen Phantasie. Feuer verfolgt auch keinen Zweck. Der Verbrennungsprozeß ist blind und ziellos; ganz gleich, was er berührt: ist das Material entflammbar, wird es verzehrt. Selbstverständlich ist das Fehlen von Zielgerichtetheit nicht nur eine Eigenschaft des Feuers. Dasselbe gilt auch für andere Naturgewalten wie Regen oder Wind. Aber Feuer hat die seltene Eigenschaft, sich selbst zu erzeugen: Feuer verursacht Hitze, und Hitze verursacht wiederum Feuer.

Zerstörerisch, irreversibel, ziellos, sich selbst erzeugend – dies scheint keine sehr attraktive Auflistung von Eigenschaften zu sein. Was könnte unsere Vorfahren in einer entfernten, prähistorischen Vergangenheit dazu gebracht haben, diese wilde Naturgewalt zu zähmen und zu einem Teil ihrer eigenen Gesellschaften zu machen? Was befähigte sie, dies zu tun? Und warum fanden sie es der Mühe wert? Welche weiteren Konsequenzen hatte dies – für die Menschheit selbst und für ihre Beziehungen zur übrigen Natur?

Diese Fragen faszinieren Menschen schon seit langer Zeit. Es gibt eine reichhaltige Mythologie, in der die »Eroberung des Feuers« als ein großer Segen für die Menschheit erscheint, die oft erst mit Hilfe eines Halbgottes wie Prometheus gelang. In seinem Buch *Myths of the Origin of Fire* sammelte der britische Volkskundler und Anthropologe Sir James Frazer eine große Anzahl solcher Geschichten. Sie zeigen, wie Menschen in der ganzen Welt Feuer als etwas Besonderes, Kostbares angesehen haben, das irgendwie durch List oder Glücksfall in den Besitz ihrer Vorfahren gelangt war. Wie der französische Anthropologe Claude Lévi-Strauss gezeigt hat, ist allen diesen Mythen die Vorstellung gemeinsam, daß durch das Hüten eines Feuers und die Möglichkeit, Speisen zu kochen, die Menschen wirklich »menschlich« wurden.[1]

In vielen frühen Mythen wird das Feuer behandelt, als wäre es ein lebendes Wesen, beseelt mit eigenen guten oder schlechten Absichten. Später, in den Naturphilosophien gelehrter Gruppen in China, Indien und Griechenland, wurde das Feuer als eines der Hauptelemente angesehen, aus denen die Welt besteht; einige alte Kosmologen haben es sogar als stärkste Kraft im Universum angesehen. Alchimisten und Chemiker im Europa des Mittelalters und der frühen Neuzeit stellten ebenfalls das Phänomen des Feuers in den Mittelpunkt ihrer Forschungen. Im 19. Jahrhundert ersetzten Physiker diese Vorstellungen von Feuer durch andere Konzepte, wie Wärme und Energie, und es verlor damit seinen herausragenden Platz in der naturwissenschaftlichen Theorie.[2]

Gleichzeitig blieb das Feuer jedoch für Forscher der Evolution menschlicher Kultur von erheblichem Interesse. So stellte kein Geringerer als Charles Darwin in *The Descent of Man* fest: »Die Entdeckung des Feuers, wahrscheinlich die größte, die jemals von Menschen mit Ausnahme der Sprache gemacht wurde, ist älter als der Anbruch der Geschichte.«[3]

1 Frazer 1930b; Lévi-Strauss 1969; 1972.
2 Vgl. Bachelard 1964, S. 59-82; Prigogine und Stengers 1984, S. 103-209.
3 Darwin 1989, S. 49.

Viele Anthropologen in Großbritannien und noch mehr in Deutschland dachten in ähnlicher Richtung und schrieben ausführlich über die Bedeutung der Beherrschung des Feuers für die Entwicklung der Zivilisation. Der britische Anthropologe Edward B. Tylor, ein jüngerer Zeitgenosse Darwins, leistete einen bedeutenden Beitrag mit seinem sorgfältig geführten Nachweis, daß alle Geschichten über Völker, die die Kunst der Feuerkontrolle angeblich nicht beherrscht haben sollten, falsch waren.[4]

Im 20. Jahrhundert folgen die Sozialwissenschaftler eher dem Beispiel ihrer naturwissenschaftlichen Kollegen und streichen das Thema Feuer von der Tagesordnung. Einige Anthropologen, wie Omer C. Stewart, fuhren fort, die Aufmerksamkeit auf die Bedeutung zu lenken, die es in der menschlichen Vorgeschichte hatte. Einige Kulturgeographen, vor allem Carl Sauer, sahen im Feuer immer die bedeutendste Kraft, mit der die Menschen das Gesicht der Erde verändert hatten.[5] Doch die vorherrschende Tendenz war, es zu ignorieren. In der siebzehnbändigen *International Encyclopedia of the Social Sciences*, in der jüngsten Auflage 1968 herausgekommen, erscheint das Wort »Feuer« überhaupt nicht, weder als Artikel noch im Index. Es ist, als ob unsere Gesellschaften ohne Feuer existieren könnten und seine Kontrolle keinerlei Probleme aufwirft.

Eines der Ziele dieses Buches ist die Wiederherstellung eines Interessengleichgewichts. Aber die Aufmerksamkeit auf das Feuer zu lenken ist nicht meine einzige Absicht. Indem ich die Kontrolle über das Feuer in den Mittelpunkt stelle, möchte ich auch einige andere Themen, allgemeinerer und theoretischerer Natur, aufwerfen. Der Gegenstand kann dazu beitragen, uns daran zu erinnern, wie gründlich das menschliche soziale Leben in Umweltprozesse eingebettet ist. Er zeigt auch, daß diese Umweltprozesse schon über einen viel längeren Zeitraum als allgemein angenommen von menschlicher Tätigkeit beeinflußt worden sind.

4 Tylor 1870, S. 231-239.
5 Vgl. Stewart 1956; Sauer 1952, S. 10-18; Sauer 1981, S. 129-156.

Zivilisation

Zu lernen, wie man Feuer kontrolliert, war und ist eine Form der Zivilisation. Weil Menschen das Feuer gezähmt und es zu einem Teil ihrer eigenen Gesellschaften gemacht haben, sind diese Gesellschaften komplexer und die Menschen selbst zivilisierter geworden.

Dies ist die Grundidee, die ich in den nächsten Kapiteln ausarbeiten werde. Diesem Vorhaben liegt eine Konzeption von Zivilisation zugrunde, die sich sowohl von der Art und Weise unterscheidet, in der das Wort im allgemeinen Sprachgebrauch, in Politik und Presse heute meistens benutzt wird, als auch von der mehr technischen Bedeutung, die ihm in den Spezialgebieten der Anthropologie und Archäologie unterlegt wird.

Die generelle Funktion des Wortes Zivilisation, wie es in der heutigen Zeit am häufigsten verwendet wird, ist von dem Soziologen Norbert Elias auf den ersten Seiten seines Buches *Über den Prozeß der Zivilisation* treffend zusammengefaßt worden:

> Er faßt alles zusammen, was die abendländische Gesellschaft der letzten zwei oder drei Jahrhunderte vor früheren oder vor »primitiveren« zeitgenössischen Gesellschaften voraus zu haben glaubt. Durch ihn sucht die abendländische Gesellschaft zu charakterisieren, was ihre Eigenart ausmacht und worauf sie stolz ist: den Stand *ihrer* Technik, die Art *ihrer* Manieren, die Entwicklung ihrer wissenschaftlichen Erkenntnis oder *ihrer* Weltanschauung und vieles andere mehr.[6]

Dieses Zitat besagt, daß der Begriff Zivilisation in seinem allgemeinen Gebrauch – ebenso wie der verwandte Begriff Kultur – einen eindeutig bewertenden, ethnozentrischen Unterton enthält. Es ist jedoch möglich, diese Konzepte weiter zu entwickeln und sie in einen distanzierteren wissenschaftlichen Diskurs einzubinden. Das Wort Kultur wird in den Sozialwissenschaften allgemein als der technische Begriff anerkannt, der alle jene Aspekte des Verhaltens, die »gelernt, geteilt und weitergegeben werden«[7], umfaßt. Es ist meine Absicht, das Wort Zivilisation in einer ähnlichen, nicht bewertenden Art und Weise zu verwenden.

6 Elias 1969a, S. 1 f.
7 Vgl. Goudsblom 1980, S. 51-74.

Als technischer Begriff wird »Zivilisation« heute häufig von Anthropologen und Archäologen gebraucht, jedoch in einer ziemlich eingeschränkten Bedeutung. Insbesondere Archäologen tendieren dazu, den Begriff Zivilisation ausschließlich auf Gesellschaften mit Städten und einem Schriftsystem anzuwenden. Dieser Gesellschaftstyp entwickelte sich ungefähr vor fünftausend Jahren, einige Zeit nach der Entstehung der Landwirtschaft. Diese eingeschränkte Bedeutung kommt eindeutig in den Titeln solcher bekannten und ausgezeichneten Bücher wie *The Emergence of Civilization* und *Before Civilization* des britischen Archäologen Colin Renfrew zum Ausdruck.[8]

Mir ist bewußt, daß man generell nicht vom Standardgebrauch eines Konzeptes abweichen sollte, das als technischer Terminus eingeführt ist. In diesem Fall gibt es gute Gründe, es dennoch zu tun. Der erste Grund sind die unterschwellig bewertenden Konnotationen und die sich daraus ergebenden Konsequenzen. Eine Definition, die den Begriff der Zivilisation auf Völker mit Städten und einer Schriftkultur beschränkt, gelangt notwendigerweise zu der Schlußfolgerung, daß die Menschen während des größten Teils ihrer Geschichte und »Vorgeschichte« *unzivilisiert* waren. Die meisten Archäologen vermeiden eine deutliche Benennung dieser Schlußfolgerung, aber sie ergibt sich logischerweise aus ihrer Definition.

Eine weitere Konsequenz der scharfen Unterscheidung zwischen Völkern, die »zivilisiert« sind, und solchen, die es (noch) nicht sind, ist, daß wir damit keinen Begriff mehr haben, der durchgängig auf die Prozesse der soziokulturellen und soziopsychologischen Entwicklung der Menschen in jeder gegebenen Gesellschaft angewendet werden kann. Dagegen ließe sich einwenden, daß wir einen solchen allgemeinen Begriff schon haben – nämlich »Kultur«. Unglücklicherweise ist dieser Begriff jedoch stark statisch geprägt. Er bezieht sich eher auf Errungenschaften als auf die Prozesse, in deren Verlauf diese Errungenschaften entstanden sind oder sich geändert haben.[9]

8 Renfrew 1972; 1976.
9 Vgl. Goudsblom 1980, S. 51-83. Während in unseren modernen Sprachen das Substantiv »Zivilisation« von einem Verb abgeleitet wird, ist dies bei dem Substantiv »Kultur« nicht der Fall. Wir können sagen, daß

So beschrieb die amerikanische Anthropologin Ruth Benedict
auf bewundernswerte Weise in ihrem einflußreichen Buch *Urformen der Kultur* drei verschiedene Kulturen und den großen
Einfluß, den diese Kulturen auf die Individuen ausübten, die in
ihnen aufwuchsen. Doch sie überging vollständig das Problem,
wie diese Kulturen zu dem wurden, was sie waren; bezeichnenderweise wählte sie als Motto für ihr Buch die Worte eines
Häuptlings der Digger-Indianer, der sagte: »Zu Anbeginn gab
Gott jedem Volk eine Schale, eine tönerne Trinkschale, und aus
dieser Schale tranken sie ihr Leben.«[10]

Um zu betonen, daß wir es eher mit Prozessen als mit unverän-
derbaren Bedingungen zu tun haben, habe ich den Begriff Zivilisation als dynamisches Gegengewicht zu dem höchst statischen
Konzept der Kultur gewählt. Im Gegensatz zu der Idee von
»Kultur« und »Kulturen« als gegebenen Strukturen, von denen
stillschweigend angenommen wird, daß sie keine Geschichte hätten oder zumindest daß ihre Geschichte irrelevant sei, beginne ich
mit einem Konzept von »Zivilisation« als Prozeß. Ebensowenig
wie das Konzept der Kultur für die sogenannten Hochkulturen
reserviert bleiben kann, werde ich den Begriff Zivilisation auf
Völker mit Städten und Schrift beschränken.

Das Konzept der Zivilisation auf die ganze Menschheit und auf
die ganze Menschheitsgeschichte anzuwenden ist keine radikale
Innovation. Im Gegenteil, damit reihe ich mich in eine lange und
ehrwürdige Tradition soziologischer und anthropologischer Literatur ein. Diese Tradition ist jedoch in jüngster Zeit heftig
kritisiert worden, weil sie ursprünglich mit der Vorstellung einherging, daß die abendländische Kultur den Höhepunkt der
menschlichen Zivilisation verkörpere, den zu erreichen jeder
Mensch notwendigerweise anstreben solle. Auch wenn man den
Ethnozentrismus in der Arbeit unserer Vorgänger erkennt, muß
man deswegen nicht die Aufgabe, die sie sich gestellt haben, insgesamt unkritisch ad acta legen: die Untersuchung der Entwicklung der menschlichen Kultur und Kulturen als einen zusammen-
hängenden Prozeß. Eine kleine, aber wachsende Zahl Gelehrter

Menschen sich gegenseitig und selbst zivilisieren, aber diese Vorstellung
kann nicht auf das Wort Kultur übertragen werden.
10 Benedict 1955.

verschiedener Disziplinen hält dies heute in der Tat für eine bedeutende und lohnende Aufgabe.[11]

Der am weitesten führende Versuch, das Konzept der Zivilisation von seinem ideologischen und europazentrierten Beigeschmack zu reinigen, ist in der Soziologie immer noch Norbert Elias' Untersuchung *Über den Prozeß der Zivilisation*. Das Buch befaßt sich in erster Linie mit Verhaltensänderungen in den Oberschichten in Westeuropa zwischen dem 13. und 18. Jahrhundert. Elias weist nach, daß es während dieser Epoche zu tiefgreifenden Veränderungen in den Verhaltensstandards kam. Diese Wandlungen waren keineswegs zufällig, sondern spiegelten einen gründlichen Wandlungsprozeß in der Struktur der Gesellschaft wider. Um eine wichtige Passage sinngemäß zu zitieren: Die Wandlungen vollzogen sich in den sozialen Beziehungen zwischen den Menschen; folglich wandelten sich auch die Zwänge, die die Menschen gegenseitig ausübten, und dies beeinflußte ihr Verhalten sowie ihre Gefühle und damit ihre ganze Persönlichkeitsstruktur.[12]

An anderer Stelle merkt Elias an, daß es unmöglich sei, einen Nullpunkt für den Zivilisationsprozeß anzugeben.[13] In der Tat: Auf welche historische Epoche sollten wir schauen, um die Generation zu finden, die den Übergang von einer unzivilisierten zu einer zivilisierten Lebensweise vollzog? Wie weit müßten wir zurückgehen, um Ahnen zu treffen, von denen wir mit gutem Recht sagen könnten, daß sie in jeder Hinsicht unzivilisiert waren, da sie völlig ohne Selbstzwänge, die durch Außenzwang erlernt wurden, lebten?

---

11 Siehe z. B. Festinger 1983; Hallpike 1986; Hillel 1991; Lenski u. a. 1991; Stavrianos 1990.
12 Elias 1969b, S. 377.
13 Elias 1969a, S. 218.

Die Domestizierung des Feuers
als Zivilisationsprozeß

Das Thema Feuerbeherrschung eignet sich sehr gut, den Gegenstand, den die oben gestellten Fragen aufgeworfen haben, zu durchleuchten, denn sie ist ganz offensichtlich ein Element der Kultur und ist als solches schon seit vielen tausend Generationen ein integraler Bestandteil des menschlichen Lebens. Der Übergang von einem Leben ohne Feuer zu einem Leben mit Feuer hat das Leben in vieler Hinsicht bequemer und sicherer gemacht, es hat aber selbstverständlich auch neue Zwänge und Risiken mit sich gebracht. Die immerwährende Anwesenheit von Feuer in einer Gruppe von Menschen ist ein erschwerender Faktor; mit dieser Komplikation umgehen zu lernen, ist ein gutes Beispiel für die Art von Verhaltens»mutation«, die einen neuen Impuls zu Zivilisationsprozessen geben kann.

Nachdem solche soziokulturellen Mutationen entstanden sind, werden sie nicht – wie in der biologischen Evolution – automatisch reproduziert. Jedes menschliche Wesen muß daher durch einen Lernprozeß gehen, um die Fertigkeiten zu erwerben, die für den Umgang mit Feuer notwendig sind. Allgemein gesprochen: Um ganz menschlich zu werden, müssen alle Menschen einen eigenen Zivilisationsprozeß durchlaufen, in dem sie, meistens von anderen, lernen, wie man die eigenen Sinneswahrnehmungen und Impulse reguliert, wie man sich benimmt und wie man denkt. Dieses könnte man den Zivilisationsprozeß auf individueller Ebene nennen.

Nun haben die Standards des Verhaltens, die in einer Gesellschaft zu einer gegebenen Zeit vorherrschen, jedoch nicht den Status unwandelbarer Normen. Kinder in einer modernen Industriegesellschaft haben andere Erfahrungen mit Feuer und müssen andere Fertigkeiten und Gewohnheiten im Hinblick auf Feuer einüben als Kinder, die in einer Gesellschaft ohne Streichhölzer und Feuerzeuge aufgewachsen sind, in denen Feuer vergleichsweise weniger gefährlich war. Wie dieses Beispiel zeigt, sind die sozialen Normen, die in einer bestimmten Gruppe zu einer bestimmten Zeit vorherrschen, selbst auch das Ergebnis historischer Prozesse. Diese historischen Prozesse stellen eine zweite Ebene von Zivilisationsprozessen dar: die soziokulturellen Prozesse, die in jeder Gesellschaft ablaufen, durch die Verhaltenstandards von einer Generation auf die nächste übertragen werden und in deren Verlauf diese Standards sich auch, langsam oder schnell, verändern können. Elias' Untersuchungen über den Zivilisationsprozeß im Westeuropa der frühen Neuzeit konzentrierten sich auf diese zweite Ebene.

Aber in diesem Fall, wie Elias selbst ausdrücklich betonte, fing auch der Zivilisationsprozeß in Westeuropa nicht bei Null an. Ganz gleichgültig, wie weit wir ins frühe Mittelalter zurückgehen, wir finden niemals einen ursprünglichen Zustand, in dem Menschen gänzlich ohne Verhaltensstandards zusammenlebten, die sie selbst als Kinder von ihren Vorfahren gelernt hatten und die von ihren Nachkommen wiederum übernommen wurden. Der europäische Zivilisationsprozeß bildete auf seine Weise eindeutig die Fortsetzung früherer Zivilisationsprozesse – der Griechen, Römer, Kelten, der germanischen Völker usw. Aber auch keine dieser Gesellschaften begann bei Null. Alle nahmen (auch hier gilt wieder: jede auf ihre eigene einzigartige Weise) ältere Traditionen auf, die in vorhergehenden Phasen geformt worden waren. Die menschliche Geschichte (oder auch Vorgeschichte) kennt kein einziges Beispiel einer völlig normenlosen Gruppe, einer Gesellschaft, die noch vollständig unzivilisiert gewesen wäre.

Auf diese Weise ist es möglich, eine dritte Ebene von Zivilisationsprozessen zu unterscheiden: die Ebene der Menschheitsgeschichte. Diese dritte Ebene bildet gewissermaßen den größeren Kontext, in dem die Zivilisationsprozesse auf der zweiten Ebene (der gesellschaftlichen) und der ersten Ebene (der individuellen) stattfinden. Auf den ersten Blick erscheint dies vielleicht als eine zu große und komplexe Aufgabe. Indem ich der Entwicklung der Kontrolle über das Feuer nachgehe, hoffe ich jedoch nachweisen zu können, daß es gerade auf der allgemeinsten Ebene möglich ist, einige allgemeingültige Entwicklungslinien und aufeinanderfolgende Phasen darzustellen, die den Hintergrund für spezifische historische Episoden und individuelle Lebensgeschichten bilden.

Aufbau des Buches

Entsprechend den oben ausgeführten Ideen habe ich dieses Buch von einer Entwicklungsperspektive her geschrieben. Der Bezugsrahmen ist die ganze Menschheitsgeschichte, die sich aus der Geschichte zahlloser spezifischer Gesellschaften zusammensetzt. Der Aufbau des Buches ist chronologisch, aber in einigen Fällen, in denen charakteristische Merkmale einer bestimmten Phase der soziokulturellen Entwicklung auch in anderen Perioden sichtbar werden, bin ich vom streng chronologischen Ablauf abgewichen. Der Ausgangspunkt meiner Untersuchung liegt weit in der Vorgeschichte zurück. Wie haben unsere frühesten menschlichen (oder auch hominiden) Vorfahren auf Feuer reagiert, bevor sie irgendeine gezielte Kontrolle über das Feuer ausüben konnten? Was befähigte sie, sich ein gewisses Maß an Kontrolle anzueignen? Wie wurde die Kontrolle über das Feuer, nachdem sie einmal erreicht war, zu einem »Monopol der Spezies Mensch«, mit keiner anderen Fähigkeit bei anderen lebenden Spezies vergleichbar? Ich werde diese Fragen ausführlich im ersten Kapitel »Die ursprüngliche Domestizierung des Feuers« erörtern. Ich habe diesen Titel in Anlehnung an Karl Marx' »Die ursprüngliche Akkumulation des Kapitals« gewählt, um anzudeuten, daß wir es mit der entscheidenden ersten Stufe in einem Prozeß, der immer noch andauert, zu tun haben.

Die ursprüngliche Domestizierung des Feuers brachte, so mein Argument, den ersten großen ökologischen Umbau hervor, den Menschen geschaffen haben. In den darauffolgenden Kapiteln werde ich untersuchen, wie sich die Beziehungen der Menschen zu Feuer und durch Feuer zueinander und zu anderen Tieren entwickelten.

Diese Entwicklung erlebte mit dem Aufkommen von Ackerbau und Viehzucht eine radikale Wende und bewirkte den zweiten von Menschen entfesselten ökologischen Umbau. Der Prozeß der Agrarisierung wäre ohne die Kontrolle über das Feuer unvorstellbar. Einmal in Gang gesetzt, gab sie dem Zivilisationsprozeß neue Impulse. Aus meiner Sicht war die bemerkenswerteste neue Entwicklung die fortschreitende Differenzierung der Lebenslagen der verschiedenen Menschengruppen. Eine größer werdende kulturelle Vielfalt ist paradoxerweise der gemeinsame Nenner der pluriformen Entwicklung von Agrargesellschaften. Der Einsatz von Feuer zeigte eindeutig Spuren kultureller Vielfalt zwischen und innerhalb von Gesellschaften, aber er wies auch auf fortdauernde Konvergenzen hin.

Das Bild von Konvergenzen und Divergenzen in der Entwicklung agrarischer Gesellschaften ist so mannigfaltig, daß ich es nur umreißen kann. Um diese Umrisse mit einigen Details zu füllen, müssen ein paar Beispiele genügen. Bei ihrer Auswahl bin ich einem bekannten Pfad gefolgt, der von Mesopotamien (heute Irak, wo die ersten Stadtstaaten entstanden) nach Westen und in der Zeit weiterführt: über das alte Israel, das alte Griechenland und Rom zum vorindustriellen Europa. Das ist ein ziemlich konventioneller und »europazentrierter« Weg. Ich habe mich auf ihn eingelassen, um nicht in einem Überfluß von ungeordnetem Material verlorenzugehen. Jede der Gesellschaften, die ich ausgesucht habe, umfaßt eine Periode von mindestens tausend Jahren, und für keine haben wir schon einen Überblick über die verschiedenen Arten des Feuereinsatzes. Mein Ziel ist es nicht, eine enzyklopädische Übersicht zu geben; was ich versucht habe ist, einige wichtige Entwicklungslinien herauszuarbeiten. Weitere vergleichende Forschung wird nötig sein, um sich zu vergewissern, bis zu welchem Grad diese Trends der Entwicklung in anderen Gesellschaften anderer Teile der Welt entsprechen.

Die Industrialisierung bildete dann den dritten von Menschen verursachten ökologischen Umbau, und wiederum spielte Feuer eine unverzichtbare Rolle. Die bis dahin existierenden sozialen und kulturellen Unterschiede schienen zunächst unter dem Einfluß der Industrialisierung nur größer zu werden. Aber es gibt gute Gründe anzunehmen, daß sich in der Gegenwart die Tendenzen zur Konvergenz allmählich verstärken. Ich werde diese Tendenzen in den Kapiteln 8 und 9 behandeln.

Der Rahmen meiner Untersuchung ist sehr weit gespannt. Die Handlung (um die Terminologie des klassischen griechischen Dramas zu benutzen) ist der menschliche Umgang mit Feuer; der Raum ist die Erde; und die Zeit umfaßt mindestens eine halbe Million Jahre – von den ersten Phasen, wie sie mit viel Phantasie von Jean-Jacques Annaud in seinem Film *Am Anfang war das*

Feuer[14] rekonstruiert wurden, bis hin zu unserer Zeit, in der Nuklearphysiker in der Lage sind, Deuteronplasma und Tritiumplasma auf 150 Millionen Grad Celsius zu erhitzen. Während ich die Fachliteratur las – Spitzen gigantischer Eisberge des Wissens – wurde ich mir schmerzlich meiner eigenen Grenzen als Nichtspezialist bewußt. Aber gleichzeitig habe ich gemerkt, wieviel Raum es gibt, um Beziehungen zwischen den verschiedenen Disziplinen herzustellen, und wie lohnend die Aufgabe ist, nach solchen Verbindungen zu suchen.

Der Gegenstand bietet die Gelegenheit zu wiederholten Grenzüberschreitungen zwischen den Disziplinen. Als Soziologe nutze ich die Ergebnisse der Archäologie, Anthropologie, Geschichte, Psychologie, ja selbst der Biologie und Ökologie. Ich habe mich anregen lassen vom Beispiel anderer Generalisten, wie William H. McNeill, der als Historiker auch die ökologischen Bedingungen des menschlichen Lebens erforscht hat, besonders in *Seuchen und Völker – Plagues and Peoples –*, einer meisterhaften Untersuchung der sich ändernden wechselseitigen Beziehungen zwischen Menschengruppen und verschiedenen Mikroparasiten.[15]

Als einen gemeinsamen Bezugsrahmen für die ökologischen, psychologischen und soziologischen Aspekte der Prozesse, denen ich auf der Spur bin, halte ich es für sinnvoll, sich an Norbert Elias' Idee der Triade der Kontrollen zu orientieren. Demnach gibt es in jeder Gesellschaft drei Typen von Kontrollen, die auf außermenschliche Geschehenszusammenhänge (Ereignisse in der »Natur« oder in der »Umwelt«), auf zwischenmenschliche Zusammenhänge (oder auch »soziale Beziehungen«) und auf innermenschliche Ereignisse ausgeübt werden (Kontrollen, die jedes Individuum seinen eigenen Impulsen und Gefühlen gegenüber durchführt). Um diese sich überschneidenden Typen der Kontrolle systematisch zu analysieren, ist unser Vokabular noch sehr unzulänglich. Wichtig ist, daß sie als interdependent gesehen werden und daß sie alle gemeinsam einem Wandel unterliegen können.[16]

14 Zum dokumentarischen Wert dieses Filmes siehe Liebermann 1982 und Perlès 1982.
15 McNeill 1976.
16 Elias 1981, S. 173f. Siehe auch Goudsblom 1979, S. 150-156.

Ebensowichtig aber ist die Feststellung, daß die Triade der Kontrollen zur gleichen Zeit auch eine Triade der Abhängigkeiten konstituiert. Zunahmen der Kontrolle (gewöhnlich auch beabsichtigt) bewirken Zunahmen der Abhängigkeit (wegen ihrer Eigenschaften gerade nicht beabsichtigt). Ebenso wie die Kapazität der Menschen angewachsen ist, Feuer zu *kontrollieren*, hat auch ihre Bereitschaft zugenommen, von sozialen Arrangements *abhängig zu werden*, die die regelmäßige Verfügbarkeit von Feuer garantieren und die damit verbundenen Gefahren minimieren.

Dieses ist die allgemeine Perspektive, von der aus ich mich der Kontrolle über das Feuer nähern werde. Ich betrachte die Art und Weise ihrer Entwicklung als einen integralen Bestandteil der menschlichen Gesellschaft. Daß Menschen überhaupt gelernt haben, mit Feuer umzugehen, betrachte ich als Ergebnis ihrer soziokulturellen Entwicklung. Der Besitz von Feuer hat menschliche Gesellschaften produktiver und größer gemacht, aber er hat auch ihre Fähigkeit zur Zerstörung erhöht und sie verwundbarer gemacht. Als Teil eines Kontrollapparates über die Natur war die Kontrolle über das Feuer immer eingebunden in die soziale Kontrolle und die Selbstkontrolle – und wird es auch immer bleiben. Als Gegenstand der Untersuchung ist sie an sich schon faszinierend genug, aber gleichzeitig kann sie als Fokus dienen, um den Prozeß der Zivilisation zu untersuchen.

1. Die ursprüngliche Domestizierung des Feuers

Die Phase des überwiegend passiven Umgangs mit Feuer

Wenn auch Mythen typischerweise die Einbeziehung des Feuers in die menschliche Gesellschaft als ein einzelnes Ereignis darstellen, in dem ein Held die Hauptrolle spielt, ist es doch sehr viel angemessener, diesen Vorgang als einen Prozeß zu denken, der sich über viele Generationen erstreckt hat mit unzähligen kleinen Schritten vorwärts, aber auch mit vielen Perioden der Stagnation und des Rückschritts. Aber auch von der »Entdeckung des Feuers« zu sprechen, wie es oftmals geschieht, ist irreführend. Wie der Ökologe Peter D. Moore nachweist, »hat Feuer eine Geschichte auf diesem Planeten, die so weit zurückdatiert werden kann wie die Geschichte der Vegetation selbst«.[1] Der geologische Nachweis von Waldbränden ist so alt wie der Nachweis der Waldvegetation – ungefähr 350 Millionen Jahre. Als nun die ersten Hominiden und Menschen erschienen, ungefähr vor 3 bis 5 Millionen Jahren, mußte es schon regelmäßige Ausbrüche von Feuern auf der ganzen Landoberfläche der Erde gegeben haben, die durch Blitze, Vulkanausbrüche oder andere natürliche Vorgänge verursacht waren. Nur in Gegenden mit sehr wenig brennbaren organischen Substanzen, wie die Polarregionen, Wüsten und Gebirgsgipfel, kamen Feuer selten vor, und diese Gebiete waren für den Aufenthalt von Menschen auch nicht besonders geeignet.[2] Hominiden und Menschen mußten also nicht lange wandern, um Feuer zu »entdecken«; wie für jedes andere Tier war es auch für sie sehr wahrscheinlich, mehr als einmal im Leben auf ein Buschfeuer zu stoßen. Und sie erlebten wohl – wie andere Tiere auch – so ein Feuer, wie Regen und Schnee oder Hitze und Kälte, als Ereignis, das geschah, über das sie keine Kontrolle und an das sie sich auf Gedeih und Verderb anzupassen hatten.

1 P.D. Moore 1982, S. 10.   2 Vgl. Pyne 1982, S. 10f.

Sie konnten auch weder auf die Art des Feuers, dem sie sich gegenübersahen, noch auf seine Häufigkeit und Dauer Einfluß ausüben. Die verheerendsten und schrecklichsten Feuer waren die, die Ökologen heute Kronenfeuer nennen: Feuer, die sich schnell über die Wipfel der Bäume in den Wäldern ausbreiten, sehr hohe Temperaturen erzielen und fast alle Vegetation vernichten. Solche Kronenfeuer entstanden jedoch nicht sehr häufig, denn sie konnten sich nur entwickeln, wenn es genügend leicht brennbares Material unter dem Wipfeldach gab, um sie zu unterhalten. In den meisten Fällen wurden solche Ansammlungen von trockenem Unterholz schon durch kleinere Feuer zerstört: durch Oberflächenfeuer, die mit einer großen Geschwindigkeit durch trockene Gräser und Sträucher rasten und nur die unteren Stämme etwas ansengten; oder durch Bodenfeuer, die eine längere Zeit langsam vor sich hinbrannten, und dabei auch das Unterholzgestrüpp vernichteten.[3]

Aus heutiger Sicht denken wir vielleicht, daß es für unsere Vorfahren das allerwichtigste war zu lernen, ihre Furcht vor Feuer zu überwinden. Der deutsche Forscher und Anthropologe Karl von den Steinen hat jedoch schon 1894 darauf hingewiesen, daß es keinen Grund zu der Annahme gebe, daß die erste überwiegende Reaktion auf Feuer immer Angst gewesen sein müßte. Er beschrieb, daß seine Diener während einer Expedition in das Innere von Brasilien die Angewohnheit hatten, sorglos ihre Lagerfeuer zu verlassen, so daß manchmal große Buschfeuer entstanden. Solche Feuer zogen in der Regel viele Tiere an:

Die Feuer, die wir auf unserm Zuge anlegten, brannten viele Tage lang und verbreiteten sich ohne Nachhülfe über grosse Strecken. Sonderbar und auffallend war der Einfluß auf die Tierwelt. Alles Raubzeug machte sich den Vorfall sehr bedacht zu Nutze, es suchte und fand seine Opfer weniger bei dem hellen Feuer als auf der rauchenden Brandstätte, wo mancher Nager verkohlen mochte. Zahlreiche Falken schwebten über den dunklen Wolken der »Queimada«, Wild eilte von weither herbei, um die Salzasche zu lecken, und bevorzugte, vielleicht weil es sich auf der kahlen Fläche nicht verbergen konnte, die Nacht. Der Boden strahlte eine behagliche Wärme aus.[4]

3 R. Brewer 1988, S. 88f.
4 Von den Steinen 1894, S. 220.

Auf der Grundlage dieser Beobachtungen fuhr von den Steinen mit einem kurzen Exkurs über die Lehren fort, die die Menschen schon zu einem sehr frühen Stadium aus natürlichen Buschfeuern gezogen haben könnten. Beim Ausbruch des Feuers haben sie wahrscheinlich zunächst einmal fliehendes Wild gesehen. Später haben sie sich wohlig an der letzten Glut der zusammenfallenden Asche gewärmt, verkohlte Tiere und Früchte aus der Asche herausgezogen und sie genüßlich verspeist. Auf diese Art und Weise haben sie wohl die Vorteile des Kochens und Röstens gelernt, wodurch nicht nur der Geschmack des Fleisches erhöht wurde, sondern, was viel bedeutender war, auch seine Haltbarkeit: »nach vielen Tagen ist gebratenes Fleisch noch schmackhaft, das sonst längst in Verwesung übergegangen wäre«.[5]

Von den Steinen wollte sicherlich seine modernen Leser schokkieren, als er nur die Vorzüge herausstellte, die das Feuer unseren frühen Vorfahren brachte, und die Gefahren fast vollständig ausließ.

Da aber protestiert, wer durch die (unsere eigene) Kulturbrille zu schauen gewohnt ist. Er vermisst die Schauer, die man in der Urzeit vor dem gewaltigen Phänomen des Feuers empfunden hat, und die nicht viel mehr sind als die Schauer des Gelehrten, dessen Studierlampe umfallen und die Stube, das Haus, die Stadt mit allen ihren Wertgegenständen in Brand setzen könnte. Wenn schon ich (wird er folgern), der doch des Feuers Macht bezähmt, bewacht, in Furcht und Schrecken gerate, sobald das wütende Element losgelassen wird, wenn mich das übermächtige Flammenschauspiel durch den Eindruck phantastischer Schönheit aufregt, wie muss erst die Seele des armen Wilden vor Angst erfült sein und das Geheimnis des Erhabenen spüren![6]

Selbst wenn von den Steinens Worte (mit seiner Anspielung auf eine Gas- oder Öllampe) etwas antiquiert erscheinen, so ist doch der Kern seiner Botschaft bis heute zutreffend. Es ist sehr wahrscheinlich, daß das, was wir heute als die einzige natürliche menschliche Reaktion auf Feuer ansehen, zu einem großen Teil auf unseren eigenen Erfahrungen mit dem Feuer in der modernen Gesellschaft basiert. Die Art und Weise, wie sich das Feuer den Menschen darstellt, hat sich im Laufe der Zeit verändert, ebenso

5 Von den Steinen 1894, S. 221.
6 Von den Steinen 1894, S. 220f.

wie die Gefahren, die es mit sich bringt, und die Ängste, die es heraufbeschwört. Wir sind heutzutage so sehr an streng regulierte und in hohem Maße mit Verboten behaftete Beziehungen zu Feuer gewöhnt, daß wir vielleicht die Möglichkeit übersehen, daß Ängste, die uns als »natürlich« und »rational« erscheinen, selbst das Ergebnis des Prozesses der Domestizierung von Feuer sein könnten. Wir sollten vorsichtig sein, unsere modernen Gefühle dem Feuer gegenüber auf die Einstellungen von menschlichen Wesen, für die unser Lebensstil gänzlich fremd ist, zu projizieren. Diese Menschen hatten kein Eigentum zu verlieren, mußten sich nicht um Investitionen ängstigen, konnten aber die Wärme, das Licht, das Essen und was immer sonst ein wärmendes Feuer ihnen zu bieten hatte, genießen.

Das heißt selbstverständlich nicht, daß sie vom Feuer nichts zu befürchten hatten. Die unmittelbaren Folgen eines Brandes sind immer zerstörerisch gewesen, damals wie heute. Die Landschaft, in der ein Feuer gerade gewütet hat, sieht schwarz und öde aus. Bäume sind zu verkohlten Skeletten reduziert, Pflanzen zu Asche. Tiere, die nicht rechtzeitig geflohen sind, liegen tot zwischen den Überresten, getötet durch Ersticken oder Austrocknen, wenn nicht durch Verbrennen.

Aber schon bald erholt sich die Vegetation wieder, und das Wild kehrt zurück. Die meisten Wurzeln haben den Oberflächenbrand überlebt, und zusammen mit dem frisch herbeigewehten oder in der Erde schlummerndem Samen entsteht schnell neues Wachstum. Für viele Pflanzen sind die Langzeiteffekte eines Feuers gedeihlich; für andere, die sogenannten »Pyrophyten«, sind sie sogar lebenswichtig. Ein Brand tötet ihre Parasiten und Konkurrenten und hat damit einen belebenden Einfluß auf diese Pflanzen. Unter den Pyrophyten gibt es sowohl Bäume, die den Tieren Nahrung und Schutz bieten, als auch Gräser, die Pflanzenfressern als Nahrung dienen; die Samenkörner einiger dieser Gräser sind auch für Menschen genießbar.[7]

Für viele Tierarten hat ein Buschfeuer positive Langzeiteffekte, darüber hinaus gibt es aber auch Tiere, die sofort davon profitieren. Den unmittelbarsten Vorteil, wie schon von den Steinen

7 Vgl. H.T. Lewis 1972; 1989.

schrieb, haben Raubvögel wie Falken und Rotmilane. Noch während die Flammen wüten, schweben sie über dem Feuer, um fliehende Vögel und Insekten zu jagen. Nach einer alten und sich hartnäckig haltenden Legende pickt der Schwarzmilan (Milvus migrans) schwelende Zweige aus einem spontanen Buschfeuer und läßt sie auf trockenes Gras fallen, um damit das Feuer auszubreiten und fliehende Tiere zu jagen. Raubvögelexperten konnten jedoch keine Beweise liefern, die diese oder andere Legenden, die den Vögeln den bewußten Transport und Einsatz von Feuer zuschreiben, bestätigen würden. Die wahrscheinlichste Erklärung für diese Geschichten liegt vermutlich darin, daß Vögel, die große Insekten jagen, die durch die heiße Luft eines Feuers aufgeflogen sind, gelegentlich irrtümlich einen brennenden Zweig krallen, den sie dann gezwungenermaßen wenig später wieder fallen lassen.[8]

Wenn das Feuer erloschen ist, suchen andere Tiere die Brandstelle auf. Zunächst suchen Raubtiere ihre Beute in den schwelenden Überresten, später streifen Rotwild- und Rinderherden herum, um an der salzigen Asche zu lecken. Die meisten Säugetiere nähern sich, um die Wärme, die nachts von der erlöschenden Brandstelle ausgeht, zu genießen.

Alle diese Reaktionen auf Feuer sind auch in der heutigen Zeit häufig beobachtet worden. Es gibt keinen Grund, warum unsere hominiden Vorfahren nicht in ähnlicher Weise auf eine Feuerstelle reagiert haben sollten. Die erste – und wahrscheinlich auch die längste – Phase in ihrer Beziehung zu Feuer bestand daher im zufälligen Gebrauch natürlichen Feuers, wann immer sie seiner habhaft werden konnten. Der Einsatz des Feuers in dieser ersten Phase ist auch als »opportunistisch« und noch nicht »absichtlich« bezeichnet worden.[9] Man könnte ihn auch vorherrschend *passiv* nennen. Vom passiven Einsatz zu sprechen, könnte wie ein Widerspruch in sich klingen, aber der Begriff ist hilfreich, um diese

8 Der holländische Zoologe Professor K. M. Voous lenkte meine Aufmerksamkeit auf diese Möglichkeit. Die Behauptung, daß Vögel absichtlich Feuer transportieren, ist von Allaby 1982 und Burton 1959 aufgestellt worden. Siehe auch Armstrong 1958, S. 175-179; Bendell 1974.

9 Clark und Harris 1985.

Initialphase von der nächsten zu unterscheiden, als Hominiden anfingen, Feuer aktiv zu sammeln, zu bewahren und später sogar zu entfachen.

Der Übergang zum aktiven Einsatz von Feuer

Jede Rekonstruktion der frühen Phase der Beziehungen der Hominiden zu Feuer muß gegenwärtig etwas spekulativ bleiben. Wir haben keinerlei ethnographische Beschreibung irgendeiner Gesellschaft, die keinen aktiven Gebrauch von Feuer kannte. Und dennoch kann die Tatsache nicht geleugnet werden, daß die Menschheit den Übergang von der ersten Phase des passiven Gebrauchs zur zweiten Phase des aktiven Gebrauchs irgendwie vollzogen hat.

Im Laufe dieses Übergangs – jedenfalls nach der Meinung vieler Autoren – entwickelte sich der Mensch von einer »ökologisch sekundären« zu einer »ökologisch dominanten« Spezies.[10] Viele andere Tiere erkennen die Vorteile eines Feuers und nutzen sie, wenn sich die Gelegenheit ergibt. Keines dieser Tiere hat jedoch jemals gelernt, das Feuer zu beeinflussen, es nicht ausgehen zu lassen und seine Entwicklung zu steuern. Nur Hominiden machten den entscheidenden Schritt zu einer gewissen, wenn auch begrenzten Kontrolle und zur willentlichen Ausnutzung von Feuer. Sie lernten vielleicht zuerst den Bränden zu folgen, wo immer sie entstanden, dann das Feuer für eine längere Zeit an seinem ursprünglichen Standort zu bewahren und es schließlich zu sichern und geschützten Orten zu transportieren, die sie auch auf Dauer als Wohnungen einrichteten. Wann kam es zu diesen Errungenschaften? Was befähigte sie, dieses zu tun? Und warum haben nicht andere Spezies Kontrolle über das Feuer erworben?

Obwohl diese Fragen miteinander verflochten sind, werde ich sie getrennt behandeln. Das Problem von Ort und Zeit, wo und wann den Hominiden oder Menschen zuerst die Kontrolle über

10 Siehe z.B. Forni 1984.

das Feuer gelang, ist immer noch ungelöst. In den 40er Jahren des 20. Jahrhunderts hat der südafrikanische Paläontologe Raymond Dart behauptet, Beweise dafür gefunden zu haben, daß eine Primatenspezies – dem Homo verwandt, aber nicht mit ihm durch eine direkte Abstammungslinie verbunden – schon vor 1.500.000 Jahren in der Lage war, Feuer zu kontrollieren. Dart nannte diese Spezies, deren Überreste man in der Nähe der südafrikanischen Stadt Makapansgat entdeckt hatte, Australopithecus prometheus.[11] Nach kritischen Anmerkungen von Kollegen zog er jedoch später diesen Anspruch zurück. Einige Jahrzehnte lang wurde eine Höhle in Zukudiem, in der Nähe von Beijing, als diejenige Stelle angesehen, die die ältesten Überreste eines von Menschen kontrollierten Feuers aufweist. Nach herrschender Meinung hatten menschliche Wesen der Spezies Homo erectus vor fünfhunderttausend Jahren hier Feuer gehütet. In jüngster Zeit, in den 90er Jahren, wurde auch die Zukudiemthese von Experten in Zweifel gezogen. Nun beanspruchten Forscher, die Beweise für den ältesten menschlichen Umgang mit Feuer bereits vor 1.400.000 bis 1.500.000 Jahren in Chesowanja (Kenia) und Swartkrans (Südafrika) gefunden zu haben.[12]

Auf der Grundlage dieser unterschiedlichen wissenschaftlichen Befunde ist es für mich schwer, zu einem eigenen Schluß zu kommen. Ich kann also nur sagen, daß das Thema immer noch in der Diskussion ist. Aber trotz aller Kontroversen sind sich die meisten Archäologen darüber einig, daß es Beweise aus den verschiedenen Teilen Europas und Asiens gibt, aus denen man schließen kann, daß der Homo erectus mindestens seit vierhunderttausend Jahren das Feuer nutzte – lange Zeit bevor der Homo sapiens erschien.[13]

Obwohl die exakte zeitliche Bestimmung problematisch bleibt, können wir ziemlich sichere Aussagen über die Abfolge dieser

11 Dart 1948.
12 Vgl. Oakley 1955; Gowlett u. a. 1981, 1982; Isaac 1982. Eine neuere Übersicht gibt James 1989 und die sich daran anschließende Diskussion in derselben Ausgabe von Current Anthropology. Siehe auch Renfrew und Bahn 1991, S. 226.
13 Siehe Perlès 1977, S. 13-26.

Phasen machen.[14] Zunächst muß es eine Zeit gegeben haben, als keine einzige Gruppe ständig im Besitz von Feuer war, dann kam eine Zeit, in der einige Gruppen Feuer hatten und andere nicht, schließlich besaß jede Menschengruppe Feuer. In diesem Kapitel interessiert mich besonders die bedeutungsvolle zweite Phase des Ablaufs: die Periode, in der einige Gruppen begannen, etwas Kontrolle über Feuer auszuüben.

Solange archäologische Funde nicht schlüssig das Gegenteil beweisen, tendiere ich zu der Meinung, daß dieses eine sehr lang dauernde Zeitspanne gewesen sein muß. Während dieser Phase konnten Gruppen, die das Glück hatten, ein Feuer gefunden zu haben, es manchmal Monate oder sogar Jahre erhalten, bis es entweder durch Regen oder andere natürliche Ursachen oder durch ihre eigene Nachlässigkeit erlosch. Während dieser Phase blieb der Besitz von Feuer selten, und er war gewöhnlich von kurzer Dauer.

Was war es dann, was die Hominiden oder die Menschen befähigte, überhaupt in diese Übergangsphase einzutreten, in der sie zunächst ein Feuer eine Zeitlang erhalten und es später sogar von einer Generation an die nächste weitergeben konnten? Um diese Frage zu beantworten, ist es nützlich, zwischen physischen, geistigen und sozialen Bedingungen zu unterscheiden. Zweifellos waren physische Merkmale, wie der aufrechte Gang und die dazugehörige Fähigkeit, Gegenstände mit den Händen zu tragen und mit ihnen umzugehen, unentbehrliche Voraussetzungen. Selbst in der Zeit des überwiegend passiven Gebrauchs von Feuer war einer der Vorteile, die Hominiden (und möglicherweise auch andere Primaten) gegenüber anderen Tieren hatten, daß sie Stökke halten konnten, mit denen sie in einem schwelenden Feuer herumstochern konnten, ohne sich zu verbrennen. Während sie in der Asche nach Nahrung suchten, konnte es ihnen kaum verborgen bleiben, daß das Feuer länger brannte, wenn sie Zweige hineinwarfen. Bedeutungsvoller war vermutlich die Fähigkeit, brennendes Material aufzunehmen und es an einen anderen Ort zu bringen, wo es vor Regen oder Wind geschützt war.

14 Zur Unterscheidung zwischen Chronologie und Phaseologie siehe Goudsblom, Jones und Mennell 1989, S. 11-26.

Selbstverständlich war das aber nicht nur eine Angelegenheit des aufrechten Gangs und der Hände, die frei waren, um etwas zu transportieren. Zweige für ein Feuer herbeizuholen bedeutet schon, daß die betreffenden Individuen wußten, was sie taten und warum sie es taten. Ein Feuer zu versorgen bedeutet Weitsicht und Sorgfalt. Das Holz mußte gesammelt und wahrscheinlich auch trocken gelagert werden. Solche Tätigkeiten waren den Hominiden nicht angeboren, sie erforderten Lernen und Anstrengung. Besonders als die frühen Menschen anfingen, Brennstoff über längere Entfernungen zu sammeln, wandten sie einen Teil ihrer Energie auf, um etwas außerhalb ihrer selbst aufrechtzuerhalten, etwas, das keinesfalls Teil ihres eigenen »Genpools« war. Das bedeutet natürlich nicht, daß sie »uneigennützig« handelten, im Gegenteil, indem sie für das Feuer sorgten, sorgten sie auch für sich selbst. Die Wartung von Feuer war eine Form von »Umwegverhalten« oder aufgeschobener Bedürfnisbefriedigung, die später eine wesentliche Bedingung für Ackerbau und Viehzucht war. Anders als – bei oberflächlicher Betrachtung – ähnlich komplexe Tätigkeiten wie der Nestbau der Vögel war es eben nicht genetisch verankert, sondern mußte erlernt werden.

Die Fähigkeit, etwas über Feuer zu wissen und die Bereitschaft, etwas dafür zu tun, damit es nicht ausgeht, können als mentale oder psychische Merkmale angesehen werden, die die physischen Merkmale – aufrechter Gang, flexible Hände und ein großes und ausdifferenziertes Gehirn – ergänzten. Weder die physischen noch die geistigen Fähigkeiten hätten dem einzelnen menschlichen Individuum jedoch irgend etwas gebracht, wären sie nicht im Zusammenleben mit anderen Menschen entwickelt worden. Die Fähigkeit, von den Älteren zu lernen und ihnen zu gehorchen, waren zusätzliche Vorbedingungen, um eine Kontrolle über Feuer zu erwerben, die dann auch in den folgenden Generationen nicht wieder verlorenging.

Die französische Archäologin Catherine Perlès hat in ihrer ausgezeichneten Monographie über das Feuer in der Vorgeschichte angemerkt, daß die »Entdeckung der Verwendung von Feuer einen *geistigen* und nicht einen technischen Fortschritt voraussetzte«. Später fügte sie hinzu, daß sie auch neue Formen der sozialen

Organisation erforderte.[15] Diese Feststellungen sind begründet. Anstatt aber den technischen Aspekt dem geistigen und sozialen entgegenzusetzen, sollte man sie meiner Meinung nach als unauflöslich miteinander verbunden ansehen. Sowohl das Denken als auch die Kooperation wurden durch die bloße Anstrengung, die die Kontrolle über das Feuer als technisches Problem erforderte, stimuliert. Das technische Problem war zur gleichen Zeit ein intellektuelles und emotionales Problem – und ein Problem der sozialen Koordination.

Es ist daher sehr unwahrscheinlich, daß das Geistige sich unabhängig von oder sogar vor den anderen beiden Aspekten entwikkelt haben könnte. Die psychoanalytische Theorie bietet ein gutes Beispiel dafür, zu welchen Auswüchsen eine einseitige Betonung der psychologischen Dimension führen kann. Sigmund Freud hatte sicherlich recht, wenn er darauf hinwies, daß die Aneignung des Feuers den Verzicht gewisser spontaner Triebe erforderte. Der einzige Trieb, dem Freud in diesem Zusammenhang Aufmerksamkeit widmete, war der angeblich unwiderstehliche Drang, den der urgeschichtliche Mann fühlte, wenn er in die Nähe eines Feuers kam, »es durch den Harnstrahl zu löschen«. Dieser infantile Wunsch, verbunden mit der Freude an sexueller Potenz in einem homosexuellen Wettbewerb, mußte überwunden werden.[16]

Für jede Menschengruppe, die ein Feuer bewahrt, ist es notwendig, daß ihre männlichen Mitglieder es nicht auspinkeln. Aber unsere frühen Vorfahren hatten sicherlich andere und dringendere Probleme zu lösen. Sie hatten zuallererst dafür Sorge zu tragen, daß das Feuer nicht von allein ausging – entweder weil nicht genug Brennstoff da war oder weil es durch Feuchtigkeit oder Regen ausgelöscht wurde. So gesehen waren die Herausforderungen durch das Feuer technischer Art, und die geistigen und sozialen Anpassungen, die die Menschen nach und nach vollzogen, entwickelten sich, um diese technischen Herausforderungen zu meistern.

Es ist ganz eindeutig, daß die drei Typen der Kontrolle – über Naturereignisse, über soziale Beziehungen und über individuelle

15 Perlès 1977, S. 30; Perlès 1981.
16 Freud 1950, S. 3.

Impulse – sehr stark miteinander verflochten waren und sich gegenseitig verstärkten. Wie zu jeder anderen menschlichen Fertigkeit gehörte zum Hüten eines Feuers ein gewisses Maß an Selbstkontrolle – als Teil der technischen Kontrolle. Der notwendige Selbstzwang, um ein Feuer erfolgreich zu handhaben – weder leichtsinnig noch in Panik – wurde unterstützt durch ein Vertrauen, das darauf beruhte, daß die Beobachtung anderer und auch die eigene Erfahrung lehrten, daß man in der Tat das Feuer kontrollierte und daß man es nutzen könnte, wenn man es brauchte.

Die in Wechselbeziehung zueinander stehenden technischen und geistigen Fähigkeiten konnten nur innerhalb eines sozio-kulturellen Rahmens entwickelt und aufrechterhalten werden. Die soziale Koordination war notwendig, schon allein um sicherzustellen, daß immer jemand nach dem Feuer sah. Die kulturelle Weitergabe war notwendig, wenn sowohl die Fertigkeiten als auch der Sinn für Verantwortung und Pflichten, die mit dem Feuer verbunden waren, nicht verlorengehen sollten. Wiederum gilt, daß die soziale Koordination und die kulturelle Weitergabe zwar notwendige Bedingungen für die Domestizierung des Feuers waren, dadurch aber auch verstärkt wurden. Gruppen im Besitz eines Feuers mußten sich immer darauf einstellen und hatten sich Zwänge aufzuerlegen, um es nicht ausgehen zu lassen. Während sie das Feuer für ihre eigenen Zwecke nutzten, mußten sie sich den Erfordernissen des Feuers anpassen. Als das Feuer den menschlichen Bedürfnissen angepaßt wurde, hatten sich die menschlichen Gewohnheiten dem Feuer anzupassen. In diesem Sinne kann man davon sprechen, daß die Domestizierung des Feuers auch »Selbstdomestizierung« oder »Zivilisation« bedeutete.

Die Monopolisierung des Feuers
durch die Menschen

Überlegungen zu den Vorbedingungen für die Kontrolle des Feuers durch unsere frühen Vorfahren sind bestenfalls begründete Vermutungen. Es gibt keine Möglichkeit, die Interpretationen, die ich oben versucht habe, einer experimentellen Prüfung zu unterziehen. Ich gehe jedoch davon aus, daß sie plausibel sind. Sie stehen nicht im Widerspruch zu bekannten Fakten, und sie werfen auch Licht auf die allgemeine Frage, wie der Übergang zum aktiven Gebrauch des Feuers vor sich gegangen sein könnte. Wie ich hoffe gezeigt zu haben, war die Fähigkeit, das Feuer zu kontrollieren, durch die gleichzeitige Entwicklung spezifischer sozialer, geistiger und physischer Fähigkeiten möglich geworden.

Ein weiteres Problem, das noch berücksichtigt werden muß, ist, wie die Fähigkeit der Feuerkontrolle zu einer exklusiv und universell menschlichen Eigenschaft wurde. Vielleicht liegt die Lösung dieses Problems schon in der Diskussion der Vorbedingungen. Man kann sich auf den Standpunkt stellen, daß die Kombination sozialer, geistiger und physischer Eigenschaften, die für eine dauerhafte Kontrolle über das Feuer notwendig war, nur im Laufe der menschlichen Evolution herausgebildet wurde und daß keine andere Spezies diese Eigenschaften besaß. Sollte dies tatsächlich der Fall gewesen sein, gibt es kein weiteres Problem.

Wir können unser Thema aber auch in einem anderen Licht betrachten. Es gibt in der Tat zwei sich gegenseitig ausschließende Interpretationen der Voraussetzungen für die Feuerkontrolle. Einerseits können wir die Anforderungen an Sorgfalt, Pflege und Voraussicht als so abschreckend schwierig ansehen, daß sie nur von der Spezies Mensch erworben werden könnten. Aber wir können auch eine weniger exklusive Sichtweise einnehmen, die berücksichtigt, daß heute lebende Primaten, insbesondere Schimpansen, schon sehr nahe an den Besitz dieser Konfiguration von sozialen, geistigen und physischen Zügen herankommen, die für den Umgang mit Feuer notwendig sind. Verhaltensforscher haben sehr wenig Untersuchungen unter diesem Aspekt gemacht (überraschenderweise wenig, wie ich finde), aber es gibt doch wenigstens einige Hinweise darauf, die andeuten, daß Schimpansen in der Tat fähig sein könnten, ein Feuer über eine gewisse Zeit brennen zu lassen.[17] Wenn dies so ist, dann ist es wahrscheinlich, daß Australopithecus und andere höhere Primaten, die heute ausgestorben sind, sich schon in diese Richtung entwickelt hatten. Die Frage, die dann auftaucht, ist folgende: Was hielt sie davon ab, diesen Weg weiterzugehen?

Die Antwort kann nur in einer hypothetischen Rekonstruktion dessen, was geschehen sein könnte, gegeben werden. Mein Szenario basiert auf der Idee, daß Vernichtungskämpfe und Prozesse der Monopolbildung, die *innerhalb* menschlicher Gruppen vorgekommen sind, sich auch zu einem viel früheren Zeitpunkt *zwischen* Gruppen von Hominiden und anderen Tieren abgespielt haben könnten. Anders ausgedrückt, die Feuerkontrolle als exklusiv menschliche Fähigkeit kann als Ergebnis eines Kampfes *zwischen* den Arten angesehen werden, vergleichbar den Kriegen *innerhalb* der Arten, aus denen sich in einem viel späteren Stadium der Geschichte die Staatsmonopole der organisierten Gewalt und Besteuerung entwickelten.[18]

Anfangs konnten Brände nur an den ursprünglichen Entstehungsorten genutzt werden. Die Hominiden, die sich um einen solchen Platz zusammenfanden, konnten sich selbst und gegenseitig in einigen rudimentären Techniken schulen: verschiedene Gegenstände in das Feuer werfen, um zu sehen, ob sie brennen würden, oder das spitze Ende eines Stockes anzünden und es herumschleudern, vielleicht um andere zu erschrecken. Als die Vorteile eines Feuers klarer erkannt wurden, wurde der Zugang zu diesen Brandstellen zunehmend begehrter und hart umkämpft. Die Hominiden, die sich in der Nähe des Feuers aufhielten, benutzten möglicherweise brennende Stöcke, um Eindringlinge abzuwehren. In solchen Kämpfen waren der aufrechte Gang und die manuelle Geschicklichkeit offensichtlich außerordentlich vorteilhaft, und ebenso vorteilhaft waren auch eine wachsende Fähigkeit zu kommunizieren, ein Gruppenzusammenhalt und Disziplin.

17 McGrew 1989; Brink 1957. Siehe auch Kapitel 2.
18 Vgl. Elias 1969b, S. 123-311.

Wiederum verstärkte sich die Triade der Kontrollen selbst. Gruppen, die schon in der Nähe eines Feuers waren, waren immer im Vorteil. Wenn sie fähig waren, ein angemessenes Gleichgewicht zwischen Wagemut und Vorsicht im Hinblick auf Feuer zu halten, und diese Eigenschaften auch an die Jüngeren weitergeben konnten, waren sie auf lange Sicht ausgesprochen erfolgreich in der Manipulation des Feuers. Damit wurden sie in gewaltsamen Kämpfen zu wehrhaften Gegnern.

Auf diese Art und Weise verlagerten sich die Machtbalancen: Gruppen, die einen hohen Grad an Kontrolle über Feuer hatten, konnten andere erfolgreich vom Feuer fernhalten, deren Kontrolle auf einem niedrigeren Niveau lag. Die anderen Gruppen verloren damit unausweichlich die Möglichkeiten, sich selbst und die nächste Generation in der Kunst zu üben, mit Feuer umzugehen – was auch immer für Fähigkeiten ihre Vorfahren in dieser Hinsicht entwickelt haben mochten, ging somit verloren. Wir sollten diesen allgemeinen Trend jedoch nicht so betrachten, als hätte er nur aus Ereignissen bestanden, die alle in dieselbe Richtung wiesen. Es handelte sich vielmehr um einen langwierigen und komplizierten Prozeß, in dessen Verlauf das Pendel oft auch in andere Richtungen ausgeschlagen hat. Das einzige, was wir wirklich wissen, ist das Ergebnis: die Monopolisierung des Feuers durch die Menschen.

Die Vorstellung, daß auch andere Primaten zu irgendeiner Zeit rudimentäre Formen des aktiven Feuergebrauchs kannten, paßt in die Theorie des holländischen Verhaltensforschers Adriaan Kortlandt. Seiner Theorie nach stammen die lebenden großen Affen von menschlicheren Vorfahren ab, die von protohominiden Konkurrenten aus der Savanne in die Wälder verjagt wurden und so wieder gezwungen waren, die Lebensweise von Baumbewohnern anzunehmen. Kortlandt spricht in diesem Zusammenhang auch von einem Prozeß der »Entmenschlichung«. Von der physischen Konstitution her könnten Schimpansen ohne weiteres Holz in ein Feuer werfen oder Stöcke anzünden. Ein mögliches Handicap könnte für sie gewesen sein, daß Funken nicht so einfach von ihrem Fell abzuschlagen waren, wie es von der kaum behaarten menschlichen Haut möglich war. Dieser Unterschied zwischen menschlichen Wesen und Affen, den, nebenbei be-

merkt, Desmond Morris in seinem Buch *Der nackte Affe* nicht
erwähnt, kann sich vorteilhaft für die Menschen ausgewirkt haben; ein fettiges Fell, wie es einige Primaten haben, könnte
andererseits auch als Schutz gegen Brandverletzungen und
schmerzlindernd bei Oberflächenverbrennung gewirkt haben.
Im gesamten System von physischen, psychischen und sozialen
Eigenschaften, die für eine Feuerkontrolle notwendig waren, ist
das Haarwachstum jedoch wohl kaum der entscheidende Faktor
gewesen.[19]

Als sicher kann gelten, daß sich die Monopolisierung des aktiven
Einsatzes von Feuer durch die Menschen vor langer Zeit herausgebildet hat. Alle anderen Tiere sind dagegen wehrlos. Sie haben
gelernt, es als einen Teil des Apparates zu betrachten, mit dessen
Hilfe die Menschen die Welt beherrschen und, wie die Biologen
S.L. Washburn und C.S. Lancaster es ausdrücken, sie »terrorisieren«.[20]

In einigen Spezies könnte der Ausschluß vom Feuergebrauch
eine weitere soziokulturelle Entwicklung blockiert haben; während wohl gleichzeitig die Anforderungen, die ein Leben mit
Feuer stellt, auch zur Entwicklung der Sprache und des Denkens
bei den Menschen beigetragen haben mögen. So hat die Monopolisierung des Feuergebrauchs zu einer Erweiterung der Kluft –
in Macht und Verhalten – zwischen den Menschen und allen anderen Tieren beigetragen.

Es bleibt noch das Problem zu erklären, wie es dazu kam, daß die
Fähigkeit, Feuer zu kontrollieren, nicht nur ausschließlich
menschlich war, sondern sich auch universell auf alle Menschengruppen ausbreitete. Auch in dieser Frage kann ich nur ein
hypothetisches Szenario vorschlagen. Nachdem die Kämpfe um
das Feuer eingesetzt und einige hominide Gruppen entscheidende Vorteile errungen hatten, konnten es sich benachbarte Gruppen nicht leisten hinterherzuhinken. Entweder mußten sie ebenso kompetent im Umgang mit Feuer werden oder sie würden
nach und nach das Schicksal der Besiegten erleiden: Unterdrük-
kung und Anpassung, Flucht oder Vernichtung. Auf lange Sicht
gab es keine Menschengruppe, die ohne Feuer überlebte. Die

19 Vgl. Morris 1980; Kortlandt und Kooij 1963; Kortlandt 1972.
20 Washburn und Lancaster 1968, S. 221.

Übergangsphase, in der einige Gruppen Feuer hatten und andere nicht, wurde so beendet. Die Kontrolle über das Feuer war, damals wie heute, sowohl ein exklusives als auch ein universelles Attribut menschlicher Gesellschaften geworden.

2. Die Auswirkungen des Feuergebrauchs in voragrarischen Gesellschaften

Die wachsende Kluft zwischen Menschen und anderen Tieren

Die Kontrolle des Feuers hatte unausweichlich weitreichende Konsequenzen. Durch die ihr eigene Natur beeinflußte sie die Beziehungen zwischen den Menschen und der Welt, in der sie lebten, einschließlich der Beziehungen zu anderen Tieren. Sie beeinflußte auch die sozialen Beziehungen zwischen und innerhalb von Menschengruppen. Und diese Konsequenzen erstreckten sich ebenso unausweichlich auf die Art und Weise, wie die menschlichen Individuen die Welt betrachteten und ihr eigenes Verhalten an sie anpaßten. Es ist schwer, diese drei Aspekte – den Umweltaspekt, den soziologischen und den psychologischen Aspekt – auseinanderzuhalten, weil sie sehr eng miteinander verflochten sind. Aber es ist auch wichtig, diese Unterscheidung nicht zu vergessen, denn nur so können wir die Verbindungen klar erkennen.

In den Beziehungen zur Umwelt bestand die erste große Veränderung in einer zunehmenden Differenzierung von Macht und Verhalten zwischen den Hominiden und den anderen großen Säugetieren. Dies setzte eine Entwicklung in Bewegung, die seitdem immer größere Stoßkraft gewinnen sollte.

Insbesondere im Hinblick auf die Primaten, die den Menschen am nächsten verwandt sind, hat die Monopolisierung des Feuers durch den Menschen viel dazu beigetragen, den Prozeß der Differenzierung zu beschleunigen.

In unserer Zeit ist die menschliche Überlegenheit so fest etabliert, daß die Menschen Naturreservate und zoologische Gärten geschaffen haben, in denen die Menschenaffen zusammen mit anderen Tieren einen besonderen Schutz vor den Gefahren, die ihnen drohen, genießen – Gefahren, die insbesondere von anderen Menschen ausgehen. Gelegentlich erhalten Menschenaffen, die in Gefangenschaft gehalten werden, Zugang zu domestiziertem Feuer. So wurde einigen Schimpansen im Johannisburger Zoo in den 50er Jahren das Rauchen beigebracht. Sie wurden nicht nur süchtig nach Zigaretten, sondern lernten auch, sie anzuzünden und die Kippen auszudrücken. Ihr Verhalten beeindruckte den Paläontologen A. S. Brink sehr, »die körperliche Gewandtheit, Sehschärfe, manuelle Geschicklichkeit und geistige Beweglichkeit«, die sie an den Tag legten.[1]

Doch wie klug und geschickt auch immer die von Brink beobachteten Schimpansen mit brennenden Zigaretten umgehen konnten, es gibt keinen Nachweis, daß Schimpansen in ihrer natürlichen Umgebung eine aktive Kontrolle über das Feuer ausgeübt hätten. Selbst wenn sie eine angeborene potentielle Fähigkeit zur Feuerkontrolle hätten, hat sie sich nicht spontan in irgendeiner bekannten Schimpansengruppe entwickelt. Wir brauchen dabei nicht die Möglichkeit auszuschließen, daß es den Vorfahren der gegenwärtigen Schimpansen und anderer Primaten vor Millionen Jahren gelegentlich gelang, ein Feuer für einige Zeit nicht ausgehen zu lassen. Von Beginn der ursprünglichen Zähmung des Feuers an nahm die Fähigkeit der Hominiden zur Feuerkontrolle jedoch ständig zu, während unter den anderen Primaten jede Entwicklung in diese Richtung zum Stillstand kam. Einige Primaten, wie der Australopithecus, sind ausgestorben, andere, wie die Schimpansen, überlebten, blieben aber weit hinter den Hominiden bei ihrem Aufstieg zur *ökologischen Vorherrschaft* zurück.

Der Archäologe C. K. Brain fand, ebenfalls in Südafrika, überzeugende Hinweise auf die Verlagerung in der Machtbalance zwischen Hominiden und großen Raubtieren. Eine Höhle in Sterkfontain wurde über unzählige Generationen hinweg von großen Katzen beherrscht, die australopithekische Opfer in ihre dunklen Unterschlüpfe hineinzerrten, um sie zu fressen. In einer späteren Phase war die Tischordnung umgekehrt: Eine neue Gruppe Hominiden (Homo erectus) war in Erscheinung getreten und »hatte nicht nur die Raubtiere vertrieben, sondern hatte sich

1 Brink 1957, S. 247.

auch dasselbe Zimmer zur Wohnung ausgesucht, in dem ihre Vorfahren aufgefressen worden waren«. Wie sie dies fertig gebracht haben, ist nicht überliefert, aber wie Brain anmerkt,

war es sicher nur durch wachsende Intelligenz möglich, die sich in einer sich entwickelnden Technologie niederschlug. Man ist versucht anzunehmen, daß die Beherrschung des Feuers schon erworben war und daß sich zusammen mit der Entwicklung von groben Waffen die Machtbalance zu ihren Gunsten verlagerte. Diese Verlagerung ist der entscheidende Schritt in der progressiven Manipulation der Natur, die so charakteristisch für den nachfolgenden Verlauf der menschlichen Angelegenheiten ist. Es war der Schritt, den die robusten Australopitheken offensichtlich nicht machen konnten, und ihr Aussterben wurde zweifellos durch Raubtiere beschleunigt, zu deren Kontrolle sie nicht die Macht besaßen.[2]

Angeregt durch die Arbeiten von Brain und seinen Kollegen, hat der britische Autor Bruce Chatwin ein lebhaftes und überzeugendes, wenn auch notwendigerweise spekulatives Bild von einem der ersten Schritte im Aufstieg der Menschheit zur Hegemonie gezeichnet. Er beschwört das Bild der Hominiden als Lieblingsbeute großer Katzen (Dinofelis oder der »falsche Säbelzahntiger«), die nachts herumstreifen und über Generationen eine besondere Vorliebe für Menschenfleisch entwickelt haben. Nach Chatwin muß die Überwindung dieser tödlichen Gefahr der größte Sieg in der menschlichen Geschichte gewesen sein. Er konnte nur durch kooperative Anstrengung errungen werden, und die Waffe – immer nach Chatwin – konnte nur Feuer gewesen sein.[3]

Wenn wir dieses Szenario lesen, müssen wir uns vor Augen halten, daß der gewöhnliche Säbelzahntiger (ein furchterregendes Tier, bedeutend größer als der heute lebende Indische Tiger) vor ungefähr 15.000 Jahren noch in Amerika lebte. Selbst wenn Chatwins Rekonstruktion etwas zu phantasievoll ausgefallen sein sollte, bleibt die Tatsache bestehen, daß der alles beherrschende Trend in der Entwicklung der menschlichen Gesellschaft für Tausende von Generationen in der wachsenden Differenzierung des Verhaltens und der Machtbalance zwischen Menschengruppen und allen anderen Säugetieren bestand. Beide Seiten in dieser

2 Brain 1981, S. 273. Siehe auch Brain und Sillern 1988.
3 Chatwin 1987, S. 260-292.

Konfiguration wurden durch die Verlagerungen in der Machtbalance beeinflußt: Mit der Ausdehnung der menschlichen Vorherrschaft wurden die Lebenschancen für Menschen größer. Menschliche Bevölkerungsgruppen nahmen an Zahl zu und dehnten ihre Territorien aus, während andere Tierarten entweder ausgelöscht wurden oder ihre Lebensweise an die neue Situation anpassen mußten.

In seinem für ein großes Publikum verfaßten Buch über die menschliche Vorgeschichte, veröffentlicht 1965, hat der amerikanische Archäologe F. Clark Howell auf beeindruckende Weise einen Fundort in der Nähe von Torralba in Spanien beschrieben, an dem die Skelette zahlreicher großer Säugetiere entdeckt wurden, einschließlich derer von fast 30 Elefanten. Steinwerkzeuge unter dem Gesteinsschutt wiesen auf menschliche Aktivität hin; offensichtlich war der Ort vor ungefähr 400.000 Jahren eine Jagdstelle des Homo erectus. Was diese Fundstelle so außerordentlich interessant machte, waren Brandspuren in der Nachbarschaft, die vermuten lassen, daß die menschlichen Jäger die Tiere zunächst an einen Abgrund getrieben haben, indem sie die umgebende Grassteppe anzündeten, und sie dann töteten, als sie in einen angrenzenden Morast sprangen. Wie Howell selbst sagt:

Es gab eine große Menge Material, das unterschiedliche Grade der Verbrennung zeigt … Dieses Material war auf keinem Platz so konzentriert, daß die Vermutung naheläge, es habe ein großes kontinuierliches Feuer über eine lange Zeit gegeben. Es war spärlich und sehr weit verstreut. Wer immer diese Feuer angezündet hatte, brannte wahrscheinlich Gras und Gestrüpp auf großen Flächen ab. Dieser Beweis in Verbindung mit den Elefantenknochen, die an einer Stelle konzentriert waren, die einst ein Sumpf war, lassen vermuten, daß diese Feuer absichtlich gelegt worden sind, um die schwerfälligen Elefanten in den Morast zu treiben.[4]

Dieser anregende Hinweis, unterstützt durch farbenfrohe Zeichnungen, hat viele Kommentare hervorgerufen. Eine typische Interpretation der Szene stammt von dem Biologen Melvin Konner: »Ganze Elefantenherden wurden offensichtlich durch Grasfeuer in den Tod getrieben. Sie wurden in wilde Panik versetzt und über eine Klippe getrieben, ganz ähnlich wie in jüngster Zeit

4 Howell 1965, S. 84. Siehe auch Howell 1966.

die Einwohner der großen amerikanischen Ebenen den Bison in den Tod gejagt haben.«[5]

Bevor wir uns mit dieser Interpretation näher befassen, müssen wir zunächst festhalten, daß Howell selbst in einer ernsthafteren wissenschaftlichen Veröffentlichung über seine Forschungen in Torralba die massiven Tötungen mit Hilfe von Feuer kaum erwähnt. Und noch ernüchternder ist die neueste Analyse dieser Befunde durch den amerikanischen Archäologen Lewis Binford. Nach Binford gibt es keine schlüssigen Beweise für Treibjagden und Massentötungen in Torralba: Die verkohlten Reste könnten durch natürliche Feuer entstanden sein und die Ansammlung von Knochen ebensogut auf menschliches Aasfressen wie auf Jagen hinweisen.[6]

Fehlende Sicherheit darüber, was genau bei Torralba geschehen war, sollte uns nicht blind gegenüber der allgemeinen Entwicklungsrichtung machen. Die Menschengruppen entwickelten effektivere Jagdmethoden und wurden zunehmend gefürchtetere Gegner aller anderen Tiere, egal, ob jene Fleischfresser waren, die ihre Jagd auf Menschenfleisch machten, ob sie Fleisch- und Aasfresser waren, die mit menschlichen Jägern um ihren Anteil konkurrierten, oder ob sie Pflanzenfresser waren, die selbst eine Beute der menschlichen Jäger waren. Augenzeugenberichte, die uns mitteilen, wie der Homo erectus seine Beute schlug, sind ein Ding der Unmöglichkeit, aber eine Fülle von Indizien lassen vermuten, daß Feuer eine ungemein wertvolle Waffe für ihn war, bis in unsere Gegenwart hinein. Bis in unsere Zeit – lange nach der Erfindung von Pfeil und Bogen durch den Homo sapiens vor einigen 20.000 Jahren, die viel zu der Effektivität der menschlichen Jäger beitrug und ihre Abhängigkeit vom Feuer reduzierte[7] – wurde Feuer noch von einzelnen Jägern benutzt, um ein Säugetier in seiner Deckung auszuräuchern, oder von organisierten Gruppen, die ganze Elefantenherden in den Hinterhalt trieben. Ethnographische Berichte liefern einige interessante Hinweise. Wenn eine Wandergruppe der !Kung-Buschmänner in der Kala-

---

5 Konner 1982, S. 51. Siehe auch Johanson und Edey 1982, S. 73; Johanson und Shreeve 1989, S. 221.
6 Binford 1989, S. 383-422; siehe auch S. 473.
7 Vgl. Stewart 1956, S. 119f.

hariwüste einigen Löwen die Beute geraubt hatte, kamen die Löwen nachts zurück, aber sie wagten nicht, in den Lichtkreis des Lagerfeuers einzudringen.[8] In unserer Zeit hat sich die menschliche Vorherrschaft so fest etabliert, daß selbst in kleinen Agrargemeinschaften das Hüten der Haustiere oder das Vertreiben wilder Tiere von den Feldern allgemein als besonders leichte Aufgaben betrachtet werden, die gewöhnlich Kindern oder alten Leuten überlassen bleiben.[9]

Roden

Durch den Einsatz von Feuer bei der Jagd veränderten die Menschengruppen das Land, in dem sie wohnten – anfänglich vielleicht unabsichtlich, später mit Absicht. Die drastischsten Veränderungen vollzogen sich nach dem Aufkommen der Landwirtschaft und der modernen Industrie. Aber schon in der Phase, in der Menschengruppen nur vom Sammeln und Jagen lebten, drückten sie der Landschaft stark ihren Stempel auf, am stärksten durch Feuer.

Feuer ist selbsterzeugend. Durch seine Hitze wird weiteres Material entzündet. Solange Brennstoff und Luft vorhanden sind, brennt das Feuer weiter und dehnt sich aus. Als Menschengruppen in den Besitz von Feuer kamen, konnten sie nicht nur die Brenndauer eines einzelnen Feuers verlängern, sie konnten es auch »reproduzieren«, das heißt, sie konnten es zum Entfachen weiterer Feuer gebrauchen. In gewisser Weise ist das Wort Feuer selbst doppeldeutig und führt etwas in die Irre, denn es bezieht sich sowohl auf ein Feuer als ein singuläres, isoliertes Ereignis und auf Feuer im allgemeinen als einen Prozeß, der immer wieder von neuem abläuft. Wesentlich ist, daß die Menschen mit einem Feuer immer mehrere Feuer machen konnten. Ihre Kontrolle über das Feuer ermöglichte ihnen, es zu vermehren.

Und das genau taten sie. Wenn sie von Ort zu Ort wanderten, zündeten sie überall Lagerfeuer an, wo immer sie sich entschlossen zu bleiben. Wenn sie aufbrachen, haben sie sich wohl kaum

8 Goodale 1971, S. 169; Lee 1979, S. 234; Shostak 1981, S. 101.
9 Boserup 1970, S. 15.

darum gekümmert, es auszumachen; wie der Anthropologe Omer C. Stewart bemerkte: »bevor die Feuerproduktion erfunden wurde, mußten wohl sehr viel mehr Gedanken und Energie darauf verwandt werden, das Feuer zu hüten, als es auszulöschen.«[10] So nahm die Häufigkeit von Buschfeuern und Savannenbränden unausweichlich zu, als zu den natürlichen Bränden verlassene menschliche Feuer hinzukamen.

Jäger und Sammler zündeten Feuer auch absichtlich an, in erster Linie, um die Tiere aus ihren Deckungen in den Busch zu treiben. Das Feuer konnte auch Raubtiere und Schlangen verjagen, während die Kombination aus Rauch und Feuer Insekten und kleine Parasiten vernichtete. Nachdem das Feuer gelöscht war, konnten Nüsse und Früchte, die sonst verborgen im Gestrüpp lagen, entdeckt und gesammelt werden. Und es gab noch weitere Vorteile. Ein unmittelbar sichtbarer Effekt wird gewesen sein, daß das gerodete Unterholz den menschlichen Jägern eine bessere Sicht und eine bessere Beweglichkeit bot. Auf längere Sicht hatte Feuer wohl noch mehr vorteilhafte Wirkungen. Es schaffte günstige Bedingungen für einige Pflanzenarten, insbesondere für jene Gräser und Leguminosen, die direktes Sonnenlicht brauchen. Feuer, so haben die Menschen langsam gelernt, konnte eingesetzt werden, um diese Art der Vegetation anzuregen, die dann wiederum das Wild anzog.

Auf diese Weise können wir eine ganze Kette von Ereignissen ausmachen, die wahrscheinlich eintrat, wenn ein Stück Land dem Feuer ausgesetzt war. Die Menschen lernten, die Kettenreaktionen zu erkennen und sie auch absichtlich auszulösen. Dabei schufen sie Umweltbedingungen, die für sie selbst günstig waren.

Neben diesen materiellen Vorteilen zogen sie wahrscheinlich auch ein gewisses emotionales Vergnügen aus ihren Verbrennungspraktiken. Feuer auf einem Stück Land zu entfachen konnte eine Art »Appropriierung« des Landes sein, seine Inbesitznahme und die Ausübung von »Herrschaft«. Selbstverständlich können wir aus den archäologischen Funden keine Beweise für solch ein Motiv herauslesen. Anthropologische Beobachtungen

10 Stewart 1956, S. 118.

unter Sammlervölkern in unserer Zeit lassen aber darauf schließen, daß es eine Rolle gespielt hat.[11]

Anfänglich waren die hominiden oder menschlichen Gruppen
wohl sehr klein und lebten weit zerstreut. Ihre Verbrennungspraktiken konnten deshalb keinen sehr großen Einfluß auf die
Landschaft gehabt haben. Dennoch haben Menschengruppen, die
mit Feuer ausgestattet waren und der Neigung nachgaben, es auch
weitgehend zu nutzen, nun schon über viele tausende von Generationen existiert. Wie der amerikanische Geograph Karl Sauer
bemerkte, »wo immer der primitive Mensch eine Gelegenheit
fand, Feuer auf einem Land zu entfachen, hat er es auch seit
undenklicher Zeit getan.« Das Ergebnis war, wie Sauer und viele
andere vor ihm gezeigt haben, daß lange vor der Einführung der
Landwirtschaft die Vegetation in weiten Teilen der Welt schon
durch menschliches Einwirken – mit Hilfe des Feuers – stark
beeinträchtigt worden war.[12]

Die meisten der ökologischen Effekte früher menschlicher Verbrennungsmethoden wurden natürlich durch die wirklich drastischen klimatischen Veränderungen im späten Diluvium (Pleisto-
zän) überlagert: Der letzten Zwischeneiszeit folgte eine lange
Eiszeit, die ihren Höhepunkt vor 22.000 bis 16.000 Jahren hatte.
Alle dauerhaften Auswirkungen der Verbrennungspraktiken von
Sammlern und Jägern, die heute noch erkennbar sind, stammen
aus der jüngsten Periode der geologischen Geschichte der Erde,
dem Holozän, das mit dem Verschwinden der letzten Eiszeit vor
ungefähr 10.000 Jahren begann.[13]

Bald nachdem die letzten Eisschichten geschmolzen waren und
Bäume wieder dort wachsen konnten, wo nun die gemäßigten
Zonen entstanden waren, begannen die Menschen in den jungfräulichen Wäldern wieder mit ihren alten Verbrennungsmethoden. Archäologen haben Beweise für solche frühen Entwaldun-
gen durch Feuer, die von Menschen in vielen verschiedenen
Regionen – auch in England – entzündet worden sind, gefunden.[14] Mit dem Wachstum der menschlichen Bevölkerung wurde

11 Vgl. Shostak 1981, S. 11.
12 Sauer 1981, S. 340. Siehe auch Talbot 1989, S. 18f.
13 Vgl. Roberts 1989, S. 42-61.
14 Vgl. Edwards 1988.

die »Brandwirtschaft« intensiviert und führte allmählich zu dem Aufkommen der Landwirtschaft, einer Entwicklung, die ich ausführlich in Kapitel 3 behandeln werde.

In einigen Teilen der Welt fand der Übergang zur Landwirtschaft erst vor sehr kurzer Zeit statt. In den meisten Teilen Nordamerikas wurde kein Ackerbau betrieben, als die ersten europäischen Kolonisten im 17. Jahrhundert erschienen. Die ersten Siedler in Neuengland fanden eine offene und parkähnliche Landschaft mit sehr wenig Unterholz vor. Daß dieser Typ der Vegetation überwog, ergab sich aus der Methode der Indianer, zweimal im Jahr ein Feuer über den Waldboden zu treiben. Das Feuer, wie einer der Kolonisten schrieb, »verzehrt alles Gestrüpp und Unterholz, das sonst das Land überwuchern und unpassierbar machen würde und ihnen ihre sehr geliebte Jagd verderben würde«. Ein anderer Siedler schrieb, fast in der gleichen Tonart, daß sie »dieses Verbrennen im Wald als Wohltat betrachteten, sowohl für das Vernichten des Ungeziefers als auch, um Umkraut niedrig zu halten«. Der Historiker William Cronnon, aus dessen Buch diese beiden Zitate stammen, schließt daraus:

Die Brände der Indianer führten zur Vermehrung genau der Arten, deren reichliches Vorhandensein die englischen Siedler so beeindruckte: Elch, Hirsch, Biber, Hase, Stachelschwein, Truthahn, Wachtel und Haselhuhn usw. Mit der Vermehrung dieser Populationen nahmen auch die fleischfressenden Adler, Wölfe, Füchse, Luchse und Habichte zu. Kurz: Die Indianer, die Wild jagten, nahmen nicht nur die »ungepflanzten Gaben der Natur«. Zu einem großen Teil ernteten sie Nahrung, die sie bewußt mit geschaffen hatten.[15]

Als spätere Generationen europäischer Einwanderer in den Mittelwesten von Nordamerika vorzudringen begannen, stießen sie auf eine ganz andersartige Landschaft: die Prärien. Die endlosen offenen Räume, die von großen Büffelherden bewohnt waren, erschienen ihnen als ursprüngliche Natur. Diese Landschaft war aber tatsächlich das Ergebnis der Verbrennungsmethoden indianischer Jäger, die systematisch große Waldflächen niedergebrannt hatten, um mehr Weiden für Büffel und andere pflanzenfressende

15 Cronon 1983, S. 51. Die Zitate im Text stammen von Thomas Morton und Roger Williams, zitiert von Cronon 1983, S. 49f. Siehe auch Day 1953; Pyne 1982; Russel 1983.

Tiere zu schaffen. Wie der Historiker Stephen Pyne in seinem Buch »Fire in America« feststellt, »ist, mit Ausnahme der High Plains, wo die Kurzgrasflächen durch das Klima beeinflußt wurden, fast das ganze Weideland durch den Menschen geschaffen worden. Es ist das Produkt absichtlicher, routinemäßiger Brände«.[16] Wann immer in unserer Zeit ein Stück Prärie sich selbst überlassen blieb, anstatt regelmäßigem Abbrennen und Weiden unterworfen zu werden, waren die Gräser bald von Bäumen überwachsen und die Prärie bildete sich spontan wieder zurück in einen Wald.

Eine ähnliche Situation herrschte auch in Australien vor. Als der holländische Seemann Abel Tasman sich 1644 der westlichen Küste des Kontinents näherte, sah er »Feuer und Rauch ... die ganze Küste entlang«. Reisende in das Innere des Landes bemerkten später »die außerordentlich große Verwüstung durch Feuer«, die die Vegetation überall, wo sie hinkamen, beeinflußt hatte. Sylvia Hallam, die viele solcher Beobachtungen aus Reisebüchern des 19. Jahrhunderts gesammelt hat, schließt daraus, daß zu jener Zeit »Verbrennen, obwohl nur das Werk einer vergleichsweise kleinen Bevölkerung, was seine Reichweite, seine Häufigkeit und ohne Zweifel seinen Einfluß auf die Vegetation betrifft, sehr eindrucksvoll war«.[17]

Zweifellos gab es auch auf dem ganzen Kontinent regelmäßig natürliche Feuer durch Blitze. Ihre Häufigkeit und ihre Auswirkungen wurden aber sehr verstärkt durch die absichtlichen Verbrennungspraktiken der Aborigenes. Läßt man die Frage einmal beiseite, ob diese Methoden angemessen mit »Feuerscheit-Landwirtschaft« bezeichnet werden[18], so können wir feststellen, daß es ausreichend Beweise dafür gibt, daß bis ins 19. Jahrhundert hinein die Aborigenes das Land regelmäßig in Brand steckten, um zu jagen, das Land offenzuhalten und das Wachstum junger Gräser anzuregen. Englische Reisende, die sie als erste bei der Arbeit mit ihren Feuerscheiten sahen, waren erstaunt über die Geschicklichkeit, mit der sie eine »so sprichwörtlich gefährlich wirkende

16 Pyne 1982, S. 84.
17 Hallam 1975, S. 16-28. Siehe auch Blainey 1975a, S. 67-83.
18 Zur »brennenden Kontroverse« über dieses Thema siehe R. Jones 1969; Horton 1982; R. Jones 1989.

Kraft wie Feuer handhaben«. Einer dieser Reisenden schrieb 1831:

Um diese Jahreszeit sorgen sie für die größtmögliche Wildmenge vor, indem sie das Unterholz und Gras in Brand stecken, das, weil es so trocken ist, schnell abbrennt ... Mit einer Art Fackel aus trockenen Blättern des Grasbaumes setzen sie die Ränder des Dickichts in Brand, das das Wild einschließt. Die Jäger stehen verborgen neben den Wildwechseln und durchbohren die Tiere mit Leichtigkeit, wenn sie vorbeikommen. Bei diesen Gelegenheiten werden sehr viele Tiere getötet. Das Feuer ist oft sehr heftig und groß und erstreckt sich über mehrere Meilen des Landes. Aber im allgemeinen wird ein Übergreifen auf andere Gebiete verhindert, indem das Land abschnittsweise verbrannt wird.[19]

Wie Sylvia Hallams Untersuchung ganz klar zeigt, hatten die Brände der Aborigenes nicht nur Einfluß auf die Umwelt, auf Flora und Fauna, sondern auch soziologische und psychologische Auswirkungen. Ein Stück Land in Brand zu setzen war eine Investition, die den Menschen gewisse Verfügungsrechte gab und auch emotionale Bindungen schuf.

Hallam weist besonders darauf hin, daß die von Europäern des 19. Jahrhunderts vorgefundene und dokumentierte Situation in ihrem historischen Kontext gesehen werden muß. Es ist wahrscheinlich, bemerkt sie, daß Menschengruppen Feuer eingesetzt und geschätzt haben, seit sie in Australien vor 30.000 Jahren angekommen waren. Über diesen langen Zeitraum können die Lebensbedingungen sich verändert haben, insbesondere durch das Anwachsen der menschlichen Bevölkerung und die zunehmende effektive Nutzung von Land. Hallam vermutet, daß »anfänglich relativ zufällige Feuer mit heftigen Auswirkungen nach und nach zu absichtlichem Abbrennen der Vegetation führten, wobei sich die Vegetation zunehmend an die häufigen und regelmäßigen Brände gewöhnte«. Mit anderen Worten:

Die Lebensweisen, die wir sehr klar in den Quellen des 19. Jahrhunderts aufgezeichnet sehen und die indirekt bis in das 17. Jahrhundert zurückzuverfolgen sind, hatten sich über eine lange Zeitspanne nicht von zwei, sondern von mehr als zweihundert Jahrhunderten entwickelt. Wir brauchen nicht davon auszugehen, daß es über die ganze Zeitspanne hinweg stark regulierte, jahreszeitlich bedingte Feuer innerhalb definierter Terri-

19 Scott Nind (1831) und J.L. Stokes (1846) nach Hallam 1975, S. 32f.

torien gegeben hat. Solch ein enges Netzwerk von Verantwortlichkeiten mußte sich erst dann entwickeln, als die Bevölkerungsdichte zunahm, die Zahl unterschiedlicher Gruppen in den einzelnen Gebieten wuchs und die Bereiche jeder Gruppe entsprechend eingeengt wurden.[20]

Kochen

Der Prozeß der Verbrennung, den wir Feuer nennen, ist ein blinder, natürlicher Prozeß. Wir sind gewohnt, diesen Prozeß als destruktiv zu bezeichnen, weil er hochorganisierte Materie auf einen Zustand geringerer Organisation oder Integration reduziert und dieser Prozeß irreversibel ist. Manchmal fördern jedoch die zunächst destruktiven Effekte eines Feuers Prozesse der Reorganisation und Reintegration auf einem höheren Niveau. In ökologischen Systemen geschieht dies, wenn durch Feuer tote Materie und Pilze verbrannt werden und so neuer Lebensraum für Pflanzen und Tiere entsteht. Dies ist im Prozeß der Domestizierung geschehen, in dessen Verlauf die Menschen bis zu einem gewissen Grade gelernt haben, die Energien, die durch Verbrennung freigesetzt werden, zu kontrollieren. Sie haben auch gelernt, die freigesetzten Energien in der Organisation ihres sozialen Lebens zu nutzen.

Als Sammler und Jäger Büsche in Brand setzten, um günstigere Nahrungsbedingungen für Wild zu schaffen, handelten sie nach diesem Prinzip. Sie nutzten die unmittelbar »destruktiven« Effekte des Feuers in der Voraussicht, daß sie nach einer gewissen Zeit zu »produktiven« Ergebnissen führen würden. Das gleiche Prinzip, das hier auf der Ebene des Ökosystems angewandt wurde, funktionierte in einem geringeren Umfang beim Kochen. Beim Kochen konnten die destruktiven Kräfte des Feuers eingesetzt werden, um Nahrung zu produzieren, die eß- und genießbarer und für den menschlichen Verzehr geeigneter war als im ursprünglichen rohen Zustand der Zutaten.

Der anfängliche Gebrauch von Feuer zum Kochen, ebenso wie zum Jagen und Roden, wird wohl eher zufällig und größtenteils passiv gewesen sein. In unserer Zeit hat man Schimpansen beob-

20 Hallam 1975, S. 105 f. Siehe auch H.T. Lewis 1989.

achtet, die nach einem Buschfeuer suchend über den verkohlten Boden unter Afzelienbäumen gingen, um Bohnen zu suchen. Im rohen Zustand sind diese Bohnen zu hart, aber geröstet können sie sehr einfach zwischen den Backenzähnen der Schimpansen zermalmt werden. Stella Brewer, die dies berichtete, bemerkte auch, daß große umgestürzte Bäume noch länger als eine Woche langsam zu Asche verglühten. Es stimmte sie nachdenklich, daß es nur ein so kurzer Schritt war von der »Suche nach den vergleichsweise wenigen gekochten Samen zum Sammeln dieser harten, rohen Kerne, um sie absichtlich in diesen natürlichen Ofen zu kochen, die in dem Tal verstreut herumlagen«.[21]

Wie bei den anderen Arten des Feuergebrauchs ist es auch in diesem Fall unmöglich zu sagen, wann und wie oft dieser »kurze Schritt« getan worden ist. Aber auch hier kann es keinen Zweifel geben, daß seine Konsequenzen weitreichend waren. Auf lange Sicht brachte das Kochen der Nahrung physiologische, aber auch psychologische und soziologische Veränderungen mit sich.

Die physiologischen Auswirkungen dieses Übergangs zu gekochten Speisen sind komplex und im ganzen noch nicht klar, wie erst jüngst in einer Literaturübersicht von Ann Brower Stahl festgestellt worden ist.[22] Da der regelmäßige Verzehr einer großen Bandbreite gekochter Nahrung (und nicht nur zufällig gefundener Samen) sehr wahrscheinlich auf lange Sicht den menschlichen Verdauungsapparat beeinflußte, kann mit dem heutigen Wissensstand nicht mit Sicherheit darauf geschlossen werden, was die Hominiden wohl vor der Zähmung des Feuers gegessen haben. Es können jedoch einige sehr plausible Annahmen gemacht werden. Da das Feuer vorverdauende Arbeit leistete, eröffnete das Kochen eine ganze Reihe neuer Nahrungsquellen. Das wichtigste dabei war, daß pflanzliche Substanzen, insbesondere Blätter und Hülsenfrüchte, sich für den menschlichen Verzehr eigneten, nachdem das Feuer toxische Substanzen und zähe Fasern zerstört hatte. Auf diese Art wurde das Angebot an pflanzlicher Nahrung erheblich erweitert und wurden viele neue Quellen für Protein, Stärke und Kohlenhydrate erschlossen. Ein weiterer Vorteil des Feuers lag darin, daß insbesondere Fleisch gegen Verderben ge-

21 Übersetzt nach S. Brewer 1978, S. 191.
22 Stahl 1984, Siehe auch Peters und O'Brien 1984.

schützt wurde und so längere Zeit aufbewahrt werden konnte. Daraus läßt sich schließen, daß schon allein aus Ernährungsgründen das Kochen die menschlichen Lebenschancen erheblich verbesserte, da es das Beißen, Kauen und Verdauen erleichterte und die schädlichen Effekte giftiger Anteile ausschloß oder doch reduzierte.

Neben diesen ernährungsbedingten Auswirkungen beeinflußte das Kochen auch die soziale Organisation und die Mentalität. Die Aussagen über die Kontrolle des Feuers im allgemeinen können noch zutreffender auf das Kochen bezogen werden. Es wurde exklusiv *und* universell eine menschliche Fähigkeit, für die nicht nur gewisse biogenetische Voraussetzungen erfüllt sein mußten, sondern ebenso eine soziale Organisation und eine kulturelle Vermittlung. Der »kurze Schritt«, den Stella Brewer anführte, wurde ein Siebenmeilenschritt, als das Kochen sich zu einer komplexen Tätigkeit entwickelte, die sehr weit entfernt war von der einfachen Reflexkette: Hunger, Nahrungssuche, Essen. Die französische Archäologin Catherine Perlès bemerkt, daß in dieser Hinsicht der »kulinarische Akt« eine Trennung zwischen der »tierischen Welt und der menschlichen Welt« hervorgebracht hat.[23]

Die höhere Produktivität durch das Kochen konnte durch dieselben Formen der Kooperation und Arbeitsteilung erreicht werden, die auch schon Menschengruppen befähigte, Feuer zu kontrollieren. Während einer das Feuer hütete, nahmen andere an einer gemeinsamen Jagd teil oder gingen einzeln aus, um Früchte und Knollengewächse zu sammeln. Es waren meistens Männer und vielleicht auch halbwüchsige Jungen und Mädchen, die das Großwild jagten; Sammeln der pflanzlichen Nahrung und Kochen war zum großen Teil Frauenarbeit. Aber gleichgültig wie und durch wen die Nahrungsmittel herbeigeschafft wurden: das Kochen war eine Zwischenstufe vor dem Verzehr; und verschiedene Individuen konnten in den Prozeß einbezogen sein, beim Sammeln, Zubereiten und Verspeisen.[24]

Wie die Kontrolle über das Feuer generell, so ist auch Kochen ein Element der Kultur. Es muß erlernt werden, und dieses Lernen

23 Perlès 1979, S. 7-9.
24 Vgl. Leibovitz 1986, S. 64-67.

erfolgt in Gruppen. Es erfordert eine gewisse Arbeitsteilung und Kooperation und vom Individuum Aufmerksamkeit und Geduld. Man muß die Speise im Auge behalten und das Essen bis zu dem Zeitpunkt hinausschieben, an dem es gar und ein wenig abgekühlt ist. Einige Autoren gehen so weit zu sagen, daß die Aufmerksamkeit, mit der das Kochen erledigt werden mußte, den Menschen zur »ersten subtilen und intimen Kenntnis der Materie« verholfen und damit die Basis für die weitere Entwicklung der empirischen Naturwissenschaften gelegt hatte.[25] Und schon in einer viel früheren Phase lagen in der sozialen Koordination und der individuellen Disziplin, die aufgrund des Kochens erworben worden waren, nützliche Nebenwirkungen auch für andere Tätigkeitsbereiche.

Viele psychoanalytische Autoren sind der Meinung, daß der Akt des Essens selbst vom Kochen geformt wurde. Da die Fasern durch das Feuer weicher wurden, war es möglich, die Rolle der Zähne beim Zerreißen zäher Substanzen zu reduzieren und sich mehr auf die geschickteren Hände zu verlassen.[26] Die Nahrung mit den Händen auseinanderzureißen, bevor der Mund sie berührt, wird allgemein als ein menschlicheres Eßverhalten angesehen, als wenn die Hände nur die Nahrung festhalten, während Zähne und Lippen das Reißen und Zerschneiden übernehmen. Der Wechsel von »oral« zu »manuell« könnte auch als erster Schritt in die Zivilisation der Eßgewohnheiten gelten, lange vor der Einführung von Eßstäben, Messern und Gabeln.

Der zunehmende Gebrauch der Hände und mehr noch der Gebrauch von Werkzeugen, die die Arbeit der Hände übernahmen, machte Essen zu einer differenzierteren Tätigkeit. Wenn wir sagen, daß die Menschen mit Eßstäbchen essen, meinen wir natürlich, daß sie auch ihre Hände und ihren Mund gebrauchen. Aber der Ausdruck weist doch eindrücklich auf die sozialen Prioritäten hin. Auf lange Sicht hat die Möglichkeit, gekochte Speisen zu essen, die aus verschiedenen Zutaten bestanden und mit manueller Geschicklichkeit und vielleicht sogar mit speziellen Bestecken verzehrt wurden, zur Differenzierung der Ernährungsweisen und der Eßgewohnheiten der Menschen und damit zu der Palette

25 Vgl. Perlès 1977, S. 101.
26 Stone 1979, S. 30.

der Gründe für soziale Unterschiede beigetragen. Die Anthropologie steckt voller Beispiele, nicht nur für die Verschiedenartigkeit von Ernährungsweisen und Eßgewohnheiten, sondern auch für die heftige Reaktion, die durch die Eßgewohnheiten anderer Leute hervorgerufen wird. Die Algonquin-Indianer im Nordosten Amerikas nannten ihre nördlicheren Nachbarn »Eskimos«, das bedeutet »Rohes-Fleisch-Esser«.[27] Dieser Name, der in allen westeuropäischen Sprachen geläufig wurde, ist bei weitem nicht der einzige Fall, in dem eine Gruppe eine andere als Esser von rohem Fleisch stigmatisiert. In Gesellschaften mit größerer innerer Differenzierung und komplizierterer Hierarchie haben die Koch- und Eßgewohnheiten immer zu den herausragendsten Verhaltensaspekten gehört, die den Mitgliedern der verschiedenen sozialen Schichten als Basis für gegenseitige Identifikation und Ärgernis erregende Abgrenzung dienten.

Ich bin sicher, daß ich auf diesen wenigen Seiten nicht alle Implikationen des Kochens angesprochen habe. Die Hauptkategorien sind jedoch genannt worden. Zunächst sind die physiologischen Konsequenzen zu nennen: die Möglichkeiten, die Ernährungsgrundlage auf Substanzen auszudehnen, die im rohen Stadium nicht (oder nur in geringen Mengen) zum menschlichen Verzehr geeignet waren. Nicht weniger wichtig waren die sozialen und psychologischen Folgen, denn das Kochen brachte Menschengruppen dazu, eigene Eßgewohnheiten zu entwickeln, durch die sie sich nicht nur von allen anderen Tieren, sondern auch untereinander abgrenzen konnten. Die Unterscheidungen entwickelten sich erst in den Beziehungen zwischen den Arten und wurden später auf Beziehungen innerhalb der eigenen Art übertragen.

27 Vgl. Müller 1972, S. 4.

Wärme, Licht und andere Funktionen

Roden und Kochen repräsentieren sozusagen zwei prototypische Formen des Feuergebrauchs, die verschiedene Arten von Feuer benötigen. Beim Roden wird das Feuer »losgelassen«, damit es sich schnell über ein großes Gebiet ausdehnt. Beim Kochen wird es in einem eingegrenzten Raum gehalten, um eine gleichmäßige und konzentrierte Hitze zu erzeugen.

Von diesen beiden Hauptformen des kontrollierten Feuers ist die Art, die man zum Kochen braucht, die dauerhaftere. Und damit konnte dieses Feuer gleichzeitig einer Menge anderer Funktionen dienen. Als Quelle von Hitze und Licht gab es Schutz gegen Kälte und Dunkelheit. Es hielt Raubtiere und andere Tiere fern. Wegen des Komforts und der Sicherheit, die es bot, konnte es der Mittelpunkt des Gruppenlebens sein und Kommunikation und Solidarität fördern. Es war auch nützlich für eine ganze Reihe praktischer Zwecke, wie z. B. zum Schärfen der hölzernen Werkzeuge oder zum Zertrümmern von Steinen. Glühende Kohlen der Kochstelle konnten mit an andere Orte genommen werden, und auch der Rauch konnte vorteilhaft eingesetzt werden – um Insekten abzuwehren, das Wild aus seiner Deckung zu treiben oder Signale über weite Entfernungen zu senden.

Diese kurze und unvollständige Liste der verschiedenen Einsatzmöglichkeiten des Feuers kann als Ergänzung meiner Ausführungen über die Vorbedingungen der Feuerkontrolle in Kapitel 1 gelesen werden. Wenn wir den Verlauf des Domestizierungsprozesses verstehen wollen, reicht es nicht, die Eigenschaften aufzuzählen, die die Hominiden als Vor-Bedingungen (»precondition«) entwickeln mußten, um die Kontrolle über das Feuer zu erlangen. Wir müssen auch berücksichtigen, was es für sie so reizvoll machte, dieses Potential tatsächlich auszuschöpfen und weiterzuentwickeln.

Feuer, um es zu wiederholen, ist eine physikalisch-chemische Reaktion, die unter verschiedenen Bedingungen auch unterschiedliche Auswirkungen haben kann, sowohl kurz- als auch langfristig. Die Menschen haben gelernt, bestimmte Auswirkungen wahrzunehmen, zu genießen und herbeizuführen, indem sie die angemessenen Bedingungen herstellten. So konnten sie sicher sein, erwünschte Ergebnisse auch zu erzielen. Mit der Sprache der Systemtheorie könnten wir sagen, daß sie »Effekte mit einem positiven Feedback« erzeugten. Wir können auch von Nach-Bedingungen (»postconditions«) sprechen oder gebräuchlicher von Funktionen.[28] Der Punkt, auf den es ankommt, ist, daß nur die kontinuierliche Jagd auf Vorteile eines Feuers den Domestizierungsprozeß über so viele Tausende von Generationen im Gange hielt.

Aber auch dies war wiederum nicht die ganze Geschichte. Ob die Menschen es wahrnahmen oder nicht, der regelmäßige Gebrauch des Feuers hatte unvermeidlich mehr Konsequenzen als diejenigen, die erwünscht waren. Eine dieser unvorhergesehenen Konsequenzen war die langfristige Herausbildung einer neuen ökologischen Ordnung, die ein integraler Bestand der menschlichen Gesellschaft wurde. Wenn die Menschen Brände nutzten, um zu roden oder um andere Tiere zu vertreiben, zwangen sie diese soziokulturelle Handlungsweise der natürlichen Umgebung auf. Indem sie einen Teil ihrer Energien darauf verwandten, ein Feuer zu hüten oder Brennholz zu sammeln und zu lagern, unterwarfen sie sich auch diesem »Feuerregime«.

Das Feuerregime machte Menschengruppen als Überlebenseinheiten sowohl hominiden als auch nichthominiden Konkurrenten gegenüber stärker.[29] Langfristig konnten nur solche Gruppen überleben, die mit Feuer ausgestattet waren und die bereit waren, unter einem Feuerregime zu leben. Indem sie die Macht des Feuers ihrer eigenen hinzufügten, konnten sie ihre Gesellschaften produktiver und wehrhafter machen. Die Produktivitätszuwächse, die durch effektiveres Jagen und auch durch Kochen erzielt wurden, waren am Anfang möglicherweise nicht sehr groß. Doch führten sie langfristig unausweichlich zu einem Anheben des materiellen Komforts und auch zu einer Zunahme der Bevölkerung oder, wie moderne Wirtschaftshistoriker sagen würden, zu einem »intensiven und extensiven Wachstum«.[30]

Der Gebrauch des Feuers als Quelle für Hitze und Licht führte

28 Vgl. Goudsblom 1979, S. 189-194.
29 Zum Konzept dieser »Schutz- und Trutz-Einheiten« oder »Überlebenseinheiten« siehe auch Elias 1969b, S. 152f.
30 Vgl. Jones in Goudsblom, Jones und Mennell 1989, S. 27-62.

unleugbar zu einem höheren Lebensstandard (um einen anderen Begriff der zeitgenössischen Wirtschaftswissenschaften auf die Vorgeschichte anzuwenden). Wir neigen immer noch dazu, Wärme mit Bequemlichkeit und Licht mit Helligkeit gleichzusetzen. Fähig zu sein, Wärme und Licht willentlich zu erzeugen, das ganze Jahr hindurch, muß in der Tat eine große Verbesserung der Lebensbedingungen zur Folge gehabt haben. Selbst wenn der Besitz eines Feuers für Menschen nicht unbedingt notwendig war, um kalte und feuchte Winter im nördlichen Eurasien zu ertragen, machte er aber diese Winter zweifellos erträglicher.

So erleichterte die Kontrolle über das Feuer auch Gebietsexpansionen und als Folge auch eine Bevölkerungszunahme oder »extensives Wachstum«. Zahlreiche Fundstellen in kalten Regionen weisen auf menschliche Besiedlung vor 400.000 Jahren hin, ohne irgendwelche Spuren von Feuer. Natürlich könnten die Aschen durch Wind und Wasser ausgelöscht sein, aber es ist auch möglich, daß diese Gruppen ohne Feuer überleben konnten. Für spätere Perioden gibt es allerdings nur noch Anhaltspunkte für Gruppen mit Feuer.[31]

Ebenso wie die Wärme, die das Feuer ausstrahlte, die Expansion der menschlichen territorialen Vorherrschaft begünstigte, ermöglichte das Licht eine Expansion der Zeit, in dem dunkle Abende mit Arbeit, Spiel und Ritualen ausgefüllt werden konnten. Natürlich blieben die Menschen auch mit Feuer von den Zyklen der Jahreszeiten und vom Tag- und Nachtrhythmus sehr abhängig. Ihre Abhängigkeit war aber weniger unmittelbar: Feuer wirkte als Puffer gegen die Extreme Kälte und Dunkelheit, indem es kleine Enklaven von Wärme und Licht erzeugte.

Natürlich war es nicht das Feuer alleine, das das Leben im kalten Klima erträglicher machte. Wie die Beispiele der Eskimos und der Bewohner der Hochanden in der heutigen Zeit zeigen, können Unterkunft, Kleidung und eine fettreiche Nahrung ausreichenden Schutz bieten.[32] Aber Feuer trug dazu bei, ein angenehmeres Mikroklima zu schaffen. Dies war um so vorteilhafter für Menschengruppen, als die kälteren Klimazonen in Eurasien ihnen in

31 Perlès 1981.
32 Vgl. Baker 1984.

vielerlei Hinsicht eine günstigere Umgebung boten als die tropischen oder subtropischen Regionen Afrikas, wo sie herstammten. Im Norden, wie William McNeill betont, gab es viel weniger Mikroben, von denen sie gequält oder (sogar) getötet werden konnten.[33]

Die Gewöhnung an all diese Vorteile machte die Menschengruppen langfristig abhängiger vom Feuer. Ähnlich wie einige Pflanzen, die nur in einer Umgebung gedeihen, in der es regelmäßige Brände gibt, wurden sie zu Pyrophyten, süchtig nach Feuer. Und durch diese Verflechtung hatten sie keine andere Wahl, als weiterhin unter einem Feuerregime zu leben.

Als ein soziokulturelles Regime führte das Feuerregime in der Regel dazu, Gruppenbindungen zu stärken. Nur wegen ihrer Gruppenmitgliedschaft konnten Menschen die Vorteile eines Feuers in Anspruch nehmen. In welchem Ausmaße es schon sehr früh dazu kam, daß die Gruppe mit ihrem Feuer identifiziert wurde, kann vielleicht aus dem Ausspruch geschlossen werden, der von Sammlern und Jägern in unserer Zeit überliefert ist, der sich auf die Gruppenzugehörigkeit bezieht und danach fragt,»zu welchem Feuer man gehört«.[34]

Es ist eindeutig, daß Feuer einen Ort darstellte, um den eine Gruppe sich versammeln und bis weit in die Nacht gemeinsam aktiv sein konnte. Es ist verständlich, daß – nach der Etablierung des menschlichen Monopols – Feuer dazu beitrug, ein Band zwischen den Gruppen zu knüpfen, die sich im Notfall gegenseitig Feuer »ausliehen«. Es gibt keine empirischen Beweise für diese Idee, aber es kann möglicherweise eine Alternative zu der Hypothese von Lévi-Strauss sein, daß das früheste Bindeglied zwischen Gruppen im Austausch von Frauen bestand.[35]

Zu den vielen Vorteilen des Feuerregimes kam noch ein weiteres Vergnügen: Macht über Feuer zu haben und durch das Feuer über Tiere und Pflanzen. Es gibt Hinweise aus jüngerer Zeit, daß Vergnügen und Stolz auch daraus gezogen werden können, daß Menschen schrecklichen Feuerproben unterworfen wurden, wie

33 McNeill 1976, S. 27 f.
34 Hudson 1976, S. 235 f.
35 Lévi-Strauss 1976. Siehe auch Klaatsch 1920, S. 100; Lumsden und Wilson 1983, S. 100.

z. B. in Initiationsriten oder in der Folterung von Gefangenen oder Ausgestoßenen.[36]

Ich brauche kaum zu betonen, daß die Macht, die durch Feuer ausgeübt wurde, im Kern soziale Macht war – sie konnte nur durch eine Gruppe aufrechterhalten werden. Und während sich Gruppen in vieler Hinsicht unterschieden – und sei es nur durch die Art und Lage ihrer Behausung –, waren sie sich in ihrer Feuerordnung auffallend ähnlich. Die Prinzipien der Feuerkontrolle, wie sie von den Hominiden entdeckt wurden, ließen wenig Spielraum für Variationen und führten in der ganzen Welt zu mehr oder weniger denselben Anpassungen, unabhängig von Klima und Geographie.[37] Ohne ein Minimum an sozialer Kooperation und Arbeitsteilung war es einfach unmöglich, ein Feuer für längere Zeit brennen zu lassen, denn es mußte bewacht und mit Brennstoff versehen werden. Als die Menschen immer mehr auf die verschiedenen Funktionen des Feuers angewiesen waren, wurden sie auch zunehmend durch seinen Verlust verwundbar. Das mag ein weiterer Grund gewesen sein, es mit Ehrfurcht und Ritual zu umgeben. Gleichzeitig hörte das Feuer nie auf, wegen seiner destruktiven Kraft eine potentielle Gefahrenquelle zu sein, so daß der Umgang mit ihm ständige Disziplin erforderte.

Da keine hominide oder menschliche Gruppe es sich leisten konnte, ganz von vorne anzufangen und für jede Generation neue Lösungen zu entwickeln, damit Feuer nicht ausgingen, mußte sich jede Gruppe zum großen Teil auf erlernte standardisierte Verfahrensweisen oder auch Riten stützen. Riten werden als erlernte Alternative zu den »Instinkten« in jeder bekannten Gesellschaft bis zum heutigen Tage mit dem Einsatz von Feuer in Verbindung gebracht.[38] Da es sehr wahrscheinlich ist, daß dieses immer so war, seit die Hominiden als erste lernten, ein Feuer nicht ausgehen zu lassen, vermute ich, daß die Feuerkontrolle auch zu der Entwicklung der menschlichen Fähigkeit, Rituale durchzuführen, beigetragen hat.

Riten enthalten immer beides, Vorschriften und Verbote. Nach Gaston Bachelard ist für Kinder »Feuer von Anfang an das Ob-

36 Vgl. Trigger 1976, S. 73 f.
37 Vgl. Hough 1916.
38 Siehe z. B. Hudson 1976; Staal 1983.

jekt eines generellen Verbots« und das »soziale Verbot ist unsere erste allgemeine Kenntnis von Feuer«.[39] Diese Bemerkungen sind gleichzeitig sehr aufschlußreich und doch in ihrer Aussagekraft beschränkt. Sie beziehen sich in erster Linie auf Kinder, die in Häusern leben, in einer agrarischen oder industriellen Gesellschaft. In einer Gesellschaft von Jägern und Sammlern, in der Erwachsene regelmäßig den Busch anzünden, um das Land zu roden, ist die Situation ganz anders. Ein Kind, das in einer solchen Gesellschaft groß wird, braucht keine ernsten Ermahnungen entgegenzunehmen, ja es könnte sogar ermutigt werden, mit Feuer zu spielen, um den Umgang mit ihm zu lernen.[40] Aber selbst in Gesellschaften, die weniger durch die Furcht vor Feuer verfolgt werden als unsere, muß jedes Kind die kulturellen Restriktionen, die das domestizierte Feuer mit sich bringt, lernen, und es muß auch wissen, daß es gefährlich ist, sie nicht zu beachten.

Wegen der Disziplin, die die Zähmung des Feuers unausweichlich erforderte, war sie auch ein Zivilisationsprozeß. Er umfaßte die Entwicklung sozialer Regeln, denen die Individuen in ihrem Verhalten entsprechen mußten. Das bedeutet nicht, daß die Feuerkontrolle die Menschen liebevoller und friedlicher gemacht hätte. Im Gegenteil, eine der langfristigen Begleiterscheinungen des Zivilisationsprozesses der Menschheit war eine zunehmende Fähigkeit, die destruktive Macht des Feuers gegen alles, was die Menschen für unerwünscht hielten und vernichten wollten, einzusetzen. Der Punkt ist, daß für den Umgang mit Feuer oder mit explosivem Material, selbst für rein destruktive Zwecke, immer eine große Vorsicht erforderlich war. Als die Menschen immer höhere, größere und heißere Feuer entfachen konnten, brauchten sie eine strengere Regulierung ihrer sozialen Beziehungen und individuellen Impulse, um diese vielen Feuer unter Kontrolle zu halten.

39 Bachelard 1964, S. 22.
40 Siehe auch Kapitel 8 und 9, S. 191, 197f.

3. Feuer und Agrarisierung

Der zweite Übergang

Lange nachdem die Menschengruppen Feuer domestiziert hatten, fingen sie an, ihre Pflege und Kontrolle auf ausgewählte Tiere und Pflanzen auszudehnen. Damit begann die zweite große von Menschen bewirkte ökologische Umwandlung. Sie hätte ohne die fest etablierte Feuerkontrolle nicht stattfinden können. Sie hat die weitere Entwicklung der Rolle, die das Feuer in der menschlichen Gesellschaft spielen sollte, entscheidend beeinflußt.

Der Übergang vom Sammeln und Jagen zu Ackerbau und Viehzucht war anfänglich nicht notwendigerweise plötzlich. Eine Gruppe, die anfing, ein paar Feldfrüchte anzubauen, brauchte deshalb nicht ihre gesamte vorherige Lebensweise aufzugeben. Es wird wohl sehr wenige (wenn nicht sogar keine) Agrargesellschaften gegeben haben, die das Jagen und Sammeln vollständig aufgegeben hätten. Der Anteil der Nahrungsmittel, der mit der alten Technik herbeigeschafft wurde, wurde jedoch unausweichlich geringer, als Ackerbau und Viehzucht sich ausdehnten.

Für viele Tausende von Generationen vollzogen sich die beiden Prozesse des wachsenden Lebensstandards (oder »intensives Wachstum«) und des Anwachsens der Bevölkerungszahlen (»extensives Wachstum«) fast unmerklich langsam. Heute wissen wir, daß sich beide Prozesse gegen Ende der letzten Eiszeit (es ist nicht einmal mehr als eintausend Generationen her) beschleunigten. Im folgenden seien zwei Indikatoren genannt: Der erste, der insbesondere auf das intensive Wachstum verweist, war das Auftauchen von Felsenzeichnungen im Inneren von Höhlen; der zweite, der uns besonders auf das extensive Wachstum verweist, war die Ausdehnung der menschlichen Bevölkerung auf alle Kontinente, einschließlich der neuen Welten Amerikas und Australiens.

Das intensive und extensive Wachstum wurde noch einmal mit dem Aufkommen von Ackerbau und Viehzucht vor ca. 10.000 Jahren (oder dreihundert bis vierhundert Generationen) beschleunigt. Mit diesem zweiten ökologischen Umgestaltungsprozeß trat die Menschheit in ein neues Stadium ihrer Geschichte ein. Aber es gab dennoch bemerkenswerte Ähnlichkeiten und Kontinuitäten.

Die Fragen, die ich in bezug auf die Domestizierung des Feuers gestellt habe, sind auch für die Domestizierung von Pflanzen und Tieren relevant. Was waren die Vor-Bedingungen für den Prozeß, und was waren die Nach-Bedingungen oder Funktionen, die den Prozeß in Gang hielten und ihn so überzeugend machten, daß die Agrarisierung die dominante Lebensweise wurde? Es ist angenommen worden, daß vor etwa 10.000 Jahren die menschliche Bevölkerung ausschließlich vom Sammeln und Jagen lebte; daß vor fünfhundert Jahren dieser Anteil auf 1 % und 1965 auf weniger als 0,01 % gesunken war.[1] Rückblickend erscheinen die letzten 10.000 Jahre als eine Periode des Übergangs zwischen zwei Phasen: eine vorangehende Phase, in der es keine Gesellschaften mit Landwirtschaft gab, und eine nachfolgende Phase (in die wir im 20. Jahrhundert eingetreten sind), in der es keine Gesellschaft mehr ohne Ackerbau und Viehzucht gibt.

Die Domestizierung von Pflanzen und Tieren war in vielen bedeutenden Zügen der Domestizierung des Feuers vergleichbar. Der Prozeß benötigte in gleicher Weise einen aktiveren und regelmäßigen Gebrauch natürlicher Ressourcen. Gruppen von Menschen »zähmten« ursprünglich »wilde« Kräfte der Natur und lernten, diese Kräfte innerhalb ihrer eigenen menschlichen Sphäre zu versorgen, zu hüten und auszunutzen. Nachdem das Feuer inkorporiert war, inkorporierten sie nun ausgewählte Pflanzen und Tiere in ihre eigenen Gesellschaften. Sie dehnten ihre Sorge und Kontrolle auf diese Arten aus und begannen einen Prozeß der künstlichen Auswahl, um ihre Qualitäten den menschlichen Bedürfnissen entsprechend zu verbessern. Ebenso wie sie in Tausenden von Jahren ihr Feuer mit Brennstoff versorgt und es gegen Wind und Regen geschützt hatten, begannen sie nun, die von ihnen gehaltenen Tiere zu füttern, höher zu züchten und gegen konkurrierende Arten und Parasiten zu schützen.[2]

1 Gowlett 1984, S. 10f. Vgl. Murdock 1968.
2 Vgl. Clutton-Brock 1987, S. 9-16.

Auf diese Weise schufen menschliche Gemeinschaften eine hohe Konzentration von Pflanzen und Tieren, die für sie nützliche Produkte – insbesondere Nahrung – darstellten. Langfristig führte das Produktivitätswachstum pro Landeinheit zu einem bemerkenswerten Anstieg der Bevölkerung und zu einem potentiellen Anstieg des Lebensstandards, der jedoch aus Gründen, die wir später erörtern werden, in vielen Gesellschaften nur von einem kleinen Teil der Bevölkerung erreicht wurde.

Durch die Landwirtschaft wurden Gesellschaften zahlenmäßig größer und in Teilen wenigstens auch wohlhabender, gleichzeitig wurden sie aber damit auch von dieser Form der Produktion abhängiger. Wie bei der Domestizierung des Feuers brachte auch die Kontrolle durch die Domestizierung von Pflanzen und Tieren eine wachsende Abhängigkeit mit sich – eine Abhängigkeit von dem, was kontrolliert wurde, und von den technischen und organisatorischen Apparaten, die diese Kontrolle erst ermöglichten. Um die Grundstruktur und die Dynamik von Agrargesellschaften zu verstehen, muß man diese zweifache Tendenz vor Augen haben. Einerseits wurden diese Gesellschaften durch die bewußte Ausdehnung ihrer Herrschaft über nichtmenschliche Ressourcen zunehmend produktiver und wehrhafter. Andererseits bewirkten diese Prozesse aber auch ein wachsendes Zerstörungspotential und machten diese Gesellschaften gegenüber verschiedenen Arten von Katastrophen verwundbarer.[3]

Der Einsatz von Feuer und die Agrarisierung

Es ist fast unmöglich sich vorzustellen, wie Menschen Landwirtschaft hätten betreiben können, ohne gründliche Kenntnis davon, wie man mit Feuer umgeht. Erstens brauchten sie ein Feuer, um zu kochen. Die ersten Feldfrüchte, die in größerem Umfang angebaut wurden, waren Getreidearten aus der Familie der Gräser. Wegen seines hohen Nährwertes und seiner großen Lagerungsfähigkeit war Getreide ein zweckmäßiges Hauptnahrungsmittel

3 Vgl. McNeill 1989.

für eine menschliche Gemeinschaft, dazu mußte es aber erst mit Hilfe des Feuers leichter verdaulich gemacht werden.

Ein zweiter und ganz anderer Grund dafür, daß die Feuerkontrolle eine Vorbedingung für die Domestizierung von Tieren und Pflanzen war, ergab sich aus der menschlichen Vorherrschaft über alle anderen Säugetiere, die teilweise auf dem Feuergebrauch basierte. Das menschliche Monopol über das Feuer war zu jener Zeit so fest verankert und ist heutzutage so selbstverständlich, daß man in diesem Zusammenhang selten darüber nachdenkt. Trotzdem muß es erwähnt werden. Die allgemein anerkannte Hegemonie der Menschen im Tierreich befähigte sie nicht nur, bestimmte Arten, wie Ziegen und Schafe, unter ihre direkte Kontrolle zu bringen, sondern auch – und das war letzten Endes genausowichtig –, die übrigen »wilden« Tiere auf Distanz zu ihrer Ernte und ihren Herden zu halten.

Es ist sehr wahrscheinlich, daß die Erfahrung im Kontrollieren von Feuer die Domestizierung von Tieren und Pflanzen in noch einer anderen Weise förderte. Wie die Domestizierung des Feuers bedeutete auch die Domestizierung von Pflanzen und Tieren eine Ausdehnung der menschlichen Vorherrschaft. Eine neue Form des ökologischen »Regimes« war etabliert, ein agrarisches »Regime«, das neue Erfordernisse und Zwänge, sowohl gegenüber der physischen Umgebung als auch der menschlichen Gemeinschaft selbst erforderte. Der Anbau von Getreide und die Aufzucht von Tieren war, ähnlich dem Feuerhüten, eine Art »Umwegverhalten«, in dem Menschen für etwas Sorge trugen, das nicht zu ihrem eigenen »Genpool« gehörte. Dieses Umwegverhalten war nicht angeboren, sondern mußte durch soziales Lernen erworben werden. Die lange Vertrautheit mit dem »Feuerregime« trug dazu bei, die Menschen auf die Härten eines agrarischen »Regimes« vorzubereiten: voller selbstauferlegter Entbehrungen zum Nutzen von aufgeschobener Befriedigung.

Die interessanteste und in der Literatur am häufigsten diskutierte Beziehung zwischen dem Feuergebrauch auf der einen Seite und dem Entstehen von Landwirtschaft auf der anderen Seite ist die alte Tradition des Rodens in der Absicht, Nahrungsmittel zu produzieren. Wie schon in Kapitel 2 erwähnt, war das Abbrennen des Bodens eine weitverbreitete Praxis unter den Sammlervölkern, um so bessere Bedingungen sowohl für das Sammeln als auch für das Jagen zu schaffen. Diese Verbrennungsmethoden wurden sehr wahrscheinlich gegen Ende der letzten Eiszeit, etwa vor zehn- bis zwölftausend Jahren, intensiviert, als sich die Menschen in verschiedenen Regionen einer zunehmend ernsthafteren ökologischen Krise gegenübersahen.[4] Zu dieser Zeit hatte sich die menschliche Bevölkerung über alle Kontinente ausgebreitet; selbst Amerika und Australien, obgleich dünn bevölkert, waren von Küste zu Küste bewohnt. Fortschritte in den Jagdtechniken hatten die Megafauna sehr wahrscheinlich schon beträchtlich ausgedünnt. Unter diesen Bedingungen mußte der Temperaturanstieg eine sehr prekäre Situation hervorrufen, insbesondere in den Gebieten, die aufgrund des intensiven Sammelns und Jagens auch am dichtesten besiedelt waren, wie z. B. der »fruchtbare Halbmond«, der sich von Mesopotamien bis nach Ägypten erstreckte. Mit dem Anstieg der Temperaturen begannen die Eisberge zu schmelzen und verursachten ein allmähliches Ansteigen des Meeresspiegels von etwa 130 Metern. Fruchtbare Deltagebiete an den Küsten gingen so für die menschliche Besiedlung verloren. Zur gleichen Zeit verschob sich die Baumgrenze, und die savannenähnlichen Gebiete, an die die Menschen hervorragend angepaßt waren, wurden von Wäldern überwuchert, die Jägern und Sammlern viel ungünstigere Lebensbedingungen boten.

Es scheint sehr wahrscheinlich, daß das Vordringen der Wälder die Menschen dazu gebracht hat, ihre Verbrennungspraktiken zu intensivieren. Wie der amerikanische Anthropologe Henry T. Lewis aufgezeigt hat, waren die Menschen vor ca. zehntausend Jahren zu einem höchst vernünftigen Umgang mit Feuer fähig; sie konnten es so einsetzen, daß eine bestimmte Vegetationsart begünstigt wurde, die sowohl sie selbst als auch die Tiere, die sie jagten, mit großen Mengen von Nahrungsmitteln versorgte. Während die häufigen Brände die Biomasse der Vegetation insgesamt reduzierten, stimulierten sie aber eine üppige junge Vegetation mit einem hohen Nährwert für Tiere und erhöhten so die Biomasse der Tiere über das Maß hinaus, das in den Wäldern

4 Vgl. Cohen 1977.

bestanden hatte. Wenn die Menschen als Antwort auf die sich wandelnden ökologischen Bedingungen ihre Verbrennungspraktiken intensivierten, fügten sie der alten »Volksweisheit über Feuer« ständig neue Erfahrungen hinzu. Mit Hilfe dieses Wissens waren sie in der Lage, das Wachstum einer Vegetation, in der Gräser vorherrschten, zu fördern, die nicht nur eßbaren Samen für sie selbst lieferte, sondern auch Halme und Samen, die, obwohl für Menschen unverdaulich, von Schafen, Ziegen, Gazellen und anderen Beutetieren verzehrt werden konnten. Diese Verbrennungswirtschaft, die auf die Vermehrung der Produktivität beim Jagen und Sammeln abzielte, war, wie Lewis bemerkt, eine bedeutende »Voradaptation für die Landwirtschaft«, nicht weniger bedeutend wie die Entwicklung von steineschleifenden Werkzeugen und Lagerungsmöglichkeiten.[5]

Ähnlich argumentierte der britische Archäologe Paul Mellars: Der zunehmend effiziente Feuereinsatz in der Jagd ebnete dem Hirtenwesen den Weg.[6] Die neolithischen Jäger waren in der Lage, durch vernünftiges Abbrennen Gebiete mit einem Pflanzenbewuchs zu schaffen, die eine große Anzahl von Pflanzenfressern anzogen und gleichzeitig den menschlichen Jägern große Mobilität und gute Sichtverhältnisse boten. Diese Bedingungen erlaubten die Bildung größerer Menschengruppen, die von der hochspezialisierten Jagd auf Großwild lebten. Als in der Folge dieser erfolgreichen Jagd das Wild weniger zu werden drohte, lernten die Menschen, in der Auswahl der jagdbaren Tiere selektiver zu werden. Anfänglich war es vielleicht ein Luxus, über eine größere Entscheidungsfreiheit zu verfügen, bestimmte Tiere zu töten oder sie am Leben zu lassen. Es wurde aber allmählich zu einer lebenswichtigen Notwendigkeit; nur so konnten sowohl die menschlichen Räuber als auch die Herden, die sie erbeuteten, überleben.

Den Argumentationen von Lewis und Mellars folgend, hat der italienische Landwirtschaftshistoriker Gaitano Forni dargelegt, daß neolithische Jäger, die Gestrüpp niederbrannten, um das Wachstum zarterer Gräser und Schößlinge zu fördern, die ihrerseits pflanzenfressende Tiere anziehen würden, schon wie »Tier-

5 H.T. Lewis 1972.
6 Mellars 1976.

züchter« anzusehen seien. Ebenso unterschieden sich seines
Erachtens Sammler, die das Unterholz abbrannten, um das
Wachstum von Gräsern anstelle von Bäumen zu ermöglichen,
nicht wesentlich von Ackerbauern.[7] Das gleiche Argument wird
von einigen Autoren benutzt, die behaupten, daß die australischen Aborigines eine Form von Ur-Landwirtschaft, die »Fire-
stick farming« genannt wird, praktizierten.[8] Diese Bezeichnungen sind selbstverständlich eine Frage der Definition. Ich glaube
jedoch, daß eine bedeutende Unterscheidung verloren geht, wenn
die Phase des intensivierten Sammelns und Jagens mit Hilfe von
Feuer schon als Landwirtschaft bezeichnet wird. Ich denke, es ist
wichtig zu sehen, daß Verbrennungsmethoden in vielen Fällen
eine Vorbedingung für das Entstehen von Landwirtschaft waren,
und sie sollten nicht damit gleichgesetzt werden.

Wie das Beispiel der Aborigines zeigt, war der Übergang vom
Sammeln mit Feuereinsatz zur Agrikultur nicht universell. Langfristig jedoch wurde die Agrarisierung zum vorherrschenden
Trend, und Gesellschaften ohne Landwirtschaft sind heute fast
vollständig verschwunden. Die Tatsache, daß dieser vorherrschende Trend vor ca. zehntausend Jahren im »fruchtbaren Halbmond« des Mittleren Ostens (und vielleicht auch in anderen
Teilen der Welt) begann, kann wahrscheinlich als eine Reaktion
auf die oben erwähnte »Nahrungskrise« erklärt werden. Raffi-
niertere Verbrennungsmethoden führten nicht automatisch zum
Entstehen der Landwirtschaft, sie haben jedoch sehr stark dazu
beigetragen.

Schlagen und Abbrennen:
das europäische Beispiel

Selbst unter günstigen Klima- und Bodenbedingungen können
die Körner des Getreides und anderer Gräser nur keimen, wenn
der Boden nicht schon mit anderen Pflanzen bedeckt ist. Für
Ackerbau und Weidewirtschaft mußten die ersten Pioniere daher

7 Forni 1984.
8 R. Jones 1969; Hallam 1975; Blainey 1975a, S. 67-83; Horton 1982.
  Siehe auch Cumberland und Whitelaw 1970; Henley 1982.

– soweit wie möglich – jede vorhandene Vegetation roden. Die effizienteste Methode war das Abbrennen.

In den meisten Fällen war das Land, das Menschen als Ackerland oder Weide benutzten, ursprünglich mit Wald bedeckt. Absichtlich eine Waldfläche abzubrennen war keine einfache Angelegenheit. Den größten Teil des Jahres hindurch enthalten Bäume und Sträucher Saft und brennen nicht leicht. Dann wieder ist die Vegetation so trocken, daß ein Feuer ausgesprochen schwierig einzudämmen ist. Um diesen Schwierigkeiten zu begegnen, haben die Menschen eine Praxis entwickelt, die als »Schlagen und Abbrennen bzw. Brandrodung« oder als »Brandrodungswirtschaft« bezeichnet wird.

Brandrodung ist ein anderes Beispiel dafür, daß die Probleme, die durch den Einsatz von Feuer gelöst wurden, in der ganzen Welt bemerkenswert ähnlich sind. Trotz vielfältiger regionaler Varianten mit einer Überfülle unterschiedlicher Bezeichnungen besteht die Methode des Schlagens und Brennens überall in der Anwendung des elementaren Prinzips, daß totes Holz leichter brennt als lebendes Holz.[9] In einem zu rodenden Gebiet beginnen die Menschen deshalb mit dem Töten der Bäume: Sie schneiden die Zweige ab und entrinden die Stämme. Diese Tätigkeiten werden gewöhnlich zu Beginn der Trockenperiode vorgenommen. Wenn einige Monate später das tote Gestrüpp angezündet wird, können die Flammen das Holz schnell zerstören.

In Gesellschaften mit einer intensiveren Form der Landwirtschaft wurden sowohl Land als auch Holz zunehmend knapper, und folglich wurde die Praxis des Schlagens und Brennens als primitiv und verschwenderisch angesehen, was sie unter modernen Bedingungen in der Tat sehr häufig ist.[10] Als Charles Dickens dieses Verfahren auf seiner Reise in die Vereinigten Staaten im Jahre 1842 in den Allegheny Bergen sah, hielt er es für »traurig und bedrückend«, auf große Landstriche zu stoßen, in denen Siedler die Wälder niedergebrannt hatten, und er hatte Mitleid mit den Bäumen, deren »verwundete Körper herumliegen wie die ermordeter Kreaturen, während hier und

9 Vgl. Conklin 1961.
10 Siehe auch Kapitel 8, S.

dort ein verkohlter und geschwärzter Riese seine verdorrten Arme in den Himmel streckte und Flüche auf seine Feinde auszustoßen schien«.[11]

Als das Brandroden gerade entwickelt wurde, stellte es jedoch einen weiteren Schritt im Zivilisationsprozeß der Menschheit dar, einen entscheidenden Durchbruch, in dem die unmittelbaren destruktiven Wirkungen des Feuers nutzbringend in eine langfristige ökologische Strategie eingebracht wurden. Diese Strategie erforderte ausgefeilte technische und soziale Fähigkeiten. Sie setzte nicht nur die Verfügbarkeit von starken und scharfen Äxten voraus, sondern auch die Fähigkeit, für mindestens einige Monate im voraus zu planen. Das ganze Verfahren umfaßte eine Serie aufeinanderfolgender Schritte: Erstens mußte ein geeignetes Stück Land ausgesucht werden; dann mußten die verschiedenen, dem Schlagen vorausgehenden, Operationen durchgeführt werden; und nach einer beträchtlichen Zeitspanne mußte der richtige Moment gefunden werden, um das trockene Holz in Brand zu setzen. Die Wahl des richtigen Zeitpunktes des tatsächlichen Verbrennens erforderte besondere Kenntnis und Sorgfalt. In Afrika konnte noch in unserer Zeit beobachtet werden, was passierte, wenn ein Waldstück zu früh in Brand gesetzt worden war: »viel von der kostbaren Asche wird weggeblasen und verloren gehen; wenn es zu spät geschieht und der Regen schon eingesetzt hat, wird die Verbrennung unvollständig vor sich gehen, und die Ernte wird schlecht«.[12]

Experimente unter nachgestellten prähistorischen Bedingungen haben bestätigt, daß die Methode des Schlagens und Brennens – mit Geduld und Geschicklichkeit praktiziert – zu ausgesprochen fruchtbarem Boden für den Anbau von Getreide führen konnte.[13] Fast unvermeidbar konnten auch andere Pflanzen in diesem Boden keimen. Ohne Pflug hatten die konkurrierenden Pflanzen, »das Unkraut«, nach ein paar Ernten gewöhnlich die anderen Pflanzen überwuchert. Solange es genügend passendes wildes Gelände in der Umgebung gab – entweder unbearbeiteter »pri-

11 Dickens, American Notes 1842, S. 165. Zitiert in J.G.D. Clark 1952, S. 93.
12 Allan 1965, S. 67. Siehe auch De Schlippe 1956.
13 Steensberg 1979; 1980.

märer« oder schon früher gerodeter »sekundärer Wald« –, war die einfachste Lösung, einen benachbarten Abschnitt durch Brandrodung zu roden und die Felder, die bisher bearbeitet worden waren, zu verlassen. Ein Kreislauf entwickelte sich: Die Bauern bearbeiteten einen neuen Abschnitt des Landes alle paar Jahre neu, wobei sie die Felder, die sie bisher anbauten, zurückließen, um dann einige Jahre später, wenn die Waldvegetation sich regeneriert hatte, zurückzukehren. Unter optimalen Bedingungen konnte eine Gemeinschaft von diesem Zyklus viele Generationen lang profitieren.

Diese optimalen Bedingungen bestanden an erster Stelle in einer natürlichen Umgebung, die gegen Erosion und andere Formen des Substanzverlustes resistent war. In Hanglagen und in trockenen Zonen war die Wahrscheinlichkeit groß, daß nach einem Feuer ein Großteil der losen Erdkrume, die die fruchtbare Asche enthielt, weggeschwemmt oder verweht wurde. Darüber hinaus durfte die Bevölkerung nicht zu zahlreich sein und nicht zu schnell wachsen, so daß das Land eine ausreichend lange Periode brach liegen konnte. Dann mußte die Bevölkerung noch die Klugheit besitzen, sich »verschwenderischer oder ungeeigneter Landbaumethoden zu enthalten, die den zukünftigen Wohlstand gegenwärtiger Bequemlichkeit opfern würden«.[14]

Die Art und Weise, wie die ersten Rodungen für die Landwirtschaft in den verschiedenen Ländern und Regionen vonstatten gingen, ist immer noch Gegenstand der Forschung und der Diskussion unter Archäologen. Jedoch schon 1952 zeichnete der britische Archäologe J.G.D. Clark ein allgemeines Bild dieser Entwicklung in Europa, das in verschiedener Hinsicht auch für andere Teile der Welt als paradigmatisch gelten kann. In seinem Buch *Vorhistorisches Europa: Die ökonomische Basis* beschrieb Clark, wie sich die Grenze zwischen Wald und offenen Feldern in nordwestlicher Richtung von Kleinasien über den Balkan bis in das Donaubecken verschob, ein Prozeß, der im sechsten Jahrtausend vor Christus begonnen haben muß und sich bis in die moderne Zeit fortgesetzt hat. Vor dem Entstehen der Landwirtschaft erstreckte sich ein dichter Laubwald (der nach der letzten

14 Geertz 1966, S. 26.

Eiszeit entstand) fast ununterbrochen über ganz Mittel- und Nordeuropa. Die Vorherrschaft der Landwirtschaft, wie Clark bemerkt, mußte aus diesem Urwald herausgeschnitten werden. Unter diesen Bedingungen war die Pionierlandwirtschaft extensiv.

Waldflecken wurden gerodet, es wurde gesät, geerntet, und nach einer Saison oder zwei wurde das Land wieder der Wildnis überlassen, während die Bauern einen anderen Teil bearbeiteten. In diesem Prozeß spielte das Verbrennen eine vitale Rolle, denn es verwandelte Holz in Asche und stellte damit dem jungfräulichen Boden eine Pottaschedüngung zur Verfügung. Solange es Wald gab und bis zu dem Zeitpunkt, zu dem die Rodung die Fähigkeit der Wälder, sich selbst zu regenerieren, überstieg, war das System der Brandwirtschaft in der Lage, die prähistorischen Bauern auf einem sehr beachtlichen Niveau des Wohlstandes zu halten.[15]

Clarks Worte haben das Bild, das Anthropologen später von der Überflußgesellschaft gezeichnet haben, in der viele neolithische Schlag- und Brennbauern gelebt haben sollen, vorweggenommen.[16] Diese Idylle, wenn es sie je gab, war jedoch nicht von langer Dauer. Mit dem Getreide erschienen auch andere Pflanzen – wie z.B. verschiedene Sorten Gräser, Heidekraut und Farne. Intensives Weiden von Schafen und Ziegen hatte immer häufiger den Effekt, daß Landstriche, die durch Abbrennen gerodet waren, ohne Waldbewuchs blieben, selbst wenn darauf nichts mehr angebaut wurde. Dies führte zusammen mit dem Bevölkerungswachstum zu einem schleichenden Prozeß der Entwaldung. Nach Clark führten diese Umweltveränderungen unvermeidlich zu sozialen Veränderungen. In vielen Gegenden erreichte diese Kultur des Schlagens und Brennens einen Punkt der Erschöpfung, über den hinaus eine Fortsetzung der alten Lebensweisen nicht länger möglich war. Das Leben wurde härter und gewalttätiger, anstelle der »friedlichen Bauern« kamen »Krieger«.

Sicherlich handelt es sich hier um Effekte eines großen ökologischen Wandels auf die menschliche Geschichte, die von den neolithischen Bauern und ihren Herden unbeabsichtigt hervorgebracht worden sind. Als die Krise kam, breitete sie sich weit über die Sphäre der Tiere und Pflanzen aus und bezog nicht nur die ökonomischen Grundlagen mit ein,

15 J.G.D. Clark 1952, S. 92.
16 Sahlins 1972, S. 35.

sondern auch die gesamten Lebensbedingungen großer Teile der prähistorischen europäischen Bevölkerung. In vielen Gegenden waren die fetten Jahre des Waldackerbaus ein für allemal vorbei. Die gespeicherte Fruchtbarkeit der jungfräulichen Erde war verbraucht, und die Pottasche der abgebrannten Waldgebiete war aufgezehrt.[17]

Nachdem die Schlag- und Brennwirtschaft ihren Höhepunkt überschritten hatte, wurde der Pflug zum wichtigsten Werkzeug der Landbearbeitung in Europa. Bis in die jüngste Neuzeit gab es jedoch im hohen Norden und im Osten, in Finnland und Rußland, ein Grenzgebiet der Landwirtschaft, wo Brandrodung immer noch praktiziert wurde.[18] Um das Mittelmeer herum war die Periode des Schlagens und Brennens dagegen schon lange vorbei. Einige Archäologen haben eingewendet, daß es reichlich wenig Beweise für den Einsatz von Brandrodung im neolithischen Europa gebe.[19] Die empirische Basis, auf die sie ihre Behauptungen stützen, scheint sich auf eine Zeit zu beziehen, in der die Bauern diese Methode nicht länger angewandt haben. Die Praxis, den Boden durch Pflügen zu bearbeiten, die in ganz Europa vorherrschend wurde, gehört zu einer Phase, die zeitlich nach der Phase der Rodungen lag, da das Land erst durch Feuer gerodet sein mußte, ehe gepflügt werden konnte. Das Szenario, das Clark ausbreitet, ist nun sehr allgemein und müßte noch modifiziert werden, um zu ganz bestimmten empirischen Befunden Aussagen zu machen. Aber als theoretisches Modell halte ich es für sehr brauchbar. Die Aufeinanderfolge von Phasen kann auch in anderen historischen Epochen und in anderen geographischen Gebieten, so weit entfernt voneinander wie Indien und Peru, nachgewiesen werden. In einer Vielzahl von Fundstellen hat sich die gleiche ökologische Sequenz ereignet, und gleichzeitig hat sich der gleiche Prozeß wachsender sozialer Ungleichheit, sozialer Spannungen, Gewalt und Krieg herausgebildet.[20]

17 J.G.D. Clark 1952, S. 98.
18 Vgl. Sigaut 1975, S. 283. Siehe auch Kuhnholtz-Lordat 1938; Raumolin 1987.
19 Rowley-Conwy 1981. Siehe auch Barker 1985.
20 Vgl. Carneiro 1961; Mann 1986, S. 73-104. Siehe auch Simmons 1989, S. 169; Wolf 1959, S. 58-62.

Nach Brandrodung: Produktivitätssteigerung oder -minderung?

Als die Menschen zahlreicher und das bebaubare Land rarer wurden, wurde die Lebensmittelproduktion intensiviert, und die Bauern begannen, die natürliche Vegetation mit anderen Mitteln als Feuer klein zu halten. Neue Methoden der Bodenbearbeitung wurden entdeckt, z. B. Bewässerung, Pflügen und Düngereinsatz, die es möglich machten, ein Gebiet nach der erstmaligen Rodung immer wieder ohne Unterbrechung zu nutzen. Die Rolle, die das Feuer in der Vorbereitung des Bodens spielte, wurde reduziert auf kleinere Operationen, wie das Abbrennen der Stoppelfelder und von Abfällen.

Es gibt eine klare und verständliche Reihenfolge des Wandels. Zunächst einmal wurden Enklaven von bebaubaren Böden, die durch Brandrodung entstanden waren, in einem System der »wechselnden Fruchtfolge« benutzt – allerdings auf unbeständiger Basis. Dann allmählich wurden größere und dauerhaftere Siedlungen gegründet, und die Brandrodungswirtschaft wurde in die äußersten Ränder der agrarischen Welt verbannt. Als zunehmend mehr Menschen in Dörfern und Städten wohnten, wurde ihr Feuergebrauch sowohl spezialisierter als auch regulierter. Die Spezialisierung führte zur Konstruktion verschiedener Typen von Öfen, Herden und Lampen für viele häusliche und berufliche Zwecke. Hiervon abgesehen versuchten die Menschen ihre Dörfer und Städte jedoch soweit wie möglich in »feuergeschützte« Zonen zu verwandeln. Auf diese Weise wurde das Feuer noch strenger unter menschliche Kontrolle gebracht. Zur gleichen Zeit wurde es gefährlicher, einerseits wegen der zunehmenden Zahl von »Öfen und Herdstellen« und andererseits wegen der Konzentration des Brennmaterials, das Menschen in ihren feuerfreien Zonen angesammelt hatten.

Das extensive Verbrennen der Wälder und des Unterholzes, das so charakteristisch für die vorangehenden Phasen war, wurde in Gesellschaften mit intensiveren Methoden der Nahrungsmittelerzeugung zu einem Verfahren der Vergangenheit. Eine interessante Frage, die unmittelbar mit dem Argument, das ich hier ausbreite, zu tun hat, ist, ob die späteren Formen des Landbaues – Bewässerung, Düngung und Pflügen – produktiver oder weniger produktiv waren als die früheren Formen der Bodenbearbeitung mit Feuer.

In einer Untersuchung, die den Rang eines modernen Klassikers auf diesem Gebiet erhalten hat, hat die Wirtschaftswissenschaftlerin Ester Boserup eine unmißverständliche Antwort auf diese Frage gegeben. Die Produktivität mit den Verfahren des Brennens und Schlagens war größer als bei allen folgenden Formen des Anbaus. Sie kam zu dieser erstaunlichen und provokativen These, indem sie die Produktivität als »Ertrag pro Mann-Stunde« definierte. Nach dieser Definition ist die Methode des Schlagens und Brennens in der Tat sehr produktiv, denn, wie Boserup richtig bemerkt, »das Feuer [erledigt] das meiste der Arbeit«.[21]

Es kann sein, daß Brandrodung relativ wenig Arbeit bedeutete, es erforderte jedoch eine große Menge an Boden. Eine ökologische und soziologische Annäherung an die Frage der Produktivität führt uns zu einer ganz anderen Schlußfolgerung, als Boserups strikt ökonomischer Ansatz. Was zählt, ist nicht nur der durchschnittliche Ertrag pro Mann-Stunde eines abstrakten Individuums, des fiktiven Homo oeconomicus, sondern der totale Ertrag, der tatsächlich auf einem spezifischen Anbaugebiet durch und für eine bestimmte Menschengruppe erzielt worden ist.

Wenn die Menschen Landwirtschaft betreiben, konzentrieren sie Getreidesorten, die sie für nützlich halten, auf einem Gebiet und versuchen, das Wachstum anderer Pflanzen zu verhindern. Wenn dies erfolgreich ist, wird ihre Arbeit den Boden dazu bringen, einen höheren Anteil der erwünschten Produkte zu erzeugen. Es handelt sich hierbei um eine reale Produktionssteigerung durch zusätzliche Arbeit. Wenn Produktivität als der durchschnittliche Output einer Mann-Stunde definiert wird, kann dies als ein bequemes statistisches Maß gelten, aber es verdunkelt unser Bild von dem, was tatsächlich geschah, als die Landwirtschaft arbeitsintensiver wurde. Wir können nicht mehr erkennen, daß, selbst wenn viele menschliche Individuen härter arbeiten und ein monotoneres Leben unter weniger gesunden Bedingungen führen

---

21 Boserup 1965, S. 30.

mußten, die Gesellschaften, deren Teil sie waren, insgesamt produktiver wurden.

Der Übergang von Brandrodung zu arbeitsintensiveren Methoden des Landbaus führte fast immer zu einem Produktivitätszuwachs. In vielen Fällen kam diese zunehmende Produktivität direkt im Bevölkerungswachstum oder »extensiven Wachstum« zum Ausdruck. Das heißt natürlich nicht, daß die Beziehung monokausal zu sehen ist. Das demographische Wachstum, die Intensivierung der Arbeit und das Anwachsen der Produktivität waren sich gegenseitig verstärkende Prozesse. Wenn eine Bevölkerung zunahm, ermöglicht durch arbeitsintensivere Methoden des Landbaus, erforderte dies wiederum mehr Arbeit, um die nächste Generation zu ernähren – es sei denn, alternative Methoden der Produktion oder der Ausbeutung würden gefunden. Auf diese Weise waren Völker, die die arbeitsintensive Form der Landwirtschaft praktizierten, dazu »verdammt«, das Land von Generation zu Generation »im Schweiße (ihres) Angesichts« zu beackern.

Wie J.G.D. Clark meint, war der Zwang zur Arbeit während der ersten Phase der Agrarisierung nicht so stark, da immer noch genug Land da war, das man durch Brandrodung roden konnte. Aber es schrumpfte unausweichlich mit der wachsenden Bevölkerung, und weniger Land mußte durch intensivere Arbeit kultiviert werden. Dies erklärt vielleicht in gewisser Weise, warum die Produktivität fortgeschrittener Agrargesellschaften die meisten ihrer Mitglieder zu einer Existenz voller Mühen verurteilte, in die sie hineingeboren worden waren und an die sie sich auch anpassen mußten, oft unter priesterlichen Ermahnungen, daß dieses der Wille Gottes sei.

Gleichzeitig machte das hohe Niveau der Produktivität, welches durch harte Arbeit erzielt wurde, diese Gesellschaften wehrhafter als jene, die ihre Subsistenz mit Sammeln oder mit wechselnden Anbaumethoden erzielten. Dieses Argument kann uns einen Hinweis auf das Problem geben, warum die Intensivierung der Landwirtschaft zu einem unwiderstehlichen dominanten Trend wurde, in dessen Verlauf Gesellschaften seßhafter Bauern und Landbewohner diejenigen der Jäger und Sammler und auch der Wanderanbauer überragten. Es wäre sehr schwer, die überzeugende Dynamik dieser Entwicklung zu verstehen, wenn wir Produktivität nur in individuellen Begriffen fassen und damit das wirkliche Wachstum an kollektiver Produktivität in fortgeschrittenen Agrargesellschaften leugnen würden.

4. Feuer in seßhaften Agrargesellschaften

Dominante Trends

Die Entwicklung von Ackerbau und Viehzucht leitete eine neue Epoche in der menschlichen Geschichte ein. Von diesem Zeitpunkt an war Feuer nicht länger die einzige nichtmenschliche Energiequelle, die unter menschliche Kontrolle gebracht worden war. Allmählich hörte es auch auf, der vorherrschende Mittelpunkt des Gruppenlebens zu sein, der es für viele Tausende von Generationen gewesen war. Seine Verbreitung erfolgte zunehmend mehr in »Behältnissen« unterschiedlichster Art, wie z.B. Kaminen, Herden, Öfen und Lampen; über diese Behältnisse hinaus durfte es sich nicht ausbreiten. Gleichzeitig war sein Einsatz strengeren Vorschriften unterworfen. Als immer mehr Menschen in Städten und Dörfern lebten, versuchten sie, aus diesen Siedlungen »feuergeschützte Zonen« zu machen, in denen der Einsatz von Feuer nur in fest umrissenen Grenzen erlaubt war. (Wie so viele soziale Regeln galt diese auch nur in Friedenszeiten; im Krieg wurden solche Zonen, die die Menschen gewöhnlich von Feuer freihielten, für ihre Feinde zur Zielscheibe für Brandstiftung.)

Von dieser Zeit an mußten die Bauern dieselben Felder Jahr für Jahr beackern, mit solch arbeitsintensiven Methoden wie Bewässerung, Pflügen, Terrassenanbau und Düngung des Bodens mit dem Dung der domestizierten Tiere. Nur an den Grenzen der seßhaften Argrargesellschaft gab es noch genug Land, das für Brandrodung genutzt werden konnte. Wie zeitgenössische Anthropologen, wie z.B. Marshall Sahlins und Marvin Harris, nachgewiesen haben, hat die harte Arbeit, die in die Nahrungsproduktion gesteckt werden mußte, das Leben für die meisten Menschen nicht gesünder oder angenehmer gemacht.[1] Trotzdem war die Intensivierung der Landwirtschaft der dominante Trend. In einer früheren Periode hatten Menschengruppen mit Feuer

---

1 Sahlins 1972, S. 1-40; Harris 1977, S. 9-13.

überlebt, Gruppen ohne Feuer nicht. Für mindestens fünftausend Jahre gab es nun eine ähnliche vorherrschende Tendenz: Gruppen mit Landwirtschaft verdrängten Gruppen ohne Landwirtschaft, Gruppen mit arbeitsintensiver Landwirtschaft verdrängten Gruppen mit arbeitsextensiver Landwirtschaft.

Dies bedeutete auch eine weitere Differenzierung. Die vorhergehende Epoche war gekennzeichnet durch die wachsende Differenzierung im Verhalten und der Herausbildung von Machtgefällen zwischen Menschengruppen und anderen Tieren. Die agrarische Epoche war ebenfalls gekennzeichnet durch eine wachsende Differenzierung, sowohl im Verhalten als auch in Machtpositionen, aber nicht gegenüber anderen Tieren, sondern gerade und besonders zwischen und innerhalb menschlicher Gesellschaften. Das folgende Zitat kann diesen Punkt illustrieren:

So erscheint mir das gegenwärtige Leben des Menschen auf Erden, König, im Vergleich mit der Zeit, die uns unbekannt ist. Du sitzt im Winter mit deinen Knappen und Lehnsleuten schmausend; das Feuer brennt in der Herdstelle in der Mitte der Halle, und alles ist warm, während draußen die Winterstürme mit Regen und Schnee wüten; und ein Spatz flattert aufgeregt durch die Halle. Er fliegt zur einen Tür hinein und flattert aus der anderen wieder hinaus. Für die paar Augenblicke, in denen er drinnen ist, können der Sturm und das winterliche Unwetter ihm nichts anhaben, aber nach dem kürzesten Augenblick der Ruhe huscht er aus deiner Sicht aus dem winterlichen Sturm heraus und wieder hinein. So erscheint das Leben des Menschen als ein Augenblick, was folgt oder was vorher wirklich geschah, wir wissen es nicht.

Dieses Zitat stammt aus der Kirchengeschichte des englischen Volkes – *Ecclesiastical History of the English People* – des Hochwürden Beda, vollendet im Jahre 731.[2] Der Sprecher ist ein hochrangiger Priester, der seinen König bedrängt, das Christentum anzunehmen. Neben seinem intrinsischen Wert als Parabel ist das Zitat auch von historischem und soziologischem Interesse. Die Szene, eine Versammlung von Edelleuten, die bequem um ein Herdfeuer im Schloß ihres Königs sitzen, gut vor der Kälte draußen geschützt, könnte fast wörtlich aus Homers *Odyssee* entnommen sein. Sie hätte den Lebensumständen der Kriegerelite im

2 In: Colgrave und Mynors 1969, S. 183f.

Bronzezeitalter vor zweitausend Jahren ebenso entsprochen wie denen der angelsächsischen Edelleute.

Innerhalb der Gesellschaften, die diese Autoren heraufbeschworen haben, machten die Krieger und ihre Festungen nur einen Teil einer viel größeren Konfiguration aus. Neben ihnen gab es noch andere Klassen, die in anderen Umgebungen lebten und andere Beziehungen zum Feuer hatten. So gab es, um nur die wichtigsten Schichten zu nennen, in vielen Agrargesellschaften eine Klasse der Priester, die manchmal sogar die Vorherrschaft über die Krieger beanspruchten, als »höchste Kaste« oder »erster Stand«. Dann gab es die Klasse der Handwerker und Händler, und dann gab es noch die Bauern, die weiterhin die Masse der Bevölkerung ausmachten.

Wir stehen der anscheinend paradoxen Situation gegenüber, daß Differenzierung zwischen und innerhalb der Agrargesellschaften ein allgemeiner Trend der Agrargesellschaft war. Meiner Meinung nach war dies in der Tat einer der bedeutsamsten soziokulturellen Trends in den zehntausend Jahren der »Agrarisierung«, als Akkerbau und Viehzucht zur vorrangigen Quelle der Existenzsicherung wurden. Die Unterschiede zwischen Gesellschaften wurden zunächst größer, als einige Gruppen allmählich zur agrarischen Produktion übergingen, während andere noch vom Sammeln lebten, und später, als einige Agrargesellschaften verstärkt zu intensiveren Methoden des Anbaus übergingen, während andere immer noch das Brandroden praktizierten. Innerhalb der seßhaften Gesellschaften entwickelten sich große Verhaltensunterschiede und Machtgefälle zwischen den verschiedenen sozialen Klassen.

Wenn man aus heutiger Sicht zehntausend Jahre der Agrarisierung betrachtet, kann man sowohl konvergierende als auch divergierende Trends im Prozeß der soziokulturellen Entwicklung – oder auch »Zivilisation« – erkennen. Im Vergleich zu der sehr lange andauernden voragrarischen Phase sind die Divergenzen die auffallendsten Prozesse. Der menschliche Zivilisationsprozeß entwickelte sich auf ausgesprochen unterschiedliche Weise – erstens in verschiedenen Gesellschaften in zahlreichen Regionen der Erde und zweitens, und nicht weniger bedeutsam, zwischen den verschiedenen sozialen Schichten in jeder dieser

Gesellschaften. Die Prozesse der kulturellen Divergenz und der sozialen Differenzierung selbst waren gemeinsame strukturelle Merkmale aller fortgeschrittenen Agrargesellschaften. Vor diesem Hintergrund entwickelten sich auf der einen Seite höchst verschiedene Formen der Zivilisation in China, Indien, Persien, Mexiko und Peru, und auf der anderen Seite entwickelten sich in allen diesen verschiedenen Gesellschaften höchst ähnliche Systeme der sozialen Schichtung, die alle durch scharfe Kontraste im Lebensstil und in der Machtausübung zwischen den herrschenden Klassen und der Masse der Bauern und landlosen Armen gekennzeichnet waren.

Um das Wechselspiel von sowohl konvergierenden als auch divergierenden Tendenzen zusammenzufassen, können wir feststellen, daß die Intensivierung der Landwirtschaft im allgemeinen mit einem weiteren Bevölkerungswachstum einherging, mit einer zunehmenden Konzentration der Menschen in dauerhaften Siedlungen, mit zunehmender Spezialisierung der Menschen, mit einer zunehmenden Organisation der Menschen in größeren ökonomischen, religiösen und politischen Einheiten, mit einer zunehmenden Differenzierung nach Schichten oder mit einer Teilung in höhere und niedere Ränge – mit größerem oder geringerem Zugang zu Macht, Eigentum und Prestige.

Das Feuer war schon so sehr zu einem Teil der Gesellschaft geworden, daß jeder dieser Trends auch die Kontrolle über das Feuer beeinflußte. Mit der Zunahme der Bevölkerung erhöhte sich auch die Zahl der Feuer. Diese Feuer waren zunehmend auf die »feuergeschützten Zonen« innerhalb der Dörfer und Städte konzentriert, in Kaminen, Öfen, Herdfeuern und Lampen. Der Einsatz von Feuer war zunehmend spezialisiert, verschiedene Handwerke und Berufe entwickelten eine eigene Geschicklichkeit im Umgang damit. Mit der Beschleunigung, Konzentration und Spezialisierung kamen neue Formen der Organisation auf, und wenn auch nur, um den wachsenden Bedarf an Brennstoff zu befriedigen. Unvermeidlich spiegelte der Gebrauch des Feuers auch den Prozeß der Schichtenbildung wider, da einige Menschen über riesige Vorräte an Brennstoff verfügten und Feuer für pompöse Festlichkeiten einsetzen konnten, während andere niemals in der Lage waren, über ein Feuer zu verfügen.

Es ist sicher nützlich, dieses Geflecht miteinander verbundener Trends in Erinnerung zu behalten, wenn wir nun einige entscheidende Momente in der Entwicklung der Feuerkontrolle in fortgeschrittenen Agrargesellschaften etwas genauer betrachten wollen. Wenn auch in einzelnen Gesellschaften und in verschiedenen Zeiten diese fünf Tendenzen gelegentlich unterbrochen und sogar in ihr Gegenteil verkehrt wurden, treffen sie doch langfristig für die Menschheit als Ganzes zu. Es ist ebenfalls bemerkenswert, daß, wann immer einer dieser fünf Trends stagnierte oder sich ins Gegenteil verkehrte, die anderen Trends ebenfalls ihre Richtung änderten.

Feuerspezialisten: Töpfer, Schmiede und Krieger

Eine tödliche Konfiguration

Die fünf oben aufgezählten Trends bildeten zusammen ein Bündel, jeder einzelne wäre ohne die anderen undenkbar. So konnte die Spezialisierung nicht ohne Organisation erfolgen noch konnte sich die Schichtung ohne Organisation herausbilden usw. Das gesamte Bündel dieser Trends führte dazu, daß die agrarischen Gesellschaften komplexer wurden und verschiedene Klassen von Menschen mit verschiedenen sozialen Funktionen entstanden, wie z. B. Bauern, Handwerker, Krieger und Priester.

Für die Bauern war Feuer für eine Vielzahl von Zwecken unentbehrlich, vom häuslichen Kochen bis hin zum Verbrennen von Abfall und Stoppeln. Abgesehen von saisonalen Feuerfesten war der Gebrauch des Feuers in Routine übergegangen, und die Menschen lernten die Fähigkeiten, die für die Handhabung des Feuers notwendig waren, schon als Kinder. In einigen Gebieten wurden die Bauern langfristig mit einer Brennstoffknappheit konfrontiert, die ihre Ursache im eigenen Verbrauch hatte oder – wie an einigen Beispielen in späteren Kapiteln gezeigt werden wird – in der Holzlieferung an die Städte oder im Aufkommen brennstoffintensiver Industrien wie z. B. dem Bergbau.

Während der Einsatz von Feuer bei den Bauern in erster Linie praktischen Zwecken diente, standen für die Priester die zeremoniellen Funktionen im Vordergrund. Da sie durch praktische Restriktionen weniger gebunden waren, konnten sie eine größere Bandbreite kultureller Variationen im Feuergebrauch entwickeln. Auf diese Weise entstanden im Hinduismus und in der zoroastrischen Religion ganz besondere Feuerrituale.[3] Eine weitere bekannte Ausdrucksform solcher relativer Autonomie in der Herausbildung kultureller Feuertraditionen sind die Beerdigungsriten, die sich auf der Insel Bali erhalten haben. Hier werden für die Verbrennung der verstorbenen Mitglieder des Adels große Türme errichtet. Im fünften Kapitel werde ich etwas mehr über die Art und Weise sagen, in der Priester im alten Israel die Feuerrituale als Mittel zur Einführung und Verstärkung kollektiver, religiöser Identität einsetzten.

In diesem Abschnitt werde ich mich auf zwei Spezialistengruppen beschränken, die Meister des Feuers par excellence waren: die Töpfer und die Schmiede. Beide gebrauchten die zerstörerische Kraft des Feuers, um gesellschaftlich wertvolle Gegenstände zu produzieren. Ein bedeutender Teil der Objekte, die durch die Schmiede hergestellt wurden, waren Waffen, zum Töten bestimmt. Um die soziale Position der Schmiede zu verstehen (und die der Töpfer gleichermaßen), ist es notwendig, ihre besondere Beziehung zu den Kriegern zu beleuchten, die ihre mächtigsten Kunden und Förderer wurden.

Es war das soziale Schicksal sowohl der Töpfer als auch der Schmiede, ähnlich dem der Bauern, daß ihre Berufe sie extrem verwundbar gegenüber organisierter Gewalt machten und sie weder über Zeit noch über die Mittel verfügten, um sich dagegen zu verteidigen. Wie der britische Anthropologe Ernest Gellner feststellt: »Die agrarische Gesellschaft ist zur Gewalt verurteilt. Sie hortet Reichtümer, die verteidigt werden müssen und deren Verteilungsmodus mit Gewalt durchgesetzt werden muß«.[4] Die Töpfer und Schmiede hatten nicht mehr Macht als die Bauern, dieser Tendenz zu widerstehen und die Agrargesellschaft davor zu be-

3 Vgl. Boyce 1979; Duchesne-Guillemin 1962; Mokri 1982; Staal 1983.
4 Gellner 1990, S. 179.

wahren, sich in eine von Kriegern beherrschte, militärisch-agrarische Gesellschaft zu verwandeln.[5] Ob gewollt oder nicht, sie
trugen zu diesem Trend bei und wurden von ihm mitgezo-
gen.

Töpfer

Neue Gegenstände aus Ton oder Metall zu gestalten war schon
fast das Musterbeispiel produktiver Arbeit. Sie konnte nur mit
Hilfe des Feuers getan werden. Es zerstörte die ursprünglichen
Verbindungen, in denen Ton oder Metallsubstanzen vorkamen,
und brachte so neue Substanzen in einer neuen Form hervor.

Die Herstellung von Töpferarbeiten hing im wesentlichen von
zwei Arbeitsvorgängen ab: ein Stück Ton in der gewünschten
Form zu modellieren und es so zu erhitzen, daß es irreversibel
hart wurde und keine chemische Verbindung mit Wasser mehr
eingehen konnte. Über einen sehr langen Zeitraum hinweg müssen die Menschen den Prozeß des Erhärtens von Ton zufällig
beobachtet haben, wenn sie ihn für eine Herdstelle gebraucht
haben. Die ältesten bekannten Überreste von absichtlich ge-
branntem Ton, in der Form von Figurinen, stammen aus dem
Älteren Paläolithikum vor zwanzig- bis dreißigtausend Jahren
und wurden an verschiedenen Orten des eurasischen Kontinents
gefunden.[6]

Gebrannte Gefäße aus Lehm wurden erst nützlich, nachdem
Menschen seßhaft geworden waren. Anfänglich wurde die Her-
stellung vermutlich von wandernden Spezialisten, die mit ihren
Werkzeugen von Dorf zu Dorf reisten und ihre Töpfe auf offenen
Feuern brannten, übernommen. Die Töpfe selbst waren für einen
Transport zu schwer und zu zerbrechlich. Sie waren nur für Men-
schen, die in dauerhaften Siedlungen wohnten, von Nutzen.

In derartigen Siedlungen konnten Töpfer Öfen bauen, mit denen
sich die Hitze effektiver kontrollieren ließ als auf einem offenen
Feuer. Ganz eindeutig erforderten das Bauen eines Ofens und

5 Vgl. Goudsblom, Jones und Mennell 1989, S. 79-92.
6 Renfrew und Bahn 1991, S. 292.

seine effektive Nutzung viele Fertigkeiten. Die Qualität des Tons prüfen, das Reinigen, Schmelzen, Trocknen, Erhitzen und Abkühlen und letzten Endes das Dekorieren des fertigen Objekts – alle diese Tätigkeiten erforderten vom einzelnen Handwerker Wissen, Fertigkeit, Aufmerksamkeit und Geduld. Darüber hinaus mußten auch soziale und kulturelle Bedingungen erfüllt sein. Der Ofen war neben einer technischen Errungenschaft auch eine Kapitalinvestition. Um ihn zu benutzen, brauchten die Töpfer regelmäßigen Nachschub an Brennmaterial und Ton. Sie konnten ihr Handwerk nur ausüben, wenn sie vor Raubzügen ziemlich sicher waren. Dies kann eine Erklärung dafür sein, warum viele von ihnen zunächst an einen Tempel oder an einen Palast angeschlossen waren.

Töpferware war nützlich, um Weizen, Nüsse, Öl und andere Nahrungsmittel aufzubewahren. Sie trug viel zur produktiven Kapazität einer Gemeinde bei, indem die Produkte dauerhafter gemacht wurden. Nahrung und Samen konnten über eine lange Zeitperiode konserviert und für Tiere unzugänglich aufbewahrt werden. Als die Menschen für längere Zeit von ein und derselben Ernte leben mußten, wurde ihr Schicksal zunehmend mit dieser Ernte verknüpft. Es war nun nicht nur möglich, Nahrungsmittel in Töpfen zu konservieren, man mußte es auch tun, um das Überleben zu sichern. Die zerbrechliche Töpferware, die lebensnotwendige Dinge enthielt, war nicht nur ein Symbol gesteigerter Produktivität seßhafter Menschen, sondern auch ein Symbol ihrer Verwundbarkeit, insbesondere, als die Militärspezialisten in der Lage waren, mit Hilfe der Metallurgie ihr Zerstörungspotential zu vermehren.

Schmiede und Krieger

Metallische Erze wurden ursprünglich in ähnlicher Weise wie Steine benutzt: als Schneidewerkzeuge, als Objekte der Dekoration und des Tausches oder in pulverisierter Form als Pigment (die berühmten Felsenzeichnungen von Lascaux und Altamira waren mit rotem Ocker und anderen Erzen gefärbt). Eine Metallverarbeitung im engeren Sinn scheint es nicht vor dem

5. Jahrtausend v. Chr. gegeben zu haben; sie begann mit Gegenständen aus geschmolzenem Blei.[7]

Die herrschende Meinung zu den Details ihrer Entwicklung ist von dem amerikanischen Archäologen James Muhly in der Aussage zusammengefaßt worden, daß »die Idee einer einheitlichen Folge von Stufen oder Phasen im technologischen Prozeß ein für allemal aufgegeben werden« muß.[8]

Wenn wir jedoch die menschliche Geschichte als Ganzes betrachten, kann aus den vielen lokalen und regionalen Variationen eine gemeinsame Struktur herausgelesen werden. Wie Muhly auch betont, beruhte die Erfindung der Metallurgie auf der dramatischen Entdeckung, daß ein harter und unverrückbarer Felsen in ein biegsames und dehnbares Metall verwandelt werden konnte. Es muß eine Phase gegeben haben,

als alle kritischen ersten Schritte gemacht waren, zu lernen, was Metall war, wie Metalle sich verhielten, wie Metall bearbeitet werden mußte (ganz anders als die gewohnten Techniken für Stein, Holz und Knochen), und letztendlich all die komplexen Fertigkeiten, die mit dem Abbau und Schmelzen von Kupfererzen zusammenhingen, mit dem Gießen und Hämmern von metallischem Kupfer und dann mit dem Legieren von Kupfer mit Arsen und Zinn.[9]

In diesem Lichte betrachtet bedeutet die Metallurgie eine noch radikalere Innovation als die Töpferei. Die erste Inspiration könnte, wie bei der Töpferei, durch die Beobachtung natürlicher Prozesse gekommen sein – nach einem Vulkanausbruch, oder noch näher zu Hause, wenn Ton, der zum Töpfern gebraucht wurde, metallische Erze enthielt, die schmolzen. Der Schritt zur Kontrolle dieser Prozesse und zum Experimentieren mit dem Schmelzen und Mischen der verschiedenen Felssubstanzen war enorm groß. Es überrascht daher nicht, daß die Tätigkeiten, die mit Metallarbeit in Verbindung gebracht werden, von Anfang an zum Beruf von Spezialisten wurden: Bergleuten und Schmieden.

Mehr noch als das Brennen von Töpferwaren war die Metallurgie auf soziale Organisation und Spezialisierung angewiesen. Schür-

7 Muhly 1988, S. 7.
8 Muhly 1988, S. 2.
9 Muhly 1988, S. 5.

fer mußten wissen, wo sie Metalle finden konnten, wie sie zu erkennen waren und wie sie gewonnen werden konnten. Danach mußten die richtigen Legierungen in einem Schmelztiegel zusammengemischt, in vorbereitete Gußformen gegossen und gehärtet oder gekühlt werden. Der bevorzugte Brennstoff für den Schmelztiegel war Holzkohle, die vorher hergestellt werden mußte. Weitere Vorbereitungen betrafen den Ofen, Stein- oder Lehmgußformen, Zangen, Gebläse, Hammer und Amboß. Wie der britische Archäologe C.R. Wickham-Jones feststellt, konnte selbst die einfachste Form der Metallurgie nur durch »sorgfältige Organisation, Zeitplanung und Fertigkeit in jeder Phase« durchgeführt werden.[10]

Trotz gegenwärtiger Zurückhaltung einer unilinearen Abfolge technischer Fortschritte gegenüber scheinen alle veröffentlichten Hinweise die generelle These zu unterstützen, daß die Metallurgie mit der Bearbeitung von Blei und Kupfer begann, gefolgt von der Erfindung von Bronze, einer Legierung von Kupfer mit Arsen oder Zinn, und wiederum später die Entdeckung der Eisenbearbeitung gelang. Als die Techniken gefunden waren, aus Eisen ein brauchbares Material zu machen, blieben Bronze und Eisen für eine Weile noch gleichzeitig im Gebrauch. Aber in den meisten Fällen ersetzte Eisen allmählich Bronze, hauptsächlich – so scheint es – weil seine Erze reichlicher vorhanden waren als die verstreuten Ablagerungen von Kupfer und Zinn, die für die Produktion von Bronze benötigt wurden.

Metall wurde für eine große Vielzahl von Zwecken eingesetzt. Bevor die Bronze erfunden wurde, wurden die verfügbaren Metalle, Gold, Silber und Kupfer, hauptsächlich für dekorative und zeremonielle Zwecke gebraucht, obwohl Kupferspangen und Angelhaken selbstverständlich auch praktische Funktionen hatten. Kupfertassen und -teller hatten den Vorteil, leichter handhabbar und dauerhafter als Töpferware zu sein. Weil sie selten und einfach zu transportieren waren, wurden Metallgegenstände oft als Geschenke und Tauschmittel benutzt. Die Verarbeitung von Bronze und Eisen eröffnete den Weg zu einer Palette von Anwendungsmöglichkeiten als Werkzeuge, Gefäße und Waffen.

10 In: Clarke, Cowie und Foxon 1985, S. 178. Siehe auch Coghlan 1975, S. 50-74; Wertime und Wertime 1982.

Mehr als irgend etwas sonst wurde die Herstellung von Waffen zur exklusiven Domäne von Metallarbeiten. Wie Colin Renfrew anmerkt, »bis die Dolche erfunden waren, war kein Metallprodukt so bemerkenswert oder originell, um unentbehrlich zu sein«. Keine vorher aus irgendeinem anderen Material entwickelte Waffe hatte eine vergleichbare Kombination von Druck, Schärfe und Kraft wie der Dolch oder seine abgeleiteten Formen, das Rapier und das Schwert. »Die neue Form (...) führte zu einer universellen militärischen Bedrohung, der nur begegnet werden konnte, indem man sich selbst mit ähnlichen Waffen versorgte.«[11]

Die Metallverarbeitung schuf zum erstenmal in der Geschichte nicht nur »eine ganze Reihe wertvoller Gegenstände, die es wert waren, in großer Anzahl gehortet zu werden«[12], sie stellte auch die Waffen zur Verfügung, mit deren Hilfe man sich diese Gegenstände aneignen konnte. Sie verstärkte den Trend zur Akkumulation von Eigentum, der in den meisten seßhaften Agrargesellschaften vorhanden war; aber sie führte diesen Trend auch in die Richtung einer höchst ungleichen Verteilung des akkumulierten Eigentums. Der Besitz von Waffen, der schon seit langer Zeit dazu tendierte, zum Monopol von erwachsenen und feierlich eingeführten Männern zu werden, von dem Frauen und Kinder generell ausgeschlossen waren, wurde nun zum Monopol einer spezifischen Klasse von Männern: den Kriegern. Wie der amerikanische Soziologe Gerhard Lensky bemerkt, »wurden die Energien dieser machtvollen und einflußreichen Klasse zunehmend von der Eroberung der Natur auf die Eroberung von Menschen gerichtet«.[13]

Die Monopolisierung der Mittel zur Zerstörung durch spezialisierte Krieger, die in der Lage waren, militärische, mit Bronze- und Eisenwaffen ausgestattete Banden zu befehligen, zwang Bauern und Handwerker, sich zu unterwerfen. Diese hatten keine Wahl. Um den produktiven Tätigkeiten, an die ihre soziale Existenz gebunden war, nachzugehen, brauchten sie den Schutz von Kriegern gegen andere Krieger.

11 Renfrew 1972, S. 320.
12 Renfrew 1972, S. 339.
13 Lenski u.a. 1991, S. 168.

Es wird manchmal vermutet, daß die Schmiede eine Ausnahme darstellten. Es gibt Legenden über »königliche Schmiede«, die ihre Karriere als einfache Handwerker begannen und dank ihrer speziellen Fähigkeit zu den Gründern von Dynastien wurden. Das berühmteste, aber keineswegs einzige Beispiel ist das des großen mongolischen Eroberers Dschingis-Khan, von dem gesagt wurde, daß er ursprünglich ein Schmied oder zumindest der Nachkomme einer Familie von Schmieden war.[14] Möglicherweise ist in einigen dieser Geschichten insofern ein Kern historischer Wahrheit enthalten, als es anfänglich kleinen, gildenartigen Clans gelungen war, die Geheimnisse ihrer Kunst zu bewahren und die kombinierten Monopole der Waffenherstellung und der militärischen Organisation in ihren eigenen Händen zu halten. Keine dieser Rollenkombinationen von Schmied und Krieger hatte jedoch langfristig Bestand.

Wie die Bauern die Herrscher mit Nahrungsmitteln versorgten, so versorgten die Schmiede sie mit ihren Waffen. Dieser Satz bringt sowohl die Bedeutung ihrer sozialen Funktion zum Ausdruck als auch die Schwäche ihrer Position. Ihre Beherrschung von Feuer und Metall war unbestritten und wurde dringend benötigt; was sie nicht konnten, war das Beherrschen von Menschen. Ihnen fehlten Organisationsmittel, die von militärischen Anführern kontrolliert wurden.

In ihren militärischen Operationen verließen sich die Krieger stärker auf die Produkte der Feuertechnologie (oder Pyrotechnologie) als auf das Feuer selbst. Das Feuer spielte in der Schlacht keine direkte Rolle – mit der Ausnahme von Belagerungen, bei denen es manchmal benutzt wurde, um die feindlichen Verteidigungen allmählich auszuhöhlen. Es wurde jedoch am spektakulärsten eingesetzt, wenn eine Belagerung in eine Eroberung überging. Was der britische Altertumswissenschaftler O.R. Gurney in seinem Bericht über die Hethiter aussagt, kann auf die militärisch-agrarische Gesellschaft im allgemeinen angewandt werden: »Eine mit Gewalt eroberte Stadt war die (...) Beute der siegreichen Armee und wurde im allgemeinen bis auf den Grund ausgeplündert und niedergebrannt.«[15] In den folgenden Kapiteln

14 Vgl. Eliade 1962, S. 85. Siehe auch Eliade 1964, S. 470-474.
15 Gurney 1990, S. 95. Das weggelassene Wort ist ›legitimate‹.

werde ich auf diese »Plünder- und Brennpraxis« noch weiter
eingehen und erklären, wie und warum sie ausgeführt wurde.

Feuereinsatz und Feuergefahr in Städten

Babylon

Zu den Spezialisten in fortgeschrittenen Agrargesellschaften
zählten Schreiber, die oft einem Tempel angehörten. Sie entwikkelten die Kunst des Schreibens, der wir Zeugnisse einiger
Aspekte des urbanen Lebens in Mesopotamien verdanken, die
älter als fünftausend Jahre sind. In diesen Quellen wird Feuer
selten erwähnt. Der französische Philologe Jean Bottéro, der alle
Hinweise auf Feuer in alten mesopotamischen Texten gesammelt
hat, erwähnt drei Bedingungen, die erfüllt sein müssen, damit wir
schriftliche Zeugnisse über irgendeinen Lebensaspekt der antiken
Welt erwarten können: An erster Stelle mußten sie aufgezeichnet
worden sein, dann muß die Aufzeichnung überlebt haben, und sie
muß auch wieder entdeckt worden sein. In bezug auf das Feuer
war selbst die erste Bedingung nicht erfüllt: In den Städten, aus
denen die Aufzeichnungen stammen, war der Gebrauch des Feuers so selbstverständlich und unproblematisch, daß es selten einen
praktischen Grund gab, ihn schriftlich zu erwähnen.
Doch ist es Bottéro gelungen, etwas Licht in einige interessante
Tatsachen zu bringen. Offensichtlich hatten die ältere sumerische
und die jüngere semitische akkadische Sprache zwei Wörter für
Feuer. Das eine war ein allgemein übliches prosaisches Wort,
dargestellt durch das Piktogramm eines Feuertopfes; das andere
war sehr viel feierlicher, dargestellt durch ein Schilffeuer. Wir
können diese beiden Piktogramme vielleicht so interpretieren,
daß sie sich auf die zwei ursprünglichen Formen des kontrollierten Feuers beziehen, die ich in Kapitel 2 unterschieden habe: die
Kochstelle (die am gründlichsten »domestizierte« Form des Feuers) und das Feuer, das für die Landrodung gebraucht wurde (und
einem »wilden« Feuer sehr ähnlich war). Es ist auch spannend, in
diesem Zusammenhang über die Tatsache nachzudenken, daß alle

westeuropäischen Sprachen mindestens zwei etymologisch sehr unterschiedliche Wörter für Feuer und Brennen haben. Obgleich sich im gegenwärtigen Gebrauch die beiden Bedeutungen verwischt haben, könnte es möglich sein, daß die ursprünglichen Bedeutungen entweder mit Feuer als harmlosem, kostbarem Gegenstand assoziiert werden (feu, Feuer, vuur) oder mit Feuer als einer gefährlichen Naturgewalt (to burn, bruler, branden). Dies ist jedoch bloße Spekulation. Soweit ich weiß, ist das Problem noch nicht untersucht worden.

Eine weitere interessante linguistische Tatsache in den mesopotamischen Texten ist das Fehlen eines Begriffs für »Feuermachen«. Bottéro schlägt einige Erklärungen vor: Es könnte entweder bedeuten, daß das Feuermachen eine heilige und damit geheime Tätigkeit war oder daß es zu trivial war, um Erwähnung zu verdienen. Eine dritte, und meiner Meinung nach die plausibelste, Erklärung könnte sein, daß es in jeder Stadt eine große Zahl von Feuern über längere Zeit gab, so daß die Menschen, wenn sie ein Feuer brauchten, immer glühende Asche von einem bestehenden Feuer nehmen konnten, anstatt es selbst mit beschwerlichen Methoden wie dem Einsatz von Feuerstein oder Feuerbohrer herzustellen.

Wozu wurden Feuer gebraucht? Bottéro nennt als erstes eine Anzahl häuslicher Zwecke: das Haus zu heizen oder zu beleuchten und, zu besonderen Gelegenheiten, es auszuräuchern und mit dem Geruch von Weihrauch zu füllen; andere häusliche Funktionen betrafen die Wassererhitzung für ein Bad und – die bedeutendste von allem – das Kochen. Die Häuser hatten noch keine Kamine, tragbare Feuertöpfe oder Pfannen wurden zum Heizen verwendet, gekocht wurde im Freien.

Ein weiterer großer Anwendungsbereich für den Feuergebrauch war mit den vielen Handwerken verknüpft, die in den Städten ausgeübt wurden, oft im Tempeldienst. Schmied, Bäcker, Töpfer, Ziegelbäcker, Glasbläser, Brauer, Küfer, Holzarbeiter, Korbmacher, Bootsbauer, Ledermacher, Weizentrockner, Datteltrockner, Ölhersteller, Parfümeur, Münzenpräger, Holzkohlenbrenner, Kalkbrenner, Viehmarkierer, Sklavenmarkierer – es gab kaum einen Beruf, der Feuer nicht benötigte. In einigen Handwerken, wie denen der Schmiede und Bäcker, bildete der Ofen oder die Feuerstelle das Zentrum des Arbeitsplatzes. Bei anderen, wie beim Korbmachen oder Bootbauen, wurde sie in bestimmten Phasen des Arbeitsprozesses benötigt, z. B. um Nähte mit Pech zu kalfatern.

Der vielfältige Einsatz von Feuer in Häusern und Werkstätten muß Feuergefahr hervorgerufen haben. Bemerkenswert wenig wird hiervon in den Quellen erwähnt. Die älteste bekannte Sammlung geschriebener Gesetze, der Kodex des Hammurabi (aufgezeichnet ungefähr um 1780 v. Chr.), der einige Regeln für das tägliche Leben in der Stadt Babylon festlegte, enthält keine Gebote, die die Bürger zwangen, spezielle Vorkehrungen beim Gebrauch von Feuer zu treffen. Es scheint so, daß die elementare Sorgfalt, die beim Feuereinsatz notwendig ist, als grundlegende Fertigkeit angesehen wurde, die jeder schon als Kind erlernt hat und die nicht ausdrücklich durch das geschriebene Gesetz verstärkt werden mußte.

Das Fehlen von Hinweisen auf Probleme des Feuerschutzes ist keine Besonderheit Mesopotamiens. Es scheint ein generelles Merkmal der Texte aus dem alten Mittleren Osten und der mediterranen Region vor dem Aufstieg Roms zur Metropole zu sein. Es gibt möglicherweise zwei Erklärungen: zunächst einmal, daß ein Gefühl für Vorsicht in der Tat mehr oder weniger selbstverständlich war; und zweitens, daß die Häuser im allgemeinen niedrig waren, mit feuerresistenten Außenwänden aus Stein, Ziegel oder Lehm, und daß sie nicht so dicht aneinander gebaut waren, daß bei einem Feuerausbruch die ganze Stadt unmittelbar in Gefahr geriet.

Nachdem ein Brand erst ausgebrochen war, konnte wenig zur Rettung des inwendigen Holzes und des Daches eines einzelnen Hauses getan werden. Nach einem Sprichwort waren Sand, Wasser und Gebet ungefähr gleich effektive Maßnahmen der Feuerbekämpfung.[16] Das erscheint alles in allem sehr plausibel, da Wasser gewöhnlich nur in kleinen Mengen zur Verfügung stand, das erst in Eimern herangetragen werden mußte und dann auf das Feuer gegossen wurde.

Nachbarhäuser wurden durch nasse Tücher auf dem Dach ge-

16 Ebeling 1957, S. 56.

schützt. Wenn der Brand für eine derartige Bekämpfung zu groß war, war die einzige verbleibende Möglichkeit, eine »Feuerschneise« zu schaffen, indem Häuser abgerissen wurden.

Daß Feuer ausbrachen, kann aus der folgenden Regel im Gesetz des Hammurabi geschlossen werden:

Sollte ein Feuer in einem Herrenhaus ausgebrochen sein und ein Herr, der es gelöscht hat, sein Auge auf die Güter des Hausbesitzers geworfen haben und sich die Güter des Hausbesitzers angeeignet haben, soll dieser Herr in dieses Feuer geworfen werden.[17]

Die Tatsache, daß dies in der ganzen Gesetzessammlung der einzige Hinweis auf Brände ist, weist auch darauf hin, daß die Hauptsorge der städtischen Obrigkeit nicht der Bekämpfung von Bränden, sondern der Störung der öffentlichen Ordnung galt, die sich in Form von Diebstählen und Kämpfen dabei ereignen konnte. Plünderungen wurden sofort ohne Gerichtsverhandlung bestraft. Die Härte der Bestrafung stimmte mit der allgemeinen Tendenz der Gesetzessammlung überein, viele Verstöße mit der Todesstrafe zu belegen. (Hinrichtung durch Feuer war jedoch selten; der einzige andere Fall, für den sie vorgeschrieben war, galt einer Mutter und ihrem Sohn, die nach dem Tode des Vaters geschlechtlichen Verkehr miteinander hatten.)

Der Kodex enthüllt nebenbei auch, daß es üblich war, Sklaven wie Vieh zu brandmarken. Wenn jemand das Brandzeichen von einem Sklaven, der ihm nicht gehörte, entfernte, sollten seine Hände abgehackt werden. Wer immer einen Brandmarker dazu anhielt, das Brandzeichen von einem Sklaven, der ihm nicht gehörte, zu entfernen, sollte getötet werden.[18] Diese Bestimmungen scheinen auf große Machtunterschiede hinzuweisen, nicht nur zwischen Bürgern und Sklaven, sondern auch zwischen den städtischen Obrigkeiten und den einzelnen Bürgern.

Es gibt keine Hinweise auf einen Feuerkult in Mesopotamien, wie er sich beispielsweise im benachbarten Persien entwickelt hatte. Die Priester benutzten das Feuer in den Tempeln, wie die Bürger es in ihren Häuser benutzten, für Wärme und Licht, für den Wohlgeruch, um Badewasser zu heizen und zum Kochen. Der

17 Pritchard 1969, S. 167 (Anmerkung 25).
18 Pritchard 1969, S. 176 (Anmerkungen 226-227).

Gebrauch des Feuers bei der Opferung war eng verbunden mit Kochen; die Mahlzeiten, die namentlich den Göttern geweiht waren, wurden tatsächlich von den Priestern gegessen.[19] Eine besondere Art und Weise des Feuereinsatzes war der Brauch, Wachsfiguren von Feinden (die oft zu »Hexen« erklärt wurden) ins Feuer zu werfen, um so diese Personen bildlich zu verbrennen. (Möglicherweise kann diese Praxis das strenge Verbot in einigen orientalischen Religionen erklären, Bilder von Göttern und Menschen herzustellen; dieses Verbot könnte sehr gut aus der Furcht mächtiger Personen entstanden sein, im Bild verbrannt zu werden.)

Hattuša

Nach einer goldenen Regel in der Archäologie ist das »Nichtvorhandensein von Beweisen kein Beweis für das Nichtvorhandensein«.[20] Die Tatsache, daß es in den bekannten Quellen des antiken Mesopotamien keine Hinweise auf Feuerprävention gibt, ist kein Beweis dafür, daß das Problem als solches nicht existierte. Im Gegenteil, es gibt Zeugnisse von frühem urbanem Leben aus den benachbarten Regionen, die eindeutig darauf hinweisen, daß die städtische Obrigkeit in der Tat sehr darauf bedacht war, der Feuergefahr vorzubeugen – insbesondere, wenn öffentliche Gebäude wie Tempel und Paläste gefährdet waren.

Eine antike Stadt, von der uns unter diesem Aspekt Quellen vorliegen, ist Hattusa, die Hauptstadt der Hethiter von ungefähr 1650-1200 v. Chr. Hier gibt es eindeutige Spuren einer offiziellen Politik der Feuerprävention. Sie berichten uns z.B., daß es verboten war, Holz oder Fackeln in eine bestimmte Festung zu tragen oder ein Feuer innerhalb ihrer Mauern anzuzünden. In einem anderen Text war der Mann, der die Nachtwachen kontrollierte, angehalten, während seiner ersten Runde »Löscht das Feuer« zu rufen und während seiner zweiten Runde »Das Feuer muß gelöscht sein«. Diese Befehle wiesen offensichtlich auf die

19 Vgl. Lloyd 1984, S. 44. Siehe auch Goudsblom, Jones und Mennell 1989, S. 67f.
20 McGrew 1991, S. 13.

Institution einer Sperrstunde (curfew oder couvre-feu – »Bedeckt das Feuer«) hin, wie wir sie von den Städten Westeuropas im Mittelalter kennen: ein generelles Verbot, offene Feuer während der Nacht brennen zu lassen. Dies war ein externer Zwang für einzelne Bürger, Dinge zu tun, die sie selbst möglicherweise unerfreulich und unnötig fanden, die von ihnen aber im Interesse ihrer Nachbarn und der Stadt als Ganze erwartet wurden. Noch mehr Aufschluß über die Verbindungen zwischen äußerem Zwang und Selbstzwang gibt die folgende Instruktion für die Tempeldiener:

Weiterhin: Sei außerordentlich vorsichtig mit dem Feuer. Bei einem Tempelfest hüte das Feuer sorgfältig. Wenn die Nacht hereinbricht, lösche gründlich mit Wasser, was immer für ein Feuerrest in der Feuerstelle sein mag. Aber wenn es noch eine Flamme an isolierten Stellen und auch trockenes Holz gibt, wenn der, der es löschen soll, im Tempel kriminell fahrlässig wird – selbst wenn nur der Tempel zerstört wird, aber Hattuša und das Eigentum des Königs nicht zerstört werden, wird der, der das Verbrechen begeht, mit seinen Nachkommen bestraft werden. Von denen die im Tempel sind, wird keiner verschont werden; zusammen mit ihren Nachkommen werden sie zugrunde gehen! *So seid zu eurem eigenen Besten sehr sorgfältig in der Sache des Feuers.*[21]

Wir können aus diesem Text schließen, daß die generelle Kontrolle durch die Nachtwache nicht als ausreichende Garantie angesehen wurde, daß alle Feuer zur Nacht in der Tat gelöscht wurden. Deshalb wurden den Tempeldienern spezielle Befehle erteilt. Appelliert wurde an ihr persönliches Verantwortungsgefühl – ein Appell in der Form einer strengen Gemahnung an die grausamen Strafen, die den Übeltäter, seine Kollegen und seine ganze Nachkommenschaft erwarten würden. Die Verpflichtung, Vorsicht im Umgang mit Feuer walten zu lassen, wurde unmißverständlich als eine soziale Pflicht ausgegeben, die durch soziale Sanktionen verstärkt wurde.

Die Gesetze der Hethiter sahen auch Entschädigungen für entstandene Schäden vor, wenn jemand Feuer an das Eigentum einer anderen Person gelegt hatte. So hieß es zum Beispiel: »Wenn ein freier Mann ein Haus anzündet, so muß er das Haus wieder aufbauen. Für alles, was im Haus Schaden erleidet, ob Mensch, Rind

---

21 Pritchard 1969, S. 209 (Hervorhebung von mir).

oder Schaf, soll er Ersatz leisten.«[22] Es scheint fast so, als ob das
Abbrennen eines Hauses nicht als ein furchtbares Unglück angesehen wurde; wenn ein freier Mann ein Feuer verursacht hatte,
war alles, was von ihm erwartet wurde, Entschädigung zu zahlen.
Eine Bestrafung war nur dann vorgesehen, wenn ein Sklave Feuer
an ein Haus gelegt hatte, dann sollten seine Nase und seine Ohren
abgeschnitten werden, bevor er zu seinem Herrn zurückge-
schickt wurde. Der Herr hatte für die Schäden aufzukommen,
wenn er dies verweigerte, sollte er seinen Sklaven verlieren. Der
eher lässige Tonfall dieser Gesetze, die die persönlichen Ersatz-
ansprüche unter Bürgern regelten, unterschied sich bemerkenswert von den gewaltigen Strafen, die die Obrigkeiten den
Tempeldienern im Falle eines Feuers androhten.

Feuer auf dem Land

Während die Städte schon in sehr frühen Zeiten schriftliche Regeln, die das Feuer betrafen, hatten, gab es für die ländliche
Bevölkerung, bis in jüngster Zeit, keine derartigen Regeln. Das
Fehlen solcher Regeln ist meiner Meinung nach nicht nur daraus
zu erklären, daß die Bauern sie sowieso nicht hätten lesen kön-
nen, sondern auch damit, daß ihre Lebensweise solche Regelun-
gen weniger notwendig machte. Bauern, die in Dörfern oder in
isolierten Anwesen wohnten, hatten nicht so viele verschiedene
Möglichkeiten, Feuer einzusetzen, wie Städter. Der häusliche
Herd war ziemlich einfach unter Kontrolle zu halten, und wenn
ein Feuer ausbrach, war der Schaden gewöhnlich auf ein einziges
Gebäude beschränkt.
Je nach physischer Umgebung waren die Häuser oder Hütten aus
Stein, Holz oder Lehm gebaut oder aus einer Kombination dieser
Materialien. Die Dächer waren meistens mit Stroh gedeckt. 1977
stieß ein internationales Archäologenteam in Serbien auf ein ver-
lassenes Haus aus mit Lehm beworfenem Flechtwerk, das in
seiner Konstruktion dem Haustyp, in dem Bauern vor zweitausend Jahren lebten, sehr ähnlich war. Um herauszufinden, welche

22 Neufeld 1951, S. 30f. Siehe auch Hoffner 1963, S. 75f. und
S. 240f.

Spuren übrigblieben, wenn ein solches Haus brannte, entschieden sich die Archäologen dafür, das Haus zu kaufen und es anzuzünden. Dabei ließen sie es absichtlich zu, daß die Kochstelle außer Kontrolle geriet. Sie hielten die Ergebnisse fest.

Innerhalb von drei Minuten hatte sich das Feuer durch das Dach gefressen, innerhalb von sechs Minuten stand das strohbedeckte Dach in Flammen, und die westliche Kammer mit ihren Strohmatratzen war zu einem unnahbaren Inferno geworden. Riesige Rauchwolken umhüllten das Haus. Niemand auf den umgebenden Feldern konnte ein solches Feuer übersehen haben.[23]

Fast so schnell, wie es aufgelodert war, verlosch das Feuer wieder. Nach zwanzig Minuten war das Stroh fast völlig abgebrannt und das Dach zusammengestürzt. Nur vergleichsweise geringer Schaden war jedoch an dem mit Lehm beworfenen Flechtwerk und den strukturellen Elementen des Hauses entstanden. Wie die Forscher feststellten, hätte es relativ wenig Anstrengung erfordert, das Dach zu reparieren, das Haus von den verbrannten Überresten zu befreien und es in einen bewohnbaren Zustand zu bringen.

Trotz der großen Vielfalt der örtlich verwendeten Materialien können wir das abgebrannte Haus in Serbien berechtigterweise als das ansehen, was der französische Historiker Fernand Braudel – mit leichter Überteibung – ein »zeitloses Dokument« genannt hat. Das Experiment erlaubt uns dann die Folgerung, daß die bäuerlichen Häuser über einen langen Zeitraum hinweg so konstruiert waren, daß sie durch einen Brand nicht irreparabel zerstört wurden.

Das soll nicht heißen, daß die agrarische Welt gegen Feuer unempfindlich war. Im Gegenteil, von der Zeit an, als die Menschen anfingen, ein seßhaftes bäuerliches Leben zu führen und damit abhängig von Vorräten an Nahrungsmitteln, Futter und Samen wurden, stellte Feuer unausweichlich eine größere drohende Gefahr für ihre Existenz dar als jemals zuvor. Die Archäologen, die das Haus in Serbien abbrannten, hatten es vorher nicht mit irgendwelchen Vorräten gefüllt. Wenn jedoch die Wintervorräte einer Familie tatsächlich in einer bäuerlichen Hütte verbrannt wären, würde das einen sehr großen Verlust bedeutet haben. Das

23 Bankoff und Winter 1979, S. 35.

Risiko der Verluste stieg mit den zunehmenden Möglichkeiten der ländlichen Bevölkerung, mit Hilfe von Töpferei und Metallverarbeitung Reichtum zu akkumulieren. Das intensive Wachstum machte sie nicht nur abhängiger von Feuer als einer Produktivkraft, sondern verstärkte auch die Notwendigkeit, sein Zerstörungspotential zu fürchten.

5. Feuer im alten Israel

Gesellschaftlicher Hintergrund

Die Gesellschaft des alten Israel hat uns ein außergewöhnlich reiches Erbe schriftlicher Zeugnisse hinterlassen, die viele Aspekte ihrer Geschichte im ersten Jahrtausend v. Chr. dokumentieren. Die hauptsächliche Quelle besteht in einer Sammlung von Schriften, die in der christlichen Tradition als Altes Testament kanonisiert worden ist. Selbstverständlich ist diese Quelle mit einiger Vorsicht zu gebrauchen. Dieses gilt insbesondere für die ersten Bücher, vom Ersten Buch Mose (Genesis) zum Zweiten Buch Samuel, die für sich in Anspruch nehmen, die Geschichte des jüdischen Volkes vor der Gründung des Königreichs Israel durch Saulus um 1.000 v. Chr. zu beschreiben. Obgleich diese Bücher in der Tat sehr alte Fragmente enthalten, datieren sie doch – in der Form, wie sie uns überliefert sind – aus der Zeit des babylonischen Exils nach der Eroberung Jerusalems durch die Assyrer im Jahre 586 v. Chr. Wir haben also eine Lücke von mehreren Jahrhunderten zwischen der Zeit, zu der die Ereignisse, über die die Texte berichten, stattgefunden haben sollen, und der Zeit, in der die Berichte, wie wir sie kennen, aufgeschrieben wurden. Hinzu kommt, daß die Autoren nicht in erster Linie an historischer Genauigkeit interessiert waren, sondern an der Konstruktion eines Modells der Vergangenheit des jüdischen Volkes, das den Sinn dieses Volkes für Religion und Gemeinschaft stärken sollte.[1]

Daher können wir von zwei Typen systematischer Verzerrung ausgehen:

1. einer besonderen Betonung der Religion und der Rolle, die der Gott, der in dieser Religion verehrt wurde, in der menschlichen Geschichte gespielt haben soll;

2. einer Tendenz, die Einheit des »jüdischen Volkes« als eines

---

1 Vgl. Gottwald 1979, S. 25-31; Lemche 1985, S. 357-385; Lemche 1988, S. 29-73; Miller, Maxwell und Hayes 1986, S. 54-79; Robertson und Davies 1989, S. 346-375.

Volkes mit einer gemeinsamen patrilinearen Abstammung und einer gemeinsamen Geschichte und Kultur zu überhöhen.

Bei dieser Schieflage ist es eigentlich erstaunlich, wie plausibel das Bild, das sich ergibt, in vieler Hinsicht ist und wie nahe es gegenwärtigen Ansichten über die Prozesse der Seßhaftigkeit und der Staatenbildung kommt. Obwohl es keinerlei historische Belege für die Geschichten über die Patriarchen Abraham, Isaak und Jakob gibt, enthalten sie nichts, was »den gesunden Menschenverstand« daran hindern würde, die Berichte in der Genesis als Berichte über das halbnomadische Gruppenleben im Übergangsprozeß zu einer seßhaften Lebensweise aufzufassen. Der Aufenthalt in Ägypten und der spätere Auszug, den Moses anführte, sind ebenfalls unbewiesen; aber auch hier ist es sehr gut möglich – wenn wir die Wunder nicht beachten, die die Erzählung schmücken –, daß Menschen in Palästina durch Hungersnot gezwungen waren, in das reichere Land Ägypten auszuwandern, und daß eine Anzahl ihrer Nachfahren später nach Palästina zurückkehrte. Zunächst haben sie sich wohl in ziemlich lockeren Stammesverbänden zusammengeschlossen, und wahrscheinlich brachen auch viele gewalttätige Konflikte aus (wie in dem Buch der Richter beschrieben), sowohl innerhalb der Stämme selbst als auch zwischen benachbarten Gruppen. Um 1.000 v. Chr. gelang es einigen starken Führern, von einer zeitweiligen Schwäche der umgebenden Reiche zu profitieren und aus dem Stammesverband ein Königreich zu schmieden.

Die Geschichte des Königreichs wird im Ersten und Zweiten Buch der Könige erzählt. Obwohl auch sie nicht ganz frei von Verzerrungen sind, liefern sie für eine Rekonstruktion im Sinne einer modernen Chronologie ausreichende historische Details. Innerhalb eines Jahrhunderts fiel das Königreich in eine nördliche und eine südliche Hälfte auseinander. Der Norden, der weiterhin Israel genannt wurde, wurde durch die Assyrer im Jahre 722 v. Chr. erobert. Im Jahre 586 v. Chr. erlitt der südliche Teil Juda, mit Jerusalem als Hauptstadt, unter den Nachfolgern der Assyrer, den Neubabyloniern, ein ähnliches Schicksal. Die Bücher des ersten Teils dessen, was wir heute als Altes Testament kennen, wurden im folgenden babylonischen Exil zusammengestellt.

Zwei in diesen Büchern vorherrschende Themen sind Religion und Krieg. Dies kann kaum überraschen, wenn man die Bedingungen berücksichtigt, unter denen sowohl die Helden, deren Taten erzählt werden, als auch die Schreiber, die die Geschichten aufgeschrieben haben, lebten. Der Hintergrund war der einer militärisch-agrarischen Gesellschaft im Nahen Osten, beherrscht von großen Reichen, die ihre Machtzentren in Mesopotamien und Ägypten hatten und deren Einflußbereich bis in die Grenzgebiete, die heute Palästina genannt werden, reichte. Die Berichte in den Büchern Josua, im Buch der Richter und im Ersten und Zweiten Buch Samuel können als Geschichte einer Anzahl eng verflochtener, konkurrierender Gruppen gelesen werden, die versuchten, die Kontrolle über einen großen Teil dieses Territoriums zu gewinnen. Nach einer kurzen Periode militärischen Erfolgs schwand die politische Macht der Israeliten dahin; aber sie hielten eine kulturelle Einheit, auf der Grundlage einer gemeinsamen Religion, aufrecht. Zur Zeit des babylonischen Exils waren die Tage, in denen diese Stämme Triumphe auf dem Schlachtfeld feiern konnten, vorbei. Die Heldentaten vergangener Tage wurden daher mit um so größerer Inbrunst von einer literarischen Priesterelite niedergeschrieben, die ihrerseits selbst keine militärische Macht mehr erringen konnte, die aber systematisch den Werten einer militärisch-agrarischen Herrschaft verbunden war. Sie malten die Vergangenheit ihres eigenen Volkes als eine Geschichte der Eroberung und der Bildung eines souveränen Staates, der unglücklicherweise der Niedergang und die Unterwerfung folgten. Die Bücher der Propheten, die vor, während und auch nach der Rückkehr aus dem Exil geschrieben wurden, reflektierten in ähnlicher Weise die Antworten auf den militärischen Niedergang, gegen den die Propheten eine Wiederbelebung der religiösen Disziplin und Solidarität forderten.

Die Wörter Feuer und Brennen kommen in diesen Texten häufig vor, fast immer im Kontext von Religion und Krieg. Die Autoren zeigen wenig Interesse an der eigentlichen Kontrolle über das Feuer. So heißt es beispielsweise in der Szene, die beschreibt, wie Abraham sich für das Opfer seines Sohnes Isaak vorbereitet, daß er »ein Messer und Feuer und das Holz zum Brandopfer« (Erstes Buch Mose 22,6) mit sich nahm. Wir können daraus schließen, daß die Menschen offensichtlich nicht gewohnt waren, ein neues Feuer zu machen, selbst an einem entfernten Ort nicht. Aber sicherlich war dies nicht die Botschaft, die der Autor übermitteln wollte. Er war interessiert an dem menschlichen Drama – dargestellt als Drama zwischen Mensch und Gott – eines Vaters, der die Absicht hat, sein Kind zu töten, aber im letzten Augenblick begnadigt wird.

Religiöse Brandopfer bilden ein regelmäßig wiederkehrendes Thema, unter dem Feuer in den Schriften erwähnt wird. In einer geheimnisvolleren Art und Weise erscheint das Feuer auch als ein Zeichen göttlicher Macht, durch das der Herr sich seinen Getreuen auf Erden offenbart. Weiterhin finden wir Feuer im Zusammenhang mit Beschreibungen des Herrn, wenn er seinen göttlichen Zorn ausdrückt und die Sünder und Feinde Israels schlägt. Eng verwandt damit sind Berichte militärischer Aktionen, die in die Zerstörung der Festungen und Städte durch Brände münden. Schließlich – aber nur als Residualkategorie – gibt es gelegentliche Hinweise zum Feuereinsatz für praktische Zwecke wie Kochen, Heizen und Beleuchtung.

Der Kontrolle über das Feuer galt nicht das Hauptaugenmerk, weder das der Schreiber noch das des Volkes Israel im allgemeinen. Und dennoch, zum Teil gerade wegen der unaufdringlichen Art, in der sie gewöhnlich Feuer erwähnen, erlauben uns die Texte erhellende Blicke auf die Art und Weise, in der Feuer im alten Israel benutzt wurde. Sie zeigen uns einen sozialen Hintergrund, der in bestimmter Hinsicht einzigartig war (und, so werde ich argumentieren, auch absichtlich so sein sollte) und in anderer Hinsicht Züge aufwies, die allgemein typisch für militärisch-agrarische Gesellschaften im Nahen Osten im ersten Jahrtausend v. Chr. waren.

Feuer und Opferung

Die meisten Hinweise auf Feuer haben mit Opferung zu tun. Technisch gesehen brachte das Altarfeuer keine Probleme. Die Texte beziehen sich auf das sehr viel schwierigere Thema der Regulierung sozialen Verhaltens vor dem Altar – die Festlegung der Rechte und Pflichten eines jeden –, und gerade dies macht die vielen Textstellen soziologisch so interessant. Aus den trocken klingenden und legalistischen Schriften taucht ein Bild auf, das uns zeigt, wie Menschen, im Namen ihres Gottes, miteinander vor dem Altarfeuer umgingen und zu welchen Opfern sie gezwungen, aber auch bereit waren. Das ewige Problem war, wer berechtigt, verpflichtet war, was und wem zu opfern. Um zu einer Lösung zu kommen, war es auch nötig festzulegen, wo und wann das Opfer gebracht werden sollte. Alle diese Fragen waren potentielle Konfliktquellen, und die Texte zeigen, daß sie oft zu heftigen Zusammenstößen führten.

Ein dramatischer Höhepunkt ist die Geschichte, in der Abraham hinausging, um einen Feueraltar zur Opferung seines einzigen Sohns Isaak zu errichten. Er tat dies, so wird erzählt, auf Geheiß des Herrn, der die Stärke seines Glaubens prüfen wollte. Letztendlich opferte Abraham seinen Sohn nicht, weil er im letzten Augenblick eine Botschaft erhielt, daß der Herr mit der Opferung eines Widders zufriedengestellt sein würde. Als Belohnung für seinen Glauben wurde Abraham eine zahlreiche und gesegnete Nachkommenschaft verheißen.

Aus dem Text geht hervor, daß Abraham diese Belohnung für sein gottesfürchtiges Verhalten erhielt, für seine Bereitwilligkeit, auf Geheiß des Herrn seinen liebsten Besitz zu opfern: seinen Sohn. Aus einer weltlichen Sicht scheint ein Widerspruch zwischen Befehl und Belohnung zu liegen, denn der einzige Weg für Abraham, Nachkommen zu haben, hätte darin bestanden, seinen Sohn nicht zu opfern – nur derjenige, der seinen Sohn verschont und jeder möglichen Versuchung widersteht, ihn zu töten, kann auf männlichen Nachwuchs hoffen. So gelesen scheint die Geschichte von Abraham und Isaak sich eher auf die Pflicht jedes Vaters zu beziehen, niemals einem Impuls, seinen Sohn zu töten, nachzugeben – sogar wenn er physisch in der Lage wäre, es zu tun, und selbst dann, wenn keine staatliche Autorität da wäre, ihn abzuhalten oder ihn zu bestrafen.[2]

Es gibt Hinweise, die nahelegen, daß die Praxis, insbesondere den erstgeborenen Sohn zu opfern, tatsächlich geübt wurde. In einer

2 Andere Interpretationen von Abrahams Opfer finden sich bei Spiegel 1969. Siehe auch Morgenstern 1963.

Zeile im Zweiten Buch Mose heißt es, »deinen ersten Sohn sollst du mir geben« (Zweites Buch Mose 22, 28).[3]

Außer einer etwas doppeldeutigen Aussage im Zweiten Buch Mose (13,2) scheint dieser Befehl allein in dem Gebäude der Vorschriften zu stehen, das wie archäologische Schichten die Ablagerungen verschiedener Zeitalter repräsentiert. Alle späteren Ermahnungen verdammen eindeutig das Menschenopfer. Mit Verachtung wird von anderen Nationen gesprochen, die dieser schrecklichen Praxis frönen, und es wird den Israeliten streng verboten, sie nachzuahmen – genauso, wie es ihnen verboten ist, in irgendeiner Form an dem Götzendienst der sie umgebenden Völker teilzunehmen. Im Fünften Buch Mose (Deuteronomium) werden die Israeliten gewarnt, die Sitten der ursprünglichen Bewohner des Landes Kanaan anzunehmen: So »sollst du also dem HERRN, Deinem Gott, nicht dienen; denn sie haben ihren Göttern alles getan, was dem HERRN ein Greuel ist und was er haßt; denn sie haben sogar ihre Söhne und Töchter mit Feuer verbrannt ihren Göttern.« (Fünftes Buch Mose 12,31).

Der Dienst am Moloch wird besonders verurteilt. Die Gesetze im Dritten Buch Mose (Levitikus) befehlen emphatisch: »Du sollst auch nicht eines deiner Kinder geben, daß es dem Moloch geweiht werde, damit du nicht entheiligst den Namen deines Gottes; ich bin der HERR« (Drittes Buch Mose 18,21), und sie fügen als Sanktion hinzu: »Wer unter den Israeliten oder den Fremdlingen in Israel eins seiner Kinder dem Moloch gibt, der soll des Todes sterben; das Volk des Landes soll ihn steinigen« (Drittes Buch Mose 20,2). Die Strafe ist schwer – entsprechend der Zeit, in der diese Regeln aufgeschrieben worden sind, einer Zeit, in der es keine starke staatliche Regierung gab und das Volkstribunal die einzige Institution war, die kollektive Sanktionen verhängen konnte und gleichzeitig als Richter und Vollstrecker auftrat.

Es ist wohl nicht mehr möglich festzustellen, wieviel Übertreibung in der wiederholten Behauptung der Propheten steckt, daß die Israeliten selbst auch die Greueltat begangen, »ihre Kinder dem Baal als Brandopfer zu verbrennen« (Jeremia 19,5). Nach dem Propheten Jeremia war dies so häufig, daß er vorschlug, den

3 Alle Bibelzitate aus *Die Bibel* nach der Übersetzung Martin Luthers, Deutsche Bibelgesellschaft, Stuttgart 1985.

Platz, wo das Verbrechen begangen wurde, »Würgetal« zu nennen (Jeremia 7,32). Andere Propheten wiederholten die Anschuldigung (z.B. Hesekiel 16,20; 20,26; 23,37-39). Ihre Darstellungen finden eine gewisse Unterstützung in den Geschichtsbüchern im Ersten und Zweiten Buch der Könige, in denen gesagt wird, daß König Salomon einen Molochaltar baute (Erstes Buch der Könige 11,7) und daß zwei seiner Nachfolger ihren Sohn als Opfer verbrannt haben (Zweites Buch der Könige 16,3; 21,6). Offensichtlich beendete der fromme König Josia erst gegen Ende des 7. Jahrhunderts v. Chr. diese Praxis, indem er den Schrein zerstörte, so »daß niemand seinen Sohn oder seine Tochter dem Moloch durchs Feuer gehen ließe« (Zweites Buch der Könige 23,10).

Die Kampagne gegen die Verbrennung von Kindern, die dem Moloch und Baal geopfert wurden, zeigt eine gewisse Ähnlichkeit mit Kampagnen in jüngerer Zeit, die »Zivilisationsoffensiven«[4] genannt worden sind. Sie wurden von religiösen Führern angeführt, die versuchten, die Israeliten zu überreden, einem Regelwerk zu folgen – bekannt als die Gesetze Mose –, das angeblich göttlicher Herkunft sei und dessen alleinige autorisierte Interpreten sie waren. Ein großer Teil dieser Regeln betraf Opferungen. Opfer sollten nicht leichtfertig und irgendwo dargebracht werden, der einzige, angemesse Platz war ein geheiligter Altar. Ein Opfer bestand gewöhnlich aus Fleisch oder einer anderen Speise; es hing von der Art der Zeremonie ab, ob diese Nahrung entweder ganz verbrannt oder für eine Mahlzeit zubereitet wurde, die – wiederum abhängig von der Art der Zeremonie – entweder von der Person, die die Opferung brachte, verzehrt wurde oder von den Priestern, die den Altar hüteten.

Die Opferrituale, wie sie beschrieben werden, können meiner Meinung nach als kulturell spezifische Antworten auf Probleme gesehen werden, mit denen Menschen in seßhaften Agrargesellschaften allgemein konfrontiert waren. Danach bildeten die Rituale einen Teil einer umfassenderen »Agrarordnung« – einer Sammlung rituell verbindlicher Lösungen für Probleme, die sich aus der agrarischen Lebensweise ergaben. Eines dieser Probleme

---

4 Vgl. Kranendonk 1990, S. 86-91. Siehe auch Kapitel 8, S. 179-180.

war, was mit dem reichen Angebot an Nahrung direkt nach der Ernte oder nach der Geburt der jungen Tiere im frühen Frühjahr zu geschehen habe. Nach einem harten Winter bestand immer die Versuchung, im Überfluß zu schwelgen. Längerfristig hatten die Gruppen, die dieser Versuchung nachgaben, jedoch eine geringere Überlebenschance als Gruppen mit einer disziplinierteren Haltung. Rituelle Feste konnten eine klügere und frommere Haltung unterstützen. Während dieser Feste wurde ein Teil der neuen Ernte oder der jungen Tiere sofort verzehrt, während der größere Teil als »investiertes Kapital« gespart wurde. Es ist unwahrscheinlich, daß von Anfang an alle Mitglieder einer Agrargemeinschaft bereit waren, aus eigenem Antrieb so vernünftig zu handeln. Wahrscheinlicher ist es, daß einige einflußreiche Personen die Führung übernahmen und andere zwangen, ihrem Beispiel zu folgen. Solche aufgeklärten Führer können sehr wohl die Vorläufer der religiösen Spezialisten, der Priester, gewesen sein.[5]

Nachdem die Priester Teil einer etablierten sozialen Ordnung geworden waren, entstand ein neues Problem: Wie sollten die Beziehungen zwischen ihnen und dem Rest der Bevölkerung geregelt werden? Ein großer Teil der Mose zugeschriebenen Gesetzgebung bietet Lösungen für dieses Problem an. Sie legt die gegenseitigen Rechte und Pflichten von Priestern und Laien für alle Arten der Opferungen fest. Die Tatsache, daß die Priester für ihren Lebensunterhalt auf diese Opferungen angewiesen waren, machte es einfacher zu verstehen, warum die Handlungen, die zu den verschiedenen Opferzeremonien gehörten, bis ins kleinste Detail festgelegt waren. Obwohl es so aussah, als ob sich die Regeln auf individuelles Verhalten bezögen, definierten sie tatsächlich soziale Verpflichtungen. Indem diese Verpflichtungen als ewig gültige Gesetze vorgestellt wurden, spiegelten sie damit die zur Zeit ihrer Formulierung vorherrschende Machtbalance zwischen den religiösen Spezialisten und dem Rest der Bevölkerung wider.

Es kann kein Zweifel daran bestehen, daß zu ihrer Zeit das Altarfeuer schon hinreichend »domestiziert« war, so daß ein Brandopfer keine technischen Schwierigkeiten mit sich brachte. Die

5 Vgl. Goudsblom 1989.

Texte waren deshalb ganz auf die korrekte Ausführung der Rituale gerichtet. Dazu gehörte erstens, daß die Gläubigen nur den einen und einzigen Gott verehrten, den Gott der Priester Israels; und zweitens, daß jeder seinen ihm zustehenden Anteil erhielt: Gott, die Priester und diejenigen, die die Opfer brachten.

Immer wieder wurde wiederholt, daß nur an einem speziell dafür bestimmten Ort geopfert werden durfte und daß jede Abweichung schwer bestraft wurde. In einer der frühesten Geschichten wurde berichtet, wie Aarons Söhne ein »fremdes Feuer« darbrachten – d. h., es war kein Feuer von dem immer brennenden Altar im Tabernakel gewesen. Sie wurden sofort bestraft: »Da fuhr ein Feuer aus von dem HERRN und verzehrte sie, daß sie starben vor dem HERRN« (Drittes Buch Mose 10, 1-2).

Andere Texte legen nahe, daß es den Gläubigen selbst überlassen war, die Strafe auszuführen: »Wer aus dem Hause Israel oder von den Fremdlingen, die unter euch sind, ein Brandopfer oder ein Schlachtopfer darbringt, und bringt es nicht vor die Tür der Stiftshütte, um es dem HERRN zu opfern, der wird ausgerottet werden aus seinem Volk« (Drittes Buch Mose 17,8-9). Dies war in der Tat sehr wichtig. Wenn die Opfergaben nicht an einen zentralen Platz gebracht wurden, konnten die religiösen Autoritäten die Kontrolle darüber verlieren. Der Prophet Jeremia beschreibt die entsetzlichen Folgen, die dies haben würde: »Die Kinder lesen Holz, die Väter zünden das Feuer an, und die Frauen kneten den Teig, daß sie der Himmelskönigin Kuchen backen, und fremden Göttern spenden sie Trankopfer.« (Jermia 7,18). Er sprach mit Abscheu von all den Häusern in Jerusalem, »wo sie auf den Dächern dem ganzen Heer des Himmels geopfert und andern Göttern Trankopfer dargebracht haben« (Jeremia 19,13).

Viele Seiten sind mit Festsetzungen darüber gefüllt, was am offiziellen Altar für alle der drei beteiligten Gruppen verpflichtend war: für Gott, die Priester und diejenigen, die opferten. Die Bücher stimmen nicht in jedem Detail überein, was ein Hinweis auf Veränderungen in der Machtbalance zwischen Priestern und Laien sein könnte. Alles in allem verloren Brandopfer als eine Form der Naturalbesteuerung an Bedeutung, als immer mehr Menschen in den Städten lebten und Geld als Tauschmittel benutzten.

Gleichzeitig können wir die Tendenz feststellen, die Frömmigkeit einer Person nicht mehr nach der Erfüllung ritueller Pflichten, sondern nach ihren allgemeinen Einstellungen zu beurteilen. Einige Textstellen geben Zeugnis von diesem Trend. Jesaja war der erste, der seinen Gott seufzen ließ: »Bringt nicht mehr dar so vergebliche Speisopfer! Das Räucherwerk ist mir ein Greuel« (Jesaja 1,13). Die späteren Propheten wiederholten: »Eure Brandopfer sind mir nicht wohlgefällig und Eure Schlachtopfer gefallen mir nicht« (Jeremia 6,20); »denn ich habe Lust an der Liebe und nicht am Opfer, an der Erkenntnis Gottes und nicht am Brandopfer« (Hosea 6,6). »Ich bin euren Feiertagen gram und verachte sie und mag eure Versammlungen nicht riechen. Und wenn ihr mir auch Brandopfer und Speisopfer opfert, so habe ich kein Gefallen daran und mag auch eure fetten Dankopfer nicht ansehen« (Amos 5,21-22). Was der Herr von seinen Gläubigen fordert ist, »Gottes Wort halten und Liebe üben und demütig sein vor deinem Gott« (Micha 6,8).

Die Tendenz zu einer »Internalisierung der Religion«, die durch diese Zitate zum Ausdruck kommt, scheint ein charakteristischer Zug nicht nur der Entwicklung des Judentums zu sein, sondern aller großen Weltreligionen, einschließlich des Christentums. Der amerikanische Anthropologe Marvin Harris hat diese Entwicklungslinie auf ökologische Veränderungen bezogen, insbesondere auf die wachsende Fleischknappheit, die mit dem Bevölkerungswachstum einherging.[6] Es würde Harris' allgemeiner Interpretationslinie nicht widersprechen, wenn wir annehmen, daß Generationen von Bauern sukzessive daran gewöhnt waren, in einem Agrarsystem zu leben. Die Notwendigkeit, dieses System durch äußere Rituale abzustützen, wurde dadurch geringer. Mit dem Anwachsen der städtischen Bevölkerung wurden auch die agrarischen Aspekte ihrer moralisch-religiösen Ordnung (ihrer »Zivilisation«) für sie weniger bedeutend. Diese verschiedenen Trends können erklären, warum Opfergaben in Naturalien langsam durch Sparen und Steuerzahlen ersetzt wurden – durch soziale Aktivitäten ohne Feuereinsatz.

6 Harris 1977, S. 117 ff.

Feuer als Zeichen göttlicher Macht

In der Schöpfungsgeschichte im Ersten Buch Mose (Genesis) wird Feuer nicht erwähnt. Dies scheint darauf hinzuweisen, daß Feuer – im Gegensatz zu Wasser – in der Weltsicht der Schreiber, die in einem heißen, trockenen Land lebten, keine herausragende Bedeutung hatte. Es gibt jedoch einige andere Textstellen, in denen uns berichtet wird, wie Gott selbst sich ausgewählten Personen gegenüber »im Feuer« offenbarte.

Eine solche Stelle findet sich im Zweiten Buch Mose (Exodus), wo berichtet wird, daß Gott Moses befahl, sein Volk aus Ägypten in das Land Kanaan zu führen. Bei dieser Gelegenheit soll der Engel des Herrn vor Moses erschienen sein »in einer feurigen Flamme aus dem Dornbusch. Und er sah, daß der Busch im Feuer brannte und doch nicht verzehrt wurde« (3,2). Die Verkündung der Zehn Gebote fand unter ähnlichen Umständen auf dem Berg Sinai statt, der »vollständig rauchte, darum daß der Herr herab auf den Berg fuhr mit Feuer; und sein Rauch ging auf wie ein Rauch vom Ofen, daß der ganze Berg sehr bebte«. Ein ehrfurchtgebietendes Ereignis, das alle, die anwesend waren, mit großer Furcht erfüllte (19, 18). Moses gelang es, seine eigene Autorität zu stärken, indem er unerschrocken blieb und seinem Volk versicherte: »Fürchtet euch nicht, denn Gott ist gekommen, euch zu versuchen damit ihr's vor Augen habt, wie er zu fürchten sei und ihr nicht sündigt« (Mose 20,20).

Auf diese Weise schreibt der Text Moses die außerordentliche Macht zu, mit einem übermächtigen Gott zu kommunizieren, der unter anderem das Feuer kontrolliert, sogar in der unkontrollierten Verkleidung brennender Büsche und brennenden Unterholzes sowie von Donner und Blitz. Bei einer früheren Gelegenheit wird von Moses berichtet, den ägyptischen Pharao in die Verzweiflung getrieben zu haben, indem er eine Anzahl schrecklicher Plagen über das Land beschwor, weil der Pharao sich weigerte, die Israeliten ziehen zu lassen. In der siebten Plage wurde – nach der Überlieferung – »ganz Ägypten durch Donner und Hagel geschlagen, und Feuer schoß auf die Erde nieder« (Zweites Buch Mose 9,23). Wir sollen einsehen, daß es in Moses Macht lag, seinen Gott dazu zu bringen, solche schrecklichen Heimsuchungen geschehen zu lassen. Erst nachdem dieser Gott in der zehnten Heimsuchung alle Erstgeborenen in Ägypten getötet hatte, sowohl Kinder als auch Vieh, gab der Pharao nach und forderte Moses auf: »Macht euch auf und ziehet weg aus meinem Volk, ihr und die Israeliten. Gehet hin und dienet dem HERRN, wie ihr gesagt habt« (Zweites Buch Mose 12,31).

Während des Auszugs aus Ägypten, so wird berichtet, zog der Herr ständig vor seinem Volke her, in einer Wolkensäule bei Tag und in einer Feuersäule bei Nacht (Zweites Buch Mose 13,22). Die interessante Frage ist nicht so sehr, was tatsächlich geschah (denn wir können uns nur an das halten, was der Text selbst sagt), sondern woran die Autoren dachten. Sie könnten einerseits an ein göttliches Feuer gedacht haben, das direkt von Gott gesandt war, oder aber an ein brennendes Feuer in einem heiligen Tabernakel, das von den Menschen vorne in der Karawane getragen wurde. Im zweiten Fall könnte es dasselbe Feuer gewesen sein, das – nach dem Dritten Buch Mose (6, 9-13) – im Tabernakel und später im Tempel nie ausgehen durfte.

Andere Geschichten, in denen Feuer als Zeichen göttlicher Macht dargestellt wird, haben eine ähnliche Doppeldeutigkeit. Sie berichten von wundersamen Ereignissen, die dem direkten Eingreifen Gottes zugeschrieben wurden, die aber auch sehr wohl durch Menschen hätten herbeigeführt werden können. Diese Doppeldeutigkeit durchdringt auch die längste und dramatischste Feuerepisode im Alten Testament, das Duell zwischen Elia und den Propheten Baals, des kanaanitischen Gottes der Fruchtbarkeit.

Die Geschichte von Elia hat ihren Platz in einem viel späteren und geschichtlich schon etwas besser dokumentierten Zeitalter als jene von Abraham und Moses. Elia muß in der Mitte des 9. Jahrhunderts gelebt haben, nach der Teilung des Königreichs im Jahre 932 v. Chr. Er war während der Herrschaft des Königs Ahab über das nördliche Reich (875- 854), das immer noch Israel genannt wurde, auf der Höhe seiner Macht. Damals gab es eine starke Neigung – besonders in den höheren Kreisen – zur Assimilierung mit dem umgebenden kanaanitischen Volk. Ahab hatte die phönizische Prinzessin Isebel geheiratet und erlaubte offiziell die Anbetung des Fruchtbarkeitsgottes Baal.

Elia tritt im ersten Buch der Könige als der Führer des Widerstandes gegen diese fremden Einflüsse auf. Ebenso wie Moses werden auch ihm wunderbare Fähigkeiten zugeschrieben. Einmal prophezeite er, daß der Herr Israels Abfall mit einer jahrelangen Dürre strafen würde. Als wenig später das Land tatsächlich unter einer großen Dürreperiode litt, beschuldigte der König Elia, diese verursacht zu haben. Elia bat dann den König, einen öffentlichen Wettbewerb auf dem Berg Karmel zu veranstalten. Die Geschichte dieses Wettbewerbs ist so lebhaft erzählt, daß ich sie ganz zitiere. Ich hebe die Stellen hervor, in denen das Feuer eine große Rolle spielt.

Erstes Buch der Könige 18, 20-40:
So sandte Ahab hin zu ganz Israel und versammelte die Propheten auf den Berg Karmel. Da trat Elia zu allem Volk und sprach: Wie lange hinket ihr auf beiden Seiten? Ist der HERR Gott, so wandelt ihm nach, ist's aber Baal, so wandelt ihm nach. Und das Volk antwortete ihm nichts. Da sprach Elia zum Volk: Ich bin allein übriggeblieben als Prophet des HERRN, aber die Propheten Baals sind vierhundertundfünfzig Mann. So gebt uns nun zwei junge Stiere und laßt sie wählen einen Stier und ihn zerstückeln und aufs Holz legen, aber kein Feuer daran legen; dann will ich den anderen Stier nehmen und aufs Holz legen und auch kein Feuer daran legen.
Und ruft ihr den Namen eures Gottes an, aber ich will den Namen des HERRN anrufen. Welcher Gott nun mit Feuer antworten wird, der ist wahrhaftig Gott. Und das ganze Volk anwortete und sprach: Das ist recht. Und Elia sprach zu den Propheten Baals: Wählt ihr einen Stier und richtet zuerst zu, denn ihr seid viele, und ruft den Namen eures Gottes an, aber legt kein Feuer daran. Und sie nahmen den Stier, den man ihnen gab, und richteten zu und riefen den Namen Baals an vom Morgen bis zum Mittag und sprachen: Baal, erhöre uns! Aber es war da keine Stimme noch Antwort. Und sie hinkten um den Altar, den sie gemacht hatten.
Als es nun Mittag wurde, verspottete sie Elia und sprach: Ruft laut! Denn er ist ja ein Gott; er ist in Gedanken oder hat zu schaffen oder ist über Land oder schläft vielleicht, daß er aufwache.
Und sie riefen laut und ritzten sich mit Messern und Spießen nach ihrer Weise, bis ihr Blut herabfloß.
Als aber der Mittag vergangen war, waren sie in Verzückung bis um die Zeit, zu der man das Speisopfer darbringt; aber da war keine Stimme noch Antwort noch einer, der aufmerkte.
Da sprach Elia zu allem Volk: Kommt her zu mir! Und als alles Volk zu ihm trat, baute er den Altar des HERRN wieder auf, der zerbrochen war,

und nahm zwölf Steine nach der Zahl der Stämme der Söhne Jakobs – zu dem das Wort des HERRN ergangen war: Du sollst Israel heißen – und baute von den Steinen einen Altar im Namen des HERRN und machte um den Altar her einen Graben, so breit wie für zwei Kornmaß Aussaat, und richtete das Holz zu und zerstückte den Stier und legte ihn aufs Holz.

Und Elia sprach: *Holt vier Eimer voll Wasser und gießt es auf das Brandopfer und aufs Holz!* Und er sprach: Tut's noch einmal! Und sie taten's noch einmal. Und er sprach: Tut's zum drittenmal! Und sie taten's zum drittenmal.

Und das Wasser lief um den Altar her, und der Graben wurde auch voll Wasser. Und als es Zeit war, das Speisopfer zu opfern, trat der Prophet Elia herzu und sprach: HERR, Gott Abrahams, Isaaks und Israels, laß heute kundwerden, daß du Gott in Israel bist und ich dein Knecht und daß ich das alles nach deinem Wort getan habe!

Erhöre mich, HERR, erhöre mich, damit dies Volk erkennt, daß du, HERR, Gott bist und ihr Herz wieder zu dir kehrst!

Da fiel das Feuer des HERRN herab und fraß Brandopfer, Holz, Steine und Erde und leckte das Wasser auf im Graben.

Als das alles Volk sah, fielen sie auf ihr Angesicht und sprachen: Der HERR ist Gott, der HERR ist Gott!

Elia aber sprach zu ihnen: Greift die Propheten Baals, daß keiner von ihnen entrinne! Und sie ergriffen sie. Und Elia führte sie hinab an den Bach Kischon und tötete sie daselbst.

Diese Geschichte kann auf verschiedene Weisen interpretiert werden. Eine ist, sie wörtlich zu nehmen und so aufzufassen, daß alles genau so geschah, wie es berichtet wurde. Die zweite ist, jeden Anspruch auf Wirklichkeit zurückzuweisen und zu sagen, daß nichts dieser Art geschehen ist. Die dritte – und für mich vielversprechendste – Interpretation ist, daß die Geschichte einen Wahrheitskern enthält: Ein Mann namens Elia war im Besitz einer leicht brennbaren Flüssigkeit, in deren Geheimnis nur wenige eingeweiht waren. Konfrontiert mit rivalisierenden Anwärtern auf die religiöse Führerschaft, griff Elia auf sein mysteriöses Gebräu zurück. Vielleicht legte er ein kleines Stück Obsidian auf den Altar, das als Brennglas unter der Mittagssonne eingesetzt werden konnte und die brennbare Flüssigkeit bis zur Zündung erhitzte. Auf diese Weise hätte er seine starke Kontrolle über das Feuer eingesetzt, um etwas von seiner angeschlagenen Kontrolle über Menschen zurückzugewinnen.

Elias Heldentat war weniger spektakulär als die, die Moses zugeschrieben worden war, der seinen Gott inständig überredete, einen schrecklichen Gewittersturm mit Donner und Blitz über Ägypten kommen zu lassen. Genau diese bescheidenere Dimension des Elia-Wunders macht es einer »natürlichen« Erklärung zugänglich. Es ist denkbar, daß er ein Feuervirtuose war, der sich einige esoterische Kenntnis angeeignet hatte. Selbst wenn die Priester Israels Magie verurteilten, muß das nicht heißen, daß die religiösen Spezialisten sie nie benutzten.[7] Ein späterer Text, der ungefähr um 100 v. Chr. geschrieben und in die apokryphischen Bücher der Makkabäer aufgenommen worden war, beschreibt, wie Nehemia eine ähnliche Großtat – Wasser in Feuer zu verwandeln – gelang. Der Bericht über dieses Ereignis bietet indirekte Unterstützung für die Vermutung, daß die Flüssigkeit, die Elia über seine Opferung gegossen hatte, ein Petrolgemisch war, das sogenannte Neftar oder Naphta. Ich werde auf diese jüngere Episode im fünften Teil dieses Kapitels zurückkommen.

Feuer als Zeichen göttlichen Zorns

In den Geschichten, die erzählen, wie die Israeliten in einer Säule aus Feuer und Rauch zum Gelobten Land geführt wurden, benutzte der HERR das Feuer zu deren Vorteil. Wir hören aber auch aus vielen Episoden, daß er es einsetzte, um Schaden zuzufügen, nicht nur den Feinden Israels, sondern auch den Israeliten selbst, wenn sie seinen leicht entflammbaren Zorn hervorgerufen hatten: »Denn der HERR, dein Gott, ist ein verzehrendes Feuer und ein eifernder Gott« (Fünftes Buch Mose 4,24).
Er schreckte auch nicht davor zurück, einen Regen aus Schwefel und Feuer (Erstes Buch Mose 19,24) auf Sodom und Gomorra fallen zu lassen, um die Bewohner für ihre Verderbtheit zu bestrafen. Die Städte wurden für immer zerstört; im ganzen Land konnte man den Rauch sehen, der von der Erde aufstieg »wie ein Rauch von einem Ofen« (Erstes Buch Mose 19,28). Die Söhne

---

7 Zum Verhältnis des alten Israel der Magie gegenüber siehe M. Weber 1966 (*Das Antike Judentum*, S. 219-225); Zeitlin 1984, S. 30ff. Ich vermute, daß Zeitlin ihren Einfluß unterschätzt.

Aarons, die »fremdes Feuer« für ihre Opfer benutzten, anstatt Feuer von der ewigen Flamme im Tabernakel, traf ein ähnliches Schicksal: »Da fuhr ein Feuer aus von dem HERRN und verzehrte sie, daß sie starben vor dem HERRN« (Drittes Buch Mose 10,2). Als sich das Volk während des Auszugs aus Ägypten beschwerte, entbrannte der Zorn des Herrn, und »das Feuer des HERRN loderte auf unter ihnen«, bis Moses mit Gebeten eingriff und das Feuer niederschlug (Viertes Buch Mose 11,1-3).

In den prophetischen Büchern, die sich auf die spätere Epoche der Königreiche Israel und Juda beziehen, liegt das Schwergewicht der Geschichten nicht so sehr auf Begebenheiten göttlicher Bestrafung in der Vergangenheit als auf Drohungen für die Zukunft. So droht Jeremia im Namen seines Herrn damit, daß der Herr, wenn das Volk von Jerusalem den Sabbat nicht heilige, ein »Feuer in ihren Toren anzünden (werde), das die festen Häuser zu Jerusalem verzehrt und nicht gelöscht werden kann« (Jeremia 17-27). Andere Propheten wiederholten die Drohung wörtlich: »Weil sie des HERRN Gesetz verachten (…) will ich ein Feuer nach Juda schicken, das soll die Paläste von Jerusalem verzehren« (Amos 2, 4-5).

Verglichen mit den monoton wiederholten Warnungen solcher Propheten wie Amos und Hosea ist das Buch Jesaja bemerkenswert wegen seiner großen Vielfalt plastischer Schilderungen von Feuer: »Und die Völker werden zu Kalk verbrannt werden, wie abgehauene Dornen werden sie im Feuer verzehrt« (Jesaja 33, 12). »Wer ist unter uns, der bei verzehrendem Feuer wohnen kann? Wer ist unter uns, der bei ewiger Glut wohnen kann?« (Jesaja 33,14) »Da werden Edoms Bäche zu Pech werden und seine Erde zu Schwefel; ja, sein Land wird zu brennendem Pech werden, das weder Tag noch Nacht verlöschen wird, sondern immer wird Rauch von ihm aufgehen. Und es wird verwüstet sein von Geschlecht zu Geschlecht, daß niemand hindurchgehen wird auf ewige Zeiten« (Jesaja 34,9-10).

Die Düsternis dieser Aussichten auf Zerstörung durch Feuer sollte nicht die Tatsache verdunkeln, daß sie nur einen kleinen Teil der gesamten Texte ausmachen. Die Katastrophen, die die Israeliten am meisten fürchteten, waren Trockenheit, die unausweichlich zur Hungersnot führen würde, und Krieg. Sie neigten dazu, die

Vorstellung von Feuer als Strafe des Herrn fast automatisch mit militärischer Zerstörung zu verbinden – selbst wenn diese gedanklichen Verbindungen nicht sehr realistisch waren, wie in Jesajas Visionen von der Zerstörung Assyriens: »Und das Licht Israels wird ein Feuer sein und sein Heiliger wird eine Flamme sein, und sie wird seine Dornen und Disteln anzünden und verzehren in einem Tag« (Jesaja 10,17).

Die Verse am Ende des Buches Jesaja beinhalten eindeutig ein militärisches Bild: »Denn siehe der HERR wird kommen mit Feuer und seine Wagen wie ein Wetter, daß er vergelte im Grimm seines Zorns und mit Schelten in Feuerflammen. Denn der HERR wird durch Feuer die ganze Erde richten und durch sein Schwert alles Fleisch, und der vom HERR Getöteten werden viele sein« (Jesaja 66,15-16). Die letzten Sätze des Buches, die das Schicksal beschreiben, das alle Abtrünnigen erwartet, mag weniger kriegerisch klingen, sind aber nicht weniger grausam: »Denn ihr Wurm wird nicht sterben und ihr Feuer wird nicht verlöschen und sie werden allem Fleisch ein Greuel sein« (Jesaja 66, 24). Nach dem Ersten Buch Mose wurden die Städte Sodom und Gomorra auf einen Schlag vom Erdboden getilgt; was Jesaja prophezeit, klingt wie nie endende Tortur, wie ewige Verdammnis.

Unter seinen Nachfolgern kam Hesekiel solch weitreichenden Verkündungen am nächsten. In einer wortreichen Passage von mehreren Versen beschrieb er, wie der Herr das Volk Israel sammeln würde wie Silber, Erz, Eisen, Blei und Zinn und sie dann alle zusammen in den Schmelzofen geben würde: »Ja, ich will euch sammeln und das Feuer meines Zorns gegen euch anfachen, daß ihr darin zerschmelzen müßt. Wie das Silber im Ofen zerschmilzt, so sollt auch ihr darin zerschmelzen und sollt erfahren, daß ich, der HERR, meinen Grimm über euch ausgeschüttet habe« (Hesekiel 22, 21-22). Es ist eine erschreckende Vision, die spätere christliche Vorstellungen von Hölle und Fegefeuer vorwegzunehmen scheint. Das Feuer, auf das sie sich bezieht, ist weder durch Blitz entstanden, noch durch einen Vulkan oder durch kriegerische Akte, sondern ist ein Schmelztiegel – ein Produkt und ein Instrument der menschlichen Industrie. Vielleicht wurden Dörröfen manchmal benutzt, um Todesstrafen zu vollstrecken. Dies könnte der historische Hintergrund der wundersamen Geschichte im Buch Daniel über die drei frommen Israeliten sein, die in einen »glühenden Ofen« geworfen wurden, weil sie sich weigerten, das von König Nebukadnezar errichtete goldene Idol anzubeten, und die zum großen Erstaunen von Nebukadnezar unversehrt herauskamen. Er rief – nach der Schrift – aus: »Denn es gibt keinen anderen Gott als den, der so erretten kann«. (Daniel 3,1-30). Es ist jedoch auch möglich, daß Hesekiel niemals Augenzeuge einer Hinrichtung in einem Ofen war. Zu dem von ihm heraufbeschworenen Bild von großen Menschenmengen, die zusammen wie Metall in einen Ofen geworfen werden, könnte er auch durch die Erfahrung des Stadtlebens und durch Beobachten einer lodernden Flamme, die ein dicht bevölkertes Quartier abbrennt, angeregt worden sein.

Feuer im Krieg

Im Alten Testament sind die Themen Religion und Krieg eng miteinander verflochten. Die Eroberung des Gelobten Landes unter der Herrschaft von Moses und Josua wird beschrieben in einer Mischung von religiösen und militärischen Begriffen, als ein heiliger Krieg, der nicht nur im Namen des Herrn durchgeführt wurde, sondern gelegentlich auch mit seiner aktiven Unterstützung (siehe z.B. Fünftes Buch Mose 9,3); der Herr handelte wahrlich als ein »Kriegsgott«.[8]

Der soziale Hintergrund dieser Eroberungsgeschichte erinnert an das »Vor-Spiel«-Modell, das Norbert Elias in »Was ist Soziologie?« skizziert.[9] Dieses Modell beschreibt zwei Stämme, die sich – unabsichtlich – in die Quere gekommen und in einen Kampf auf Leben und Tod verwickelt sind. Vorher hatten sie nicht einmal von der Existenz der jeweils anderen gewußt; aber nun, da sie voneinander abhängig geworden sind, werden ihre Leben auf ein einziges Ziel fixiert – die anderen müssen aus dem Weg gehen, sie müssen verschwinden. Dieses ist auch die Mentalität, die im Fünften Buch Mose beschrieben wird: Die Israeliten sehen sich gezwungen, die Völker auszulöschen, in deren Land sie eindrin-

8 Rogerson und Davies 1989, S. 118, 132.
9 Elias 1978a, S. 79-83.

gen, und sie legitimieren diesen Zwang durch den Willen Gottes. Der »heilige Krieg« wird gerechtfertigt durch die Idee, daß die anderen Völker falsche Götter anbeten und deshalb in den Augen des Gottes Israels verworfen sind. (Fünftes Buch Mose 9,5).

Das Fünfte Buch Mose wurde in der Zeit des babylonischen Exils zusammengestellt, viele Jahrhunderte nach den Ereignissen, über die es berichtet. Heute ist Gegenstand der Diskussion unter Archäologen, Historikern und Theologen, ob diese Ereignisse überhaupt stattgefunden haben und ob es irgendeine empirische Grundlage für die Vorstellung des »Volkes Israel« gibt, das in ein »Gelobtes Land« gekommen sei.[10] Vielleicht war es nie eine »Eroberung«, sondern nur ein Prozeß des Seßhaftwerdens von Seminomaden, dem zunächst Stammes- und Staatsbildung folgten und dann Eingliederung in größere Reiche wie Assyrien und Ägypten. Die Geschichte vom originären »heiligen Krieg« wäre dann eine Erfindung von priesterlichen Schreibern, die eifrig eine Legende aufbauten, die in der militärisch-agrarischen Gesellschaft ihrer Zeit die angesehenste Legitimation für eine Nation zu sein schien: Eroberung und Sieg unter göttlichem Befehl.

Die Geschichte der Eroberung ist von bleibendem Interesse, selbst wenn sie fiktiv wäre, aufgrund der Erkenntnisse, die sie uns über die Mentalität der Schreiber vermittelt. Für sie schien es selbstverständlich, daß die Israeliten nach dem Sieg über die Amoriter deren Städte niederbrannten (Viertes Buch Mose 21,28) und daß sie dies auch bei anderen Völkern taten (Viertes Buch Mose 31,10). Jericho erlitt das gleiche Schicksal: »Aber die Stadt verbrannten sie mit Feuer und alles, was darin war. Nur das Silber und Gold und die kupfernen und eisernen Geräte taten sie zum Schatz in das Haus des HERRN« (Josua 6,24).

Offensichtlich wurde nicht die gesamte Beute in den allgemeinen Schatz abgeliefert. Ein Mann, Achan, hatte einen Mantel, zweihundert Silberschekel und einen Goldbarren für sich selbst behalten, und diese Beutestücke in der Erde unter seinem Zelt versteckt. Dieser Verstoß gegen die militärische Disziplin wurde ordnungsgemäß aufgedeckt und bestraft: Der Dieb wurde »mit Feuer verbrannt«, eine außergewöhnliche Strafe (Josua 7,15).

10 Vgl. Gottwald 1979; Lemche 1988, S. 75-117; Miller, Maxwell und Hayes 1986, S. 74-79.

Nachdem Jericho zerstört worden war, erhielten die Israeliten, folgt man der heiligen Schrift, Anweisungen, das gleiche mit der Stadt Ai zu tun: sie einzunehmen und anzuzünden (Josua 8,8). Dieses taten sie auch und machten aus Ai einen »Schutthaufen für immer, der noch heute daliegt« (Josua 8,28). Die letzte Stadt, die Josua und seine Männer eroberten, war Hazor: »Und sie erschlugen alle, die darin waren, mit der Schärfe des Schwerts und vollstreckten den Bann an ihnen, und nichts blieb übrig, was Odem hatte, und er verbrannte Hazor mit Feuer« (Josua 11,11).

Das Buch der Richter legt einen Bericht der weiteren militärischen Kämpfe der Stämme Israels vor der Bildung eines vereinigten Königreiches vor. Diese Kämpfe waren zahlreich und gewalttätig, wie die Endverse des Buches vermuten lassen: »Zu der Zeit war kein König in Israel; jeder tat, was ihm recht dünkte« (Buch der Richter 21,25). Abgesehen von einigen offensichtlichen Routinehinweisen auf Städte, die erobert und niedergebrannt worden waren, wird Feuer nur nebenbei erwähnt, wie z.B. in der Geschichte von Samson, der dreihundert Füchse fing und sie paarweise mit brennenden Fackeln an ihren Schwänzen in die Getreidefelder, Weinberge und Olivenhaine der Philister trieb (Buch der Richter 15,4-6). Im Widerspruch zu den Ansprüchen mindestens eines modernen Autors ist dieses keineswegs der älteste Nachweis eines von Menschen gemachten Feuers.[11] Was die Geschichte jedoch zu mehr als einer Kuriosität macht, ist, daß sie eine mögliche – zugegebenermaßen unpraktische – Lösung für ein Problem nahelegt, das die Menschen im Krieg oft beschäftigt haben wird: Wie setzt man ein Feld unter ungünstigen, aber häufig vorkommenden Umständen in Brand – wenn der Weizen noch nicht reif ist und es keinen Wind gibt.[12]

Indirekt spielte das Feuer in der Kriegsführung eine Rolle, seit es zur Waffenherstellung benutzt wurde. Die Geschichte des Kampfes mit den Philistern trägt sich in der Eisenzeit zu. Aber es wird angedeutet, daß die Israeliten anfänglich kein Eisen hatten, während ihre Gegner wohl darüber verfügten: »Es war aber kein Schmied im ganzen Land Israel zu finden – denn die Philister

11 Vgl. Hanson 1983.
12 Vgl. Hanson 1983.

dachten, die Hebräer könnten sich Schwert und Spieß machen«
(Erstes Buch Samuel 13,19-22; siehe auch Buch der Richter
1,19).
Die Idee, die Philister könnten die Produktion von Eisenwaffen
monopolisiert haben, ist verblüffend und läßt uns fragen, wie sie
dieses Monopol haben aufrecht erhalten können. Es ist jedoch
viel wahrscheinlicher, daß der Bearbeiter dieser Geschichte die
Ungleichheiten in der militärischen Ausrüstung zwischen Israeliten und Philistern übertrieb, um den Sieg der Israeliten um so
eindrucksvoller und wunderbarer erscheinen zu lassen. In der Tat
veränderte die Schlacht die Machtbalance in der Region: Nicht
viel später wurde das vereinigte Königreich Israel gegründet, das
bald darauf, unter David und Salomon, in die Periode seines
größten militärischen Glanzes und Reichtums eintreten sollte.
Seine Reichtümer wurden zu einem großen Teil aus der Kontrolle
über die Eisenminen und Schmelzöfen gewonnen, die die Israeliten mit großen Mengen an Eisen für Landwirtschaft, Handel
und Krieg versorgten.
Die Chronisten zeigten geringes Interesse an den Techniken des
Schmelzens und Schmiedens – diese Einstellung war ziemlich
typisch für Schreiber als literarische Spezialisten. Sie haben uns
jedoch über die politischen Intrigen nach Salomons Tod und über
den anschließenden Niedergang der Monarchie, der durch inter-
ne Zwistigkeiten und durch Einmischung der größeren und
mächtigeren Königreiche von Ägypten und Assyrien herbeigeführt worden war, einen ausgezeichneten Bericht gegeben. Im
Jahre 586 vor Christus belagerten die Assyrer Jerusalem und nahmen es gewaltsam ein. Einige Tage nach der Eroberung brannten
sie den Tempel, den Palast und alle großen Häuser nieder und
rissen die Stadtmauern ein (Zweites Buch der Könige 25,9-10)
Die bedeutenden Bürger wurden in die Gefangenschaft nach Babylon verschleppt; unter ihnen waren alle Mächtigen im Lande
»und alle Zimmerleute und alle Schmiede« (Zweites Buch der
Könige 24,14-16).
Im Jahre 445 v. Chr. erhielt Nehemia, der in Babylon im Exil als
hoher Würdenträger des Palastes lebte, die Nachricht, daß die
Festung Jerusalem noch immer geschliffen war, daß »ihre Tore
(...) von Feuer verzehrt« waren (Nehemia 2,3). Der persische

König, der nun über Babylon herrschte, gab ihm die Erlaubnis, nach Jerusalem zurückzukehren und seine Mauern wieder aufzurichten. Eines der Dinge, die er tat – so im Buch der Makkabäer –, war, das heilige Tempelfeuer wieder zurückzuerlangen:

Denn als unsre Väter nach Persien weggeführt wurden, haben die frommen Priester jener Zeit Feuer vom Altar genommen und es heimlich in der Höhlung eines Brunnens versteckt, der eine wasserfreie Stelle besaß. Dort verwahrten sie es so, daß niemand den Ort erfuhr. Als nun nach vielen Jahren Nehemia nach dem Willen Gottes vom König von Persien heimgesandt wurde, schickte er Nachkommen der Priester, die das Feuer verborgen hatten, damit sie es wieder suchten. Wie sie uns berichtet haben, haben sie kein Feuer, sondern dickflüssiges Wasser gefunden. Das gebot er ihnen zu schöpfen und zu bringen. Als nun alles zum Opfer zugerüstet war, hat Nehemia den Priestern befohlen, sie sollten das Wasser über das Holz und das Opfer, das auf dem Holz lag, gießen. Als sie das getan hatten und nach einiger Zeit die Wolken vergangen waren und die Sonne aufleuchtete, da entzündete sich ein großes Feuer. Darüber wunderten sich alle (...) Nehemia und seine Leute nannten dieses Wasser Neftai, auf deutsch Reinigung, die meisten aber nennen es Nephtai (Zweites Buch der Makkabäer 1,19-36).[13]

Nach dem Bericht in den Büchern der Makkabäer wurde Nehemias »Rückgewinnung« des Feuers aus »dickflüssigem Wasser« zum Anlaß für jährliche Festlichkeiten und Lobpreisungen Gottes. Es scheint so, daß in einer Gesellschaft, in der Feuer allgemein zugänglich war und für eine Vielzahl von Zwecken gebraucht wurde, seine zeremoniellen Funktionen dennoch ein hohes Ansehen hatten. Nehemias mysteriöse Wiederherstellung des Tempelfeuers trug sicher zu diesem Prestige bei.

Im Vergleich zu der Geschichte von Elia und den Propheten des Baal ist der Bericht über Nehemias Tat bemerkenswert säkularisiert. Es wird von keiner aktiven Einflußnahme von seiten des Herrn berichtet. Der Held der Geschichte ist Nehemia selbst, der offensichtlich dank seiner eigenen Autorität wußte, daß diese mysteriöse Flüssigkeit sich spontan entzünden würde.

Zur Zeit der Rückkehr Nehemias nach Jerusalem war Israel schon lange keine militärische Macht mehr. Sein Volk konnte nur von einer Vergangenheit träumen, in der seine Vorväter in einem heiligen Krieg Städte in Asche gelegt hatten. Das Altarfeuer im

13 Zitiert nach der Übersetzung Stuttgart 1985.

Tempel brannte jedoch weiterhin – bis 70 n. Chr. Soldaten der römischen Besatzungsmacht den ganzen Tempel in Brand setzten.

Feuer im Alltag

Der Gebrauch des Feuers im Alltag, fern aller ausdrücklich religiösen und militärischen Zwecke, wird nur gelegentlich und beiläufig erwähnt. Wenn Jesaja eine starke Metapher für den Abfall vom Glauben sucht, zieht er einen Vergleich zu dem Zerbrechen eines Tongefäßes, »so daß man von seinen Stücken nicht eine Scherbe findet, darin man Feuer hole vom Herde oder Wasser schöpfe aus dem Brunnen« (Jesaja 30,14). Aufgrund solcher gelegentlichen Hinweise können wir schließen, daß die Menschen nicht länger daran gewöhnt waren, Feuer zu machen; wenn sie Feuer brauchten, holten sie einen Brandstock von einem Feuer, das schon brannte.

Es ist sehr wahrscheinlich, daß zu der Zeit, als die Israeliten seßhaft wurden (und dadurch erst »Israeliten« wurden), der größte Teil des palästinensischen Gebietes – und sicher die Ebenen – schon entwaldet war. So ist es nicht erstaunlich, daß wir nichts über Feuer hören, das zum Jagen oder Roden eingesetzt wird. Es gibt einige wenige Hinweise auf Buschfeuer und auf die Entschädigung, die im Falle des Anzündens fremden, gebundenen oder stehenden, Getreides (Zweites Buch Mose 22,5) fällig wird. Solche Hinweise sind allerdings ausgesprochen selten.

Das gleiche gilt auch für die häuslichen Einsätze von Feuer. Es gibt weder Warnungen, mit Feuer vorsichtig umzugehen, noch werden irgendwelche Psalmen über das Herdfeuer als den Mittelpunkt von Komfort und Geselligkeit gesungen. Die klimatischen Bedingungen und die Bodenbeschaffenheit waren so, daß zu dieser Phase der soziokulturellen Entwicklung das Wasser viel höher geschätzt wurde als das Feuer. Nur ein einziges Mal, und zwar in einer Szene, die weit davon entfernt ist, Behaglichkeit zu vermitteln, wird Feuer als Schutz vor Kälte erwählt: König Jojakim saß im Winterhaus vor dem Kohlenbecken und gab den Befehl, daß ihm aus einer Schriftrolle vorgelesen werde, auf der

Jeremia eine Botschaft des Herrn geschrieben hatte; nachdem jeweils drei oder vier Spalten gelesen waren, schnitt der König sie ab »mit einem Schreibmesser und warf sie ins Feuer, das im Kohlenbecken war, bis die Schriftrolle ganz verbrannt war« (Jeremia 36, 22-23).

Auch die Versorgung mit Brennmaterial, eine der dauerhaften Belastungen des seßhaften agrarischen Lebens, wird außerordentlich selten erwähnt. Das Holzhacken galt, wie das Wasserholen, als unangenehme, niedrige Tätigkeit, die vorzugsweise den Sklaven und Knechten überlassen blieb. Es ist überliefert, daß Josua gnädig den Bewohnern einiger Städte das Leben ließ, damit sie und ihre Nachkommen als »Holzhauer und Wasserschöpfer« dienen konnten (Josua 9,27). Obwohl Holz und Holzkohle weiterhin die begehrtesten Brennstoffe waren, wurden zunehmend auch andere Materialien verwendet, einschließlich Kuhmist und Menschenkot (Hesekiel 4,15), Rebholz (Hesekiel 15,4-6) und Wacholderzweige (Psalm 120,4).

Wie in jeder Gesellschaft war die Zerstörung von unerwünschtem und »unreinem« Material eine bedeutende Funktion des Feuers. Von früh an hatte dies »draußen vor dem Lager« zu geschehen (Drittes Buch Mose 8,17). Für das Volk von Jerusalem war das Kidrontal der Ort für die Müllverbrennung; dort wurden auch – in Perioden strengerer religiöser Herrschaft – die Bildnisse fremder Kulte verbrannt (Erstes Buch der Könige 15,3; Zweites Buch der Könige 23,4-6). Später bekam das Gehennatal dieselbe Funktion zugewiesen; hier sollen in früheren Tagen Eltern ihre Kinder dem Moloch geopfert haben. Einige Zeit darauf erhielt der Name Gehenna den Beiklang einer Stätte ewig brennenden Feuers, zu welchem Sünder verdammt waren – dieser Beiklang jedoch gehört zur Welt des Neuen Testaments.

Aus den älteren Büchern steigt das Bild einer Gesellschaft mit einer sich langsam entwickelnden Agrarherrschaft hervor, die die ältere Feuerherrschaft absorbiert hat. Die Beziehungen zur Natur blieben prekär, aber das Feuer rangierte unter den befürchteten Gefahren nicht sehr hoch, weder auf dem Lande noch in den Städten. Dürre, Mehltau, Heuschrecken – dies waren die Katastrophen, die Hungersnot verursachen konnten und gegen die göttliche Hilfe erfleht wurde (z.B. Zweite Chronik 6,28). Wenn die Menschen das Feuer überhaupt fürchteten, dann hauptsächlich als ein Ergebnis kriegerischer Akte; sie fürchteten ihre Feinde mehr als das Feuer.

Die Menschen, auf die sich die Texte beziehen, lebten in einer seßhaften Agrargesellschaft. Sie waren entweder, wie Abraham, im Prozeß des Seßhaftwerdens, oder sie waren schon seßhaft geworden. Sie brauchten selten Feuer, um wilde Tiere abzuhalten; der häufigste Gebrauch des Feuers bestand in der Brandzeichnung ihrer Schafe – und dies war notwendig, um die Eigentumsverhältnisse zwischen den Menschen zu klären, nicht um mehr Macht über die Herden zu gewinnen.

Nur in spezialisierten Berufen spielte Feuer weiterhin eine zentrale Rolle. Töpfer, Schmiede, Köhler, Bäcker und andere Handwerker brauchten es, um aus Rohmaterial sozial wertvolle Produkte herzustellen. Aber ihre technischen Fähigkeiten interessierten die Autoren der Bücher des Alten Testaments weniger.

Noch einmal: Für sie waren die hauptsächlichen Themen Religion und Krieg. Während der Kriegszeiten wurde die Verwundbarkeit agrarisch-seßhafter Gesellschaften schmerzlich bewußt. Unbefestigte Dörfer und Hofanlagen waren gegen militärische Banden ohne Verteidigung. Städte konnten eine Belagerung riskieren, aber wenn sie sich ergeben mußten, wurden sie einer Behandlung unterworfen, die als »Plündern und Brennen« bekannt geworden ist: Die männlichen Bürger wurden getötet, die Frauen und Kinder versklavt, die Häuser geplündert und in Brand gesetzt. Die endgültige Zerstörung, fast eine rituelle Beendigung der Eroberung, scheint mehrere Funktionen gehabt zu haben: Sie erlaubte den Siegern, ihre Gefühle der Rache und Macht auszutoben, es machte die Rückkehr für diejenigen Besiegten schwer, die dem Gemetzel entkommen waren, und es statuierte ein Exempel für andere Städte.

In Friedenszeiten konnten die Agrargemeinschaften ein hohes Produktivitätsniveau nur durch harte Arbeit und Sparen aufrechterhalten. Jeder war dem Druck dieser Ordnung ausgesetzt, die spätestens mit der Intensivierung landwirtschaftlicher Methoden hauptsächlich auf der Autorität von Priestern beruhte. Der dörfliche Agrarkult, in dessen Mittelpunkt das Opfern auf einem brennenden Altar stand, trug dazu bei, die Menschen davon abzuhalten, willkürlich ihr Vieh zu schlachten und zu gierig ihre Weizen- und Samenvorräte zu verzehren. Langfristig wurden die Funktionen des Kultes als wesentlichen Bestandteils des Agrarsystems von anderen Funktionen abgelöst. Aber auch dann blieb für lange Zeit das Altarfeuer im Mittelpunkt.

Aus der allgemeinen Perspektive von Agrargesellschaften betrachtet repräsentierten die Priester und Propheten – als Träger dessen, was sie die wahre Religion Israels nannten – Kräfte der kulturellen Divergenz in einer Welt, in der gleichzeitig starke Tendenzen zu Konvergenz sichtbar wurden. Indem sie jeglicher Assimilierung und Anbetung »fremder Götter« streng entgegentraten und indem sie darauf bestanden, daß keine Opfer auf »fremden Feuern« dargebracht werden durften, wirkten sie den Tendenzen kultureller Homogenisierung entgegen und fügten der kulturellen Vielfalt des alten Orients ein bedeutendes Element hinzu.

6. Feuer im alten Griechenland und Rom

Gesellschaftlicher Hintergrund

Wie das alte Israel, so waren auch das alte Griechenland und Rom Teile einer Konfiguration von untereinander abhängigen militärisch-agrarischen Gesellschaften, die sich am Anfang des ersten Jahrhunderts v. Chr. bis nach Britannien und Japan ausdehnten. Innerhalb dieser Konfiguration waren ähnliche Tendenzen am Werk, die zu zunehmender sozialer Differenziertheit innerhalb und zu zunehmender kultureller Verschiedenheit zwischen den verschiedenen Gesellschaften führten.

Wir müssen nur Griechenland im 5. und 4. Jahrhundert v. Chr. mit Israel in derselben Periode vergleichen, um auf auffallende Unterschiede in Gesellschaft und Kultur zu stoßen. Obgleich sie geographisch nicht weit voneinander entfernt waren, hatten Griechen und Israeliten in jener Zeit sehr wenig direkten Kontakt, und in ihren Schriften gab es kaum Hinweise aufeinander. Ihre gemeinsamen Nachbarn, die Phönizier oder Kanaaniter, erscheinen in der griechischen und israelitischen Literatur jeweils in einem anderen Licht und selbst unter verschiedenen Namen.[1]

Israel war eine auf das Landesinnere hin orientierte Gesellschaft; in einigen der wenigen Episoden, in denen Wasser in ihrer Literatur eine Rolle spielte, wurde nicht darauf gesegelt, sondern die Wasser gingen zurück oder es wurde darauf gelaufen. Die griechische Gesellschaft dagegen war sehr stark auf das Meer hin orientiert; sowohl ökonomisch als auch militärisch hing sie zu einem beträchtlichen Ausmaß vom Schiffstransport ab. Die Israeliten hatten das Pech, in einem Landkorridor zu leben, der innerhalb der Reichweite von Eroberung und Belagerung durch größere und mächtigere Staaten lag, so daß sie sich nur einer kurzen Episode politischer Souveränität erfreuen konnten. Dank

1 Vgl. Rogerson und Davies 1989, S. 72.

der Tatsache, daß die Griechen an der Peripherie der östlichen Reiche lebten, waren sie in der Lage, eigene militärische Organisationen über viele Jahrhunderte lang aufrechtzuerhalten, bis sie dem Römischen Reich einverleibt wurden – in dem sie aber immer noch eine privilegierte Position einnahmen. In Israel versuchte eine Elite religiöser Spezialisten nach der militärischen Niederlage, einen Sinn für nationale Solidarität und Stolz im Volk zu propagieren. Griechenland und Rom hatten keine nennenswerte berufsmäßige Priesterschaft und wurden von einer Aristokratie von Landbesitzern, die speziell in militärischen Fertigkeiten und Tugenden ausgebildet waren, regiert.

Die ältesten bekannten griechischen Bücher, die *Ilias* und die *Odyssee*, die Homer zugeschrieben werden, liefern ein lebendiges Bild dieses Kriegeradels in einer frühen Phase seiner Entstehung. Obwohl Zeit und Ort unbestimmt sind, sind sich die Gelehrten einig, daß Homers Epen uns in das sogenannte dunkle Zeitalter führen, in die Periode der Wanderung und der Umsiedlung, die dem Niedergang der Gesellschaft der Bronzezeit von Mykene folgte – ungefähr 1.200 v. Chr. – und die der Wiedererweckung einer literarischen Kultur im 8. Jahrhundert vorausging. Ergänzt durch archäologische Funde und interpretiert mit Erklärungsangeboten moderner Anthropologie und Soziologie liefern die homerischen Gedichte ein lebhaftes Bild der griechischen Kriegeraristokratie der frühen Eisenzeit. Über ein etwas späteres Zeitalter informiert uns in ähnlicher Weise Hesiods didaktisches Gedicht *Werke und Tage* über das Leben der freien Bauern.[2]

Vom 8. Jahrhundert an war die östliche Mittelmeerregion, bestehend aus den Inseln und den Küstengebieten der Ägäis, der Schauplatz einer schnell wachsenden Bevölkerung und eines schnell wachsenden Kapitals. Städte entstanden und entwickelten sich zu Pollis oder Stadtstaaten. Aus der Rivalität zwischen expandierenden Stadtstaaten heraus entstanden zunehmend größere militärische Einheiten, die zunächst von den Stadtstaaten Athen und Sparta beherrscht wurden, dann aber unter die Kontrolle der mazedonischen Fürsten Philipp II. und Alexander der Große gerieten und allmählich vom Römischen Reich verein-

---

2 Vgl. Finley 1977, S. 142-158; Renfrew 1972, S. 68f.; Snodgras 1974.

nahmt wurden, das in den ersten Jahrhunderten v. Chr. das gesamte Mittelmeerbecken und einen beachtlichen Teil Kleinasiens (einschließlich Palästinas) sowie West- und Zentraleuropa umfaßte.

Zu Beginn war Rom nicht mehr als die Hauptstadt einer kleinen militärisch-agrarischen Nation, Jerusalem zur Zeit König Davids oder *Athen* unter Perikles vergleichbar. Auf lange Sicht jedoch ging es als Sieger aus dem Wettkampf und den Vernichtungswettbewerben zwischen den mediterranen Hauptstädten hervor. Der endgültige Triumph über den Hauptrivalen, die nordafrikanische Stadt Karthago, die im Jahre 146 v. Chr. vollständig geschlagen und den Flammen übergeben wurde, war einer der Meilensteine bei der Errichtung der Vorherrschaft Roms. Die militärische Macht der römischen Aristokratie blieb praktisch über eintausend Jahre der Expansion und Konsolidierung ungebrochen. Ihr allmählicher Untergang wurde deutlich, als die Westgoten die Stadt Rom 410 n. Chr. plünderten, ein dramatisches Ereignis, das den Heiligen Augustinus veranlaßte, seine Abhandlung über die Stadt Gottes zu schreiben.

Insgesamt umfaßt das Zeitalter griechisch-römischer Geschichte fast 1.500 Jahre – von den Tagen von Homers Helden Odysseus zu denen des christlichen Kirchenvaters Augustinus. Die großen gesellschaftlichen Veränderungen während dieser Periode spiegeln sich in den schriftlichen Quellen wider. Odysseus ist noch eine halbmythische Figur, und es ist unbekannt, ob er einer besonderen historischen Persönlichkeit nachgebildet wurde. Das Leben des Heiligen Augustinus ist dagegen so gut dokumentiert, daß seine Biographen in der Lage sind, seine Aufenthalte und seine Karriere von Jahr zu Jahr zu verfolgen. Und doch sind noch in der späteren Periode die Informationen über solche elementaren Dinge wie die Größe der Bevölkerung in den Städten und Provinzen ausgesprochen vage, und es ist besonders schwierig, zuverlässige Daten über den Einsatz von Feuer zu erhalten. Während es eine Reihe schriftlicher Quellen über die Lebensmittelversorgung in der Stadt Rom gibt, finden sich nur sehr wenig schriftliche Hinweise auf die Versorgung mit Brennstoff.

Das soll natürlich nicht heißen, daß Feuer in der Welt des alten Griechenland und Rom unbedeutend war, ganz im Gegenteil:

Sein Gebrauch war weitverbreitet und vielfältig. Seine Bedeutung war sowohl in Religion und Mythologie als auch in den profaneren Naturphilosophien anerkannt. Das griechische Pantheon schloß Hestia, die Göttin des Herdfeuers, und Hephästus, den Gott der Brennöfen, der Schmiede und Töpfer mit ein; ihre römischen Entsprechungen waren Vesta und Vulkan. Einige frühe griechische Kosmologen hielten Feuer für eine der großen Mächte im Universum; spätere Autoren betonten die große Bedeutung des Feuers für die menschliche Zivilisation. Am Anfang war die Geschichte von Prometheus ein beliebtes Thema, des legendären Helden, der das Feuer von den Göttern stahl und es der Menschheit gab. Spätere Autoren, allen voran der römische Dichter Lucretius und der Architekt Vitruvius, schrieben weltlichere Berichte über die Domestizierung des Feuers. Im ersten Jahrhundert n. Chr. beendete Plinius eine Übersicht über Handwerk und Industrie in seiner »Naturgeschichte« mit der Bemerkung, daß »es fast nichts gibt, das seinen endgültigen Zustand nicht durch Feuer erhielte«.[3]

Und dennoch, trotz dieser einstimmigen Bestätigungen der Bedeutung des Feuers wurden seine verschiedenen Anwendungsformen und Gefahren niemals Gegenstand einer umfassenden empirischen Untersuchung. Dieser Tatbestand spiegelt sich auch noch in der Sekundärliteratur moderner Historiker wider. Während klassische Gelehrte ausführlich über das Thema Feuer in Mythos und Religion geschrieben haben, wurde der Art und Weise, in der Menschen tatsächlich mit Feuer umgingen, relativ wenig Aufmerksamkeit gewidmet.[4] Ich werde die Mythologie nicht

3 Plinius, Naturgeschichte, 36.10.
4 Siehe z. B. Edsman 1949; Simons 1949; Furley 1981; Burkert 1977, S. 108-112 (engl. 1985, S. 60-64). Wissenschaftler unterscheiden nicht immer zwischen tatsächlich existierenden Zuständen und Phantomen, an die zu glauben die Menschen nur vorgaben. So beginnt Burkert seine Darstellung von Feuerritualen folgendermaßen: »Feuer ist eine der Grundlagen zivilisierten Lebens. Es ist der primitivste Schutz gegen Raubtiere und ebenso gegen böse Geister.« In dieser Aussage werden emic- und etic-Kategorien vermischt. Damit werden Autor und Leserschaft von der Aufgabe entlastet, eine klare Unterscheidung zwischen der wirklichen Welt, in der die Menschen lebten, und der Welt ihrer Vorstellung zu machen.

gänzlich außer acht lassen, aber ich werde mich hauptsächlich darauf beschränken, was sie uns über den Platz des Feuers in der wirklichen sozialen Welt erzählt und nicht nur in der Welt der Phantasie.

Glücklicherweise enthalten die originalen klassischen Werke und die Sekundärliteratur viele wertvolle Daten und Hinweise. Was fehlt, ist ein allgemeiner Überblick (ihn zu erstellen würde ein eigenes Buch erfordern). Ein Gang durch die verfügbare Literatur ist wie das Sammeln von Feuerholz in einem Wald: Es gibt viel davon, aber es ist ungeordnet und von unterschiedlichem Wert. Ich habe ein paar Themenbereiche ausgewählt, die dazu beitragen können zu zeigen, wie die Menschen das Feuer gebrauchten und wie sie mit den Problemen umgingen, die es stellt.

Feuer in der Welt des Odysseus: die militärische Ordnung

Der Hintergrund der ältesten griechischen Werke der Literatur, der epischen Gedichte *Ilias* und *Odyssee*, ist der einer ländlichen Welt, die von einer Minderheit von Kriegern beherrscht war, die in der Lage waren, organisierte, im Kämpfen spezialisierte Männerbanden zu mobilisieren und zu befehligen. Die Befehlshaber waren auch die Großgrundbesitzer, und ihre Soldaten wurden aus der bäuerlichen Bevölkerung rekrutiert. Der bedeutendste Wandel, der diese militärisch-agrarische Struktur während der 1.500 Jahre griechisch-römischer Geschichte beeinflußte, betraf den Zentralisierungsgrad der Kapazität, Befehlsherrschaft über die organisierte Gewalt auszuüben. Im homerischen Zeitalter waren kleine, eigenmächtige Kriegsherren immer noch in der Lage, ein großes Maß an Autonomie aufrechtzuerhalten. In späteren Jahrhunderten wurden die Armeen zunehmend größer. Obwohl selbst in der Blüte des Römischen Reiches die zentrale Kontrolle über die Armeen immer mühsam war, war der Grad der Zentralisation unvergleichlich höher als in den Tagen, als die griechischen Stadtstaaten sich gegen Persien vereinten.

In der Welt des Odysseus stand, wie der Altgeschichtler M.I.

Finley es formuliert hat, der Oikos im Mittelpunkt des sozialen Lebens – der große Familienhaushalt, der sowohl eine bedeutende ökonomische als auch eine politische Einheit war. Der Oikos war bis zu einem hohen Grad autark; er versorgte sich selbst mit Nahrungsmitteln, Wolle, Leder, Holz und Stein. Nur ein häufig gebrauchter Artikel mußte im allgemeinen von außerhalb importiert werden: Metall, das unverzichtbar für die Herstellung landwirtschaftlicher Geräte, Schmuck und besonders Waffen geworden war. Solange es Geld für die Durchführung von Transaktionen noch nicht gab, waren die einzigen Wege, Metalle zu bekommen, Tausch und Inbesitznahme. Güter und Dienstleistungen wurden ausgetauscht. Die einzige Verteidigung gegen Plünderungen lag in der kämpferischen Tapferkeit, die der Oikos selbst aufbieten konnte.[5]

Die Notwendigkeit militärischen Schutzes gab der herrschenden oberen Kriegerschicht eine unmittelbar sichtbare soziale Funktion. Dies vermag ihre herausragende Bedeutung in der homerischen Gesellschaft und in den homerischen Epen zu erklären, deren Hintergrund der Krieg Griechenlands gegen Troja war. Selbst wenn der Dichter eine friedliche Szene beschreibt, in der die Helden um ein Feuer sitzen und ihre Mahlzeit genießen, nachdem jeder fromm einen Teil seines Fleisches den Göttern dargebracht hat, ist der Hintergrund immer die fortdauernde Belagerung Trojas.

In einer äußerst sorgfältigen Studie hat der französische Philologe Louis Graz alle Stellen in der *Ilias* und in der *Odyssee* analysiert, in der das Wort Feuer vorkommt. In vielen Fällen wird es als Metapher gebraucht, so z.B. wenn eine Schlacht mit einem Feuer verglichen wird: »Plötzlich entbrannt, in Flammen verschlingt, (es verschwinden die Häuser rings im mächtigen Glanz, und es saust in die Lohe der Sturmwind)« (*Ilias* 17, 738-749).[6] Entsprechend wird die Art und Weise, in der ein einzelner Krieger sich selbst in das Getümmel stürzt, mit einem Buschfeuer verglichen,

---

5 Vgl. Finley 1977. Leider werden in Finleys Rekonstruktion die militärischen Funktionen des Oikos weniger herausgestellt als die ökonomischen.

6 Alle Auszüge aus der *Ilias* sind der Übertragung von Johann Heinrich Voß entnommen, München 1963.

das auf einem Bergabhang tobt (*Ilias* 20, 490-494) – ein passendes Bild für Schlachten, die mit großer Darbietung feurigen Muts und weniger in kühler Kalkulation geführt wurden. Graz stellt allerdings auch fest, daß das Wort Feuer seine tiefste Bedeutung in jenen Passagen erhält, in der es als Symbol für Sieg oder Niederlage dient.[7]

Die Leser und Hörer des Gedichtes kannten das Ende. Troja war zum Untergang verurteilt und mußte »alle das Elend ertragen«, »das unglückliche Menschen umringt in eroberter Feste: wie man die Männer erschlägt und die Stadt mit Flammen verwüstet und auch die Kinder entführt und die tiefgegürteten Weiber (*Ilias* 9, 590ff.). Die Geschichte der allmählichen Eroberung und Zerstörung wird nicht in der *Ilias* erzählt (dies tat Vergil in der *Aeneis* erst viel später). Aber vom zweiten der 24 »Bücher« (oder Kapitel) an gibt es wiederholte Anspielungen auf das verheerende Feuer, das die Stadt in lodernde Flammen setzt und sie vollständig verschlingt (z.B. *Ilias* 2, 414ff. und 20, 312).

Wir werden auch einige Male an die große Gefahr erinnert, die nur mit Mühe abgewendet wurde: daß die Trojaner die Schiffe der Griechen in Brand setzen könnten. Für die Griechen wäre dies einer Katastrophe gleichgekommen, denn die Flotte war die Basis ihrer Operationen und ihre einzige Möglichkeit, im Falle der Niederlage zu fliehen. Beinahe hätte der Feind dieses Ziel einmal erreicht: Eins der Schiffe stand schon in Flammen; nur im allerletzten Augenblick wurden die Trojaner, die mit brennenden Fackeln bewaffnet waren, von Patroklos zurückgedrängt und das Feuer in dem halbabgebrannten Schiff gelöscht (*Ilias* 16, 122-04).

Während das Feuer also in den tatsächlichen Schlachten, die hauptsächlich als Mann-gegen-Mann-Duelle ausgefochten wurden, keine Rolle spielte, wurde es als Mittel der endgültigen Zerstörung nach einer Niederlage sehr gefürchtet. Nicht das Feuer, das sich blind aufgrund natürlicher Ursachen entzündete, rief Furcht hervor, sondern das Feuer, das mit Absicht vom Feind eingesetzt wurde, um seinen Sieg zu vollenden.

Die Feuerstellen, die durch die eigenen Truppen bewacht wurden,

7 Graz 1965, S. 345-350.

gaben wenig Grund zur Sorge. Zu Beginn des Krieges, als die Trojaner noch ziemlich stark waren, versetzten sie den Griechen einen schweren Schlag; in derselben Nacht sammelten sie stapelweise Holz und ließen viele Feuer die ganze Nacht über brennen, um ein Opferfest vorzubereiten und um zu verhindern, daß die Griechen heimlich in die Dunkelheit entfliehen konnten (*Ilias* 8, 508 ff.).

Außer zum Kochen, Heizen und Beleuchten wurde Feuer von beiden kriegführenden Seiten zur Bestattung der Helden, die in der Schlacht gefallen waren, eingesetzt. Je größer der Held, desto höher war sein Scheiterhaufen. Das vorletzte Kapitel der *Ilias* wird fast ganz den feierlichen Vorbereitungen für die Verbrennung des Körpers von Patroklos gewidmet, des Freundes des Achilles, der von Hektor getötet worden war. Aus Rache metzelte Achilles zwölf Söhne trojanischer Edelmänner nieder, warf sie auf den Scheiterhaufen und rief seinem toten Gefährten zu:

»Auch zwölf tapfere Söhne der edelmütigen Troer, diese zugleich dir tilgend die Flamme nun; Hektor indes nicht, Priamos' Sohn, soll dem Feuer ein Raub sein, sondern den Hunden!« (*Ilias* 23, 182-185)

Die Einäscherung der Toten ist ein Gebrauch des Feuers, den ich bis jetzt noch nicht erwähnt habe, obwohl seine Ursprünge auf eine viel frühere Zeit als die des Odysseus zurückgehen. Wie bei der Erdbestattung wird oft angenommen, daß es sich um ein Zeichen menschlicher Religiosität handelt, das es schon im älteren Paläolithikum gab. Als Hypothese biete ich hier eine andere Interpretation an, die eher dem generellen Zugang entspricht, den ich in diesem Buch verfolge. Es ist häufig beobachtet worden, daß Raubtiere und Aasfresser Geschmack an Menschenfleisch entwickeln können (es waren derartige Beobachtungen, auf die Bruce Chatwin seine Spekulationen über die im Kapitel 2 erwähnte schreckliche *Dinofelis* gründete). Auch in jüngerer Zeit, 1918, nach der großen Grippeepidemie, die vielen Millionen Menschen in der ganzen Welt das Leben kostete, begann ein Leopard in Rudraprayag in Indien, die herumliegenden menschlichen Körper wie Aas zu verschlingen, weil nicht genug Menschen überlebten, um sie zu verbrennen. Während Leoparden im allgemeinen in frühem Alter lernen, entweder »den Kontakt zu Menschen zu meiden, oder sie mit großem Mißtrauen zu behandeln«, hat dieses besondere Excmplar von da an Menschen als Beute genommen, und es soll Berichten zufolge zwischen dem 9. Juni 1918 und dem 14. April 1926 126 Personen getötet haben.[8] Im Lichte dieser Beobachtungen sollten wir es nicht für ausgeschlossen halten, daß Erd- und Feuerbestattung von unseren Vorfahren erfunden worden sind, um die aasfressenden Beutetiere daran zu hindern, Geschmack an Menschenfleisch zu finden.

Zur Zeit des trojanischen Krieges war es allgemeine Praxis, daß die Menschen sich ihrer Toten entweder durch Beerdigung oder durch Verbrennung entledigten. Ob die eine oder andere Methode vorgezogen wurde, war, wie der griechische Historiker Herodot schon wußte, eine Frage der kulturellen Variation; aber diese Variationen waren sehr wahrscheinlich von solchen Faktoren wie Bodenbedingungen und Knappheit oder Fülle von Feuerholz beeinflußt. Nach der Darstellung des Historikers für altgriechische Religion, Walter Burkert, war der Wechsel von der Beerdigung zur Verbrennung die »spektakulärste Veränderung gegenüber der mykenischen Epoche«, ihr folgte vom 8. Jahrhundert an eine allmähliche Rückkehr zur Beerdigung. Burkert meint, daß dieser Wandel nur durch mögliche »äußere (v) Faktoren – etwa Holzmangel – oder unberechenbare (v) Mode« erklärt werden kann.[9]

Für Griechen und Trojaner war die Verbrennung in Kriegszeiten der einzige ehrenhafte Weg, die letzten Riten auszuführen. Aus diesem Grund wurde Achilles von seinen Kampfgefährten überredet, Hektors Körper seinem Volk zurückzugeben, damit er der Sitte entsprechend verbrannt werden konnte. Die Trojaner verbrachten neun Tage damit, große Holzmengen für den Scheiterhaufen zusammenzutragen; am zehnten Tag legten sie Hektors Körper oben auf die Spitze und steckten ihn in Brand (*Ilias* 24, 787 ff). Mit der Zahl »neun« ist offensichtlich beabsichtigt, den Leser mit der Größe des Scheiterhaufens zu beeindrucken, es kann aber auch ein Hinweis darauf sein, wie knapp Brennmaterial nach zehn Jahren der Belagerung geworden war.

Mit Hektors Verbrennung endet die *Ilias*. Der königliche Sohn

8 Brain 1981.

9 Burkert 1977, S. 294f. (engl. 1985, S. 191).

Trojas empfing die letzte Ehre, die ihm gebührte. Gleichzeitig sagte das Feuer die Zerstörung der besiegten Stadt voraus.

In der *Odyssee*, die Odysseus' lange Heimkehr von Troja beschreibt, finden sich keine schrecklichen Visionen der Zerstörung durch Feuer mehr. Eins der ersten Abenteuer des Helden, nachdem er Troja verlassen hatte, war die Plünderung von Ismaros, der Stadt der Kikonen. Er tötete die Männer und teilte die »jungen Weiber und Schätze« alle gleich auf, daß keiner »leer von der Beute mehr ausging« (*Odyssee* 9, 40-43). Die ganze Episode wird in ein paar Zeilen erzählt und läßt uns ahnen, wie Odysseus die militärische Herrschaft ausübte: ohne Gnade seinen Feinden gegenüber, aber mit einem Sinn für faire Behandlung seiner eigenen Männer, und damit erzeugt er Loyalität. Feuer wird überhaupt nicht erwähnt. Die paar Male, bei denen Feuer in der *Odyssee* auftaucht, stehen im Kontext von Geselligkeit und Gastfreundschaft. So lesen wir z.B., wie Odysseus in einer glänzenden Palasthalle ankommt, die von brennenden Fackeln beleuchtet wird (*Odyssee* 7, 101). Er wird herzlich willkommen geheißen und eingeladen, einen Ehrenplatz vor dem Herdfeuer einzunehmen (7, 167). Später schlachtet ein freundlicher Schweinehirt in einer bescheideneren Umgebung zwei kleine Ferkel für ihn, brät das Fleisch, serviert es ganz heiß auf den Spießen, »brätelnd noch an den Spießen« (14, 76). In solchen Szenen erweckt Feuer nur angenehme Assoziationen.

Feuer in der Welt des Hesiod: die Agrarordnung

Die alte Gesellschaft war, wie die amerikanische Kennerin des Mittelalters, Lynn Whyte, schrieb, zu einem Grad »landwirtschaftlich orientiert, den wir kaum begreifen können«.[10] Die meisten Menschen lebten in ländlichen Gebieten. Selbst in der Blütezeit Roms bestand ein großer Teil der städtischen Bevölkerung aus Emigranten aus den Provinzen, und die herrschenden Familien bezogen ihren Reichtum alle aus Landbesitz.

10 Zitiert nach Ste Croix 1981, S. 10. Siehe auch S. 210.

Beim Anbruch griechischer und römischer Geschichte gehörte das Zeitalter der ursprünglichen Entwaldung und Brandrodungspraktiken lange der Vergangenheit an. Selbst die frühesten Autoren Homer und Hesiod erwähnten es nie. Bei den seltenen Gelegenheiten, bei denen die klassischen Autoren einen Waldbrand erwähnten, wurde er als Metapher benutzt, die sich auf einen literarischen Topos bezog. Bei dieser Metapher dachten sie an ein natürliches Feuer, das durch einen Blitz – oder, wie eine dauerhafte Legende es gerne sah, durch das Aneinanderreiben von Baumzweigen im Wind – verursacht worden war. Holz war zu kostbar geworden, um nur verbrannt zu werden.

Die älteste erhaltene Abhandlung über griechische Landwirtschaft, Hesiods *Werke und Tage*, gegen Ende des 8. Jahrhunderts v. Chr. verfaßt, schweigt sich über den Gegenstand Feuer praktisch aus. Es handelt sich um ein didaktisches Gedicht, in dem der Autor versucht, seinem verschwendungssüchtigen Bruder die Tugenden und Vorteile eines einfachen und vertrauenswürdigen Lebens zu erklären. In einem umfassenderen Sinne kann das Buch als ein frühes Manierenbuch gelesen werden, gerichtet an die aufsteigende Klasse unabhängiger Bauern, die in einer relativen Sicherheit vor militärischer und fiskalischer Vorherrschaft durch Krieger und Steuereintreiber lebten. So gesehen stellt es einen geradezu außergewöhnlichen Strang im Zivilisationsprozeß dar.

Feuer interessierte Hesiod wenig, was nicht weiter überrascht. Zwischen zahlreichen praktischen Ratschlägen erinnerte er seinen Bruder an seine Pflicht, die »stattlichen Schenkel« für die (ungenannten) »ewigen Götter« zu verbrennen (Z. 337, S. 60) – ein Akt der Frömmigkeit, den die griechischen Bauern, anders als ihre israelitischen Gegenüber, offensichtlich allein, ohne priesterliche Aufsicht, durchführen sollten.[11] Sie mußten auch das häusliche Herdfeuer mit einigem Respekt behandeln: »Zeige nicht

---

11 Alle Zitate aus Hesiod sind aus der Übersetzung Hesiod, *Werke in einem Band*, aus dem Griechischen von Luise und Karl Hallof, Aufbau Verlag Berlin, Weimar 1994 (Bibliothek der Antike). Siehe auch West 1978, S. 336 f. (zur weiteren Erläuterung dieses Absatzes) und S. 1-91 (zum allgemeinen Hintergrund). Siehe auch Zimmermann 1947, S. 226-253.

drinnen im Haus dein Glied, bespritzt noch mit Samen, angesichts des geheiligten Herdes, nein, das laß bleiben« (Z. 734-735, S. 78). Hesiod warnte jedoch seinen Leser am meisten davor, sich den müßigen Männern anzuschließen, die sich im Winter in der Schmiede versammelten und ihre Zeit vor dem Schmelzofen vertrödelten, anstatt zu Hause nützliche Dinge zu tun (493-495). Dies war die eigentliche Botschaft von *Werke und Tage*. Das Gedicht war an freie Bauern gerichtet, die sich harte Arbeit und Sparsamkeit selbst auferlegen mußten. Hesiod begann damit, seinen Lesern zu erklären, daß sie nicht in einem goldenen oder silbernen Zeitalter lebten, sondern in einem eisernen, in dem Menschen »niemals bei Tage (...) ausruhn (werden) von Not und von Arbeiten, nie auch zur Nachtzeit« (Z. 176-177, S. 52 f.). Vieles von der Arbeitsethik und Sparsamkeit, die der Soziologe Max Weber später »Protestantische Ethik« nannte, war schon von Hesiod formuliert worden.[12] Wir können ihn als den ältesten bekannten Ideologen des freien Bauerntums betrachten. In dieser Absicht befürwortete er Regeln zivilisierender Zwänge, die den freien Bauern helfen könnten, mit den Problemen ihrer sozialen Existenz fertig zu werden. Selbstverständlich war er nicht der Erfinder dieser besonderen Variante der Agrarordnung; aber er war ihr eloquenter Fürsprecher.

Der typische Hof, den Hesiod vor Augen hatte, wurde von einem Mann, seiner Frau, einem Sklaven und einem Ochsen bearbeitet. Solche kleinen Familienbesitze waren möglicherweise einige Generationen lang in einigen Teilen Griechenlands lebensfähig, langfristig wurden sie jedoch durch größere Anwesen ersetzt.[13] Konsequenterweise waren spätere landwirtschaftliche Handbücher nicht mehr an unabhängige Bauern gerichtet, sondern an Landbesitzer und Gutsmanager. Die Literaturgattung gab es weiterhin, und sie hatte immer noch einen stark »zivilisierenden« Tenor, wie z.B. in Xenophons Dialog *Oeconomicus* (der Gutsmanager), der technische Anleitung mit dem moralischem Rat verband, klug zu sein und nicht in Völlerei zu verfallen, oder in »andere dumme und kostspielige Neigungen« (1,22). Aber weder die praktischen Abhandlungen über Agronomie noch die buko-

12 Vgl. M. Weber 1966.
13 Vgl. Ste Croix 1981, S. 328.

lischen Gedichte über das ländliche Leben, wie Vergils *Georgica*, behandelten Feuer als eine bedeutende Triebkraft im Produktionsprozeß.[14] Die Schriftsteller sahen eher seine Gefahren, besonders in den Händen von sorglosen und böswilligen Sklaven.

Das Zeitalter der großen griechischen Kriege

Zu Beginn des 5. Jahrhunderts v. Chr. waren die griechischen Städte auf der asiatischen Seite der Ägäis vollständig in den Einflußbereich des expandierenden persischen Reiches geraten, das sich zu jener Zeit bis nach Libyen und Makedonien ausdehnte. Herodot, der große Reisende und Chronist der Geschichte seines Zeitalters, beschreibt, wie sich im Jahre 499 v. Chr. die Bürger der ionischen Stadt Milet gegen die persischen Besatzer erhoben. Bald stießen Heere anderer griechischer Städte zu ihnen; gemeinsam eroberten sie die frühere lydische Hauptstadt Sardes, die nun als Hauptquartier der Perser diente. »Aber«, so fährt Herodot fort,

daß die eroberte Stadt nicht geplündert wurde, hatte folgenden Grund. Die meisten Häuser in Sardes waren aus Schilf gebaut, auch die steinernen hatten Schilfdächer. Ein Soldat zündete ein Haus an und sofort verbreitete sich das Feuer von Haus zu Haus über die ganze Stadt. Die Bewohner, Lyder und was an Persern sich dort aufhielt, sahen sich vom Feuer rings umzingelt, da alle äußeren Stadtteile brannten. Da sie keinen Ausweg aus der Stadt fanden, strömten sie auf den Marktplatz und am Paktolosufer zusammen und setzten sich notgedrungen zur Wehr (5, 101).[15]

Im Feuer von Sardes, fügt Herodot hinzu, wurde auch das Heiligtum der Stammgöttin Kybele zerstört, und mit Berufung darauf verbrannten später die Perser die Tempel in Hellas (5,102).

14 Das Zitat aus *Xenophon* ist anhand der Übersetzung von Hugh Fredennick und Robin Waterfield (Penguin Books, 1990) ins Deutsche übertragen worden. Den einzigen Hinweis auf Feuer, den ich in der *Georgica* gefunden habe, ist: »Lerne auch, in deinen Ställen duftendes Zedernholz zu verbrennen mit Rauch von syrischem Gummi, um die lästigen Wasserschlangen zu vertreiben« (III, 414-415).

15 Alle Auszüge aus Herodots Historien sind der Übersetzung von A. Horneffer, Stuttgart 1971, entnommen.

Offensichtlich betrachtete Herodot das Niederbrennen von Tempeln als ein Sakrileg, eine größere Greueltat als das Niederbrennen einer Stadt. Er deutete an, daß die Griechen diese Greueltat unabsichtlich begingen, während die Perser sie später absichtlich aus Rache wiederholten. Durch den Hinweis auf diese persischen Racheakte nahm Herodot die großen Kriege von 490 und 480-479 v. Chr. vorweg, als die Perser ein Heer von vielen Zehntausenden von Männern mit der Absicht schickten, die Revolte der Städte an der ionischen Küste zu unterdrücken und die griechischen Städte auf dem europäischen Festland ebenfalls zu unterwerfen. In der ersten Expedition gelang es ihnen, die ionischen Städte zurückzuerobern; und Herodots Worten zufolge: »(wählten sie) aus den eroberten Städten (...) die schönsten Knaben und schnitten ihnen die männlichen Teile aus, so daß sie Eunuchen wurden, und die lieblichsten Jungfrauen schleppten sie zum König. Und die Städte, samt den Heiligtümern, wurden verbrannt« (6, 32).

Auch im zweiten Krieg galt überall, wo die persische Armee hinkam: »Alles was sie fanden, verbrannten und zerstörten sie und legten Feuer an die Städte und Heiligtümer« (8, 32). Eine Stadt nach der anderen wurde in Asche gelegt, als die Perser sich auf Athen zubewegten, wo sie nach heftiger Belagerung den Haupttempel der Akropolis einnahmen; dann »plünderten sie den Tempel und zerstörten die ganze Akropolis durch Feuer« (8, 53).

Trotz dieser Katastrophe waren die Griechen nach und nach in der Lage, den Attacken der Perser zu widerstehen und sie aus Europa herauszutreiben. Für Herodot gab die Begegnung zwischen den zwei großen Mächten Gelegenheit, nicht nur den Hintergrund und den Verlauf des Konfliktes zu erforschen, sondern auch den, wie wir es heute nennen würden, Nationalcharakter der zwei rivalisierenden Völker und anderer Völker ringsum. Er verweilte mit Genuß bei den kulturellen Unterschieden, die er auf seinen Reisen sah. In Ägypten war er besonders daran interessiert, Sitten zu finden, die im scharfen Kontrast zu denjenigen standen, die er in Griechenland als typische Lebensform ansah.

Herodot konnte nicht wissen, daß sich die Griechen, angeführt von Athen und Sparta, nach ihrem Sieg über Persien in einen erschöpfenden gegenseitigen Vernichtungskampf um die Hegemonie über alle griechischen Stadtstaaten einlassen würden. Die Ereignisse, die fast unausweichlich zum Ausbruch dieses Krieges führten, und die ersten zwanzig Jahre seines Verlaufs wurden von Thukydides in der *Geschichte des Peleponnesischen Krieges* aufgezeichnet – immer noch ein Meisterwerk, nicht nur der historiographischen, sondern auch der Sozialwissenschaft im allgemeinen.

Thukydides beschrieb in den einleitenden Kapiteln, wie Sparta und Athen sich auf den Krieg zubewegten, hineingezogen durch eine Serie von Ereignissen, die sie selbst nicht kontrollieren konnten. Als der Krieg einmal ausgebrochen war, führte er zu einem schweren Zusammenbruch öffentlicher Moral; er hatte ausgesprochen »dezivilisierende« Effekte.

In den wenigen Episoden, in denen Feuer eingesetzt wurde, geschah dies in einer typisch linkischen Art mit Resultaten, die meistens unvorhergesehen und unbeabsichtigt und manchmal geradezu katastrophal waren. Zum Beispiel versuchten die Spartaner zu Beginn des Krieges 429 v. Chr. eine schnelle Eroberung der relativ kleinen Stadt Platäa. Nach einigen erfolglosen Versuchen mit konventionellen Belagerungen »beschlossen sie, es mit Feuer zu versuchen«.

Sie schleppten Holzbündel herbei und warfen sie vom Damm in den Zwischenraum von Mauer und Aufschüttung, und als dieser bei der Unzahl von Händen rasch aufgefüllt war, schichteten sie Holz auch noch der übrigen Stadt entlang, soweit sie irgend von oben herabreichen konnten; dann warfen sie Feuer hinein mit Schwefel und Pech, so zündeten sie es an. *Es gab eine Flamme so groß, wie bis zu jener Zeit noch niemand eine von Menschenhand entfachte gesehen hatte* (denn aus Bergwäldern, wenn Winde die Äste aneinander reiben, ist auch schon von selbst Feuer und Flamme aufgelodert) (3,77).[16]

Es ist interessant, daß Thukydides den Brand größer nannte als irgendeinen, der vorher gesehen wurde. Dieses deutet darauf hin, daß die griechischen Städte dieser Zeit nicht oft von Feuersbrünsten betroffen waren. Die Bemerkung über Waldbrände, die

16 Hervorhebung von mir. Alle Auszüge aus Thukydides sind der Übersetzung von Georg Peter Landmann, München 1977, entnommen.

durch sich reibende Äste im Wind hervorgerufen werden, scheint als nachträglicher Gedanke hinzugefügt worden zu sein; er war wahrscheinlich mehr durch konventionelle Vorstellung als durch persönliche Erfahrung geprägt, denn nach Aussagen moderner Forstwissenschaftler ist dies eine sehr unwahrscheinliche Ursache für einen Waldbrand.[17] Thukydides wollte damit ausdrücken, daß das Feuer, das die Spartaner entfacht hatten, in der Tat sehr groß war, und »fast beinahe die Plataier ausgelöscht hätte (...) und einen großen Teil der Stadt fast unbewohnbar gemacht hatte«. Wie der Zufall es wollte, kam jedoch Wind auf, und ein Sturm mit heftigem Gewitterregen löschte das Feuer aus. Die Stadt war gerettet, und die Spartaner sahen sich gezwungen, ihre Belagerung fortzusetzen, die bis zum Winter 428/427 v. Chr. dauern sollte. Als die Verteidiger nun doch gezwungen waren, die Stadt zu verlassen, gelang es den meisten, in der Nacht mit Hilfe von Feuerfackeln zu entkommen, die die Feuersignale ihrer Belagerer durcheinanderbrachten (4,22-24).

Auch in ein paar anderen Episoden wurde Feuer eingesetzt, aber gewöhnlich spielte das Wetter nicht mit, und die gewünschten Effekte traten nicht ein. Bei einer Gelegenheit arbeitete das Feuer zugunsten der Athener: Nachdem sie auf einer unbewohnten Insel gelandet waren, waren sie nicht in der Lage, ihre Feinde aufzuspüren, die in dichten Wäldern versteckt waren. Dann entfachte ein Soldat, der seine Mahlzeit kochte, unabsichtlich Feuer. Der Wind kam auf, und fast brannte der ganze Wald nieder und deckte so die Position des Feindes auf (7,29-30).

Es hat den Anschein, daß es nur eine einzige Gegebenheit gab, bei der Feuer vorsätzlich und erfolgreich eingesetzt wurde. Dies geschah, als die Spartaner die Stadt Delium belagerten. Sie konstruierten eine riesige Röhre aus Holz und Eisen, die mit einem großen Kessel verbunden wurde, der mit angezündeten Kohlen, Schwefel und Pech gefüllt war. Mit Hilfe großer Gebläse konnten sie diesen merkwürdigen Apparat als Flammenwerfer benutzten, der Feuer an die Festung legte, so daß die Verteidiger gezwungen waren, ihre Positionen zu verlassen und zu fliehen.

Thukydides' detaillierte Beschreibung des Flammenwerfers legt

17 Vgl. Meiggs 1982, S. 375.

nahe, daß es eine einmalige Waffe war. In späteren Kriegen in der griechisch-römischen Welt wurden ähnliche Waffen gelegentlich eingesetzt, z.B. während der Belagerung der phönizischen Stadt Tyros durch Alexander den Großen.[18] Es scheint jedoch so gewesen zu sein, daß Feuer nur unter besonderen Umständen zum Einsatz kam, wenn konventionellere Mittel versagt hatten. Der Hauptgrund dafür war wahrscheinlich die Unvorhersehbarkeit des Wetters, denn Regen konnte dafür sorgen, daß das Feuer die feindlichen Festungen nicht zerstörte, während ein Sturm die Flammen in die eigene Richtung treiben konnte.

Zu den Operationen einfallender Armeen gehörte gewöhnlich, was der Altertumsforscher Victor D. Hanson die »ländliche Verwüstung« genannt hat: die gesamte Plünderung und Zerstörung des ländlichen Raumes. Feuer war das bevorzugte Mittel, um Häuser und Eigentum zu zerstören, und im Frühsommer, wenn das Getreide reif war, auch die Felder. Brennen und Plündern wurde von leicht- oder unbewaffneten Truppen ausgeführt, die durch Ausfälle von Kavallerie und bewaffneten Truppen immer verwundbar waren. Die gebirgige griechische Landschaft schränkte auch die Reichweite und die Geschwindigkeit ihrer Operationen ein. Aus diesen Gründen war, wie Hanson zeigt, die Verwüstung ein »langsamer Prozeß«. Er entsprang nicht einer spontanen Raserei, sondern war Teil einer gut geplanten Strategie, die darauf abzielte, die Ressourcen des Feindes zu vernichten und seine Moral zu untergraben.[19] Die dauerhafte Zerstörung der Felder wurde selten, wenn überhaupt je erreicht; da die Landwirtschaft hauptsächlich auf Arbeit beruhte, konnten die Kapitalverluste durch militärische Zerstörung in einigen Jahren wieder ausgeglichen werden.

Obwohl die Armeen ihr Bestes taten, um das Land zu verwüsten, war ihr eigentliches Ziel die Eroberung der Städte. Wie der Militärhistoriker Martin Van Creveld anmerkt, »war ein Land nicht wirklich besetzt, bis seine Festungen geschleift waren«.[20] Dies bedeutete zur Zeit des Peloponnesischen Krieges, daß die belagerten Städte eingenommen und zerstört werden mußten. Die

18 Vgl. Ferrill 1985, S. 204 ff.
19 Hanson 1983, S. 11-36.
20 van Creveld 1991, S. 28.

mißlungene Attacke auf Platäa und andere Episoden, über die Thukydides berichtet, weisen darauf hin, daß die Zerstörung einer Stadt durch Feuer nicht immer leicht war – selbst nicht nach der Eroberung. Oft genug mußte extra Brennstoff herangeschafft werden, wie trockenes Unterholz, Stroh oder Öl, um jedes Haus den Flammen zu übergeben.[21]

Am militärischen Einsatz von Feuer änderte sich nicht viel, als die Römer ihre Vorherrschaft über den Mittelmeerraum etablierten. Nach einer bekannten, aber zweifelhaften Legende konstruierte der griechische Naturwissenschaftler Archimedes im Jahre 212 v. Chr. – während einer Belagerung von Syrakus durch die römische Flotte – einen gigantischen Spiegel, um Sonnenstrahlen zu reflektieren und die feindlichen Schiffe in Brand zu setzen. Als die Römer 146 v. Chr. Griechenland eroberten, zeigten sie in gewisser Weise Entgegenkommen, indem sie Athen verschonten. Bei anderen Gelegenheiten jedoch zögerten sie nicht, die feindlichen Städte durch Feuer zu zerstören. Die unterschiedlichen sozialen Profile solcher Städte spiegeln sich in dem unterschiedlichen Nachdruck wider, mit dem die Historiker die Zerstörung des königlichen Palastes in Persepolis, der Häuser in Karthago und des Tempels in Jerusalem behandeln.

Feuergebrauch und soziale Schichtung

Obwohl das alte Griechenland und Rom militärisch-agrarische Gesellschaften waren, war der Einsatz von Feuer selbstverständlich nicht auf Landwirtschaft und Krieg beschränkt. Seine vielfältigen Funktionen – häuslicher, industrieller und zeremonieller Art – spiegelten die weitreichende Differenzierung der Gesellschaft wider.

Fast jede Veränderung, die sich in der Kontrolle über das Feuer vollzog, war das Ergebnis sich wandelnder sozialer Beziehungen. Technische Innovationen waren von sekundärer Bedeutung, und Ideen, die zu radikal neuen Anwendungen hätten führen können, hatten keinerlei »Multiplikatoreneffekt«. Als Hero von Alexan-

21 Vgl. Hanson 1983, S. 59f., 92.

dria im ersten Jahrhundert v. Chr. eine Vorrichtung konstruierte, mit der die sich ausdehnende heiße Luft, die durch ein Altarfeuer im Tempel erzeugt wurde, dazu benutzt wurde, die Tempeltüren zu öffnen, wurde dies als eine geniale Spielerei angesehen und ganz sicher nicht als Erfindung eines neuen Prinzips der Umwandlung von Wärmeenergie in Bewegungsenergie gepriesen. Der Historiker alter Technologie K.D. White geht in seinen Schlußfolgerungen so weit zu behaupten, daß »in der Kontrolle über das Feuer (...) für eine sehr lange Zeit überhaupt keine technischen Innovationen stattfanden«.[22] Damit wird nicht geleugnet, daß es eine Anzahl neuer Anwendungen von Feuer gab, aber sie führten nicht zu einem größeren Durchbruch in der Pyrotechnologie, der den ersten Entwicklungen der Töpferei und Metallurgie vergleichbar gewesen wäre.

Um Metall dem Bearbeitungsprozeß durch Feuer zuzuführen, mußten seine Erze erst geschürft und geschmolzen werden. Die Schürfoperationen brachten einen hohen Grad von Spezialisierung und sozialer Differenzierung mit sich. Nach Meinung der Historikerin Alison Burford zeigte die Erzgewinnung »die Roheit, die auf gewissen Ebenen der Gesellschaft im Altertum vorherrschte«. Große Banden ungelernter Arbeiter – Sklaven, Kriegsgefangene und Häftlinge – waren durch Ketten aneinandergefesselt und wurden »durch unablässige Grausamkeit gezwungen, das Material von den Erzgängen an die Oberfläche zu schieben oder die Erze vor dem Schmelzen zu zertrümmern«.[23] Selbstverständlich war der Bergbau nicht allein von ungelernter Zwangsarbeit abhängig; wie Burford anmerkt, erforderten die Operationen auch ein Expertenwissen und eine Organisation, die durch eine Minderheit gelernter Vorarbeiter und Aufseher verkörpert wurde. Es kann jedoch kein Zweifel daran bestehen, daß die große Masse der Bergleute ein elendes Leben an der unteren Skala der sozialen Pyramide in einer hochgradig differenzierten Gesellschaft führte.

Schmieden und Töpfern erging es besser als den Bergleuten. Bedeutsamerweise hatten die Schmiede ihren eigenen Gott, der Hephästus auf griechisch und Vulcanus auf lateinisch hieß. Hephästus unterschied sich von den anderen Olympiern darin, daß

22 White 1984, S. 44.
23 Burford 1973, S. 73.

er verunstaltet war: er hinkte. Die meisten Interpreten stimmen darin überein, daß diese Verunstaltung etwas über den zwiespältigen Status der Schmiede aussagt. Glaubt man einigen von ihnen, so weist die Verkrüppelung des Hephästus auf eine besondere Situation im Altertum hin, als die Dienste der Schmiede in den Schwertmanufakturen so hoch geschätzt wurden, daß ihre Herren sie vorsätzlich lähmten, damit sie nicht zu einem anderen Herrn entlaufen konnten. Eine alternative Interpretation hält die physische Erscheinung des Gottes für eine Entsprechung des Stereotyps, das Schmiede als Männer sah, die das Stigma einer physisch anstrengenden und deformierenden Arbeit tragen.[24]
Arbeiten mit Feuer war sowohl für Töpfer als auch für Schmiede immer risikoreich. Sie konnten selbst verletzt werden; und ihre Produkte konnten beschädigt aus dem Prozeß hervorgehen. Sie hatten keine Instrumente, um die Temparatur innerhalb ihrer Öfen zu messen, nicht einmal, um die genaue Zeit zu messen. Sie mußten sich auf ihre Erfahrung verlassen, und wenn nötig, mußten sie den Ofen öffnen, um zu sehen und zu fühlen, wie das Feuer sich entwickelte. Das konnte zu ernsthaften Verbrennungen oder sogar zur Erblindung führen, und es blieb ungewiß, wie die Objekte, die produziert wurden, aus dem Feuerungsprozeß herauskamen. »Wenn das Feuer zu heiß war, oder nicht heiß genug, konnten entsetzliche Dinge passieren, sowohl den Töpfen im Brennofen als auch dem Metall im Schmelztiegel oder dem ausglühenden Gegenstand, der mit Zangen und Hammer bearbeitet wurde.«[25] Burford vermutet, daß Schmiede und Töpfer durch die Unsicherheit ihres Handwerks dazu gebracht wurden, ihre Werkstätten mit magischen Gegenständen »vollzustopfen«. Sie hält die Unsicherheit auch für einen Grund, warum die Handwerker Experimenten aus dem Weg gingen und die Dinge in einer altvertrauten Weise verrichteten.[26]
Wegen ihres niedrigen sozialen Status blieben die meisten Töpfer und Schmiede anonym. Jedoch hatten einige von ihnen zu gewissen Zeiten die Chance, sich hervorzutun. Hesiod hatte in seinen

24 Burford 1974, S. 72. Vgl. Forbes 1964, S. 81f.; Graves 1955 I, S. 88.
25 Übersetzt nach Burford 1972, S. 122.
26 Vgl. Burford 1972, S. 122f. Siehe auch Forbes 1958b, S. 74.

Eröffnungsversen von *Werke und Tage* schon das Loblied des friedlichen Wettbewerbs unter Töpfern als ein Beispiel »guten Streitens« gesungen, das zu Wohlstand führt, im Gegensatz zum »grausamen Streiten« des Krieges. Im 4. und 5. Jahrhundert v. Chr. fanden in Athen regelmäßige Wettbewerbe der Töpfer statt, als Teil eines größeren Festivals, in denen ein Einzelner, wie z.B. Bacchus wegen seiner Geschicklichkeit »in der Kunst, Wasser, Ton und Feuer zu mischen«, Ruhm ernten konnte.[27]

Beim Einsatz von Feuer für häusliche Zwecke gab es eine enorm große Bandbreite je nach sozialem Rang und Reichtum. In seiner klassischen Studie »Die Stadt im Altertum«, die zuerst 1864 veröffentlicht wurde, schrieb der französische Historiker Fustel de Coulanges:

Es war eine heilige Pflicht für jeden Hausherrn, Tag und Nacht das Feuer zu erhalten. Unheil dem Hause, darin es erlosch! Jeden Abend bedeckte man die Kohlen mit Asche, um das vollständige Ausgehen des Feuers zu verhindern; am Morgen beim Erwachen war es die erste Sorge, dieses Feuer wieder anzufachen und es mit einigem Astwerk zu nähren. Erst wenn die Familie zugrunde gegangen war, hörte das Feuer zu brennen auf; erloschener Herd, erloschene Familie, waren bei den Alten synonyme Ausdrücke.[28]

Bei der Bewertung dieser Aussage, die Sitten beschreibt, die in ähnlicher Form heute noch von den Brahmanen in Indien praktiziert werden, müssen wir bedenken, daß es sich nur auf die bezog, die tatsächlich »Herr des Hauses« waren. Die Sklaven waren ausgeschlossen, ebenso die immer größer werdende Masse der urbanen Armen, die in überfüllten Wohnungen in einem der großen Mietshäuser (insulae) in Rom lebten.

In diesen Mietskasernen waren die Möglichkeiten zum Gebrauch von Feuer ausgesprochen beschränkt. Die Wohnungen hatten weder eine Feuerstelle, noch einen Ofen, noch einen Kamin. Die Mieter mußten ihre Mahlzeiten auf einem tragbaren Ofen oder einer Kohlenpfanne kochen. Manchmal verbot der Mietvertrag wegen der Feuergefahr die Benutzung eines Ofens oder einer Kohlenpfanne innerhalb der Wohnung. In diesen Fällen mußten die Mieter ihre Mahlzeiten irgendwo kaufen.

27 Übersetzt nach Burford 1972, S. 178, 211.
28 Fustel de Coulanges 1961, S. 20f.

Nur eine reiche Minorität konnte es sich erlauben, in einem privaten Haus, in einem *domus*, zu wohnen. In der Regel war ein *domus* sehr viel geräumiger und besser ausgestattet als eine Wohnung in einer *insula*. Es gab ein Altarfeuer, wie von Fustel de Coulanges beschrieben, und außerdem einen Ofen zum Backen und Herde zum Kochen, Kohlenpfannen zum Heizen und manchmal ein System der Fußbodenheizung durch Rohre – das Heizgewölbe, eine sinnreiche Erfindung, die vom ersten Jahrhundert an auch in öffentlichen Bädern eingesetzt wurde.

Wie der französische Historiker Jérome Carcopino in seinem Buch über das tägliche Leben im alten Rom bemerkt, waren die Gegensätze in der Helligkeit zwischen Tag und Nacht sehr groß. Gemessen an Standards des 20. Jahrhunderts waren selbst die Häuser der Reichen durch rauchende Fackeln und Öllampen nur spärlich erleuchtet. In den Straßen des kaiserlichen Roms gab es überhaupt keine Beleuchtung.

Wenn kein Mond schien, waren seine Straßen in eine undurchdringliche Dunkelheit getaucht. Keine Öllampen beleuchteten sie, keine Kerzen waren an den Mauern befestigt, keine Laternen hingen über den Türrahmen, es sei denn zu festlichen Gelegenheiten, wenn Rom in außerordentlichen Illuminationen glänzte (…) Zu normalen Zeiten fiel die Nacht über die Stadt wie der Schatten einer großen Gefahr. Jeder floh in sein Haus, schloß sich ein und verbarrikadierte den Eingang. Die Geschäfte ruhten, Sicherheitsketten wurden durch die Türblätter gezogen; die Fensterläden der Etagenwohnungen wurden geschlossen und die Blumentöpfe von den Fenstern genommen, die sie vorher geschmückt hatten.[29]

Die Reichen trauten sich nachts nur in Begleitung von Sklaven hinaus, die Fackeln trugen, um sie auf ihrem Weg durch die Vielzahl von »namenlosen, nummernlosen, unbeleuchteten Straßen« zu beschützen.[30] Diese bewaffnete Begleitung war eines ihrer Privilegien, ein weiteres Privileg war, daß die Häuser, in denen sie lebten, neben den sonstigen Vorteilen von Raum und Komfort auch mit weit geringerer Wahrscheinlichkeit von Feuer verschlungen wurden. Die größeren *domi* standen auf ihrem eigenen Grund und Boden, von Mauern umgeben; die Mauern hielten Eindringlinge ab und dienten auch als Schutz gegen Feuer.

29 Übersetzt nach Carcopino 1941, S. 47.
30 Carcopino 1941, S. 47f.

Brände und Brandbekämpfung
in der römischen Welt

Mit dem Wachstum der Städte wurde der Besitz von und der Umgang mit Feuer gleichzeitig einfacher und riskanter. Es gab so viele Feuer, daß man nicht zu befürchten brauchte, daß sie alle ausgehen würden; aber angesichts der hohen Konzentration von Menschen und Eigentum bedeuteten sie auch eine permanente Gefahr, die ständiger Vorsichtsmaßnahmen bedurfte. In den Städten des alten Griechenlands und Roms, ebenso wie in Babylon und Hattuša in einer vorangegangenen Epoche, nahmen diese Vorsichtsmaßnahmen die Form einer Kombination von drei Regelungsarten an: förmlich festgelegte und offiziell sanktionierte Regeln, informelle »externe« Kontrollen, die die Menschen gegenseitig ausübten, und von »internem« Selbstzwang regulierte Vorsicht im Umgang mit Feuer, die sie als Kinder gelernt hatten und später fast automatisch beibehielten.

Sehr wahrscheinlich hatten die griechischen Stadtstaaten eine formale Gesetzgebung zum Feuerschutz. Wahrscheinlich wurde ihnen jedoch keine große Bedeutung beigemessen. Keines der Gesetze und Regeln scheint überlebt zu haben, und die großen politischen Theoretiker Platon und Aristoteles haben sie in ihren Abhandlungen über die Organisation des Staates nicht erwähnt. Auch die Sekundärliteratur über das alte Griechenland geht über diesen Aspekt des Stadtlebens hinweg. Folglich hat fast alles, was wir über Feuerschutz und Bränden in Griechenland wissen, mit Krieg zu tun, mit Ausnahme einiger Anekdoten, die sich mit dem Tempelfeuer beschäftigen. So erzählt Thukydides von einer Priesterin, die in einen Tempel eine angezündete Fackel in die Nähe von Girlanden stellte und dann einschlief, mit der Folge, daß der Tempel niederbrannte; die Priesterin floh in derselben Nacht aus Angst vor Bestrafung (4, 133). Berühmter ist die Geschichte des Herostratos, von dem erzählt wurde, daß er im Jahre 356 v. Chr. Feuer an den berühmten Tempel der Artemis in Ephesos gelegt hatte. Sein einziges Motiv war, Aufmerksamkeit auf sich zu ziehen, und darin war er bewundernswert erfolgreich, denn obwohl die Epheser schworen, daß sein Name nie wieder genannt werden dürfte, wird er bis zum heutigen Tag erwähnt, besonders in der psychiatrischen und der psychoanalytischen Literatur.[31]

Über Feuer in Rom haben wir bessere Dokumente. Dies ist nicht überraschend, wenn man bedenkt, daß die Stadt zu einer Größe anwuchs, die damals in Europa nicht ihresgleichen hatte. Schon allein wegen ihrer Größe, aber auch wegen der Armut, in der die meisten Bewohner lebten, ist sie oft mit einer Stadt der Dritten Welt im 20. Jahrhundert verglichen worden. Wie in den Städten der Dritten Welt heute waren Feuergefahren in Rom groß und Brände ziemlich häufig. Allein für die Periode zwischen 31 v. Chr. und 410 n. Chr. berichteten zeitgenössische Autoren von nicht weniger als vierzig Großbränden, in denen zahlreiche öffentliche Gebäude und große Wohngebiete zerstört wurden, durchschnittlich gab es alle elf Jahre solch eine Katastrophe. Die Zahl kleinerer Brände kann nur geschätzt werden.[32]

Acht der vierzig Feuersbrünste ereigneten sich während der Regierungszeit des Augustus zwischen 31 v. Chr. und 14 n. Chr. Zu dieser Zeit scheint die Bevölkerung Roms auf fast eine Million angewachsen zu sein.[33] Trotz gegensätzlicher Bebauungsvorschriften wurden die Mietshäuser in sehr geringem Abstand voneinander gebaut. Ihre Konstruktion bestand zum großen Teil aus Holz und »mit Lehm beworfenem Flechtwerk«, das laut Vitruvius nie hätte erfunden werden sollen: »Es ist gemacht, um wie Fackeln Feuer zu fangen«.[34] Der satirische Dichter Juvenal bemerkte, daß das Leben in Roms Zentrum einem »endlosen Alptraum von Feuer und einstürzenden Häusern« glich (3, 6-8). Deshalb, so fuhr der Dichter fort,

ziehe ich es vor, dort zu leben, wo Feuer und mitternächtliche Panik nicht solch alltägliche Ereignisse sind. Wenn der Rauch in deiner Wohnung im 3. Stock angekommen ist (und du noch immer schläfst), schreit dein unter dir wohnender heroischer Nachbar schon nach Wasser und schleift seine Habe in Sicherheit. Wenn der Alarm im Erdgeschoß losgeht, ist der letzte, der brät, der Dachgeschoßbewohner, ganz hoch zwischen den nistenden

31 Vgl. Freud 1949, S. 108.
32 Werner 1906, S. 9-47.
33 Vgl. Hopkins 1978, S. 96ff.
34 Vitruvius, *The Ten Books on Architecture* 2:1. Siehe auch Yavetz 1958.

Tauben mit nichts als Ziegeln zwischen sich und dem Wetter (3, 198-203).[35]

Schon 450 v. Chr. gab es städtische Vorschriften, die unter anderem forderten, daß Häuser nicht zu hoch oder nicht zu nah aneinandergebaut werden sollten, mit mehr als 80 cm Abstand zwischen ihnen. Wahrscheinlich wurden sie schon von Anfang an wiederholt ignoriert und mußten daher erneut erlassen werden. Augustus, der den Senat an Verordnungen aus dem Jahre 105 v. Chr. erinnerte, setzte die maximale Höhe von Häusern auf 21 m fest, wogegen ebenfalls oft verstoßen wurde.[36] Später, zu Zeiten des römischen Imperiums, war es vorgeschrieben, *insulae* mit gedeckten Galerien auf Straßenebene auszustatten, die als Fluchtweg dienen konnten. Schon immer wurde wohl von den Mietern gefordert, einen Wassereimer in ihrer Wohnung zu haben. Mietverträge enthielten manchmal Klauseln, die dem Mieter unter Androhung der Kündigung verboten, ein offenes Feuer zu machen.[37]

In den Tagen der Republik hatte Rom eine offizielle Feuerwehr (eine *familia publica*) von Sklaven unter dem Befehl von gewählten Mitgliedern der Senatorenklasse; aber sie war offensichtlich immer unfähiger, ihrer Aufgabe gerecht zu werden. Dies machte den Weg für einfallsreiche Politiker und Geschäftsleute frei, eigene Feuerwehren einzurichten, die wie eine *familia privata* organisiert waren. Wir wissen, daß Marcus Crassus (153-115 v. Chr.), ein Selfmademan, seine Karriere als Befehlshaber eines Korps von fünfhundert Sklaven startete, die zu Bauhandwerkern ausgebildet waren. Im Falle eines Brandes erschien er mit seinen Männern auf der Szene und kaufte zu einem geringfügigen Preis die brennenden Häuser und die Häuser in der Nachbarschaft. Er veranlaßte seine Männer, das Feuer zu beenden (wahrscheinlich, indem die angrenzenden Häuser niedergerissen wurden), und begann sofort, Häuser zu bauen, die er mit großem Profit vermietete oder verkaufte. »Auf diese Weise«, schrieb der griechische Histo-

35 Alle Zitate von Juvenal sind von den Übersetzerinnen aus der englischen Fassung von Peter Green, Penguin Books, Harmondsworth 1967, ins Deutsche übertragen worden.
36 Werner 1906, S. 48 ff.
37 Vgl. Frier 1980, S. 21-30, 63, 75; Hermansen 1981, S. 207-225.

riker Plutarch über Crassus, »kam der größte Teil Roms in seinen Besitz«.[38]

Eine ähnliche Geschichte gibt es über den Politiker Egnatius Rufus, der in den späteren Tagen der Republik eine eigene private Feuerwehr aufgebaut hatte; nicht, um persönlich reich zu werden, sondern um politischen Einfluß zu gewinnen. Teilweise um seinem Aufstieg zur Macht zuvorzukommen, reorganisierte Augustus im Jahre 6 n. Chr. nach einem schweren Brand die existierende öffentliche Feuerwehr in einem neuen Korps mit einem neuen Namen, die *Vigiles*.[39]

Dem Altgeschichtler J. S. Rainbird zufolge bestanden sie aus sieben Truppen mit nominell je 560 Mann; diese Zahl wurde im Jahre 205 n. Chr. verdoppelt. Der Grund für eine solch hohe Konzentration von Arbeitskraft lag nach Rainbird in der begrenzt zur Verfügung stehenden Technologie. Es wurden intensive Nachtpatrouillen durchgeführt, um Brände zu entdecken, wenn sie noch klein und daher leicht zu löschen waren. Als Ausrüstung hatten die Patrouillen Eimer und Äxte bei sich. Da sie noch keine Schläuche hatten, war ihre erste Handlung nach der Entdeckung eines Brandes die, eine Kette zu bilden, um die mit Wasser vom nächsten Wasserreservoir gefüllten Eimer weiterzureichen. Diese Methode konnte selbstverständlich nur dann effektiv sein, wenn der Brand schon früh entdeckt worden war.[40]

Großbrände wurden seltener, kamen aber noch vor. Der größte und bekannteste war der Brand im Jahre 64 n. Chr., unter der Herrschaft des Kaisers Nero. Der Brand wütete neun Tage lang, und in dieser Zeit wurde ein Drittel der Stadt durch das Feuer selbst zerstört – oder durch die meist ergebnislos verlaufenden Versuche, es aufzuhalten. Das Ereignis hinterließ einen so tiefen Eindruck, daß einige römische Historiker wie Tacitus, Suetonius und Diodorus Cassius darüber berichteten. Den beiden letzteren zufolge war das Feuer von Nero gelegt worden, um Platz für neue Paläste und Parks zu schaffen. Es ist unmöglich, den Wahrheits-

38 Plutarch vitae *Crassus* sec.2. Siehe auch Frier 1980, S. 32 ff.
39 Reynolds 1926, S. 19 ff.
40 Rainbird 1986, S. 150 f. Siehe auch Reynolds 1926; Robinson 1977.

gehalt dieser Zuschreibungen zu überprüfen, aber Nero wäre nicht der einzige Herrscher in der Geschichte, der angeklagt worden ist, einen Brand in seiner Hauptstadt verursacht zu haben. Viele Moskauer z. B. machten Iwan den Schrecklichen für den großen Brand von 1550 verantwortlich. Ich wäre nicht überrascht, wenn es noch weitere, ähnliche Geschichten gäbe, die den populären Glauben sowohl an die Verderbtheit der Despoten als auch an ihre Allmacht bezeugten.

Der Althistoriker R.F. Newbold schätzt, daß im Brand von 64 n. Chr. mindestens zehn- bis zwölftausend *insulae* zerstört wurden, zuzüglich einiger hundert *domi*, und damit mehr als 200.000 Menschen obdachlos wurden.[41] Große Teile der Stadt mußten in einer Geschwindigkeit wieder aufgebaut werden, die der Qualität nur schaden konnte. Inzwischen stiegen die Häuser- und Raummieten in den Quartieren, die vom Feuer verschont worden waren, in schwindelnde Höhen und zwangen damit viele Mieter und Untermieter, sie zu verlassen und sich den Obdachlosen anzuschließen. Obgleich einige Eigentümer und Grundbesitzer den Wert ihres Eigentums und ihres Einkommens fantastisch steigen sahen, wurden die meisten Menschen schwer betrogen. Als eine erste Maßnahme wurde der kaiserliche Schatz herangezogen, um Unterstützung zu gewähren. Dies brachte eine Kettenreaktion in Gang, denn entsprechend den vorherrschenden Machtstrukturen wurden die Kosten später auf das Land abgewälzt. Am Ende waren es die Bauern in der Provinz, die den Großteil der finanziellen Konsequenzen des Brandes von Rom zu tragen hatten – ebenso wie in Zeiten der Hungersnot die Situation in den ländlichen Gebieten nicht selten schlimmer war als in den Städten. Besonders in schlechten Zeiten reichten die Fühler der Städte weit und tief in das Land hinein.[42]

Da es keinerlei Versicherungssysteme gab, konnten Menschen, die ihren Besitz in einem Brand verloren hatten, als Entschädigung nur auf Spenden hoffen. Hierzu wiederum war der eigene Platz in der sozialen Hierarchie entscheidend. Von Sklaven wurde gesagt, daß sie nichts anderes zu verlieren hätten als ihr Leben, während reiche Leute über Nacht bettelarm werden konnten,

41 Newbold 1974, S. 861.
42 Vgl. Ste Croix 1981, S. 13 f., 208-226.

wenn ihr Besitz abbrannte oder von Kriminellen, die das Feuer zu ihren Gunsten ausnutzten, geplündert wurde.[43] Im Hinblick auf die Reichen hatte Juvenal einen anderen Standpunkt: »Wenn der Besitz eines Millionärs niedergebrannt ist (...), strömen die Spenden schon zu, während das Mauerwerk noch aschenheiß ist« (3, 216-218). Es war zweifellos wahr, daß die Opfer eines Brandes von dem Wohlwollen ihrer Familie und ihrer Freunde abhängig waren; im Falle einer riesigen Katrastophe jedoch konnte die Hilfe nur von dem obersten Chef der *familia publica* kommen, dem Kaiser. Da es ihm die Gelegenheit gab, Großherzigkeit zu zeigen, konnte ein großes Feuer manchmal die Popularität eines Kaisers fördern.[44]

Verglichen mit den Informationen über die Stadt Rom wissen wir ausgesprochen wenig über Brände und Feuerverhütung in den Provinzen des Römischen Reiches. Wir haben jedoch zwei interessante Briefe, die im Jahre 112 n. Chr. von Plinius dem Jüngeren und Kaiser Trajan geschrieben wurden. Beide sind in den »Briefen Plinius' des Jüngeren« zu finden. Plinius war zu der Zeit Provinzgouverneur in Kleinasien. Der Gegenstand war von ihm in die Debatte gebracht worden.

Während ich einen entlegenen Teil meiner Provinz bereiste, hat in Nikomedia eine ausgedehnte Feuersbrunst viele Privathäuser und auch zwei öffentliche Gebäude, die Gerusie und Iseon, niedergelegt, obwohl eine Straße dazwischenlag. Das Feuer hat sich so weit ausgebreitet, einmal infolge des starken Windes, sodann auch dank der Trägheit der Bevölkerung, die offenbar untätig und ohne sich zu rühren dabeistand und der Katastrophe zuschaute. Überdies gab es nirgends in der Stadt eine Feuerspritze, keinen Feuereimer, überhaupt kein Gerät zur Eindämmung des Feuers. Aber diese Dinge werden, wie ich bereits angeordnet habe, beschafft werden. Überlege doch bitte, Herr, ob man nicht eine Handwerkergilde von wenigstens 150 Mann bilden sollte. Ich werde darauf achten, daß nur Handwerker aufgenommen werden und sie ihre Konzession zu nichts anderem benutzen; eine so geringe Zahl wird sich unschwer überwachen lassen (10,33).[45]

Die feierlichen Erklärungen am Ende von Plinius' Brief mögen

43 Newbold 1974, S. 861.
44 Vgl. Tacitus, *Die Annalen* 4:64, 6:45.
45 Diese Auszüge aus den Briefen des Plinius des Jüngeren wurden von Helmut Kasten übersetzt, Akademie Verlag, Berlin 1982.

uns heute etwas übertrieben vorkommen. Ihre Absicht wird aber deutlich, wenn wir die Antwort des Kaisers lesen:

Du bist auf den Gedanken gekommen, man könnte nach dem Vorbild mehrerer anderer Städte in Nikomedia eine Handwerkergilde bilden. Aber vergessen wir doch nicht, daß Deine Provinz und vornehmlich ihre Gemeinden unter derartigen Organisationen zu leiden gehabt haben. Einerlei, aus welchem Grund wir sie zulassen und welchen Namen wir den Leuten geben, die für einen bestimmten Zweck organisiert werden, es werden immer, und zwar in ganz kurzer Zeit, Hetärien daraus werden.

Deshalb ist es besser, alles bereitzuhalten, was zur Bekämpfung von Bränden dienen kann, und die Grundeigentümer zu ermahnen, selbst das Löschen zu besorgen und, wenn die Umstände es erfordern, das herbeiströmende Volk dabei anzustellen. (10,34)

Eine Welt sehr ungleicher und – gleichzeitig – gefährlicher Machtbeziehungen wird uns in dieser kurzen Korrespondenz eröffnet. Aus unserer Zeit kennen wir mehrere alptraumhafte Dramen und Romane über Feuerwehrleute, die ihr spezielles theoretisches Wissen nicht dazu benutzen, Feuer zu löschen, sondern es zu legen und damit die Menschen zu terrorisieren.[46] Es gibt ein paar versteckte Hinweise in der klassischen Geschichtsschreibung, daß auch in der Antike Feuerwehrleute manchmal den Ruf hatten, potentielle Brandstifter zu sein. Tacitus gab das Gerücht wieder, daß die *Vigiles* eingesetzt worden waren, um das große Feuer des Jahres 64 auszudehnen. In späteren Perioden standen Feuerwehrleute gelegentlich im Verdacht der Brandstiftung. Die Motive umfassen Plünderung, Größenwahn und »Pyromania«. Dennoch ist das uralte und immerwährende Problem, wer die Bewacher bewacht, im Hinblick auf die Feuerwehr selten diskutiert worden. Als Trajan seine Zustimmung zur Einrichtung einer Feuerwehr in Nikomedia verweigerte, war Brandstiftung nicht sein Problem. Er fürchtete nur, daß Menschen, die offiziell in einer Feuerwehr organisiert waren, diese Versammlungen als Vorwand für subversive politische Aktivitäten nehmen könnten.

Das soll nicht heißen, daß Brandstiftung die Menschen – und auch die Obrigkeiten – nicht beunruhigt hätte. Sklaven konnten –

---

46 Siehe z.B. Frisch 1963; Bradbury 1954.

und zweifellos taten sie es oft – Brände durch verschiedene Grade der »Nachlässigkeit« verursachen, die von Unachtsamkeit bis Sabotage reichen konnten.[47] Das Risiko einer Brandstiftung bestand immer, und zusammen mit der fehlenden Versicherung konnte es sehr wohl einer der Gründe sein, die die römischen Gutsverwalter davon abhielten, große Kapitalinvestitionen vorzunehmen. Das Eigentum der Landbesitzer und ihrer Repräsentanten in Brand zu setzen gehörte zu den Ritualen von Volksaufständen.[48] Die Autoritäten ihrerseits benutzten diese Waffe ebenfalls; Steuereintreiber in den Provinzen brannten die Häuser der Bauern nieder, die sich weigerten zu zahlen.[49]

Feuer in der Religion

Die alten Griechen und Römer unterschieden sich in ihrer Religionsausübung sehr von den alten Israeliten. Sie hatten weder heilige Bücher, noch kannten sie eine Klasse professioneller Priester und Propheten. Sie verehrten viele Götter und feierten das ganze Jahr hindurch zahlreiche Feste mit sehr großen örtlichen Unterschieden. Doch war für sie, wie für die alten Israeliten und für die meisten anderen Menschen in Agrargesellschaften, der zentrale Akt der Anbetung die Opferung, und die meisten Opfer wurden mit Mahlzeiten verbunden und auf einem brennenden Altar dargebracht.

Fustel de Coulanges merkte an, daß der Herr eines griechischen oder römischen Haushaltes dem häuslichen Altar eine große Bedeutung beimaß. Ein Schimmer dieser Bedeutung schwingt in der Art und Weise mit, in der Historiker heute darüber schreiben. Sie sagen z.B.: »Der griechische Haushalt widmete seinen Schrein entweder Hestia oder Zeus Ktesion. Beide konnten Haus und Herd besonderen Schutz gewähren.«[50] Ich bezweifle, daß ein moderner Historiker ernsthaft glaubt, daß Hestia oder Zeus beson-

---

47 Vgl. Frier 1980, S. 142-147.
48 Vgl. Ste Croix 1981, S. 320 MacMullen 1974, S. 66. Siehe auch Hopkins 1983, S. 29.
49 Ste Croix 1981, S. 498.
50 Übersetzt nach Muir 1985, S. 194.

deren Schutz gewähren »konnten«, aber das ist die übliche (und einfachste) Art und Weise, über solche Themen zu schreiben. Der springende Punkt scheint zu sein, daß über einen langen Zeitraum die Vorstände eines Haushaltes ein tägliches Ritual vor dem Herdfeuer durchzuführen pflegten; dieser Moment der Frömmigkeit half ihnen, sich daran zu erinnern, daß ihr sozialer Status und ihr Besitz kostbar waren, daß sie vergänglich waren und Verpflichtungen und Verantwortlichkeiten mit sich brachten. In diesem Licht betrachtet, erscheint die Opferung als konstituierende Handlung des Zivilisationsprozesses, die jeden Tag neu stattfindet.

Fustel de Coulanges schreibt, daß das Altarfeuer immer rein bleiben mußte. Das hieß, daß es verboten war, »irgendeine strafbare Handlung davor zu begehen«.[51] Ein linguistischer Purist könnte entgegnen, daß eine strafbare Handlung an gar keinem Ort begangen werden sollte; aber es ist klar, was gemeint war: Feuer wurde mit Ehrfurcht behandelt, und an seine Gegenwart zu erinnern konnte Menschen davon abhalten, etwas Schlechtes zu tun. Fustel de Coulanges hatte wahrscheinlich recht, als er vermutete, daß die Sitte, ein Feuer immer brennen zu lassen, ein Relikt aus alten Zeiten war, als es nur wenige Feuer gab und große Sorgfalt darauf verwandt werden mußte, daß ein Feuer nicht ausging.

Ein faszinierender Aspekt des Herdfeuerkultes ist, daß zwar der Hausherr ihn verrichtete, die Anbetung aber formell Hestia galt, einer Göttin. Hephästus, der männliche Feuergott, wurde mit der Welt der Schmieden und Schlachtfelder in Zusammenhang gebracht. Hestia ihrerseits symbolisierte die Einheit und Kontinuität des Haushalts. Zu ihren Attributen zählten Reinheit und Friedfertigkeit; sie schien die »stillen Tugenden« der idealen Frau zu verkörpern, treu und gehorsam ihrem Gatten gegenüber.[52] Selbst in der kriegerischen Welt der *Ilias* und der *Odyssee* nahm sie nie an einer Schlacht teil.

Verglichen mit Hephästus, aber auch mit dem Halbgott Prometheus spielte Hestia in der griechischen Mythologie eine wenig aufregende Rolle. Das scheint auf die Tatsache hinzuweisen, daß das Geschehen rund um das häusliche Herdfeuer eher ereignislos

51 Fustel de Coulanges 1961, S. 21.
52 Vgl. Adkins 1960.

war. Hestias Feminität weist auch daraufhin, daß die tatsächliche Verantwortung dafür, daß ein häusliches Feuer brannte, bei der Herrin des Hauses lag. Wenn es keine Sklaven im Haushalt gab, mußte sie sich um das Feuer kümmern. Wie alle manuelle Arbeit, die von Frauen oder Sklaven verrichtet wurde, war dies keine hochangesehene Arbeit.

Platon, der den sehr stark auf Wettbewerb orientierten Geist der griechischen Männer als ernsthafte Bedrohung für das Funktionieren der Polis ansah, scheint als erster eine positive Bewertung von Hestia vorgenommen zu haben. In den *Gesetzen* (745 b 848 d) hebt er sie auf eine Ebene mit Zeus und Athene. Der Haupttempel in Platons idealer Stadt sollte diesem göttlichen Trio geweiht werden. Dies war jedoch nie mehr als ein Wunschgedanke, denn während Hestia eine allgemein respektierte Göttin war, blieb ihr Platz im Olymp sehr bescheiden, und es gab keinerlei ihr gewidmete öffentliche Feste.

Als öffentliches Äquivalent zum häuslichen Herdfeuer hatten die griechischen Städte gewöhnlich ein *Prytaneum*, einen Tempel, in dem das »heilige Stadtfeuer« Tag und Nacht brannte. Es ist wahrscheinlich, daß die Griechen immer Feuer vom *Prytaneum* mit sich nahmen, wenn sie auszogen, eine neue Kolonie zu gründen. Die holländische Altertumswissenschaftlerin Lyda Simons hält das *Prytaneum* für das kultische Zentrum einer örtlichen politischen Gemeinde; darin unterschied er sich von den wenigen überörtlichen Tempeln, wie dem Tempel, der dem Apollo in Delphi geweiht war, in dem das immer brennende Feuer ein Gefühl eher religiös als politisch erlebter nationaler Einheit symbolisierte.[53]

Im Gegensatz dazu hatte Rom in seiner Innenstadt ein Tempelfeuer der Vesta geweiht, das beides, die religiöse und die politische Einheit, verkörperte – erst der Republik und später des Kaiserreiches. Wie alle Tempelfeuer hatte auch das vestalische Feuer ausschließlich zeremonielle Funktionen. Es wurde von einigen (erst vier, später sechs) unverheirateten Mädchen und Frauen gehütet, den vestalischen Jungfrauen, die in einem sehr frühen Alter für dreißig Jahre zu Priesterinnen bestimmt wurden. Die vestali-

53 Simons 1949.

schen Jungfrauen gehörten zu Patrizierfamilien, und so wie die weiblichen Mitglieder eines Haushaltes dem *pater familias* gehorchen mußten, waren sie der Autorität des obersten Priesters, des *pontifex maximus*, unterstellt. Sie hatten nach strikten Regeln zu leben. Übertretungen wurden schwer bestraft; wenn eine Jungfrau überführt wurde, den Reinheitseid gebrochen zu haben, wurde sie lebendig begraben.

Die offizielle Verpflichtung der vestalischen Jungfrauen war, darüber zu wachen, daß das Feuer in ihrem Tempel nie ausging. Die große Bedeutung, die dieser Aufgabe beigemessen wurde, weist nicht nur auf einen Chauvinismus hin, sondern auch auf die Notwendigkeit, den zahlreichen zentrifugalen Tendenzen, die im Reich ständig wirksam waren, gegenzusteuern. Der Kult der Vestalinnen, die als unverheiratete Frauen nicht in das Parteiengezänk einbezogen waren, war eine der zentralen bindenden Institutionen.[54]

Natürlich ging das Altarfeuer nicht nur in dem Tempel der Vesta nicht aus. Obwohl die Funktionen solcher Feuer meistens rituell waren, konnten sie doch auch anderen Zwecken dienen. Über einen langen Zweitraum hinweg dienten die Tempel längs der Küste, ganz besonders in Griechenland, als Seezeichen für Seeleute, da sie nachts durch ihr Feuer sichtbar waren. Vom ersten Jahrhundert n. Chr. an wurden jedoch Türme bar jeder heiligen Funktion nur als Leuchttürme gebaut. Der berühmte Pharos in Alexandria, eines der sieben Weltwunder der alten Welt, war zu diesem Zweck umgewidmet worden; nachts wurden Feuer in seinen Laternen entzündet, die bis zu einer Distanz von mehr als 45 km gesehen werden konnten. Dem holländischen Technologiehistoriker R.J. Forbes zufolge muß es gegen Ende des 1. Jahrhunderts n. Chr. 30 Leuchttürme gegeben haben, deren Zahl während des folgenden Jahrhunderts allmählich erhöht wurde.[55] Das Errichten »säkularer Türme«, die als Leuchttürme dienten und damit auch eine der traditionellen Funktionen von Tempeln übernahmen, kann als ein Hinweis darauf gesehen werden, daß der Prozeß zunehmender Spezialisierung zur Säkularisierung führte. Viele lokale Kulte bestanden weiterhin. Der griechische Schrift-

54 Siehe Beard 1980 für eine hiervon abweichende Interpretation.
55 Forbes 1958b, S. 180-182.

steller Pausanias fand in seinem *Führer für Griechenland,* geschrieben in der zweiten Hälfte des zweiten Jahrhunderts n. Chr., Gelegenheit, eine große Vielfalt religiöser Praktiken und Zeremonien zu beschreiben. So berichtet er davon, wie die Bewohner von Patras ein jährliches Fest feierten, das der Artemis geweiht war. Während der Vorbereitungen bauten sie einen großen Scheiterhaufen rund um den Altar mit Holzstämmen in einer Länge von neun Metern. Am Tage des Festivals

werfen sie jagdbare Vögel lebend auf den Altar, ebenso wie die anderen Opfer, sogar Bären, Damwild und Gazellen, und einige von ihnen werfen auch Wolfsjunge und Bärenjunge und andere werfen ausgewachsene Tiere, und sie beladen den Altar mit Früchten von Obstbäumen. Danach setzen sie die Holzstämme in Brand. An dieser Stelle sah ich einen Bären und andere Tiere, die durch das erste Aufflackern der Flammen herausgetrieben wurden oder mit voller Kraft zu fliehen versuchten; aber diejenigen, die sie hineingeworfen hatten, bringen sie wieder zum Beerdigungsfeuer zurück. Sie haben keinen Bericht darüber, daß irgendeiner durch die Tiere verletzt worden sei (7.18.7).[56]

Die ganze Szene, in der die Beherrschung sowohl der Tiere als auch des Feuers durch die Menschen klar zum Ausdruck kommt, wurde von Pausanias ohne irgendeinen Unterton der Mißbilligung oder des Abscheus beschrieben. Er bemerkte nur, daß »die gesamte Stadt als eine Einheit auf ihr Fest stolz ist, ebenso wie es auch die einzelnen Menschen sind«. In der Tat scheinen die Festlichkeiten sehr geordnet verlaufen zu sein, und der Grad der Grausamkeit den Tieren gegenüber überstieg nicht den der Grausamkeit, die fast routinemäßig in den öffentlichen Spielen in der Hauptstadt Rom zur Schau gestellt wurde.

Im ganzen Reich mußte der kaiserliche Kult nicht nur mit den existierenden lokalen Kulten konkurrieren, sondern auch mit einigen aufkommenden orientalischen Religionen, wie etwa dem Mithraismus, einem esoterischen Kult um die Sonne, und dem Christentum. Um die Zeit des großen Brandes im Jahre 64 n. Chr. wurden die Christen immer noch als eine schädliche Sekte betrachtet, deren Mitglieder gut als Sündenböcke herhalten konn-

---

56 Alle Zitate von Pausanias sind Übersetzungen nach der englischen Ausgabe von Peter Levi, Penguin Books, Harmondsworth 1971. Siehe auch Furley 1981, S. 116-151.

ten, als die ersten Gerüchte aufkamen, daß der Kaiser selbst den Brand gezündet hätte. In seinen *Annalen* der Geschichte Roms berichtete Tacitus, wie sie verhaftet und verurteilt wurden,

nicht so sehr wegen der Brandstiftung, als aus Menschenhaß. Und Hohn begleitete ihr Ende: Sie wurden mit Häuten wilder Tiere bedeckt und von Hunden zu Tode gerissen oder sie wurden an Kreuze geschlagen und nach Sonnenuntergang verbrannt, um des Nachts als Lampen zu dienen (15,14).[57]

Das Christentum hatte, wie Tacitus wußte, in Palästina mit den Lehren eines Israeliten, bekannt als Christus, begonnen. Er handelte in der damals sehr geschätzten Tradition der jüdischen Propheten und entfernte sich weiter als alle seine Vorgänger von der ritualistischen Verknüpfung mit einem agrarischen System, wie es im Dritten und Fünften Buch Mose dargestellt wird. Demgegenüber richtete er seine Lehre an den moralischen Prinzipien aus, mit denen sich die Menschen, die in einer komplexen, städtisch-agrarischen Welt lebten, konfrontiert sahen. Wenn er sich, was oft vorkam, auf agrarische Lebensweisen bezog, war dies als Parabel zu verstehen, nicht mit der Absicht, die Bauern über ihre Arbeit zu belehren. Um seinen Jüngern die Idee des Himmelreichs zu erklären, so lesen wir im Evangelium des Matthäus, erzählte er ihnen vom Menschen, der guten Samen auf seinen Acker säte, und eines Nachts kam ein Feind und säte Unkraut zwischen den Weizen. Als der Weizen wuchs, wuchs auch das Unkraut. Die Knechte des Herrn fragten ihn, ob sie gehen sollten und das Unkraut jäten, aber der Mann antwortete weise, daß es sehr unpraktisch wäre, denn sie würden zugleich den Weizen mit ausraufen. Er befahl ihnen, bis zur Erntezeit zu warten, dann würden sie in der Lage sein, das Unkraut erst zu sammeln und zu bündeln, um es zu verbrennen. So konnte der Weizen gesammelt und sicher in die Scheune gebracht werden (Matthäus 13, 24-30). Als seine Schüler ihn etwas später baten, diese Parabel zu erklären, antwortete er:

Der Menschensohn ist's, der den guten Samen sät.
Der Acker ist die Welt, der gute Same sind die Kinder des Reichs. Das Unkraut sind die Kinder des Bösen.

57 Dieses Zitat von Tacitus ist eine Übersetzung aus der englischen Fassung von John Jackson, William Heinemann, London 1949.

Der Feind, der es sät, ist der Teufel, die Ernte ist das Ende der Welt. Die Schnitter sind die Engel.

Wie man nun das Unkraut ausjätet und mit Feuer verbrennt, so wird's auch am Ende der Welt gehen.

Der Menschensohn wird seine Engel senden, und sie werden sammeln aus seinem Reich, alles was zum Abfall verführt, und die da Unrecht tun,

und werden sie in den Feuerofen werfen; da wird Heulen und Zähneklappern sein.

Dann werden die Gerechten leuchten wie die Sonne in ihres Vaters Reich. Wer Ohren hat, der höre (Matthäus 13, 37-43).

Diese sehr eindrucksvolle Parabel kehrt in vielen anderen Passagen des Neuen Testaments wieder, einer Sammlung von Dokumenten, die bis in das erste Jahrhundert n. Chr. datiert werden kann und vom Leben und von den Lehren Jesu Christi und seinen unmittelbaren Jüngern berichtet. Ein immer wiederkehrendes Thema in diesen Schriften, die die Tradition der moralischen Propheten wie Jeremia fortsetzen, ist das Streben nach persönlicher Errettung, nach dem Heil der eigenen Seele. Die Menschen werden gewarnt, keine Sünde zu begehen; selbst wenn sie in dieser Welt mit einem Verbrechen davonkommen, wird es im Leben nach dem Tode kein Entrinnen vor der Strafe geben. Menschen, die Ehebruch oder Diebstahl begehen, werden jede Freude, die sie vielleicht daran hatten, bitterlich bereuen, denn sie werden es mit der ewigen Verdammnis bezahlen. Am Tage des Jüngsten Gerichts werden sie hinausgeworfen werden mit der »Spreu« und werden »verbrennen mit unauslöschlichem Feuer« (Matthäus 3,12 und Lukas 3,17). Deshalb soll Christus gesagt haben:

Weh der Welt der Verführungen wegen! Es müssen ja Verführungen kommen; doch weh dem Menschen, der zum Abfall verführt!

Wenn aber deine Hand oder dein Fuß dich zum Abfall verführt, so hau sie ab und wirf sie von dir. Es ist besser für dich, daß du lahm und verkrüppelt zum Leben eingehst, als daß du zwei Hände oder zwei Füße hast und wirst in das ewige Feuer geworfen.

Und wenn dich dein Auge zum Abfall verführt, reiß es aus und wirf's von dir. Es ist besser für dich, daß du einäugig zum Leben eingehst, als daß du zwei Augen hast und wirst in das höllische Feuer geworfen (Matthäus 18,7-9; vergl. auch Markus 9,43-48).

Diese schauerlichen Warnungen finden ihren Höhepunkt im letzten Buch des Neuen Testamentes, der Offenbarung des Johannes. Neben anderen apokalyptischen Prophezeihungen enthält es einige obskure, aber erschreckende Visionen von Feuer, das vom Himmel kommt und die Menschen verschlingt, und von einem ewig brennenden See aus Feuer und Schwefel (8,5-8; 16,8-9; 21,8). So schrecklich diese Visionen auch sind, so sollten wir nicht vergessen, daß sie nur Teile eines allgemeineren Bildes von Marter und Chaos sind, gezeichnet als Gegenbild des Himmelreiches. In der Apokalypse war Feuer nur eine von vielen Torturen.

Die Lehren des Neuen Testaments können als eine sehr beredte »Zivilisierungskampagne« aufgefaßt werden. In diesen Lehren wurden die Menschen dazu angehalten, einen größeren Selbstzwang in ihren Handlungen untereinander auszuüben – ein Versuch, die Stimme des inneren Gewissens zu stärken. Die Texte wurden nicht aus einem großen Vertrauen in die Fähigkeit der Menschen, aus eigenem Antrieb anständig zu handeln, heraus geschrieben. Der Appell an den inneren Selbstzwang wurde kontinuierlich verstärkt durch den Hinweis auf eine externe göttliche Autorität, die am Tage des Gerichts die Spreu vom Weizen trennen und die Spreu den Flammen übergeben wird.

Vielleicht wurde die Vision eines ewigen Feuers, in dem die Seelen der Verdammten immerdar brennen müßten, auch durch die Erfahrungen mit Stadtbränden, besonders in Rom, genährt. Die Hitze und der Qualm von vielen industriellen Öfen und lang schwelenden Müllkippen können auch zu der Idee eines infernalischen Feuers beigetragen haben. Wie dem auch sei, das Bild der Schrecken durch Feuer stand der moralisierenden Phantasie zur Verfügung.

Das Christentum, das während Neros Herrschaft immer noch die Religion einer kleinen Minorität war, wuchs schnell an Zahl und Einfluß. Am Ende des 3. Jahrhunderts n. Chr. machte der Kaiser Diokletian einen letzten verzweifelten Versuch, es abzuschaffen, aber er mißlang, und im Jahre 312 nahm sein Nachfolger Konstantin offiziell das Christentum an. Die Westgoten, die 410 die Stadt Rom plünderten, waren Christen. Augustinus rechnete es ihnen als großes Verdienst an, daß sie die Leben aller jener schonten, die Zuflucht in einer Kirche gesucht hatten.

Brennstoff und Entwaldung

Der Untergang des römischen Reiches, gewiß seines westlichen Teils, war gekennzeichnet durch die Umkehrung der Entwicklungen, die seinen Aufstieg begleitet hatten. Die Bevölkerung schrumpfte, die Städte verfielen oder verschwanden ganz (Rom selbst schrumpfte auf die Größe einer Provinzstadt) und waren daher dem spezialisierten Handwerk und Handel, für Regierungs- und militärische Organisationen auf höherer Ebene keine Stütze. Kurz gesagt, demographischer Rückgang und ökonomische und politische Desintegration gingen Hand in Hand.

Es ist mehrmals ausgeführt worden, daß die Vernichtung der Wälder eine der Hauptursachen dieses Niedergangs war. Die Altgeschichtler J. Donald Hughes und J.V. Thirgood haben diese These mit starken Argumenten gestützt.

Die Wälder stellten das meistgebrauchte Baumaterial und fast die einzige Energiequelle der klassischen Welt zur Verfügung, und Raubbau an dieser Quelle beschwor eine Anzahl von Krisen herauf. Als die Wälder durch Rodungen zurückgedrängt wurden, wurde Holz knapp und stieg im Preis und trug damit zu der ruinösen Inflation, die die Antike heimsuchte, bei. Die Konkurrenz um Waldressourcen entzündete militärische Konflikte, die ihrerseits die Nachfrage nach Holz erhöhten. Die Erosion schwächte die ökonomische Basis der vorherrschend agrarischen Gesellschaften und trug so zum Bevölkerungsrückgang bei, der es für die griechisch-römische Zivilisation noch schwerer machte, den Einfällen der Barbaren von jenseits der Grenzen zu widerstehen. In den trockeneren Zonen wurden die Wälder, die früher das Klima mäßigten und den Wasserhaushalt ausglichen, zerstört und erlaubten der Wüste, vorzurücken. Das Bild der zerstörten Städte Nordafrikas, von denen einst Olivenöl und Bauholz exportiert wurden, die aber später unter dem Wüstensand begraben wurden, bringt den Umweltfaktor beim Niedergang der Zivilisation auf den Punkt, ebenso wie die Sümpfe am nördlichen Mittelmeer, von denen Malaria ausging, die die Bevölkerung schwächte.[58]

Der Gedankengang ist weitreichend und überzeugend dargelegt und wird von mehreren literarischen Quellen gestützt. Platon wies schon im 4. Jahrhundert v. Chr. auf die Öde der Region um Athen hin.[59] Es gibt nicht viele weitere Zeugnisse einer ähnlichen

---

58 Übersetzt nach Hughes und Thirgood 1982, S. 196.
59 Platon, *Phaido* 110e.

Besorgtheit, denn im großen und ganzen äußerten die Schriftsteller der griechischen und römischen Antike eher Selbstzufriedenheit als Besorgnis über die menschliche Herrschaft über die Natur. Wenn es wirklich einen zunehmenden Holzmangel gegeben hat, scheint dies nicht die privilegierten Kreise betroffen zu haben, zu denen sie gehörten.

Wie der Althistoriker Russell Meiggs bemerkt, war die Geschichte der römischen Welt über viele Jahrhunderte lang durch eine zunehmende Bevölkerung und einen wachsenden Lebensstandard gekennzeichnet. Zum Bauen wurde zunehmend mehr Holz gebraucht, zunehmend mehr Brennstoff zum Kochen, für industrielle Zwecke und zum Heizen der Häuser und öffentlichen Gebäude, einschließlich der zahlreichen großen öffentlichen Bäder. Holz mußte knapp geworden sein, und doch, schreibt Meiggs, »gibt es keine Hinweise auf einen generellen Alarm wegen des Raubbaues an den Wäldern und es gibt keine Hinweise auf irgendwelche Versuche, das Gleichgewicht wiederherzustellen«.[60]

Hughes und Thirgood erwähnen einige Versuche der Erhaltung, wie z.B. den Schutz durch örtliche Magistrate für bestimmte Wälder, die als heilige Haine vorgesehen waren. Diese Maßnahmen wurden jedoch durch den kontinuierlichen Druck von Menschen, die bestrebt waren, Wald in Ackerland umzuwandeln und Holz auf dem Markt als Brennstoff oder Bauholz zu verkaufen, bei weitem übertroffen. Außerdem »erforderte der ständige Kriegszustand, der außer in einigen glücklichen Dekaden die mediterrane Welt belastete«, auch seinen Tribut.[61] Selbst zu Friedenszeiten war die Armee ein gewaltiger Konsument von Brennstoff. In Kriegszeiten stieg der Verbrauch noch an, und absichtliche Zerstörung kam hinzu.

Alles in allem war die Entwaldung nur ein Teil ineinander verflochtener Prozesse. Sie war das Ergebnis vieler Kräfte und gleichzeitig die Ursache für viele andere. In der Folge erlaubte die lange Periode der Desintegration des Römischen Reiches in den Teilen Westeuropas, in der die Erosion den Raubbau an den Wäldern noch nicht irreversibel gemacht hatte, einen spontanen Prozeß der Aufforstung.

60 Meiggs 1982, S. 377.
61 Übersetzt nach Hughes und Thirgood 1982, S. 207.

7. Feuer
im vorindustriellen Europa

Die vier Stände

Die Entwicklung der Kontrolle über Feuer kann dazu dienen, uns an die Kontinuität und Einheitlichkeit in der Menschheitsgeschichte zu erinnern – zwei Aspekte, die oft durch spektakulärere Wendepunkte und einzigartige Merkmale, die die verschiedenen Epochen und Kulturen kennzeichnen, in den Hintergrund gedrängt werden.

Die Betonung der Kontinuität in der Kontrolle über Feuer soll keineswegs unterstellen, daß ihre Entwicklung ganz geradlinig oder ohne Erschütterungen abgelaufen ist. Jeder Großbrand stellte eine Unterbrechung dar, jede technische Erfindung – egal wie unbedeutend sie erscheinen mochte – gab neue Impulse. Im Rückblick jedoch können wir sehen, wie alle diese Ereignisse über die Jahrhunderte ineinandergriffen und einen einzigen Prozeß konstituierten.

Dieser Prozeß umfaßt sowohl verschiedene historische Zeiträume als auch anscheinend nicht miteinander verbundene Kulturen. In diesem Kapitel werde ich mich auf Westeuropa zwischen 850 und 1850 konzentrieren, ungefähr das gleiche Gebiet und dieselbe Epoche, die Norbert Elias in *Über den Prozeß der Zivilisation* behandelt hat. In diesem Zeitraum begann die Gesellschaft in Westeuropa langsam von dem militärisch-agrarischen Muster abzuweichen, das in fast ganz Eurasien vorherrschte. Von Anfang an jedoch fand diese spezifische Entwicklung in Kontakt mit anderen Regionen statt – als Teil einer größeren Konfiguration. Während der ersten fünf Jahrhunderte profitierten die Westeuropäer überwiegend von der Verbreitung anderer Kulturen und lernten viel von den Byzantinern, Arabern, Indern und Chinesen. Dann aber drehte sich der Spieß jedoch langsam um, und Europa übte einen immer größer werdenden Einfluß auf den Rest der Welt aus.

In dieser weltgeschichtlichen Verschiebung des kulturellen Einflusses und der sozialen Vorherrschaft war die Kontrolle über das Feuer kein unabhängiger Faktor. Dennoch hatte die Art und Weise, wie es Menschen gelang, die Möglichkeiten zum Gebrauch des Feuers auszubauen und wirkungsvollere Feuerschutzmaßnahmen für ihr Eigentum zu entwickeln, weitreichende Folgen, die zu untersuchen lohnt.

In *Über den Prozeß der Zivilisation* hebt Elias die Verbindung zwischen dem Zivilisationsprozeß und der Staatenbildung in Europa hervor, wobei die sozialen Zwänge, die sich aus der gegenseitigen Abhängigkeit zunehmend größerer Gruppen von Menschen ergeben, als Bindeglied dienen. Steigende gegenseitige Abhängigkeit spielte auch eine zentrale Rolle in der Entwicklung der Kontrolle über das Feuer. Im Gegensatz zur Verfeinerung der Sitten, die Elias zum Ausgangspunkt seiner Untersuchung machte, entstanden Veränderungen in der Kontrolle über das Feuer jedoch nicht an den Fürstenhöfen, sondern anderswo in der Gesellschaft. Entsprechend werde ich in diesem Kapitel einem Kurs folgen, der von demjenigen abweicht, den Elias in seinem Buch eingeschlagen hatte. Ich werde mich nicht auf die Aristokratie konzentrieren, sondern in aufeinanderfolgenden Abschnitten die vier ›Stände‹ untersuchen, die die wichtigsten Gesellschaftsgruppen im vorindustriellen Europa darstellten: den Klerus, den Adel, das Bürgertum und die Bauern.

Es erübrigt sich, darauf hinzuweisen, daß die vier Stände voneinander abhingen. Während der langen agrarischen Phase der europäischen Geschichte schienen die Verhaltens- und Machtunterschiede zwischen ihnen ausgeprägter zu werden. Gleichzeitig jedoch gab es bereits frühzeitig eine unterschwellige Konvergenz – eine Tatsache, die der große französische Soziologe Alexis de Tocqueville vielleicht als erster klar erkannt hat.[1] Einige der großen Wendepunkte in dieser Ära, so z. B. die Reformation oder die Französische Revolution, können als Manifestation dieses Gegentrends – der Verringerung der Verhaltens- und Machtunterschiede – betrachtet werden.

Jeder der vier Stände lebte in besonderen sozialen Zwängen und entwickelte entsprechend seinen eigenen Lebensstil – teilweise als

---

1 Vgl. Stone und Mennell 1980, S. 25-41.

Reaktion auf seine Position gegenüber den anderen Ständen. Berücksichtigt man diese Situation, so überrascht es nicht, daß unterschiedliche Meinungen darüber geäußert wurden, welcher Stand die wichtigste Kraft im europäischen Zivilisationsprozeß war. Kirchliche Gelehrte wie Augustinus, die dieses Thema als erste behandelten, schrieben den Institutionen des ersten Standes die wichtigsten Zivilisationsschübe zu: der Kirche, den Klöstern, der Religion. Eine spätere intellektuelle Tradition, von der Thomas Hobbes einer der bekanntesten Vertreter war, räumte der Politik und dem Staat Priorität ein – Institutionen also, die ursprünglich vom zweiten Stand, dem Adel, beherrscht wurden. Noch später haben dann Ideologen des Bürgertums wie z.B. Adam Smith auf die zivilisierenden Funktionen der Institutionen des dritten Standes, insbesondere des Marktes und des Wohlstands und Friedens, den er erzeugte, hingewiesen. Nur der vierte Stand, die Bauern und Landarbeiter, wurde selten als eine wesentliche Kraft im europäischen Zivilisationsprozeß hervorgehoben.

Feuer und Religion

Religion, Feuer und der Narzißmus der kleinen Unterschiede

Eine der anscheinend selbstverständlichen Besonderheiten der sozialen und kulturellen Entwicklung in den letzten zweitausend Jahren ist die vorherrschende Rolle, die den großräumig organisierten Religionen zukommt. Es scheint, als ob man die Feststellung, daß Westeuropa seit dem frühen Mittelalter zur christlichen Welt gehört, ohne weitere Begründung stehen lassen kann. Religion ist offensichtlich zu einem entscheidenden Element der Identität von Menschen geworden.

Dies ist ein wichtiger Unterschied im Vergleich zur antiken Welt. Die Religion der Ägypter wurde nach dem Namen des Reiches – Ägypten – benannt; man würde die Ägypter nicht entsprechend ihrer Religion als »Raisten« bezeichnen oder die Römer als »Jupiterianer«. Der Wandel, der eingetreten ist, weist auf eine beträchtliche Ausdehnung des Einflußbereichs religiöser Regimes hin.

Der Beginn der Vorherrschaft organisierter Religion ist eng mit dem Zusammenbruch des Römischen Reiches verbunden. Wie die britische Historikerin und Byzanzexpertin Judith Herrin festgestellt hat, führte der Zusammenbruch des Imperiums schließlich zur Bildung von drei sozio-kulturellen Gebieten in seinem früheren Herrschaftsbereich: der Welt der griechisch-orthodoxen Kirche, dominiert von Byzanz; der Welt des westlichen Christentums, die sich der römisch-katholischen Kirche verpflichtet fühlte; und der muslimischen Welt. Es war eine Dreiteilung, für die Religion von überragender Bedeutung zu sein schien.[2]

Die ständige Sorge um die religiöse Reinheit, die für den alten Judaismus typisch war, wurde von den neuen religiösen Regimes übernommen. Wie die Priester und Propheten des Judaismus betonten die christlichen und die muslimischen Führer den Monotheismus und verdammten die Verehrung von Götzen. Zu ihren offiziellen Glaubensgrundsätzen gehörte auch die Ablehnung von Feuerkulten, wie z.B. die Verehrung des Feuergottes Atar in der parsischen oder zoroastrischen Religion oder die Verehrung Agnis im Hinduismus.[3]

Vielleicht hat die negative Einstellung gegenüber Feuerkulten damit zu tun, daß die Priester-Eliten, die in der Bildung des jüdischen, christlichen oder muslimischen Dogmas sehr einflußreich waren, in der urbanen Welt solcher Städte wie Jerusalem, Rom und Bagdad lebten. Keine dieser Städte war für die Inszenierung von Feuerfesten gut geeignet; zudem hatten die Priester angesichts der fortgeschrittenen Arbeitsteilung keine Chance, mit solchen Spezialisten wie den Schmieden um die Beherrschung des Feuers zu konkurrieren.

Obwohl jede dieser Begründungen zur Erklärung der Ablehnung der Feuerkulte beiträgt, glaube ich, daß sie in Zusammenhang mit einem anderen Prinzip, das immer eine Rolle in der Dynamik religiöser Organisationen zu spielen scheint, gesehen werden müssen – dem Prinzip, das in der psychoanalytischen

2 Herrin 1987, S. 295-306.
3 Vgl. Boyce 1979; Mokri 1982; Staal 1983.

Fachliteratur als »Narzißmus der kleinen Unterschiede« bekannt ist.[4]

Als Anhänger eines besonderen Glaubensbekenntnisses neigen Theologen gewöhnlich dazu, die Elemente zu betonen, die ihre eigene Religion speziell und exklusiv machen. Dadurch tragen sie dazu bei, ihre Religion in der Tat zu etwas Besonderem zu machen. Dies ist ein gutes Beispiel dafür, wie eine erfolgreiche »Situationsdefinition« die so definierte Situation tatsächlich beeinflußt. Religionen unterscheiden sich zum Teil deshalb voneinander, weil diejenigen, die diese Religionen »betreuen«, gerade diesen Unterschieden große Bedeutung zumessen. Die religiösen Spezialisten verdanken ihre Stellung in beträchtlichem Maße den Unterschieden zwischen ihrer eigenen Religion und jedem möglichen konkurrierenden Kult und Glauben. Sie werden daher dazu neigen, die Merkmale, die sie als charakteristisch für ihre eigene Religion erachten, zu kultivieren und jede Abweichung strikt abzulehnen. Ein anderes Handeln würde ihren eigenen Interessen zuwiderlaufen.

Dieses Prinzip mag zur Klärung der Frage beitragen, warum die Kirchenväter mit ihrer offiziellen Doktrin die Feuerkulte von Anfang an verhinderten – nämlich um das Christentum klar gegen die anfänglich konkurrierenden Kulte von Mithras und Zoroaster abzugrenzen. Dennoch war der christliche Gottesdienst von Anfang an voller Feuer- und Lichtsymbolik.[5] Die christliche Kirche in Westeuropa übernahm mehrere »heidnische« Feuerbräuche, sowohl von den Römern als auch von den keltischen und germanischen Völkern, nachdem letztere bekehrt waren. Überdies entwickelte sie einige eigene spektakuläre Bräuche und Glaubenssätze, in denen Feuer eine Schlüsselrolle spielte.

---

4 Vgl. Freud 1955 (Repr. von 1940), Gesammelte Werke Bd. 13, S. 73-149.
5 Vgl. Hagger 1991, S. 88-141.

Feuerfeste

Während der ersten Jahrhunderte nach dem Zusammenbruch des weströmischen Reiches entwickelte sich in Westeuropa eine zunehmend dezentralisierte politische und militärische Struktur. Gleichzeitig jedoch fand im religiösen Bereich eine Zentralisierung statt. Auf den Überresten der kulturellen und materiellen Infrastruktur des Imperiums (Spuren des »intensiven Wachstums«) errichtete die römische Kirche nach und nach eine straffe Organisation, durch die sie eine gewisse Einheitlichkeit in das religiöse Leben eines großen Gebietes brachte. In allen Tempeln (oder Kirchen, wie sie von da an gemeinhin genannt wurden) zelebrierten die Priester im Grunde die gleiche Liturgie. In dieser Liturgie spielte Feuer eine bescheidene, aber wesentliche Rolle. Wie früher in den römischen Tempeln gab es in allen christlichen Gebetsstätten ein ständig brennendes Altarfeuer – als eine stillschweigende Erinnerung an die Zeiten, in denen Feuer ein kostbarer Besitz der Gruppe war. Das Feuer in den Kirchen mußte nicht mehr als eine einfache kleine Lampe sein, die während der Gottesdienste als Symbol des Lichts, nicht der Wärme oder verzehrender Hitze, dienen sollte. Manchmal, an Feiertagen wie Ostern oder Weihnachten, wurden die Kirchen hell erleuchtet. An gewöhnlichen Tagen trug der Duft verbrennenden Weihrauchs zur sakralen Atmosphäre bei.

Zu speziellen Gelegenheiten gab es auch Feuerfeste im Freien, bei denen die Menschen große Feuer anzündeten oder Prozessionen oder Rennen mit brennenden Fackeln um Felder oder durch die Dorfstraßen veranstalteten.[6] Obwohl diese Feste in keinem direkten Zusammenhang mit christlichen Glaubenssätzen standen, wurden sie im Laufe der Zeit in den christlichen Kalender integriert und mit christlichen Heiligen in Verbindung gebracht. Dem deutschen Volkskundler Herbert Freudenthal zufolge drücken diese Feste die ambivalenten Gefühle der Landbevölkerung zum Feuer aus. Die Menschen fürchteten seine zerstörerischen Kräfte, aber sie verehrten es auch, weil es Wärme und Licht schuf, und betrachteten es als treuen Verbündeten gegen zahllose Gefahren,

6 Frazer 1930a I, S. 328.

die ihre Existenz bedrohten. Sie benutzten es, um ihren Abfall und, mit einiger Phantasie, auch weniger greifbare Übel zu vernichten: um, wie Sir James Frazer es ausgedrückt hat, »die schädlichen – ob als materielle oder spirituelle begriffenen – Dinge, die das Leben der Menschen, Tiere oder Pflanzen bedrohen, zu verbrennen oder abzuwehren«.[7] Volkskundler neigen dazu, die magisch-religiösen Aspekte dieser Reinigungsrituale zu betonen. Es lohnt sich jedoch, der Tatsache Beachtung zu schenken, daß für eine ländliche Gemeinde auf einer relativ niedrigen Stufe des Brennstoffverbrauchs ein Feuerfest auch dem eher praktischen Zweck diente, am Ende einer Jahreszeit Abfall zu beseitigen, der eine ernste Feuergefahr sein könnte, wenn man ihn herumliegen ließe.

Eines der größten Feuerfeste war das Mittsommerfest, das seit der Christianisierung mit dem Johannisfest verknüpft war. Lange Zeit wurde es sowohl auf dem Land als auch in Städten gefeiert. Große Stöße Brennmaterials wurden auf Dorfwiesen und Plätzen in den Städten aufgeschichtet und am entsprechenden Abend bei Sonnenuntergang angezündet. Abfall, der über viele Monate hinweg gesammelt worden war, ging dann in Flammen auf. Um die Spannung zu erhöhen, warfen die Menschen vielleicht auch Puppen (»Stroh-Männer«) ins Feuer – oder, wie es an vielen Orten gebräuchlich war, lebende Tiere. So wurde in der frühen Neuzeit das Johannisfest in Paris mit einem Feuer gefeiert, in dem lebende Katzen verbrannt wurden. Frazer faßte den Ablauf der Veranstaltung folgendermaßen zusammen:

Bei den Mittsommerfeuern, die früher in Paris auf der Place de Grève angezündet wurden, war es Brauch, einen Korb, ein Faß oder einen Sack lebender Katzen zu verbrennen, der an einen hohen Masten in der Mitte des Feuers gehängt wurde; manchmal wurde auch ein Fuchs verbrannt. Die Menschen sammelten die Glut und die Asche des Feuers und nahmen sie mit nach Hause, denn sie glaubten, sie brächten Glück. Die französischen Könige waren bei diesem Schauspiel oft zugegen und zündeten sogar eigenhändig das Feuer an. 1648 entzündete Ludwig XIV., der mit einem Kranz aus Rosen gekrönt war und in der Hand einen Strauß Rosen hielt, das Feuer, tanzte um es herum und nahm an dem anschließend im Rathaus stattfindenden Bankett teil.[8]

7 Frazer 1930a I, S. VII.
8 Frazer 1930a II, S. 39.

In *Über den Prozeß der Zivilisation* hat Norbert Elias ebenfalls das Johannisfest in Paris erörtert. Die Katzenverbrennungen, die in uns Widerwillen erregen, müssen über Generationen hinweg angenehme Gefühle hervorgerufen haben – wie heute ein Fußballspiel oder ein Boxkampf. Dies zeigt Norbert Elias zufolge, wie stark Gefühle von Vergnügen und Mißvergnügen sich wandelnden sozialen Standards unterworfen sind. Das »große Katzenmassaker« wurde in Paris jedes Jahr bis weit ins 18. Jahrhundert hinein durchgeführt, obwohl der König und der Adel nicht länger daran teilnahmen.[9] Das Fest war sozial zu einem »volkstümlichen Ereignis« abgestiegen, in einer moderneren und eingeschränkteren Bedeutung des Wortes: Es war zum »abgesunkenen Kulturgut« geworden, von dem sich die Eliten fernhielten.

In Deutschland fanden ähnliche Entwicklungen statt, die vielleicht etwas früher eingesetzt hatten. So stellte Freudenthal (der keine Katzenverbrennungen erwähnte) fest, daß bereits im frühen 15. Jahrhundert einige Stadtregierungen versucht hatten, den Johannisfeuern ein Ende zu bereiten – wahrscheinlich aufgrund der Feuergefahr und der allgemeinen Unruhe, die damit verbunden war. Trotz dieser Versuche wurden die Feste am Ende des Jahrhunderts weiterhin überall gefeiert, und Menschen höchsten Ranges, Könige eingeschlossen, nahmen daran teil. Im 16. Jahrhundert jedoch brach eine Lawine von Verboten los, mit denen weltliche und kirchliche Obrigkeiten gemeinsam die Johannisfeuer abzuschaffen versuchten. Auf Dauer war diese »Zivilisationskampagne« wirksam: Am Anfang des 19. Jahrhunderts wurde dieses Feuerfest nur noch auf dem Land gefeiert; und selbst dort beschränkte sich dies zunehmend auf die unteren sozialen Klassen und schließlich auf die Jugendlichen.[10]

Das 20. Jahrhundert erlebte ein erneutes Interesse für das Johannisfest. Dies entstand durch die gleiche Mischung nationalistischer und kommerzieller Motive, die die Wiederbelebung (oder, ebenso oft, die »Erfindung«) vieler Formen der Folklore herbeiführte.[11] Es gibt also ein klares Muster in der Gesamtentwicklung:

9 Elias 1969a, S. 281f. Siehe auch Darnton 1984, S. 87f.
10 Freudenthal 1931, S. 301-310.
11 Vgl. Hobsbawm und Ranger 1983.

zuerst der Wandel von Reinigungsriten, die mit der Zustimmung und der aktiven Teilnahme kirchlicher und staatlicher Autoritäten von der ganzen Gemeinschaft gefeiert wurden, hin zu Formen der Volksbelustigung, besonders für die Jugendlichen; und dann, in unserer Zeit, der Trend hin zur einer »Wiederbelebung« unter dem Deckmantel von angeseheneren Ereignissen, die von Geschäftsleuten und Politikern finanziell gefördert werden.

Scheiterhaufen und Höllenvisionen

Einige Jahrhunderte nachdem die christliche Kirche ihre Vorherrschaft in Westeuropa endgültig etabliert hatte, wurde dem Feuer erneut eine bedeutendere Rolle in der Religion übertragen. Insbesondere wurde seine schreckenerregende Wirkung betont – und zwar in zweierlei Hinsicht: einmal in der Form von Scheiterhaufen, auf denen Menschen, die der Ketzerei oder Hexerei angeklagt waren, hingerichtet wurden, und zum anderen durch Visionen von Hölle und Fegefeuer.

Diese Entwicklung wirft mindestens zwei Fragen auf. Erstens: Wie kann erklärt werden, daß sich das religiöse Regime so verhärtete, daß ein neuer Fanatismus entstand, der sich in der Verfolgung von ›Ketzern‹, ›Hexen‹ und anderen Gruppen, die aus der Gemeinschaft der Gläubigen ausgeschlossen wurden, manifestierte? Zweitens: Warum verließ sich das strenger werdende religiöse Regime so stark auf das Feuer? Keine dieser Fragen ist leicht zu beantworten; aber es kann zu beiden etwas gesagt werden.

Bezüglich der ersten Frage macht der britische Historiker R. I. Moore einige interessante Bemerkungen in seinem Buch über das Entstehen der Verfolgungen in Westeuropa im Zeitraum zwischen 950 und 1250. Er skizziert den gemeinsamen Hintergrund verschiedener Verfolgungsbewegungen: gegen Ketzer, Juden, Leprakranke, Päderasten, Sodomiten und Hexen. Moore kommt zu dem Schluß, daß alle diese Bewegungen Teil eines umfassenderen politischen Kampfes waren, der mit der beginnenden Konsilidierung von Macht in Staaten verbunden war. Er beobachtet so etwas wie einen »Tröpfel-Effekt«. Die großangelegten Hexenverfolgungen im 16. und 17. Jahrhundert, deren Opfer überwiegend Frauen der unteren sozialen Schichten waren, waren die Verlängerung eines Dämonisierungsprozesses, der mit tödlichen Intrigen in den oberen Schichten begonnen hatte.[12]

Dies ist offensichtlich eine glänzende Interpretation, jedoch noch keine umfassende Erklärung. Auch für die Beantwortung der zweiten Frage müssen einige Mutmaßungen genügen. Wir können nur zur Kenntnis nehmen, daß die Schrecken des Feuers dazu benutzt wurden, den kirchlichen Kampagnen mehr Druck zu verleihen – Schrecken in Form von physischer Folter auf dem Scheiterhaufen und psychischer Folter durch Visionen von der Hölle und dem Fegefeuer. Wahrscheinlich waren die beiden Arten der Folter miteinander verbunden, und die Angst vor der Hölle und dem Fegefeuer wurde verstärkt durch die öffentlichen Hinrichtungen durch Feuer.

1022 ordnete der König Frankreichs an, daß vierzehn Mitglieder des hohen Klerus und der führenden Bürgerschaft der Stadt Orléans als Ketzer verbrannt werden sollten. Dies beendete einen Zeitraum von mehr als sechs Jahrhunderten, in dem es in Westeuropa keine Anklagen wegen Ketzerei gegeben hatte, die die Todesstrafe nach sich zogen. Die Opfer in Orléans waren die ersten einer langen Reihe. Es gab Zeiten, so wie die Periode der »Kreuzzüge« gegen die Albigenser in Südfrankreich im frühen 13. Jahrhundert, zu denen Hunderte von Menschen gleichzeitig verbrannt wurden.[13]

Allem Anschein nach führte das Verbrennen von Ketzern dazu, daß sich die Angst der Menschen vor der Hölle und dem Fegefeuer unvermeidlich verstärkte. Sie wußten, daß Feuer als Strafe verhängt werden konnte: wenn sie nicht selbst Zeugen einer Hinrichtung auf dem Scheiterhaufen gewesen waren, werden sie gehört haben, wie andere, die Zeugen gewesen waren, darüber redeten. Sie waren auch vertraut mit der theologischen Rechtfertigung: Verbrennen diente als Mittel der Reinigung. Wie hätten sie sich also von der Idee lösen können, daß alle sündigen Seelen mit Feuer bestraft würden und daß vielleicht sogar alle Seelen einer Feuerprobe ausgesetzt werden könnten?

12 R. I. Moore 1987, S. 13-15.
13 Sumption 1978, S. 227-230.

Die Idee selbst war jetzt in Umlauf gebracht worden. In der Bibel finden sich nur wenige Hinweise – alle im Neuen Testament – auf ein Höllenfeuer, das jeden irdischen Sünder nach dem Tod erwartet. Diese wenigen Abschnitte boten sich jedoch für die schaurigsten Ausschmückungen an. Die Vorstellung eines Fegefeuers gibt es in der Bibel überhaupt nicht; als sie aber in der Mitte des 12. Jahrhunderts erstmals verbreitet wurde, zeigte sich, daß sie viele ansprach.[14]

Herbert Freudenthal zufolge war die Idee von einer mit Feuer erfüllten Hölle den Völkern Nordeuropas zuerst völlig fremd. Für sie wäre die schlimmste Qual ein Leben nach dem Tod im ewigen Eis gewesen. Die Vorstellung von einem Höllenfeuer konnte nur in einer warmen Umwelt entstehen. An diesem klimatologischen Argument mag etwas dran sein, aber es hilft uns nicht, das Problem zu lösen, warum im späten Mittelalter so viele Menschen in Nord- und Westeuropa von der Angst vor einem Höllenfeuer besessen wurden.

Ob der Kontakt mit dem Islam eine Rolle gespielt haben könnte? Während in der Bibel Hinweise auf die Hölle selten sind, kommen sie im Koran häufig vor. Dennoch enthält der Koran – trotz vieler Anspielungen auf »das Höllenfeuer (...), das (im Jenseits) für die Ungläubigen bereit steht« (Sure 2, 24) – nichts, was den detaillierten Beschreibungen von Folterqualen durch Feuer vergleichbar wäre, die im späten Mittelalter und in der frühen Neuzeit des christlichen Europas auftauchten.

Ob in Worten oder Bildern, das Feuer in der Hölle erschien immer in einer gezähmten Gestalt. Die von den Teufeln angewandten Foltermethoden, die dargestellt wurden, waren denen der Henker auf Erden nicht unähnlich. Die infernalischen Qualen in den Bildern von Hieronymus Bosch könnten als Illustrationen der Zeile in Jean-Paul Sartres Stück *Bei geschlossenen Türen* verwendet werden: »Die Hölle, das sind die andern«.* Sogar die Phantasien des italienischen Jesuitenpaters Pietro Pinamonti aus dem 17. Jahrhundert, die die schlimmsten vorstellbaren Qualen beschwören, waren von gezähmtem Feuer inspiriert:

---

* Sartre 1968, S. 42 (Ergänzg. der Übersetzerinnen).
14 Vgl. Le Goff 1984.

Jeder verdammte Mensch wird wie ein brennender Ofen sein, nach außen glühen und in seiner Brust lodern; das schmutzige Blut wird in seinen Adern kochen, ebenso wie sein Hirn in seinem Schädel, sein Herz in seiner Brust und die Gedärme in seinem erbärmlichen Körper.[15]

In den Bildern vom Höllenfeuer, wie sie von aufeinanderfolgenden Generationen von Theologen, Dichtern und Malern entworfen wurden, spiegelt sich – wie in allen Elementen der Kultur – eine gewisse »relative Autonomie« wider, die unmöglich auf andere Faktoren zurückgeführt werden kann.[16] Auch wenn wir die Gültigkeit dieses Prinzips anerkennen, kann uns noch immer die Frage beschäftigen, woraus der soziale und psychologische Boden bestand, auf dem diese Vorstellungen gedeihen konnten. Um die Zivilisationskampagnen zu verstehen, in denen die »auto da fe« eine Rolle spielten, müssen sie in dem weiteren Kontext einer militärisch-agrarischen Gesellschaft, deren Stadtbevölkerung beständig zunimmt, gesehen werden. Die Menschen, die das Feuer in der Hölle fürchteten, kannten auch das Feuer in Kriegen und das Feuer in Städten.

Feuer im Krieg

Griechisches Feuer

Die Dreiteilung des Römischen Reiches in drei verschiedene religiöse Domänen wurde nicht nur durch missionarische Überredungskunst allein errichtet; militärische Macht spielte eine entscheidende Rolle. Eine gefürchtete Waffe in diesen kriegerischen Auseinandersetzungen war, besonders im östlichen Mittelmeerraum, über mehrere Jahrhunderte das sogenannte »griechische Feuer«. Die vage Bezeichnung (die, wie es scheint, von den christlichen Kreuzfahrern aus Westeuropa geprägt wurde), die Geheimnisse, die es umwitterten, und die vielen Legenden, die über die Waffe erzählt wurden, erschweren manchmal die Unterscheidung von Dichtung und Wahrheit. Es lohnt sich dennoch, seine Geschichte zu untersuchen.

15 Übersetzt nach dem Zitat bei Camporesi 1990, S. 81.
16 Goudsblom 1980, S. XII-XIV.

Der Legende zufolge hatte die byzantinische Flotte von der zweiten Hälfte des 7. Jahrhunderts an eine furchterregende Waffe, mit der sie jeden Feind zur See schlagen konnte. Ihre Schiffe waren mit feuerwerfenden Abschußrohren ausgerüstet, aus denen eine brennende Flüssigkeit auf den Feind geschleudert werden konnte. Das Feuer wurde durch das Wasser nicht gelöscht, sondern brannte weiter. Jedes Schiff, das von ihm umschlossen wurde, ging in Flammen auf.

Die ersten, die mit dieser Waffe konfrontiert wurden, waren die Araber. Ihre triumphale Expansion entlang der Küste des Mittelmeeres wurde dadurch zweimal (676 und 717) in den Gewässern bei Konstantinopel zum Stillstand gebracht. Die Rettung der Stadt und daher auch des Imperiums (und, der Meinung mancher zufolge, auch des Christentums) wurde gemeinhin dem Gebrauch des »flüssigen Feuers« zugeschrieben. In späteren Jahrhunderten wurden einige andere Seemächte – Franken, Russen, Normannen, Pisaner – ähnlich abgeschreckt.

Die Byzantiner behandelten ihre Waffe wie einen geheiligten Schatz. Im 10. Jahrhundert schärfte Konstantin Porphyrogennetos, der regierende Kaiser, seinem Sohn und Erben ein, deren Geheimnisse niemals einer anderen Nation weiterzugeben:

Die treuen Zeugnissse unseres Vaters und unseres Großvaters versichern uns, daß es nur unter Christen hergestellt werden soll, und nur in der Stadt, die sie regieren, und nirgendwo sonst, noch soll es in irgendein anderes Land gesandt oder dort gelehrt werden.[17]

Die erschreckenden Wirkungen des Griechischen Feuers mußten eine Vielzahl von Spekulationen über seine Zusammensetzung entfachen – sowohl bei Zeitgenossen als auch bei Historikern. Die brennende Flüssigkeit wurde in der Regel als eine Mischung aus Schwefel, Salpeter, Naphtha und anderen Substanzen mit düster klingenden Namen beschrieben, von denen die meisten mehr Genauigkeit vorgaben, als sie tatsächlich enthielten. Die traditionellen Meinungen wurden in letzter Zeit von Naturwissenschafts- und Technik-Historikern in Frage gestellt, die es für wahrscheinlicher erachten, daß die Flüssigkeit aus einer leicht brennbaren Form von Rohöl oder einem seiner Destillate be-

17 Übersetzt nach dem Zitat bei Ellis Davidson 1973, S. 66.

stand. Das »Geheimnis« ihres Gebrauchs beruhte zunächst einmal darauf zu wissen, wo Öl gefördert werden konnte, sowie darauf, es bei entsprechend niedriger Temperatur fördern zu können, damit es nicht sofort verdampfte. Dann bedurfte es während der Schlacht der Mittel und Fähigkeiten, das Öl in einem geschlossenen Behälter zu erhitzen und mit Hilfe einer Pumpe in den Feind zu schleudern, sobald es entflammbar war. Das ganze Unterfangen war sehr gefährlich und erforderte speziell ausgebildete Mannschaften. Wenn sie im Kampf starben, konnten sie nur durch ebensogut ausgebildete Spezialisten ersetzt werden.[18]
Jahrhundertelang beanspruchten die Byzantiner, die einzige Macht zu sein, die diese Waffe besaß. Genaugenommen traf dies wohl zu. Sogar als 812 eine bulgarische Truppe unerwartet ein Lager erbeutete, das sowohl Bronzefässer für die Entladung von Griechischem Feuer als auch einen großen Vorrat der Flüssigkeit selbst enthielt, hatte sie offensichtlich nicht die Fähigkeiten, davon Gebrauch zu machen. Wenn das Griechische Feuer tatsächlich weiter eine besondere Waffe der Byzantiner blieb, würde dies die These von Martin van Creveld untermauern, demzufolge Krieg in vorindustriellen Gesellschaften vor 1500 nicht durch eine einzige vorherrschende Militärtechnologie gekennzeichnet ist, sondern durch »eine Tendenz zu regionaler und nationaler Spezialisierung«.[19]
So entwickelten die Araber zur gleichen Zeit zunehmend wirksamere Rüstungen und Strategien zur Verteidigung gegen Angriffe mit Griechischem Feuer, wobei sie Asbest und andere feuerresistente Materialien benutzten. Zudem entwickelten sie eigene Feuergranaten und andere Feuerwaffen. Diese ganze Palette arabischer und byzantinischer Waffen nannten die Kreuzfahrer aus Westeuropa, ohne sie weiter zu unterscheiden, »griechisches Feuer«.
Für die Kreuzfahrer, die aus Gebieten kamen, in denen es keine leicht brennbaren, mineralischen Flüssigkeiten gab, war die erste Begegnung mit Feuerwaffen ein schrecklicher Schlag. 1139 verurteilte das zweite Lateranische Konzil den Gebrauch solcher

18 Vgl. Forbes 1959, S. 70-90; Partington 1960, S. 10-41; Finó 1970; Ellis Davidson 1973; Haldon und Byrne 1977.
19 Van Creveld 1991, S. 15.

Waffen als Todsünde. Dennoch versuchten Armeen christlicher Soldaten aus dem Westen wenig später, sie ebenfalls anzuwenden. Einige dieser Versuche schlugen kläglich fehl, weil die Soldaten an den Feuerwaffen die Richtung des Windes falsch eingeschätzt und ihre eigene Ausrüstung in Brand gesetzt hatten.

Nach dem 12. Jahrhundert scheint die Verwendung von Griechischem Feuer und entsprechender Waffen abgenommen zu haben – zwar nicht plötzlich, aber nach und nach. Verschiedene Gründe wurden hierfür angeführt. So kann dies das Ergebnis der generellen Schwächung des Byzantinischen Reiches sein, die einen Mangel an ausgebildeten Handwerkern und einen Verlust von Kontrolle über die Versorgungslinien für das notwendige Öl verursacht haben kann.[20] Ein anderer Grund dafür, daß es nicht mehr verwendet wurde, können die begrenzten Einsatzmöglichkeiten für Griechisches Feuer sein. Es konnte nur über kurze Entfernungen gefeuert werden und war deshalb nur auf See effektiv. Hier kam man nahe genug an den Feind heran, um sicherzustellen, daß die brennende Flüssigkeit ihr Ziel traf; und selbst hierfür mußten das Meer ruhig und der Wind verläßlich sein. Ziele zu Lande waren weder so leicht zugänglich noch so leicht entflammbar wie die hölzernen Schiffe. Eine andere Erklärung für das allmähliche Verschwinden des Griechischen Feuers könnte sein, daß seine abschreckende Wirkung abnahm, als die Araber und andere militärische Gegner in den Besitz ähnlich zerstörerischer Feuerwaffen kamen. Vielleicht war seine zerstörerische Kraft in Seeschlachten so groß, daß Flottenkommandeure nur dann das Risiko eingingen, es einzusetzen, wenn die Gegner nicht in der Lage waren, in gleicher Weise zurückzuschlagen.

Das allmähliche Verschwinden des Griechischen Feuers wurde zweifelsohne durch das Aufkommen einer neuen Art von Feuerwaffe beschleunigt: die mit Schießpulver geladene Kanone. Obwohl auch dieser Waffentyp anfangs weit davon entfernt war, für seine Anwender zuverlässig und sicher zu sein, eröffnete er eine ganze Reihe neuer Möglichkeiten für die Artillerie. 1453 brachen die Mauern Konstantinopels unter aus von türkischen Kanonen gefeuerten Geschossen zusammen.

20 Haldon und Byrne 1977, S. 99.

Auch in ihrer letzten Schlacht bedienten sich die Byzantiner der Feuerwaffen. Sie mußten sich jedoch der Wucht der Kanonen, die sich mit einer strengen militärischen Disziplin verband, beugen:

Feuer wurde auf die türkischen Truppen gegossen, die die Mauern der Stadt stürmten, und uns wird das alptraumhafte Bild von Soldaten vermittelt, die schreiend vor Schmerzen in den Graben fielen, während weitere durch Wachen mit Keulen und Peitschen nach vorne geprügelt wurden und die Janitscharen im Hintergrund diejenigen niederstreckten, die zu fliehen versuchten. Aber 1453 war Schießpulver die entscheidende Waffe, und griechische Feuerschiffe wurden von türkischen Kanonenkugeln versenkt, bevor sie die angreifende Flotte beschädigen konnten.[21]

Schießpulver

Für ihre Zeit waren die Kanonen, die die Mauern und Schiffe von Byzanz zerstörten, sehr fortschrittlich. Sie vereinigten ein schweres Kaliber mit einer großen Reichweite. Dennoch könnten sie keinen Vergleich mit der späteren Artillerie bestehen. Das Laden dauerte lange, es konnte noch nicht genau gezielt werden, und jeder Schuß war mit dem Risiko verbunden, daß die ganze Kanone explodierte. Die Konstruktion war so groß, daß der Transport praktisch unmöglich war; die Waffen waren daher an einen Ort gebunden.[22]

Dies mag uns erneut daran erinnern, in welchem Ausmaß der Wert technischer Errungenschaften immer von ihrem »historischen Kontext« abhängt. So wie zuvor die Byzantiner aufgrund des Griechischen Feuers ihren Feinden gegenüber im Vorteil waren, waren jetzt die Türken aufgrund ihrer riesigen Kanone überlegen. Doch auch dieser Vorteil war nicht von Dauer.

Kanonen galten, aus guten Gründen, als Feuerwaffen. Das Prinzip, nach dem sie funktionierten, war ziemlich einfach: Wenn eine sehr flüchtige Verbindung in einer Kammer zum Explodieren gebracht werden könnte, würde die Wucht der Explosion ein

21 Ellis Davidson 1973, S. 65 f.
22 McNeill 1982, S. 87.

Geschoß auf ein feindliches Ziel schießen können. Um dieses Prinzip in die Tat umsetzen zu können, bedurfte es sowohl einer geeigneten chemischen Verbindung als auch einer mechanischen Vorrichtung, in der die Explosion stattfinden konnte.

Die Schwierigkeit lag darin, eine explosive Substanz (das Pulver) mit einer stabilen Metallvorrichtung (der »Schußwaffe«) zu kombinieren, in der die Explosion stattfinden konnte. Wie der britische Sinologe Joseph Needham zeigt, lernten chinesische Alchimisten bereits in der Mitte des 9. Jahrhunderts n. Chr., hochexplosive Mischungen aus Salpeter, Kohlenstoff und Schwefel herzustellen, als sie nach so imaginären Substanzen wie Lebenselixiren und Tränken für die physische Unsterblichkeit suchten. Es war schnell entdeckt worden, daß diese Mischungen in Bambusrohren zum Explodieren gebracht werden konnten, die zuerst als Flammenwerfer und später dann auch zum Abfeuern von Geschossen benutzt wurden.[23]

Der Einsatz von Explosionen brachte etwas radikal Neues mit sich. Zuvor war die Kontrolle über das Feuer hauptsächlich darauf gerichtet, einen dauerhaften und gleichmäßigen Verbrennungsvorgang zu erzeugen, der als zuverlässig verfügbare Licht- und Wärmequelle genutzt werden konnte. Schießpulver verursachte dagegen kurze und heftige Energieausbrüche. Als es in Westeuropa bekannt wurde, begannen Erfinder früh nach Methoden zu suchen, die diese Eruptionen so regulieren konnten, daß die durch sie freigesetzte Energie zum Antrieb von Maschinen eingesetzt werden konnte. Lange Zeit mißlang jedoch selbst den fähigsten Köpfen – wie z. B. dem holländischen Wissenschaftler Christiaan Huygens – die Lösung dieses Problems. Erst im 19. Jahrhundert wurden »automatische Waffen« wie das Maschinengewehr erfunden, in denen eine schnelle und gleichmäßige Folge von Explosionen herbeigeführt werden konnte. Ebenfalls im 19. Jahrhundert wurde dasselbe Prinzip für friedliche Zwecke im Verbrennungsmotor angewendet. Das Brennmaterial, das hier zu schnellen und gleichmäßigen Explosionen gebracht wurde, war, wie allgemein bekannt, nicht Schießpulver, sondern Öl oder Petroleum.

23 Needham 1985, S. 6-14.

Abgesehen von seiner Verwendung bei Feuerwerken blieb der Einsatz von Schießpulver fast ausschließlich auf militärische Zwecke beschränkt. Die ältesten Quellen für einen solchen Einsatz gehen in China auf das 13. Jahrhundert zurück, in Europa auf das frühe 14. Jahrhundert.[24] Es sollte jedoch noch mindestens hundert Jahre länger dauern, bis die zerstörerische Kraft der Kanonen der von Armbrüsten und Katapulten entsprach. Die wesentlichen Fortschritte wurden in der Metallurgie gemacht, als Entwicklungen beim Gießen und Schmieden den Waffenherstellern erlaubten, Gewehre mit zunehmend größeren Kalibern und höherer Präzision herzustellen. Auf Dauer konnte keine mittelalterliche Burganlage der neuen Artillerie standhalten. Auf einem Feldzug in der Normandie von 1449-1450 brauchte die mit Kanonen ausgerüstete Armee des französischen Königs nicht mehr als ein Jahr und vier Tage, um sechzig Burgen zur Kapitulation zu zwingen.[25]

In Asien und Osteuropa gelang es den militärischen Eliten, mit Hilfe von Feuerwaffen große Reiche zu errichten. Die herrschenden Dynastien in diesen »Schießpulver-Reichen«, wie William McNeill sie nennt, hatten wenig Interesse daran, die Rüstungsindustrie weiterzuentwickeln.[26] Sie zogen es vor, ihre Stellung auf dem bereits existierenden Stand der Militärtechnologie zu festigen. Am extremsten wurde diese Politik in Japan betrieben: Dort etablierte die Regierung 1588 nicht nur ein offizielles Monopol über den Besitz von Waffen für die Kriegerklasse der Samurai (diese Maßnahme fand ihre Entsprechung in der Bildung von staatlichen Gewaltmonopolen in Westeuropa), sondern es gelang ihr sogar, praktisch den Gebrauch von Feuerwaffen durch die Samurai selbst abzuschaffen. Auf diesen Inseln konnte sich die herrschende Klasse mit Hilfe von Schwertern an der Macht halten, ohne Feuerwaffen einzusetzen.[27]

In Westeuropa nahm die Geschichte einen ganz anderen Verlauf. Hier begann ein Rüstungswettlauf, für den eine blühende Kriegsindustrie die Artillerie konkurrierender Armeen mit immer wir-

24 McNeill 1982, S. 39.
25 Oman 1926, S. 226.
26 McNeill 1982, S. 95-99.
27 Vgl. Perrin 1979.

kungsvolleren Kanonen, die Infanterie mit zunehmend effizienteren Gewehren und Pistolen ausrüstete. Fortschritte in der Technologie von Angriffswaffen führten zu Innovationen im Bereich der Verteidigungswaffen, so z. B. zu Erdwällen, die Kanonenkugeln abfingen. Eine Auswirkung des Rüstungswettlaufs war die Ausdehnung der Vorherrschaft des Militärs über die ländliche Zivilbevölkerung. Bauern und Dorfbewohner wurden schutzloser denn je gegenüber dem Durchzug von Armeen und ihren Praktiken – dem Niedertrampeln von Feldern, Raub und Feuerlegen. Teilweise als Reaktion auf das Leid, das im Dreißigjährigen Krieg den ländlichen Gebieten in Deutschland zugefügt wurde, wurde von 1676 bis 1678 eine internationale Konferenz abgehalten, um den Terror, den Armeen auf die Landbevölkerung ausübten, unter Kontrolle zu bringen. Dem amerikanischen Historiker Myron Gutman zufolge hatte diese Konferenz einen »zivilisierenden Einfluß«.[28]

Der westeuropäische Rüstungswettlauf führte auch zu der Technik, Kanonen auf Schiffen anzubringen und diese damit in »schwimmende Bastionen« zu verwandeln.[29] So wie die Byzantiner annahmen, sie verdankten ihre Macht dem Besitz des »griechischen Feuers«, so neigten die Europäer jetzt zu dem Glauben, daß die Weltherrschaft, die sie zu etablieren begannen, auf Feuerwaffen beruhte. Robert Boyle, der berühmte britische Gelehrte, schrieb 1664:

Die armen Indianer betrachteten die Spanier als übermenschliche Wesen, da sie aufgrund ihres Wissens um die richtige Mischung von Salpeter, Schwefel und Holzkohle in der Lage waren, es so tödlich donnern und blitzen zu lassen, wann immer sie es wollten.[30]

Solche zeitgenössischen Kommentare überbewerteten wahrscheinlich die Rolle, die Feuerwaffen bei der europäischen Eroberung Amerikas sowie anderer Teile der Welt spielten.[31] Die Vorherrschaft war nicht durch Schießpulver allein erreicht worden. Obwohl der einschüchternde Besitz von Feuerwaffen gewiß

28 Gutmann 1980, S. 63.
29 McNeill 1982, S. 100. Siehe auch Cipolla 1965, S. 137-40.
30 Übersetzt nach dem Zitat bei Needham 1985, S. 2.
31 Vgl. Hemming 1983, S. 110-117. Siehe auch McNeill 1976, S. 1-5; Collins 1986, S. 85-92.

in vielen Situationen entscheidend gewesen sein kann, war der Besitz dieser Waffen an sich auf eine wesentlich breitere Konfiguration politischer, ökonomischer und kultureller Bedingungen gegründet, die alle zum Wachstum der militärischen Stärke beitrugen. Auch hier war die Kontrolle des Feuers bei weitem kein unabhängiger Faktor, sondern in die gesamte soziale Struktur eingebettet.[32]

Feuer in Städten

Feuerschutz

Historiker stimmen im allgemeinen darin überein, daß der spezifische Verlauf, den die soziokulturelle Entwicklung in Westeuropa seit dem frühen Mittelalter nahm, nirgendwo so deutlich wird wie in den Städten. Die Meinungen über die genaue Art des Verhältnisses zwischen Stadt und Land scheinen jedoch auseinanderzugehen. So schreibt der italienische Historiker Carlo M. Cipolla in seiner Einführung für die *Fontana Economic History of Europe*: »Im mittelalterlichen Europa begann die Stadt ein abnormes Wachstum zu repräsentieren, einen eigentümlichen Körper, der seiner Umwelt völlig fremd war.« Sein französischer Kollege Jacques Le Goff unterstreicht dagegen in seinem Beitrag in demselben Band, wie tief »die mittelalterliche Stadt vom Land durchdrungen war«.[33]

Diese anscheinend widersprüchlichen Feststellungen können vielleicht durch den Hinweis miteinander in Einklang gebracht werden, daß das mittelalterliche Europa durch die Ausbreitung relativ kleiner Städte und das anhaltende Fehlen jeglicher großer Metropolen gekennzeichnet war. Die Städte hoben sich zwar tatsächlich als eigenständige Einheiten von der räumlichen und sozialen Landschaft ab; aber sie entwickelten sich nicht zu gewaltigen städtischen Ballungsräumen, vergleichbar mit dem antiken Rom oder Konstantinopel.

Wie in der antiken Welt machte die in ihnen herrschende Kon-

32 Siehe auch McNeill 1982, S. 79-116.
33 Cipolla 1972, S. 18, 71, 80.

zentration von Menschen, Eigentum und Feuer Städte sehr anfällig für Brände. Obwohl es noch immer keinen vollständigen Überblick über städtische Feuersbrünste in Europa gibt, wird aus zahlreichen verstreuten Hinweisen deutlich, daß Feuer häufig auftraten und oft großen Schaden anrichteten.[34] Da die Städte nicht sehr groß waren, war die Zahl der Todesopfer gewöhnlich niedrig: Der Brand in London im Jahre 1212, bei dem Hunderte von Menschen auf der London Bridge durch ein Feuer gefangen waren, das über den Fluß gesprungen war und die Brücke an beiden Enden einschloß, stellte eine Ausnahme dar.[35]

Es gab eine weitere Ähnlichkeit mit der Antike: Es war praktisch unmöglich, ein einmal ausgebrochenes Feuer zu löschen – es sei denn, man entfernte die Gebäude, die in der Ausbreitungsrichtung des Brandes lagen. Dies machte den Brandschutz und schnelles Handeln beim Eintreten eines Notfalles um so dringlicher. Bereits früh erließen städtische Behörden daher Dekrete, die darauf zielten, das Brandrisiko bei Gebäuden zu verringern und die Bürger dazu zu zwingen, vorsichtig mit Feuer umzugehen, und sie darüber zu belehren, wie sie sich richtig verhielten, wenn ein Feuer ausbrach.

Die offensichtlichste Maßnahme bei den Bauvorschriften war die Minimierung des Gebrauchs von Holz und Stroh sowie anderer leicht brennbarer Materialien. Die Durchsetzung dieser Maßnahme war jedoch alles andere als einfach. Ursprünglich wurden die Häuser in den meisten europäischen Städten aus Holz oder einer Kombination aus Holz und Lehm oder gehärtetem Ton gebaut. Diese Materialien wurden aus dem einfachen Grund gegenüber den weitaus feuerfesteren Materialen Stein und Ziegel bevorzugt, weil sie leichter zu bekommen und billiger waren. Wie der französische Historiker Fernand Braudel beobachtete, war »Paris

34 Siehe z. B. Bowsky 1981, S. 296f. In seinem Buch über das mittelalterliche Siena behandelt Bowsky die Organisation der Feuerwehr nur beiläufig. Die meisten Historiker zollen dem Thema noch weniger Aufmerksamkeit. Es wird in der Regel als Thema von nur lokalem Interesse erachtet und in den allgemeinen Werken über die Geschichte der Stadt von Sjoberg 1960 sowie Hohenberg und Lees 1985 überhaupt nicht erörtert.
35 Green-Hughes 1979, S. 14f.

(...) nicht von jeher, sondern wird erst vom 15. Jahrhundert an eine steinerne Stadt, wozu es einer gewaltigen Arbeitsleistung bedurfte« und was eine enorme Menge an Arbeitskräften vom Steinhauer bis zum Steinmetz und Maurer erforderte.[36]

Solange es in der Nähe oder stromaufwärts genügend Waldgebiete gab, war Holz fast überall das billigste Baumaterial. Es verwundert daher kaum, daß Stadtregierungen Bedenken hatten, das Bauen mit Stein oder Ziegel zur Pflicht zu machen. Zuerst förderten sie die Verwendung von Stein nur über Subventionen; sie waren aber darauf bedacht, das Verbot anderer Materialien zu vermeiden. Es ist nicht schwer zu erkennen, warum sie so zögerlich handelten: Wenn es zur Katastrophe kam und eine Stadt zum großen Teil in Asche lag, mußte sie so schnell wie möglich wieder aufgebaut werden. Viele Bürger waren ruiniert, und sie hatten daher nicht die Mittel, ihre Häuser aus Stein oder Ziegel wieder aufbauen zu lassen. Unter diesen Umständen wäre es für Stadtverwaltungen sehr unrealistisch gewesen, das Bauen mit Stein oder Ziegel obligatorisch zu machen – es sei denn, sie konnten eine Unterstützung bereitstellen. Es war jedoch unwahrscheinlich, daß sie diese im Notfall tatsächlich finanzieren konnten. Verständlicherweise zeigten sie daher eine große Abneigung dagegen, die Verwendung von Holz oder Stroh zu verbieten – ein Widerwillen, der durch Druck von den Zünften der Zimmerleute und Dachdecker verstärkt wurde.

Mit der Zeit jedoch wurden diese Widerstände überwunden, und jede Stadt unterlag einem Prozeß der »Steinifizierung« oder »Ziegelfizierung«. Bis dahin verursachten große Brände regelmäßig enorme Schäden, ohne daß es Versicherungen zum Ausgleich der Verluste gab. Diese wiederkehrenden Katastrophen allein reichten jedoch noch nicht aus, um die Entwicklung, mit Stein zu bauen, durchzusetzen. Der entscheidende Schritt in diese Richtung scheint der langsam steigende Wohlstand (»intensives Wachstum«) gewesen zu sein, der sowohl Stadtregenten als auch Privatpersonen mit größeren Ressourcen für die Finanzierung von Bauvorhaben ausstattete. So ergriffen in der holländischen Stadt Deventer, für die der Prozeß gut dokumentiert wurde, rei-

36 Braudel 1985, S. 286.

che Privatpersonen als erste die Initiative und investierten Kapital in den Bau von Ziegelhäusern.[37] Anscheinend gewann das Leben in Ziegelhäusern durch ihr Beispiel einen Statuswert, der zur Nachahmung führte. Hatte die freiwillige Bewegung hin zur »Ziegelfizierung« einmal an Boden gewonnen, wurde es für die Behörden sehr viel einfacher, allgemeine Regeln zu erlassen, die vorschrieben, daß Außenwände und Dächer nur mit feuerfesten Materialien gebaut werden durften. Anstatt die Verwendung von Stein und Ziegeln finanziell zu unterstützen, wurden nun Gebühren von denen erhoben, die weiterhin mit Holz und Stroh bauten. Was zuerst ein Privileg der Reichen war – in einem Stein- oder Ziegelhaus zu leben –, wurde schließlich eine gesetzliche Pflicht für jeden Stadtbewohner.

Zusätzlich zu den Bauvorschriften erließen die Stadtverwaltungen Dekrete, die sich speziell auf die Verwendung des Feuers bezogen. Wie die Bauvorschriften unterschieden sich diese Dekrete von Stadt zu Stadt kaum voneinander, und viele von ihnen ähnelten sehr den bereits im antiken Mesopotamien oder antiken Rom erlassenen. Einige Gesetze behandelten speziell Handwerke, bei denen Feuer und leicht brennbare Substanzen verwendet wurden. Die Ausübung dieser Handwerke wurde nur an bestimmten Orten zugelassen, gewöhnlich am Stadtrand, sowie unter besonderen Vorkehrungen und Einschränkungen. So war es verboten, Kerzen bei all jenen Tätigkeiten zu benutzen, bei denen Öl oder Flachs verwendet wurden. Wenn wir versuchen, uns vorzustellen, wie dunkel manche Werkstätten gewesen sein müssen, können wir leicht nachvollziehen, wie groß die Versuchung gewesen sein muß, solche Regeln zu verletzten, und wie schwer sie durchzusetzen waren. Eine für die gesamte Stadtbevölkerung gültige Vorschrift war das Dekret, alle offenen Feuer über Nacht abzudecken – im Französischen *couvre feu* genannt, nach 1066 zu *curfew* anglisiert.

Über die Jahrhunderte erließen Stadtregierungen mit monotoner Regelmäßigkeit immer wieder dieselben Dekrete, die zur Vorsicht mit dem Feuer aufriefen. Offensichtlich stellten sie im Namen der kollektiven Sicherheit Forderungen, denen viele ein-

37 Meyer und van den Elzen 1982, S. 98.

zelne Bürger nicht nachkommen wollten. Die lange Reihe von Statuten scheint aus unzähligen Salven in einer langsamen, mühsamen Zivilisationskampagne zu bestehen.

Dasselbe kann von dem dritten Typ von Brandschutzvorschriften gesagt werden, die sich auf das Verhalten von Menschen nach dem Ausbruch eines Feuers beziehen. Diese Vorschriften stellten ebenfalls klar das kollektive Interesse über das des Individuums. So durfte ein Stadtbewohner bei den ersten Anzeichen für ein Feuer auf keinen Fall seinen eigenen Besitz in Sicherheit bringen. Es war sogar verboten, sofort mit dem Löschen des Feuers zu beginnen: Als erstes sollte man hinausrennen und Alarm schlagen. Jede Verletzung dieser Vorschriften wurde mit hohen Geldstrafen belegt.[38] So versuchten die Behörden der Stadt, die Neigung ihrer Bürger, ihr unmittelbares Eigeninteresse dem Interesse ihrer Nachbarn und der ganzen Stadt voranzustellen, durch äußeren Zwang zu unterdrücken.

Diese Neigung war zweifelsohne groß. 1514 wütete ein großes Feuer in Venedig, das fast alle Läden der Rialtobrücke verzehrte, bevor die Arbeiter vom Arsenal herbeigerufen wurden, um die Regierungsgebäude zu schützen. Indessen, so schrieb der amerikanische Historiker Fredric Lane,

arbeiteten die Besitzer von Geschäften, Tavernen und Palazzi verzweifelt, um ihre Besitztümer vor den Flammen zu retten; keiner, bemerkt der Zeitgenosse Marino Sanuto in seiner detaillierten Beschreibung der Katastrophe, dachte daran, den Brand zu löschen.[39]

Die Stadtrepublik Venedig stellte insofern eine Ausnahme dar, als sie keine Bürgerfeuerwehr hatte. In den meisten europäischen Städten galt die Teilnahme an der Bekämpfung von Bränden als Bürgerpflicht. Sobald die Turmwächter Anzeichen eines Feuers erblickten, wurden die Glocken geläutet, und die Bürger mußten zum Brandort eilen. Die verschiedenen Zünfte hatten jeweils ihre spezielle Aufgabe. Steinmetze und Zimmerleute mußten mit Haken und Spitzhacken die brennenden Mauern abreißen, damit Mitglieder anderer Zünfte das Feuer mit ihren Wassereimern erreichen konnten. Häufig war der Brand zu groß, um sich ihm

38 Meyer und van den Elzen 1982, S. 11.
39 Lane 1973, S. 439f.

nähern zu können. Dann wurden die Anstrengungen darauf konzentriert, das Feuer in Grenzen zu halten, indem man die Dächer der angrenzenden Gebäude mit nassem Segeltuch und Decken bedeckte. Wenn auch das vergeblich war, blieb als einzige Maßnahme das Niederreißen der Gebäude, auf die das Feuer als nächstes übergreifen würde, und das Entfernen aller brennbaren Stoffe aus seiner Reichweite. Wie mangelhaft die technischen Mittel auch immer waren, so gab es doch in den meisten Städten Bemühungen, die Bürgerschaft in gemeinsame Anstrengungen zur Kontrolle und zum Löschen von Bränden einzubeziehen.

Ein paar verstreute Hinweise haben bei mir den Eindruck hinterlassen, daß es oft schwer war, die zur Feuerbekämpfung rekrutierten Arbeiter sowie die Zuschauer, die sich am Ort des Geschehens versammelten und die sich entweder an der Eimerkette beteiligen oder auf Distanz gehalten werden mußten, zu disziplinieren. Ein großes Feuer zog immer Menschenmengen an und produzierte Spannungen. In dem Tumult werden Diebe ihre Chance ergriffen haben. Hausbesitzer werden gegen die Evakuierung und die Beschädigung ihres Eigentums protestiert haben. Wie in den Tagen von Hammurabi war die Aufrechterhaltung der öffentlichen Ordnung während eines Brandes eines der Hauptanliegen der Obrigkeiten.[40]

In allen diesen Bereichen wich die Technik des Brandschutzes in Westeuropa über viele Jahrhunderte nicht wesentlich von den generellen Mustern ab, die in vorindustriellen Gesellschaften vorherrschten. Erst im späten 17. Jahrhundert wurden einige wichtige Neuerungen eingeführt, so z.B. der aufrollbare Feuerwehrschlauch, der von dem niederländischen Ingenieur Jan van der Heyden erfunden wurde. Wenn es vor dieser Zeit etwas gab, das den Brandschutz westeuropäischer Städte von anderen unterschied, dann war es zum einen, daß sich die Stadtregierungen hier mehr als anderswo bemühten, ihre Bürger zur Ergreifung von Präventivmaßnahmen zu zwingen und sie in die Feuerbekämpfung selbst einzubeziehen, und zum anderen der langsame Prozeß der »Steinifizierung« oder »Ziegelfizierung«, der, obschon

40 Meyer und van den Elzen 1982, S. 12f.

von den Behörden vorwärtsgetrieben, aufgrund steigenden Wohlstands und andauernder Statuskonkurrenz eine Eigendynamik entwickelte.

Brände

Im Gegensatz zur Antike, für die wir zwar über Aufzeichnungen für offizielle, Brände betreffende Maßnahmen verfügen, nicht aber über ausführliche Berichte über die tatsächlichen Geschehnisse während eines Brandes, gibt es viele genaue Beschreibungen von Stadtbränden im vorindustriellen Europa. So wurde das große Feuer in London 1666 so peinlich genau von Samuel Pepys und anderen Augenzeugen beschrieben, daß wir seinen Verlauf buchstäblich von Tag zu Tag verfolgen können; dagegen beschränkt sich der ganze schriftliche Nachweis über das große Feuer von Rom 64 n. Chr. auf eine kurze Passage in den Annalen des Tacitus.[41] Das Londoner Feuer war selbstverständlich eine Ausnahme, wenn auch nur deshalb, weil London in den vorangegangenen Jahrzehnten schnell gewachsen und zur weitaus größten Stadt Englands geworden war. Wir haben aber auch zahlreiche genaue Berichte über die typischeren Brände in kleineren Städten.

So zitiert der amerikanische Historiker Shelby McCloy zeitgenössische Quellen, die berichten, wie im Dezember 1720 zwei Drittel der französischen Stadt Rennes ausbrannten. Es wurde behauptet, daß das fast sechs Tage dauernde Feuer vom Haus eines betrunkenen Zimmermanns ausging. Angefacht durch einen heftigen Wind, breitete es sich schnell entlang den engen, von Holzhäusern mit vorstehenden Obergeschossen gesäumten Straßen aus. Die Bewohner versuchten vergeblich, ihre Besitztümer wegzuschaffen. Die Stadt besaß nur zwei Pumpen zur Brandbekämpfung, und die Wasserschläuche funktionierten nicht gut. Das Regiment von Auvergne, das in Rennes sein Winterquartier bezogen hatte, erhielt Befehl, bei der Brandbekämpfung zu helfen und die Ordnung aufrechtzuerhalten; statt dessen gingen die Soldaten jedoch zu Brandstiftung und Plünderung über. Männer der

41 Latham und Matthews 1972, S. 267-282. Siehe auch Bell 1920; Milne 1986.

Arbeiterklasse folgten dem Beispiel der Soldaten und plünderten die Stadt oder forderten extravagante Preise für ihre Hilfeleistungen. Der Befehl, ein Dutzend Häuser als Brandschneise zu zerstören, scheint das Chaos nur noch erhöht zu haben.[42]

Holzhäuser, enge Straßen, schlechte Ausrüstung, der Einsatz von Soldaten, die Zerstörung von Gebäuden, Brandstiftung, Plünderung und die allgemeine Unordnung – alle diese Elemente sind für Brände in vorindustriellen Städten charakteristisch. Der technische Standard hatte sich seit der römischen Zeit wenig geändert. Es gab jedoch einen wichtigen Unterschied, der die Organisation und die damit verbundenen Machtbeziehungen betrifft. In Rom und in römischen Provinzstädten wie Nikomedia wurde die Brandbekämpfung einer halbmilitärischen Truppe überlassen, die direkt dem kaiserlichen Befehl unterstand. Die Bürger selbst durften keine Feuerwehr organisieren (vgl. S. 153). Die meisten Städte in Westeuropa verfügten dagegen über eine eigene Feuerwehr, die aus dort ansässigen Bürgern bestand und der Aufsicht lokaler Beamter unterstellt war. In Rennes gingen die Bürger sogar so weit, die Soldaten der Garnison zu entwaffnen und zu bewachen, bis der Brand gelöscht worden war. Die Beamten hatten offensichtlich die Macht, dies ungestraft zu tun; für das Römische Reich oder die militärisch-agrarischen Reiche in Asien wäre dies nur schwer vorstellbar.

Die technische Ausrüstung der Feuerwehr in Rennes war 1720 noch veraltet. Fast ein halbes Jahrhundert zuvor ließ sich Jan van der Heyden den Druckrollschlauch patentieren, der es erstmals ermöglichte, den Brandherd mit Wasser zu erreichen. Van der Heydens Erfindung blieb nicht die einzige. Die zweite Hälfte des 17. Jahrhunderts erlebte einen allgemeinen Anstieg des Standards von Brandbekämpfungsgeräten. Wie Van der Heyden selbst nur zu gut wußte, genügten Materialverbesserungen allein jedoch nicht. Er beklagte sich bitterlich über die »Trägheit und Aufsässigkeit der Zunftleute«; und er versuchte, die Organisation der Amsterdamer Feuerwehr, deren Kommandeur er war, mit dem Ziel zu reformieren, mehr Disziplin und eine professionellere Einstellung zu schaffen.[43]

42 McCloy 1946, S. 86-89.
43 Vries 1984, S. 88f.

Nach dem großen Brand 1720 modernisierte auch Rennes seine Feuerwehr. Die Stadt folgte damit einem allgemeinen europäischen Muster: Stadtregierungen wurden zunehmend strenger in der Durchsetzung von Bauvorschriften, und gleichzeitig kümmerten sie sich verstärkt darum, daß ihre Feuerwehren dem neuesten technischen Stand entsprechend funktionierten. All dies trug zu einer langsamen, aber sicheren Abnahme der Zahl von Bränden in Städten bei. Bis dahin wurden solche Brände unverändert als »lokale Ereignisse, episodisch und deskriptiv« behandelt, bemerken die australischen Wirtschaftshistoriker L. E. Frost und E. L. Jones.[44] Dennoch zeigt eine von Jones und anderen verfaßte systematische Zusammenstellung der örtlichen Daten zu Brandkatastrophen in englischen Städten über einen Zeitraum von 1500 bis 1900 einen klaren allgemeinen Trend: Während der ersten zweihundert Jahre spiegelten die Häufigkeit und die Größe von Bränden in englischen Städten mehr oder weniger das Muster des Wachstums der Städte wider. Nach 1700 nahmen die Brände jedoch allmählich ab, während die Städte weiterhin wuchsen.[45]

Vielleicht war England, zusammen mit den Niederlanden, in dieser Entwicklung führend; früher oder später jedoch schlossen sich ihnen alle westeuropäischen Länder an. Das große Feuer in London 1666, das über dreizehntausend Häuser zerstörte, brach alle vorherigen Rekorde. Danach läßt sich eindeutig die Tendenz feststellen, daß sowohl die Häufigkeit als auch das Ausmaß von Stadtbränden, zumindest in Friedenszeiten, abnahmen. Diesbezüglich unterschied sich Westeuropa von den großen militärisch-agrarischen Reichen in Asien und Osteuropa. Dort wurden sogar in den Hauptstädten die große Mehrzahl der Häuser weiterhin aus Holz oder Holz und Lehm gebaut, und daher traten dort während des 18. und 19. Jahrhunderts weiterhin regelmäßig große Feuer auf. Jones weist darauf hin, daß sich die daraus resultierende Kapitalvernichtung negativ auf das ökonomische Wachstum auswirken mußte.[46]

---

44 Frost und Jones 1989, S. 333.
45 Jones, Porter und Turner 1984.
46 E. L. Jones 1987, S. 33f. Siehe auch Braudel 1981, S. 268-273.

Schadenersatz und Versicherung

Eine andere wichtige Innovation, die in westeuropäischen Städten entstand, war die Feuerversicherung. Die ersten konkreten Initiativen wurden im 16. Jahrhundert in Seehäfen in den Niederlanden und in Deutschland ergriffen. Bis dahin gab es als einzige formale Schadenersatzregelung bei Schäden und Verlusten durch Feuer die Ausgleichsregelungen, die z.B. das Gesetz des Hammurabi enthält. Sie waren offensichtlich ungenügend, um größeren Katastrophen adäquat begegnen zu können. In einem solchen Falle konnten die vielen Opfer nur auf Hilfe durch Wohltätigkeit hoffen.[47] Die ersten Stellen, an die man sich wenden konnte, waren die örtlichen Organisationen wie Zünfte, Kirchen und Stadtregierungen. Mit der Entstehung größerer staatlicher Organisationen wurde es üblich, nach großen Feuerkatastrophen die nationalen Regierungen und landesweit organisierte Kirchen um Hilfe zu ersuchen. Nationale Regierungen konnten gegebenenfalls durch eine einmalige Pauschalsumme oder durch Versprechen einer Steuerbefreiung in naher Zukunft Hilfe gewähren. All diese Entscheidungen wurden ad hoc, als Akte der Wohltätigkeit, getroffen.[48]

Die Versicherungssysteme unterschieden sich hiervon. Sie scheinen durch das Beispiel von Schiffseignern beeinflußt worden zu sein, die Systeme der gegenseitigen Versicherung ihrer Schiffe und Fracht entwickelt hatten, die nach kommerziellen und nicht nach karitativen Prinzipien organisiert waren. Die ersten Feuerversicherungsverträge wurden ähnlich entworfen. Geschäftskonkurrenten verpflichteten sich vertraglich, Geld in einen gemeinsamen Fonds zu zahlen, aus dem jeder Einzahler im Falle eines Eigentumsverlustes durch Feuer Entschädigung erhalten würde.[49]

Offensichtlich wurde die Brandversicherung nach dem großen Feuer in London 1666 zu einem einträglichen Geschäft. 1720 waren in London sechs Feuerversicherungsunternehmen etabliert. Sie trugen so vertrauenerweckende Namen wie »Die freundliche Gesellschaft zur Rettung von Häusern vor dem Ver-

---

47 Vgl. Kitching 1981.
48 Vgl. Dorwart 1971, S. 293-304; McCloy 1946, S. 99-105.
49 Gales und van Gerwen 1988, S. 61f.

lust durch Feuer« oder »Freundschaftliche Spenderschaft«, gemeinhin bekannt als die »Hand-in-Hand-Gesellschaft«. Von London breitete sich im 18. Jahrhundert die kommerzielle Feuerversicherung langsam über Großbritannien aus.[50]

Währenddessen wurde im kontinentalen Europa versucht, die Feuerversicherung zu einer staatlichen Einrichtung zu machen. So richtete Friedrich I. von Brandenburg 1705 zu einem niedrigen Beitrag eine Feuerversicherung für Gebäude ein, die für alle Eigentümer verpflichtend war. Von Anfang an gab es Widerstand gegen dieses Vorhaben; und als nach einer großen Katastrophe 1708 das Schatzamt nicht in der Lage war, Schadenersatz zu leisten, mußte der König es aufgeben. 1718, unter seinem Nachfolger Friedrich Wilhelm, erwies sich jedoch die Einrichtung einer gegenseitigen Feuerversicherungsgesellschaft mit Pflichtmitgliedschaft für die Stadt Berlin als durchführbar. Es zeigte sich, daß sie einer »der Vorläufer einer kontinuierlichen Entwicklung von öffentlichen, auf Gegenseitigkeit beruhenden Aktiengesellschaften (war), die in den folgenden drei Jahrhunderten sowohl Grundbesitz als auch persönlichen Besitz versicherten«.[51]

Wir haben keinen speziellen Begriff für die schnelle Ausbreitung der Versicherungen, die nach dem langsamen Auftakt im vorindustriellen Europa in der modernen Welt stattfand. Die Feuerversicherung war nur eine Variante unter vielen. Trotz der Initiativen der Könige von Brandenburg wurde sie weiterhin überwiegend auf freiwilliger Basis abgeschlossen. Das Eingehen eines Feuerversicherungsvertrags war für beide Seiten eine Verhaltensstrategie, die auf der Abschätzung von Langzeitrisiken beruhte. Für die betroffenen Individuen war es wohl immer eine Entscheidung, die auf »rational choice« (rationalem Wahlhandeln) beruhte. Diese »Rationalität« konnte jedoch nur dann funktionieren, wenn sich sehr viele Menschen entsprechend verhielten. Der Wandel des Verhaltens und der Einstellungen, die mit dem Wachstum der Feuerversicherung verbunden war, war wie viele andere Aspekte des europäischen Zivilisationsprozesses die Manifestierung einer größeren gegenseitigen Abhängigkeit zwischen einer zunehmend höheren Zahl von Individuen.

50 Clayton 1971, S. 34-48.
51 Dorwart 1971, S. 299-302.

Luftverschmutzung
und Brennstoffversorgung

Die Verwendung von Feuer in den Städten des vorindustriellen Europas schuf neben dem Brandrisiko noch andere Probleme. Vordringlich war die Brennstoffversorgung; in der öffentlichen Aufmerksamkeit wurde jedoch oft die Luftverschmutzung als dringlicheres Problem erachtet. Rauch konnte in der Tat eine große Plage sein. Solange die Be- und Entlüftung schlecht war, litt man im Hause direkt am Herd unter diesem Problem. Die Einführung und allmähliche Verbesserung von Kaminen trug viel dazu bei, diese häusliche Unannehmlichkeit zu verringern. Als fast unvermeidliche Folge zündeten die Menschen mehr Feuer an. Damit verbrauchten sie auch mehr Brennstoff und produzierten mehr Rauch. Mit der Zeit führte dies zu einer Knappheit von Holz und seinem Derivat, Holzkohle, und zur Verwendung minderwertiger Brennstoffe, was in vielen Städten ernste Probleme mit Luftverschmutzung verursachte.

Traditionell war Holz bei weitem der wichtigste Brennstoff. Es war ein sperriges Gut, unhandlich für Transporte über weite Strecken über Land. Die Möglichkeit, es ohne übermäßig hohe Kosten zu beziehen, sei es aus der näheren Umgebung über Landwege oder andernfalls über Wasserwege, war eine der Standortbedingungen für Städte und städtische Industrien.[52]

In mehreren Teilen Europas wurde die Brennstoffknappheit bereits im 13. Jahrhundert akut. Eine der ersten Städte, die unter »der allmählichen Vernichtung der Wälder im städtischen Umland« litt, war London.[53] Als sich die Bevölkerung von zwanzigtausend Einwohnern im Jahre 1200 auf vierzigtausend im Jahre 1340 verdoppelte, wurde Holz zunehmend durch eine minderwertige Kohle ersetzt, die man *sea coal* (»Seekohle«, Steinkohle) nannte; sie wurde in der Nähe von Newcastle abgebaut und mit dem Schiff nach London gebracht. *Sea coal* gab einen übelriechenden, alles durchdringenden Rauch ab und hinterließ eine allgegenwärtige schwarze Rußschicht. Ihr Rauch soll Königin Eleonore zur Zeit des Michaelis-Festes 1257 aus der Stadt ver-

52 Vgl. Konvitz 1985, S. 124.
53 Brimblecombe 1987, S. 16.

trieben haben. Nach dem Schwarzen Tod in der Mitte des 14. Jahrhunderts nahm die Bevölkerung ab und mit ihr der Verbrauch von *sea coal*. Die Erleichterung war jedoch nicht von Dauer: In der zweiten Hälfte des 16. Jahrhunderts begann für London eine Zeit großen Wohlstands und Wachstums, und es wurde soviel *sea coal* verbraucht wie nie zuvor.[54]

Ein weiterer alternativer Brennstoff war Torf. Viele Teile Europas waren – und sind noch – bedeckt mit Torfmoor, aus dem dieser fossile Brennstoff leicht gewonnen werden konnte. Torf war jedoch selbst nach intensivem Trocknen immer noch voluminöser als Holz und sein Transport über Land daher sehr teuer. In dieser Hinsicht hatten die Niederlande das Glück, Wasserstraßen zu besitzen, über die Torf zu niedrigen Kosten transportiert werden konnte. Dem niederländischen Agronom J. W. de Zeeuw zufolge verdankte die niederländische städtische Wirtschaft und Kultur das Ausmaß ihrer Blüte im 17. Jahrhundert der Verfügbarkeit dieses alternativen Brennstoffes.[55]

In England, das mit Binnenwasserstraßen weniger begünstigt war, wurden andere Lösungen für das Brennstoffproblem gesucht. Zunehmend wurde Kohle verwendet – zuerst nur als Ersatz für Holz und sein Derivat, Holzkohle, später aber als anerkannter Brennstoff. Wie der britische Historiker A. E. Wrigley aufzeigt, brachte der zunehmende Einsatz von Kohle einen Wechsel von einer fast völligen Abhängigkeit von organischem Energie*fluß* zu einer zunehmenden Abhängigkeit von fossilen Energie*vorräten* mit sich. England hätte viele Millionen Hektar Wald mehr besitzen müssen, als es tatsächlich besaß, um sich Ende des 18. Jahrhunderts mit der Menge Holz zu versorgen, die seinem jährlichen Kohleverbrauch entsprochen hätte.[56]

54 Te Brake 1975.
55 Zeeuw 1978. Siehe auch Unger 1984.
56 Wrigley 1988, S. 55.

Feuer auf dem Land

Entwaldung

Über den gesamten Zeitraum von 850 bis 1850 hinweg fand die große Mehrheit der Menschen weiterhin ihren Lebensunterhalt auf dem Land. Es mag merkwürdig erscheinen, sie erst jetzt in den Mittelpunkt der Aufmerksamkeit zu rücken, nachdem die Verwendung von Feuer in der Religion, im Krieg und in den Städten erörtert wurde. Ein Großteil der Erörterung betraf jedoch selbstverständlich auch sie, zumindest implizit – denn sie waren es, die die große Mehrheit der Gläubigen bildeten, auf deren Land Schlachten geschlagen wurden und die die Stadtbevölkerung mit Nahrung und Brennstoffen versorgten.

Im großen und ganzen ging der Wandel auf dem Land in langsameren Schritten voran als in den Städten. Dennoch fanden auch hier Veränderungen statt. Eine der bedeutsamsten war die schrittweise Ausdehnung von Äckern und Weiden auf Kosten von Wäldern. Nach dem Zusammenbruch des Römischen Reiches waren viele gerodete Waldstücke aufgegeben worden. Diese waren wieder mit Bäumen zugewachsen, so daß im frühen Mittelalter ein Großteil Westeuropas – im Gegensatz zu großen Teilen Chinas und Nordafrikas – mit dichten Wäldern bedeckt war. Am Ende des 19. Jahrhunderts waren jedoch nur noch wenige dieser Wälder übrig. Als Gründe für diesen Prozeß der Entwaldung ergänzten sich der Bedarf an Holz und der Bedarf an offenen Feldern und Weiden gegenseitig. Ein Teil des Holzes wurde als Baumaterial für Gebäude und Schiffe genutzt, ein bei weitem größerer Teil wurde jedoch wahrscheinlich als Brennstoff verbraucht.

Die ersten fünfhundert Jahre nach 850 waren durch ein fast ununterbrochenes extensives und intensives Wachstum gekennzeichnet, und die Entwaldung schritt entsprechend voran. Der Bevölkerungsrückgang, der um 1350 auf den Schwarzen Tod folgte, bewirkte einen vorübergehenden Rückschlag. Im 15. Jahrhundert aber begann die Bevölkerung wieder zu wachsen, und damit einhergehend wurde die Nutzung von Land intensiver, und die Entwaldung schritt wieder im selben Tempo wie vorher voran. Bis zur zweiten Hälfte des 17. Jahrhunderts waren einige dicht besiedelte Gebiete wie die Niederlande oder England größtenteils ohne Wald. In England entkamen nur Teile der geschützten königlichen Wälder dem Fällen; im westlichen Teil der Niederlande überlebte nicht ein einziger Wald.[57] Wie oben gezeigt wurde, fanden die beiden Länder sehr unterschiedliche Alternativen zu Holz als Brennstoff.

Da der Nutzwert des Holzes hoch war, gibt es wenige Nachweise für Brandrodungspraktiken. In *The Agrarian History of Western Europe, A. D. 500-1850* des niederländischen Historikers B. H. Slicher van Bath werden sie kaum erwähnt. Menschen hätten nicht mutwillig Bäume verbrannt. Selbst wenn sie in erster Linie daran interessiert gewesen wären, das Land zu roden, hätten sie nur Wurzeln, Äste und Unterholz abgebrannt: Holz war sowohl in der städtischen als auch in der Landwirtschaft bei weitem zu wertvoll.[58] Alte Formen von Brandrodungswirtschaft überlebten nur entlang den langsam zurückweichenden Grenzen des kultivierten europäischen Festlands, in den »Grenzgebieten« Rußlands und Finnlands. Außerhalb dieser Randgebiete waren das ländliche und das städtische Europa gleichermaßen »feuergeschützte Zonen« geworden.

Die Verwendung von Feuer und Brandkatastrophen

In der ländlichen Welt des vorindustriellen Europas wurde Brennmaterial selten in großen Mengen verbraucht. In den Haushalten diente derselbe Herd, der zum Kochen benutzt wurde, auch als wichtigste Quelle für Wärme und Licht. Während des Winters waren die Menschen selbst und ihre Tiere weitere Wärmequellen; wenn zusätzliches Licht gebraucht wurde, mußte eine Kerze oder eine Öllampe genügen. Die Toleranz der Menschen gegenüber Kälte war damals wahrscheinlich viel höher, als wir es heute gewöhnt sind: Sogar der königliche Palast in Versailles war

57 Vgl. Perlin 1989, S. 163-245; K. Thomas 1983, S. 192-223. Siehe auch Finberg 1976, S. 74.
58 Slicher van Bath 1963. Siehe auch Simmons 1989, S. 166.

so schlecht beheizt, daß während eines Festessens im Winter 1695/96 im luxuriösen Spiegelsaal Wein und Wasser auf dem Tisch gefroren.[59]

Im Dorf ansässige Handwerker wie z.B. Schmiede verbrauchten weitaus mehr Brennstoff als der durchschnittliche Haushalt. Wirklich große Mengen an Brennmaterial verbrauchten jedoch nur spezialisierte Industrien, so z.B. Eisenminen, Kalköfen und Ziegeleien, die eher Außenposten der städtischen Wirtschaft als integrierte Bestandteile der ländlichen Ökonomie waren. Das Brennen von Holzkohle, eine Form der Brennstoffherstellung, die anfänglich beträchtliche Mengen Brennmaterials erforderte, wurde normalerweise in den Wäldern durchgeführt und war für die Landbevölkerung hauptsächlich als Arbeitsplatzmöglichkeit von Bedeutung. Brandkatastrophen waren eine ständige Sorge in der ländlichen Welt des vorindustriellen Europas. Obwohl auf dem Lande die Häuser nicht so dicht zusammenstanden wie in den Städten, stellten sie doch aufgrund des leicht brennbaren Materials, aus dem sie gebaut waren, eine große Brandgefahr dar. Zu einer Zeit, zu der Häuser in den Städten längst nicht mehr mit hölzernen Fassaden und Strohdächern ausgestattet wurden, waren Holz und Stroh noch immer die bevorzugten Baumaterialien in vielen Teilen des ländlichen Europas. Noch im Jahre 1854 brach in der Landschaft Angevin in Nordfrankreich eine »Strohdach-Rebellion« aus, als der Präfekt verfügte, daß das ganze Stroh durch Schiefer und Ziegel ersetzt werden müsse. Offensichtlich waren die Wände und das Gebälk der meisten bäuerlichen Hütten zu schwach für schwerere Decken und hätten verstärkt, wenn nicht gar völlig neu gebaut werden müssen:

Viele Bauern, die zu arm waren, um die Kosten für ein neues Dach zu tragen, geschweige denn die Kosten für einen Wiederaufbau ihrer Häuser aus Stein anstelle von Lehm und Holz, widersetzten sich dem Befehl und wurden verurteilt. Sie marschierten nach Angers, einige Tausend stark,

59 Braudel 1985, S. 319. Interessant ist die Frage, warum es so lange gedauert hat, bis ein System der Zentralheizung im modernen Europa eingeführt wurde, das dem im alten Rom verwendeten glich. Zu Recht fragen wir uns, in welchem Ausmaß der Status wohl dazu beigetragen hat, Menschen gegenüber Kälte zunehmend empfindlicher zu machen.

und die Armee mußte eingreifen und sie zerstreuen. Der Präfekt wurde ersetzt, die Verordnung widerrufen und Strohdächer durften nach und nach verschwinden. Die wohlhabenderen Bauern, die versichert waren, wurden schließlich durch einen konzertierten Angriff durch Versicherungsgesellschaften in den 1860ern und später zum Einhalten dieser Verfügung gezwungen.[60]

Brände konnten viele Ursachen haben. Einer dieser Ursachen waren die Menschen machtlos ausgeliefert: dem Blitzschlag. Über ganz Europa waren Bauernhöfe und Ställe mit magischen Sprüchen und Bildern geschmückt, die diese Gefahr abwenden sollten. In seinem Buch über Feuerbrauchtum in Deutschland hat Herbert Freudenthal eine erstaunliche Vielfalt von oft widersprüchlichen abergläubischen Vorstellungen über Gegenstände und Beschwörungen, die Blitze in Schach zu halten vermögen, gesammelt. Es liegt ein großer Schritt zwischen diesen verzweifelten Zaubereien und abergläubischen Vorstellungen und der klaren und einfachen Sicherheit, mit der Benjamin Franklin 1752 verkündete, daß er entdeckt habe, »wie Häuser etc. vor Blitzschlägen geschützt werden können«:

Es gefiel Gott in seiner Güte für die Menschen, ihnen schließlich die Mittel zu zeigen, mit denen sie ihre Wohnungen und andere Gebäude vor Unglück durch Donner und Blitze sichern können. Die Methode ist folgende: Man besorge sich eine schmale Eisenstange, die aber so lang ist, daß das eine Ende sechs oder acht Fuß über den höchsten Teil des Gebäudes hinausragen kann, wenn das andere Ende drei oder vier Fuß im feuchten Boden steckt. An das obere Ende der Stange befestige man einen ungefähr einen Fuß langen, scharf zugespitzten Messingdraht von der Größe einer gewöhnlichen Stricknadel. Die Stange kann mit ein paar kleinen Krampen am Haus befestigt werden. Wenn das Haus oder die Scheune lang sind, kann an jedem Ende eine Stange und eine Spitze und den First entlang ein diese Stangen verbindender Draht angebracht werden. Ein Haus, das so ausgerüstet ist, wird nicht durch Blitzschlag beschädigt werden, da dieser von den Spitzen angezogen wird und durch das Metall hindurch in den Boden geht, ohne daß er irgend etwas Schaden zufügt. Auch Dampfer, auf deren Masten eine scharf zugespitzte Stange mit einem Draht befestigt ist, der vom Fuße der Stange nach unten um eine der Wanten ins Wasser reicht, werden nicht durch Blitze beschädigt werden.[61]

60 Übersetzung nach E. Weber 1976, S. 17.
61 Franklin 1986, S. 213.

Franklins Erfindung, die in Philadelphia gemacht wurde, kam schnell nach Europa und verbreitete sich allmählich auch im ländlichen Raum. Trotz der stolzen Werbung, die besagte, daß »ein so ausgestattetes Haus nicht durch Blitze beschädigt werden wird«, dauerte es einige Generationen, bis die meisten Menschen von der Wirksamkeit der Erfindung überzeugt waren. Zu den Widerständen, die es zu überwinden galt, gehörten nicht nur Einwände von Theologen, sondern auch eine weitverbreitete Skepsis gegenüber Neuheiten, die aus den Städten kamen. In diesem Falle erhielt die Skepsis dadurch Unterstützung, daß es dem praktischen Menschenverstand dumm erschien, eine Vorkehrung auf seinem Dach anzubringen, die dazu bestimmt war, Blitze anzuziehen!

Eine andere häufige Ursache für Brände auf dem Land war der Heubrand – eine biologische Reaktion, die zu einer allmählichen Entzündung führen konnte, wenn das Heu nicht regelmäßig überprüft und gewendet wurde. Bei einem Brand, der durch Heugärung ausgelöst wird, besteht die Ursache aus einer Kombination natürlicher Prozesse und menschlichen Versagens, die mit der Zeit ineinandergreifen. Die meisten Brände jedoch waren eine direkte Folge des Gebrauchs von domestiziertem Feuer. Sie konnten recht oft auf Unvorsichtigkeit zurückgeführt werden, und in vielen Fällen wurde die Schuld alten Frauen oder Kindern zugeschoben.[62] Absichtliche Brandstiftung kam jedoch ebenfalls oft vor. Es gab Zeiten, in denen sich die Landbevölkerung Brandstiftung gegenüber ebenso hilflos fühlte wie gegenüber Blitzschlag.

Brandstiftung

In seßhaften Agrargesellschaften wurde die absichtliche Zerstörung des Eigentums anderer durch Feuer immer zu den schweren Verbrechen gezählt, nur Mord galt als schlimmer.[63] Wie Mörder, so wurden auch Brandstifter in der Regel mit dem Tode bestraft.

62 Vgl. K. Thomas 1971, S. 18.
63 *Njall's Saga*, die um 1200 in Island spielt, hat eine Episode zum Inhalt, in der kriegerische Bauern einen ihrer Feinde und seine Familie töten, indem sie sein Haus anzünden. Diese Art des Einsatzes von Feuer zur

Im englischen Strafrecht wurde kaum ein Versuch unternommen, nach dem Grad der Schwere des Verbrechens zu unterscheiden: Die Todesstrafe wurde sogar für das Anzünden eines Heustocks oder einer Scheune verhängt. Ebensowenig wurde die Reihe verschiedener möglicher Motive berücksichtigt – obwohl, wie der Rechtshistoriker Leon Radzinowicz festgestellt hat, diese Motive »ebensogut der Wunsch, materielle Gewinne zu machen wie sich zu rächen« sein konnte »oder sogar – insbesondere bei den landwirtschaftlichen Lohnarbeitern – der Ausdruck sozialer Unruhe«; zudem kann Brandstiftung »auf Trunkenheit zurückgeführt werden oder das Symptom einer krankhaften Persönlichkeit sein«.[64]

Die Vielzahl individueller Motive sollte uns nicht dazu verleiten, die sozialen Zusammenhänge zu vernachlässigen. Wie der französische Philosoph Emile Durkheim zeigte, veränderte sich sogar die Häufigkeit einer so vornehmlich individuellen Tat wie des Selbstmordes deutlich entsprechend den sozialen Umständen: Es war daher sinnvoll, den Selbstmord als verzweifelte, letzte Lösung zu betrachten, die Menschen für Probleme suchten, die aus der sozialen Situation herrührten, in der sie sich befanden.[65] Dasselbe könnte von der Brandstifung behauptet werden.

Wie der Selbstmord, so ist auch Brandstiftung ein Phänomen, das oft nur schwer nachgewiesen werden kann. Besonders in modernen Gesellschaften, in denen das Betrügen von Versicherungsgesellschaften ein verbreitetes Motiv für Brandstiftung geworden ist, werden Brandstifter ihr möglichstes tun, um alle Spuren ihrer Tat zu verwischen. Jedoch ist die Häufigkeit von Brandstiftung, die begangen wurde, um Versicherungsgeld zu kassieren, eine Funktion bestimmter Bedingungen in gegenwärtigen Gesellschaften; als solche gehört sie eindeutig zu der Kategorie, die Durkheim »soziale Tatsachen« nennen würde. Entsprechend gab es in der bäuerlichen Welt des vorindustriellen Europas Formen von Brandstiftung, die gesellschaftlich bedingt waren.

Unser Wissen über diese Brandstiftungen auf dem Lande ist noch

Tötung eines Feindes, den man im Kampf nicht besiegen konnte, galt als unehrenhaft. Vgl. Magnusson und Pálsson 1960; Byock 1988.

64 Radzinowicz 1948, S. 9.

65 Durkheim 1983.

immer bruchstückhaft. Trotzdem können wir die Umrisse der Figuration skizzieren, in der sie in der Regel auftraten. Diese Figuration bestand aus drei Elementen: 1. Bauern, die auf abgelegenen Höfen lebten und an ihren Besitz gebunden waren; 2. eine nur rudimentär entwickelte Polizei; 3. potentielle Brandstifter – vom anonymen Landstreicher bis zu verstimmten Dienern und Arbeitern.

Viele Brandstiftungen wurden von Einzeltätern begangen, oft aus Groll gegen ihren gegenwärtigen oder ehemaligen Arbeitgeber. Manchmal jedoch drohten Gruppen von Menschen gemeinsam mit Brandstiftung. Solche Drohungen konnten von Landstreicherbanden (oder, in manchen Fällen, Ortsansässigen) ausgehen, um Geld zu erpressen, oder von Gruppen, die eine irgendwie geartete soziale Reform verlangten. Landstreicher waren in der Lage, ihre Drohungen direkt auszusprechen; sie konnten gewisse Codes benutzen, so z. B. den Bauern warnen, daß er am nächsten Morgen »von einem roten Hahn geweckt werden könnte«. Ortsansässige mußten ihre Identität verheimlichen. Sie teilten sich durch schriftliche, in ungeschickter Handschrift gekritzelte Botschaften mit, die forderten, daß Geld an einem bezeichneten Ort hinterlegt werden sollte und daß der Adressat, sollte er der Forderung nicht nachkommen, »mit Asche belohnt würde«.[66]

Die Brandstifter führten eine Art Mini-Krieg außerhalb der Reichweite des staatlich organisierten Gewaltmonopols. Einige Banden beanspruchten idealistische Motive. So terrorisierten in der Mitte des 16. Jahrhunderts mit den Wiedertäufern verbündete Banden die ländlichen Gebiete im Osten der Niederlande. Nachdem sie eine Reihe von Bauernhöfen abgebrannt hatten, wurden sie zunehmend als Bedrohung der etablierten Ordnung betrachtet. Städtische und regionale Behörden vereinten sich zu ihrer Bekämpfung. Konfrontiert mit dieser Übermacht, verlor die Bewegung einen Teil ihrer Anhängerschaft. Der verbleibende Kern von Mitgliedern wurde unerbittlich gejagt und hingerichtet.[67]

Dies sollte ein übliches Muster in den ländlichen Gebieten des vorindustriellen Europas bleiben. Die Verwundbarkeit durch

66 Vgl. Abbiateci 1970; Wieërs 1986.
67 Willems 1981.

Feuer, und damit ebenso durch Brandstiftung, war Bestandteil der allgemeinen Unsicherheit des Landlebens. Das Risiko der Brandstiftung war immer gegenwärtig. Es wurde besonders akut in Zeiten von massenhaftem Landstreichertum oder wenn der zentrale Machtapparat am schwächsten war. In Gebieten, die weit von der zentralen Staatsgewalt entfernt waren, schafften es Brandstifterbanden manchmal, sich über Jahre zu behaupten; sie waren jedoch nie dazu fähig, sich gegen eine gut organisierte militärische Macht durchzusetzen.

Solange ein Gebiet von Brandstiftern heimgesucht war, verhinderte dies sowohl die Anhäufung von Ersparnissen als auch Investitionen und damit ein »intensives Wachstum«. Menschen konnten nur dann eine ständige Akkumulation von Eigentum genießen, wenn sie sich angemessen vor Brandstiftung geschützt wußten. Solcher Schutz konnte entweder durch Selbstschutzmaßnahmen oder durch Polizeischutz oder qua Gesetz erreicht werden, oder weil – aus welchen Gründen auch immer – Banditentum nicht auftrat. Massive Steinwände mit gut verschlossenen Toren waren die wirksamste Form des Selbstschutzes. Sie waren jedoch ein Luxus, der bereits eine relativ hohe Stufe des Reichtums voraussetzte und den sich wenige Bauern leisten konnten. In den entlegenen Gebieten des vorindustriellen Europas konnte sich die Macht des Gesetzes nur sporadisch zeigen. Und die Stufe des Reichtums und kollektiven Wohlstands war so niedrig, daß immer wieder neue Wellen von Vagabunden durch das Land zogen. Unter den Landstreichern befanden sich wahrscheinlich einige, die selbst Opfer eines Brandes waren und ihren ganzen Besitz verloren hatten.[68]

Es wurde bisher noch keine umfassende Untersuchung zu den Wellen kollektiver Brandstiftung gemacht, die die ländlichen Gebiete Europas über die Jahrhunderte hinweg überzogen. Für andere Teile der Welt ist das Bild noch unvollständiger; es scheint aber unwahrscheinlich, daß die Landbevölkerung dort Mittel gefunden hatte, um diese Geißel abzuwenden. Wie im Römischen Reich konnte die Bedrohung sowohl von »unten« als auch von »oben« kommen: letztere von den Steuereintreibern, die Brand-

---

68 Vgl. De Swaan 1988, S. 13-51.

stiftung benutzten, um ihren Steuerforderungen Nachdruck zu verleihen. In Aufständen trugen Gefühle der Entrüstung und Rache beim Volk sowie der Wunsch, die Steuerbücher oder belastendes Beweismaterial zu vernichten, hingegen gemeinsam dazu bei, daß die Häuser der Steuereintreiber, zusammen mit Gerichts- und anderen Regierungsgebäuden, zu bevorzugten Zielen für Brandstiftungen wurden.

Da Brandstiftung sehr gefürchtet war, kann es sein, daß Zeitgenossen manchmal ihr Ausmaß übertrieben haben. Unsere historischen Quellen wurden nicht immer auf ganz unvoreingenommene und unparteiische Weise aufgezeichnet. Wir müssen jedoch auch berücksichtigen, daß die tatsächliche Häufigkeit von Brandstiftung relativ niedrig war. Sie hätte sehr viel höher sein können. In Konflikten zwischen Bauern wurde nur selten zu dieser *ultima ratio* Zuflucht genommen – obwohl allerdings der französische Soziologe Gabriel Tarde 1895 schrieb, daß »das Inbrandsetzen der Scheune eines Feindes auf dem Land das Mittel zur Rache ist, das am häufigsten angewendet wird und meist straflos bleibt«.[69] Und es sind uns tatsächlich gelegentliche Epidemien von Brandstiftertum überliefert, so z.B. diejenige, die in den 1840er Jahren durch ein Dorf im Gévaudan tobte. Dort wurde in einer Kette von Rache und Gegenrache ein Haus nach dem anderen niedergebrannt.[70] Normalerweise waren jedoch die sozialen Beziehungen diesbezüglich nicht nur durch gegenseitig erwartete, sondern auch durch gegenseitige geübte Selbstbeherrschung gekennzeichnet.

Die durch Brandstiftung drohende Gefahr auf dem Lande wurde in Friedenszeiten mit der Durchsetzung der zentralstaatlichen Kontrolle nach und nach zurückgedrängt. In der Mitte des 19. Jahrhunderts herrschten in einigen ländlichen Gebieten in Südengland große Armut und soziale Unruhen, die von Brandstiftungen begleitet waren. Dem britischen Historiker David Jones zufolge »gab es, bei vorsichtiger Schätzung, in den schlimmsten Jahren mindestens tausend Brände, und einige davon waren in der Tat sehr groß«. Die 1860er Jahre markieren

69 Gabriel Tarde, *Essais et mélanges sociologiques* (Lyons, 1895), S. 121. Zitiert nach E. Weber 1976, S. 16.
70 Claverie und Lamaison 1982, S. 17-23.

einen Wendepunkt: Das Brandstiftertum nahm ab und wurde durch »offenere und friedlichere Formen des Protests, nämlich Versammlungen, Petitionen, Streiks und die frühe Gewerkschaftsbewegung, ersetzt.«[71] In Frankreich hielt sich der »aggressive Pauperismus« noch länger in einer weniger deutlich artikulierten politischen Form. Bis zum Ende des 19. Jahrhunderts wurden entlegene ländliche Gebiete in schlechten Jahren weiterhin von Landstreicherbanden heimgesucht, die mit Brandstiftung drohten.[72] Im 20. Jahrhundert verschwanden solche Banden fast ganz, weil die Macht der Polizei und des Gesetzes zunahm und zugleich der Standard der wohlfahrtsstaatlichen Leistungen allgemein anstieg. So schuf das intensive Wachstum selbst die Bedingungen, unter denen zumindest zeitweilig die anhaltende Bedrohung des intensiven Wachstums zum Stillstand kam.

Feuer in Technologie und Wissenschaft

Eine Reihe von Fortschritten in der Kontrolle des Feuers – der Fähigkeit, Verbrennungsprozesse zu verstehen und sie zu nutzen, ohne durch ihre zerstörerische Kraft verletzt zu werden – wirkte sich früher oder später auf jeden Gesellschaftsbereich aus. Als Ganzes betrachtet war diese Entwicklung ein allmählicher Prozeß, auch wenn sie durch einige wesentliche Entdeckungen und Erfindungen akzentuiert war. Die Reihe von Übergängen, die wir im Rückblick unterscheiden können – von der Alchimie zur Chemie, vom Handwerk zur Industrie, von der Magie zur Wissenschaft – bestanden in der Tat aus einer Vielzahl kleiner Neuerungen in der Herstellung von Glas, beim Töpfern, in der Metallverarbeitung, beim Kalkbrennen und der Destillierung von Alkohol etc. Sie können nicht auf einzelne Ereignisse reduziert werden, die zu einer bestimmten Zeit an einem bestimmten Ort stattfanden.

Metallurgie und Alchimie waren im Mittelalter wahrscheinlich

[71] Übersetzt nach D. Jones 1982, S. 34f. Siehe auch Hobsbawm und Rudé 1969.
[72] Price 1983, S. 392-395; Wright 1983, S. 156-162; Schulte 1984.

die wichtigsten Katalysatoren in der Entwicklung der Kontrolle des Feuers. Zwischen den beiden Gebieten herrschte starke Konkurrenz, und sie waren entsprechend durch eine eigentümliche Mischung von Heimlichkeit und Offenheit, von Profitstreben und bloßer Neugier gekennzeichnet. Die Feuermeister, die in den Grenzgebieten des Handwerks, der schwarzen Kunst und der Wissenschaft arbeiteten, erkannten zwar eine gewisse Hierarchie des Prestiges an, waren jedoch keiner offiziellen Behörde unterstellt.

Dank dieser ziemlich offenen sozialen Struktur konnte ein Prinzip der »kumulativen Ursachen« in der Entwicklung der Kontrolle über das Feuer wirken. Fortschritte in verschiedenen Bereichen stimulierten sich gegenseitig. Verbesserungen beim Bau von Schmelzöfen machten es möglich, höhere und gleichmäßigere Temperaturen zu erzeugen. Dies führte zur Entwicklung von neuen Metall- und Glasinstrumenten, die es den Forschern ermöglichten, noch mehr Experimente mit Feuer durchzuführen. Zu den vielen »Ausstrahlungen« der erhöhten Kontrolle über Feuer gehörten die Verbesserungen beim Buchdruck, die durch das Gießen beweglicher Drucktypen aus einer Legierung von Blei, Zinn und Antimon möglich wurden. Die Bücher trugen ihrerseits zur Verbreitung von Wissen bei, einschließlich des Wissens über Feuer, das z.B. in der eindrucksvollen Abhandlung über Metallurgie und Bergbau (1556) von Georgius Agricola enthalten ist.[73]

Die Werkstätten der Handwerker waren weiterhin der wichtigste Ort der Vermittlung und Anwendung von Techniken, die auf dem Einsatz von Feuer beruhten. Diese Techniken wurden in einer Lehre und durch eigene Erfahrung erworben. Um zu verstehen, wie wichtig die eigene Erfahrung war, müssen wir uns darüber klar werden, daß es z.B. keine Geräte zur objektiven Temperaturmessung gab. Autoren von Handbüchern konnten nur ungefähre Hinweise in vagen Kategorien geben. Diese Kategorien variierten zwischen »mit der Hand greifbar«, »gerade noch berührbar« und höheren Graden, für die adäquate Begriffe fast völlig fehlten. Erst Anfang des 18. Jahrhunderts gelang es Män-

73 Vgl. Braudel 1985, S. 431-436. Zu Agricola siehe Hoover und Henry 1950.

nern wie Gabriel Fahrenheit, Anders Celsius und R. A. F. de Réaumur, Instrumente und Meßeinheiten zu entwickeln, die auf den Ausdehnungskoeffizienten von Alkohol und Quecksilber beruhten. Von da an wurde es möglich, zumindest für den Bereich der Temperaturen zwischen dem Gefrierpunkt und dem Siedepunkt des Wassers, quantitative Messungen auszuführen. Über zweihundert Jahre lang benutzten jedoch verschiedene Nationen unterschiedliche Maßeinheiten.[74]

Neben den Thermometern brachte das 18. Jahrhundert auch zunehmend genaue Waagen mit sich. Diese konnten benutzt werden, um ein besseres Verständnis für die Natur von Verbrennungsprozessen zu gewinnen. Dies bedeutete das Ende der alten Theorie, daß Feuer neben Luft, Wasser und Erde eines der vier Elemente sei. Bis weit ins 17. Jahrhundert hinein bildete diese Theorie den selbstverständlichen Hintergrund für praktisch jedes alchimistische oder chemische Experiment. Sein Einfluß zeigte sich noch im Jahre 1720, als der niederländische Wissenschaftler Herman Boerhaave erklärte, daß man zuerst das Rätsel des Feuers lösen müßte, um das zentrale Rätsel des Universums zu lösen:

Wenn man sich in der Darlegung der Natur des Feuers irrt, wird sich dieser Irrtum in allen Zweigen der Physik niederschlagen, und zwar deshalb, weil das Feuer in allen natürlichen Hervorbringungen immer die hauptsächliche Wirkursache ist.[75]

Im Laufe des 18. Jahrhunderts wurde das Denken über Feuer tiefgreifend verändert. Ein Wandel fand statt, der bereits 1611 in einer prophetischen Gedichtzeile John Donnes angekündigt worden war: »Das Element des Feuers ist völlig gelöscht worden.«[76] Den ersten gekonnten Angriff auf die Theorie der vier Elemente führte die sogenannte Phlogistontheorie aus. Nach dieser Theorie war die Verbrennung (wie das Rosten) ein Prozeß, in

74 Vgl. Forbes 1970, S. 81 f., 174 f., 272. Für die älteste der drei Temperaturskalen (1714 von Fahrenheit entwickelt) war der Ausgangspunkt noch die Wärme des menschlichen Körpers.

75 Boerhaave, *Eléments de Chimie*, 2. Bd., Leyden 1752, I, S. 144, zitiert nach Bachelard 1985, S. 80 f.

76 Zitiert nach Prigogine und Stengers 1986, S. 62 bzw. S. 329, Anmerkung 29.

dem eine unsichtbare Substanz (Phlogiston) freigesetzt wurde. Beim Feuer war dieser Prozeß von Hitze und Licht begleitet. Obwohl die neue Theorie zur Lösung vieler Rätsel beitrug, blieb ein Problem ungelöst: wie konnte erklärt werden, daß im Prozeß der Verbrennung (mit anderen Worten: im Prozeß der Freisetzung von Phlogiston) viele Substanzen eher an Gewicht zuzunehmen als abzunehmen schienen. Über eine lange Zeit neigten die Wissenschaftler dazu, diese Anomalie auf Fehler der Meßgeräte und Waagen zurückzuführen[77], bis Lavoisier 1777 zeigte, daß die Verbrennung (wie tatsächlich auch das Rosten) ein Prozeß der Verbindung mit Sauerstoff ist. Als diese Entdeckung gemacht und die Schlußfolgerungen durch zahlreiche Experimente bestätigt worden waren, mußte die Theorie der vier Elemente in den Wissenschaften aufgegeben und durch ein bei weitem komplizierteres System ersetzt werden, das Raum für viele Elemente ließ. Kurz darauf tauchte der Begriff des Feuers nicht mehr in Fachbüchern auf; das neue Spezialgebiet der Thermodynamik erkannte nur Wärme und Energie als Begriffe an.

Als empirisches Phänomen von großer Bedeutung verschwand Feuer nicht so schnell. Zeitgleich mit der Verbannung des Feuerbegriffs aus den Naturwissenschaften wurden riesige Brennöfen gebaut, deren Schornsteine die Skyline beherrschten. In zunehmendem Maße wurde das Feuer eingesetzt, um Maschinen und Fahrzeuge anzutreiben. Der Beginn des Industriezeitalters war wie der Beginn des Zeitalters der Agrarwirtschaft durch eine beträchtliche Intensivierung der Nutzung von Feuer gekennzeichnet.

---

77 Zu denen, die mit dem Problem kämpften, die Wirkungen des Feuers durch Wiegen zu messen, gehörten Voltaire und Mme. de Châtelet. Siehe die elegante Beschreibung bei Forster 1936, S. 199-204.

8. Feuer im Industriezeitalter

Die Industrialisierung
als dominante Entwicklung

Die Industrialisierung war nach der ursprünglichen Domestizierung des Feuers und der Entwicklung von Ackerbau und Viehzucht die dritte große ökologische Veränderung, die von den Menschen herbeigeführt worden ist. Für einige Zeit wurde sie gemeinhin als Industrielle Revolution bezeichnet – ein Begriff, der das Bild eines revolutionären Bruchs mit der Vergangenheit entstehen läßt, der in England zwischen 1780 und 1850 als britisches Gegenstück zur Französischen Revolution stattgefunden hat. Diese Ansicht gilt heute im allgemeinen als überholt. Die Mehrzahl der Historiker stimmt nun darin überein, daß die Ursprünge dieses Prozesses vor 1780 liegen und daß sein Einfluß, so »revolutionär« er auch gewesen sein mag, erst nach 1850 in großem Umfang spürbar wurde.[1]

Die Industrialisierung stellt sich als ein »Konglomerat von Veränderungen« dar und scheint komplexer und weniger leicht zu definieren als die beiden vorhergehenden Veränderungen.[2] Dennoch ist es möglich, dieses Konglomerat von Veränderungen auf einen gemeinsamen Nenner zu bringen. Von wesentlicher Bedeutung war auch hier wieder die Inkorporation von Naturgewalten, die vorher nicht im Herrschaftsbereich des Menschen lagen, in die menschliche Gesellschaft. Diese natürlichen Ressourcen waren, wie E. A. Wrigley aufzeigt, vor allem große, unerschlossene und als fossile Brennstoffe abgelagerte Energiereservoirs.[3] Die zunehmende Erschließung von Kohle-, später von Öl- und Gasvorräten ermöglichte den Menschen die Ausbeutung einer um so größeren Vielfalt anderer Mineralienvorkommen – von Eisen bis Plutonium.

1 J. C. D. Clark 1985, S. 66.
2 Vgl. E. L. Jones 1988, S. 13-27; Mokyr 1990, S. 81-84; Wallerstein 1989, S. 3-33; Wrigley 1987, S. 2-4; Wrigley 1988, S. 8-12.
3 Wrigley 1988.

Wie die vorhergehenden Veränderungen fiel auch die Industrialisierung nicht vom Himmel. Industrie, definiert als Herstellung von Objekten, war ohne Zweifel seit dem paläolithischen Zeitalter von Menschen ausgeübt worden. Metalle wurden bereits vor mehreren tausend Jahren verarbeitet – was gerade die Namen Bronzezeit und Eisenzeit vermitteln sollen. Auch Kohle war als Brennstoff nicht völlig unbekannt. Bisher jedoch waren alle industriellen Tätigkeiten in eine überwiegend agrarische Struktur eingebettet: Sie veränderten nicht den vornehmlich agrarischen Charakter der Gesellschaft.

Der Übergang zu einer vorwiegend industriellen Welt fand allmählich statt, und der Versuch, eindeutig zu lokalisieren, wann und wo er begann, wäre vergeblich. Die Konvention jedoch, England den Ehrenplatz einzuräumen, ist nicht ganz falsch. Dort vereinigten sich im 18. und 19. Jahrhundert viele kleine Flüsse der »Proto-Industrialisierung« zu einem anschwellenden und nicht umkehrbaren Strom. Nach einiger Zeit wurden die Folgen in der ganzen Welt und in jeder Sphäre des Lebens spürbar. Zu diesen gehörte eine bisher unerreichte, hohe absolute Rate sowohl des extensiven als auch des intensiven Wachstums. Des weiteren gehörte dazu auch, daß sich solche miteinander verbundenen Entwicklungen wie die zunehmende Konzentration, Spezialisierung und Organisation der menschlichen Bevölkerung beschleunigt fortsetzten.

Von großer Tragweite war über die letzten zweihundert Jahre das extensive Wachstum. In der »ersten industriellen Nation« Großbritannien belief sich das Bevölkerungswachstum im 19. Jahrhundert in einer Größenordnung von 11,1 bis 16,9 % pro Jahrzehnt – eine Zahl, die noch beträchtlich höher gewesen wäre, wenn es nicht einen ständigen Strom von Auswanderern in die Vereinigten Staaten und die Kolonien gegeben hätte.[4] Die Weltbevölkerung stieg von geschätzten 900 Millionen im Jahre 1800 auf 1,6 Milliarden um 1900 und hat schon vor dem Ende des 20. Jahrhunderts die 5 Milliarden überschritten.[5]

Die Zahlen, die das intensive Wachstum beschreiben, sind mög-

4 Mathias 1983, S. 221. Zu Zahlen über das intensive Wachstum in Großbritannien siehe S. 222.
5 McEvedy und Jones 1978, S. 349.

licherweise noch eindrucksvoller. So führt der britische Geograph und Ökologe I. G. Simmons einige Zahlen an, die den Anstieg der Energie – ausgedrückt in der Standardeinheit von Megajoule MJ – zeigen, die den Menschen auf verschiedenen Stufen der sozio-kulturellen Entwicklung zur Verfügung stand. Vor der Domestizierung des Feuers betrug der Durchschnitt ca. 10 MJ pro Tag, was der somatischen Energie entspricht, die benötigt wird, um einen einzigen Menschen am Leben zu halten. Als verschiedene außersomatische Energiequellen hinzugefügt wurden, stieg dieser Durchschnitt in den am weitesten entwickelten Agrargesellschaften auf ca. 100 MJ an – während heute in den USA der kommerzielle Energieverbrauch pro Kopf fast an 1000 MJ pro Tag heranreicht. Simmons kommt zu dem Schluß, daß

es zwischen dem paläolithischen Zeitalter und heute einen Anstieg in zwei Größenordnungen gab: Die heute umgesetzte gesamte Menge an Energie ist so hoch wie nie zuvor, und die Wachstumsraten in den letzten Jahrzehnten waren doppelt so hoch wie die der Weltbevölkerung, obwohl ein gewisses Verlangsamen beider Raten die letzten Jahre kennzeichnet.[6]

Wo immer auch die Industrialisierung erstmals spürbar wurde, führte sie anfänglich dazu, die aus dem Agrarzeitalter erwachsenen Unterschiede in der Macht und im Verhalten – sowohl zwischen als auch innerhalb von Gesellschaften – zu erhöhen. Die Kluft zwischen den Gesellschaften, die den Prozeß der Industrialisierung anführten, und denen, die hinterherhinkten, vertiefte sich, so daß es in der zweiten Hälfte des 20. Jahrhunderts allgemein gebräuchlich wurde, zwischen Erste-, Zweite- und Dritte-Welt-Ländern zu unterscheiden – ebenso wie in der Mitte des 19. Jahrhunderts von England gesagt wurde, es bestehe aus »zwei Nationen«.

Wie die Domestizierung des Feuers hat die Industrialisierung aber gleichzeitig auch Kräfte entfesselt, die zu einer Abnahme der Macht- und Verhaltensunterschiede geführt haben. Das industrielle System, in dem die Menschen mittlerweile überall leben, übt genau wie das Feuerregime gewisse vereinheitlichende Zwänge aus, die im Prinzip ähnliche Reaktionen hervorrufen. Wenn die

6 Simmons 1989, S. 379. Zu Messung und Umfang der Energie siehe auch Foley 1987, S. 44-54.

oft geäußerten Klagen über die standardisierenden und nivellierenden Tendenzen des modernen Lebens irgendeine empirische Basis haben, dann ist es wahrscheinlich dies.

Das Zeitalter der Dampfmaschine und des Streichholzes

Es gibt eine plausible und direkte gedankliche Verbindung zwischen dem Bild der industriellen Revolution und der Dampfmaschine. Stiche aus der ersten Hälfte des 19. Jahrhunderts zeigen die britische Industrielandschaft als eine Landschaft, die von Fabrikschloten beherrscht wird, die große Rauchwolken ausstoßen. Nachts hüllte das rötliche Glühen der Brennöfen und Dampfmaschinen die ganze Umgebung ein. Reisende wie z.B. Alexis de Tocqueville oder Charles Dickens, die aus noch nicht so deutlich von der Industrialisierung geprägten Gebieten kamen, waren tief beeindruckt.[7] Ähnlich beeindruckt schildert der Amsterdamer Kaufmann H. P. G. Quack in seinen Erinnerungen den unvergeßlichen Anblick Lüttichs, als er sich um 1860 als junger Mann der Stadt bei Einbruch der Dunkelheit mit dem Zug näherte:

Von allen Seiten leuchten die Feuer der Gießereien, von allen Seiten hört man das dumpfe Dröhnen der Maschinen, der Dampf pfeift, dunkler Rauch wogt in schwarzen Wolken entlang der Gleise, oder Dampf steigt in einer weißen, dünnen Säule empor. Dampfer gleiten auf dem Fluß an dir vorbei; die Lokomotiven donnern mit ihren Zügen an dir vorüber.[8]

Mehr als ein Jahrhundert lang hallten die staunenden Beobachtungen der Zeitgenossen in den Schriften der Historiker wider. In ihrer Einschätzung war die Dampfmaschine »das Zugpferd, das die Industrie ins moderne Zeitalter zog«; »Dampf ermöglichte, daß die schnelle und universelle Entwicklung der Massenindustrie stattfand«; sie beschrieben »die Erfindung der Dampfmaschine« als »das zentrale Ereignis in der industriellen Revolu-

7 Zu ihren Eindrücken siehe Clayre 1977, S. 117-131. Siehe auch Trinder 1982.
8 Quack 1915, S. 131.

tion«.[9] Eine jüngere Generation von Historikern unterzog das Quellenmaterial jedoch einer erneuten Untersuchung und kam zu dem Schluß, daß die von der Dampfmaschine gespielte Rolle überschätzt wurde.

In der ersten Hälfte des 18. Jahrhunderts gab es in der Tat einige große Industrieanlagen, in denen Güter in hohen Stückzahlen hergestellt wurden, jedoch ganz ohne den Einsatz von Dampf. So beschäftigten einige englische Seidenfabriken Hunderte von Arbeitern, die mechanische, mit Wasserkraft betriebene Werkzeuge bedienten.[10] Die im Laufe des 18. Jahrhunderts entwickelten Dampfmaschinen wurden hauptsächlich im Bergbau eingesetzt. Ihr Anteil am Produktionsprozeß war immer noch sehr bescheiden. Laut einer oft zitierten Berechnung des Wirtschaftshistorikers G. N. von Tunzelmann wäre das ökonomische Wachstum in England über das ganze 18. Jahrhundert in dem hypothetischen Fall, daß es überhaupt keine Dampfmaschinen gegeben hätte, um weniger als zwei Monate verzögert worden.[11]

Die Blütezeit der Dampfmaschine kam erst in der zweiten Hälfte des 19. Jahrhunderts. Damals konnten Fabriken mit durch Wasser oder Wind betriebenen Maschinen nicht mehr mit Fabriken konkurrieren, die mit Dampfmaschinen ausgerüstet waren. Die Dampfmaschine übte jedoch wahrscheinlich schon vor dieser Zeit einen indirekten Einfluß aus, da der Konkurrenzdruck die Besitzer von Wassermühlen zwang, die Kapazitäten ihrer Anlagen bis zum Maximum auszuweiten. Eine ähnliche Wirkung trat später bei der Schiffahrt auf, als nach der Einführung der Dampfer ein völlig neuer Typ von Segelschiffen entwickelt wurde, der Klipper, der über mehrere Jahrzehnte so schnell wie ein Dampfschiff war.[12]

Die Erzeugung von Dampfkraft erforderte höhere Investitionen als die von Wasser- oder Windkraft. Wasser und Wind waren, gleichgültig wo und wann sie verfügbar waren, prinzipiell kostenlos, während Dampf immer in Prozessen, die Arbeitskräfte

9 Thomas S. Ashton (1948) und Paul Mantoux (1946), zitiert nach Sicilia 1986, S. 287; Forbes 1958a, S. 150.
10 Vgl. Hoskins 1970, S. 215.
11 von Tunzelmann 1978, S. 286f.
12 Vgl. Blainey 1975b, S. 116-122.

und Brennstoffe erforderten, hergestellt werden mußte. Während Wasser und Wind zwar billigere Energiequellen waren als Dampf, konnten sie jedoch nur in begrenzten Mengen erschlossen werden, und ihre Verfügbarkeit hing völlig von natürlichen Begebenheiten ab, die außerhalb der menschlichen Kontrolle lagen. Außerdem gab es vor der Erfindung von Generatoren zur Erzeugung von Elektrizität keine Möglichkeit, Wasser- oder Windenergie zu transportieren. Mühlen waren daher an bestimmte Orte gebunden, und Windmühlen hatten den zusätzlichen Nachteil, vollkommen vom Wetter abhängig zu sein.

Für die Nutzung von Dampfenergie konnten einige althergebrachte Prinzipien der Feuerbeherrschung – Feuer erzeugt Feuer, und sowohl Feuer als auch Brennstoffe sind transportabel – angewendet werden. Auf lange Sicht gab dies Unternehmern, die mit Dampfmaschinen arbeiteten, einen uneinholbaren Vorsprung gegenüber Konkurrenten, die nach wie vor Wind- oder Wassermühlen einsetzten. Bei der Suche nach einem Standort für ihre Anlagen mußten sie weitaus weniger natürliche Einschränkungen in Betracht ziehen; sie konnten ihre Maschinen mit großer Regelmäßigkeit 24 Stunden am Tag und zu jeder Jahreszeit betreiben; und durch das Installieren schwerer Maschinen waren sie in der Lage, die Produktionskapazitäten weit über die mit Wind- oder Wassermühlen erreichbaren zu steigern.

Andere Mechanismen, denen wir bereits in der Geschichte der Feuerbeherrschung begegnet sind, gelten auch für die Dampfmaschine. Indem sie Dampfkraft nutzten, machten sich die Menschen weniger direkt von bestimmten natürlichen Kräften wie Flüssen oder Wind abhängig; sie blieben jedoch weiterhin von der »Natur« abhängig – in diesem Falle von dem Vorhandensein von Kohlevorräten. Außerdem stieg ihre Abhängigkeit von anderen Menschen, während ihre Abhängigkeit von natürlichen Kräften weniger direkt wurde. Die Zwänge sozialer Interdependenzen wurden gleichzeitig stärker und diffuser und waren dabei weniger deutlich zu erkennen.

Diese Zwänge wirkten von mehreren Seiten auf die Industriellen. Selbst wenn sie sich als unabhängige Unternehmer betrachteten, mußten sie sich mit Zulieferern, Kunden, Konkurrenten und Beschäftigten befassen. Die Rolle, die sie in dieser multipolaren sozialen Figuration spielten, zwang sie, ständig neue Investitionen durchzuführen, um die Effizienz und Produktion zu steigern. Die daraus resultierende Überproduktion verursachte regelmäßig wiederkehrende Rezessionen und Konkurse. Mit jeder Krise verschwanden ein paar Wettbewerber und ließen eine kleinere Zahl zunehmend größerer Unternehmen zurück. Dieser ungeplante Prozeß der ökonomischen Monopolbildung, den Karl Marx scharfsinnig analysiert hatte, wurde später von Norbert Elias als typischer »Ausscheidungskampf« charakterisiert. Strukturell ähnelte er früheren Ausscheidungskämpfen wie den politischen und militärischen Kämpfen, die die Feudalherren im späten Mittelalter ausfochten und aus denen schließlich die Staaten des modernen Europas hervorgingen.[13]

Diejenigen Industriekapitalisten, die die ökonomischen Ausscheidungskämpfe überlebten, konnten enorme Profite machen. In starkem Kontrast zu ihrem zunehmenden Reichtum stand die Armut der Arbeiter. Während sich die Kapitalisten als Klasse dauerndem Druck ausgesetzt fühlten, größere und teurere Maschinen zu installieren, stand es den meisten einzelnen Mitgliedern dieser Klasse frei, aus dem Wettbewerb auszusteigen und eine andere Karriere zu verfolgen oder als Privatier zu leben. Arbeiter hatten diese Wahlmöglichkeiten nicht. Sie waren ausschließlich von den Löhnen abhängig, die sie für ihren Beitrag zum industriellen Produktionsprozeß erhielten. Als die Dampfmaschine zum Motor der industriellen Revolution wurde, hatten die Arbeiter kaum eine andere Wahl, als sich dem von ihr aufgezwungenen Rhythmus zu unterwerfen: »Alle Maschinen waren an den Motor angeschlossen, und der ganze Produktionsablauf erforderte, daß jeder Arbeiter seinen eigenen Willen dem der ganzen Arbeitseinheit unterwarf.«[14]

Neue Formen der Disziplin im Fabrikbereich waren *eine* Folge der Industrialisierung. Eine andere war die allgemeine Verelendung, die Verschlechterung der Lebens- und Arbeitsbedingungen der Arbeiterklasse. Der Begriff der Verelendung wurde von Karl Marx geprägt; der Prozeß als solcher war jedoch für jeden bürgerlichen Besucher sichtbar, der sich in die Fabriken, Zechen oder

13 Elias 1969b, S. 204-221.
14 Mathias 1983, S. 138.

Elendsviertel vorwagte, in denen die Arbeiter lebten. Lange Arbeitszeiten, niedrige Löhne, schlechte Wohnverhältnisse, die dauernde Bedrohung durch Arbeitslosigkeit und das Fehlen jeglicher Reserven für Krisensituationen trugen dazu bei, das Leben der Arbeiter erbärmlich zu machen. Man mußte kein Sozialist sein, um dies zu erkennen. So merkte Tocqueville nach seinem Besuch in Manchester 1835 an:

Blicke auf und über den ganzen Ort, und du wirst die großen Industriepaläste sehen. Du wirst den Lärm der Brennöfen, das Pfeifen des Dampfes hören. Diese gewaltigen Bauten nehmen den von ihnen beherrschten menschlichen Behausungen sowohl die Luft als auch das Licht; sie umgeben sie mit immerwährendem Nebel; hier ist der Sklave, dort der Herr; hier ist der Reichtum einiger weniger, dort die Armut der Mehrheit; dort produzieren die organisierten Anstrengungen Tausender zum Nutzen eines Menschen das, was die Gesellschaft noch nicht zu geben gelernt hat. (...) Hier kommt die Menschheit zur ihrer höchsten und ihrer brutalsten Entfaltung. Hier bringt die Zivilisation ihre Wunder hervor, und der zivilisierte Mensch wird fast wieder in einen Wilden zurückverwandelt.[15]

Gleichzeitig mit der Zunahme der Gegensätze innerhalb der sich industrialisierenden Länder wuchsen auch die Macht- und Verhaltensunterschiede zwischen den Ländern, in denen eine Industrialisierung stattfand, und denen, die nicht industrialisiert wurden. Dank ihrer blühenden Industrien entwickelten die europäischen Staaten gewaltige militärische Macht, der sich fast jede andere Gesellschaft unterwerfen mußte. Die Ureinwohner Nordamerikas und Australiens wurden fast völlig vernichtet. Viele Teile Asiens und Afrikas wurden unter koloniale Verwaltung gestellt, und ein großer Teil des Landes und der Menschen wurden zur Gewinnung und Herstellung von Rohstoffen für die Industrie in Dienst genommen.

Die militärische, politische und ökonomische Überlegenheit der europäischen Nationen beruhte stark auf ihrer fortgeschrittenen Industrialisierung. Gleichzeitig gab es jedoch auch gerade in diesem Prozeß der industriellen Produktion Entwicklungen, die zu einer Verringerung der Macht- und Verhaltensunterschiede sowohl zwischen als auch innerhalb von Nationen führten. Eine

15 Zitiert nach Clayre 1977, S. 118f.

dieser Entwicklungen war der Trend zur Massenproduktion, die die Standardisierung industriell gefertigter Bedarfsgüter zur Folge hatte. Ein typisches Produkt dieses Trends war das Sicherheitsstreichholz.

Man kann sagen, daß die Geschichte des Streichholzes als Mittel, Feuer zu entzünden, mit der Entdeckung des Phosphors im 17. Jahrhundert beginnt. Es gibt eine gewisse zeitliche Übereinstimmung zwischen seiner Entwicklung und der der Dampfmaschine, die nicht ganz zufällig ist. Die Fortschritte in speziellen Technologien und in der Wissenschaft sowie der allgemeine Anstieg des Wohlstands schufen die Voraussetzungen für eine bewußte Suche nach neuen Methoden zur Erzeugung von Feuer, die billiger herzustellen und einfacher zu bedienen waren als die Zunderbüchse. Insbesondere die Verbreitung der Gewohnheit zu rauchen schuf eine größere Nachfrage nach solchen Mitteln. Gegen Ende des 18. Jahrhunderts wurden mehrere Arten von phosphorhaltigen Streichhölzern entwickelt. Trotz vieler Verbesserungen, die in den folgenden Jahrzehnten eingeführt wurden, wiesen sie jedoch in vielerlei Hinsicht Mängel auf. Der Umgang mit ihnen erforderte höchste Vorsicht, denn sie verbreiteten einen Funkenregen, wenn sie angezündet wurden, und sie konnten sich leicht spontan entzünden, sei es durch eine abrupte Bewegung oder wenn sie der Sonne ausgesetzt waren. Zudem wurden die Köpfe aus einem hochgiftigen Stoff (»weißer Phosphor«) hergestellt. Diese Nachteile wurden erst 1852 mit der Erfindung des Sicherheitszündholzes überwunden, das sich nur dann entzündete, wenn es an der Oberfläche einer Schachtel gerieben wurde. Diese Oberfläche enthielt den relativ harmlosen »roten Phosphor«, eine Erfindung, die sich der schwedische Hersteller Johan Lundström patentieren ließ.[16]

Der Soziologe Herbert Spencer soll das Sicherheitsstreichholz den »größten Segen für die Menschheit im 19. Jahrhundert« genannt haben.[17] Diese Bemerkung mag zwar übertrieben scheinen; dahinter stand jedoch die Überlegung, daß das Sicherheitszündholz Feuer für alle Menschen in der ganzen Welt verfügbar machte, und dies mit einem minimalen Unfallrisiko und zu Ko-

16 Beaver 1985, S. 18-28.
17 Briggs 1988, S. 181; Beaver 1985, S. 19.

sten, die man tatsächlich bald vernachlässigen konnte. Streichhölzer sind, wie oft festgestellt wurde, das einzige von Menschen geschaffene Produkt, das so billig ist, daß man sogar einen Fremden darum bitten kann. In der zweiten Hälfte des 19. Jahrhunderts verbreitete sich ihr Gebrauch rasch in allen Bevölkerungsschichten der Industrienationen. Und überall dort, wohin die Europäer vordrangen, gehörten die von ihnen mitgebrachten Streichhölzer zu den ersten materiellen Kulturgegenständen, die die Menschen übernahmen, mit denen sie in Kontakt kamen.

Es stellt sich uns die Frage, warum Streichhölzer so beliebt wurden. Die spontane Antwort wäre wohl, daß sie das Feuer für jeden zu jeder Zeit verfügbar machten. Aber dann könnten wir weiter fragen, warum Menschen den Wunsch haben, Feuer zu machen. Es wurde geschätzt, daß die Engländer in den 1870er Jahren pro Person täglich durchschnittlich acht Streichhölzer anzündeten.[18] Warum taten sie dies? Im Haushalt brauchten sie Feuer zum Kochen, zum Heizen und zum Anzünden ihrer Öl- und Gaslampen. Zudem brauchten immer mehr Männer Feuer zum Rauchen. Offenbar trugen der Stand der Technik, des Wohlstands und des Komforts, an den sich zunehmend mehr Menschen gewöhnten, zur Schaffung eines Marktes für die Streichholzindustrie bei.

Der Industriezweig selbst entwickelte sich bald zu einem lehrbuchhaften Beispiel der Monopolbildung. Zu Beginn des 20. Jahrhunderts wurde die weltweite Streichholzproduktion von wenigen Firmen kontrolliert, die gegenseitige Handelsabkommen geschlossen hatten und deren finanzielle Interessen miteinander verbunden waren. Für alle Menschen waren Streichhölzer eine unverzichtbare Notwendigkeit geworden. Die manuellen Fertigkeiten, die das Anzünden eines Streichholzes erforderte, waren sehr leicht zu erlernen; das Wichtigste, was die Menschen lernen mußten, war, die nötige Vorsicht walten zu lassen.

Sicherheitszündhölzer waren sehr einfache Produkte, aber sie wären für ein auf sich allein gestelltes Individuum sehr schwer

18 Briggs 1988, S. 195.

herzustellen gewesen. Den meisten Menschen fehlte nicht nur das für ihre Produktion benötigte Wissen, sondern sie wären weder in der Lage gewesen, die notwendigen Rohstoffe zu besorgen, noch hätten sie die Maschinen für die Verarbeitung dieser Materialien besessen. Sicherheitsstreichhölzer waren nur ein Beispiel für die vielen Gegenstände, die dazu führten, daß Menschen in industriellen Gesellschaften ganz von anderen Menschen – deren Existenz ihnen eventuell nicht einmal bewußt war – abhingen.

Neue Energiequellen: diskreterer und diffuserer Gebrauch von Feuer

Die Industrielandschaft hat sich im Laufe des 20. Jahrhunderts grundlegend gewandelt. Sie wird nicht mehr von endlosen Reihen von Fabrikschloten beherrscht. Die Gegenwart von Feuer und Rauch ist viel unauffälliger geworden.

Diese Veränderungen in der Landschaft spiegeln das Verschwinden der Dampfkraft als Hauptenergiequelle der Industrie wider. Sie wurde von anderen Energiequellen wie Öl, Gas und Elektrizität abgelöst. Auf den ersten Blick scheint es so, als hätte die Bedeutung des Feuers in der industriellen Produktion abgenommen, aber bei näherer Betrachtung wird deutlich, daß dies nicht der Fall ist.

Tatsächlich sind die Produktionsmethoden in der modernen Industrie und auch in der Landwirtschaft sehr brennstoffintensiv. Die verbrauchte Energie – einschließlich der Elektrizität – wird größtenteils aus den fossilen Brennstoffen Kohle, Öl und Gas gewonnen. Verbrennungsprozesse spielen weiterhin eine zentrale Rolle, aber sie laufen in speziellen Behältern ab, so daß die meisten Menschen nicht direkt mit einem der Merkmale konfrontiert werden, die die unmittelbare Nähe des Feuers zum Ärgernis und zur Gefahr machen können. Die Launen der Flammen sind völlig unter Kontrolle. Ruß, Rauch und Brandgefahr sind auf ein Minimum reduziert. Brennöfen und Verbrennungskammern, in denen sich große Hitze konzentriert, bleiben außen kalt.

Typische Produkte der modernen, brennstoffintensiven Industrie sind Kraftfahrzeuge. Diese werden mit Motoren ausgerüstet, die so entworfen sind, daß sie durch fein eingestellte und genau kontrollierbare Verbrennungsprozesse angetrieben werden. In der Tat kann das Kraftfahrzeug fast als Symbol für die hochkomplexen und differenzierten Nutzungsmöglichkeiten des Feuers am Ende des 20. Jahrhunderts dienen. Automobile werden durch die Verbrennung fossiler Brennstoffe in Bewegung gesetzt. Sie sind aus Stahl, Plastik und Glas hergestellt – Materialien, die mit Hilfe hoher Temperaturen produziert und verarbeitet werden. Dennoch ist es nicht sehr wahrscheinlich, daß sich eine Person, die in ihr Auto steigt und die elektrische Zündung betätigt, um den Motor anzulassen, bewußt ist, daß sie sowohl Feuer als auch Produkte, zu deren Herstellung Feuer benötigt wird, benutzt. Während sie fahren, nehmen Menschen die Verbrennungsprozesse, die ihr Auto in Bewegung halten, nicht wahr. Sie sehen nicht, wie das Benzin unter der Motorhaube verbrennt, und die meisten von ihnen haben nicht einmal aus der Ferne das Feuer in den Fabriken und den Kraftwerken gespürt, ohne das ihre Autos niemals herzustellen wären.

Ein ganz anderes Beispiel für diesen Effekt ist die Landwirtschaft. Zu Beginn des 19. Jahrhunderts, als in England die Industrialisierung bereits einsetzte, wurde fast die ganze Energie, die auf dem Bauernhof verbraucht wurde, innerhalb der Hofgrenzen durch menschliche und tierische Arbeitskraft erzeugt. Das offene Feuer, das im Herd brannte, wurde durch Holz aus der unmittelbaren Umgebung unterhalten. Bis zum Ende des 20. Jahrhunderts hatte sich die Situation völlig verändert: jetzt wird fast die ganze Energie, die genutzt wird, von außen zugeführt: in Form von Düngemitteln, Öl und Benzin sowie Elektrizität.[19]

Ein wesentlicher Vorteil der neuen Energiequellen nicht nur gegenüber Holz, sondern auch gegenüber Dampf besteht darin, daß sie mit größerer Flexibilität eingesetzt werden können. Die Brennstoffe sind leichter zu transportieren und zu verteilen als Holz oder Kohle, und die Verbrennung kann präziser reguliert werden. Vorausgesetzt, die notwendigen technischen Möglichkeiten sind vorhanden, sorgen Gas, Öl und Strom für einen sehr regelmäßigen und genau kontrollierbaren Energiefluß. Elektrizi-

19 Simmons 1989, S. 239-243.

tät hat zudem noch den Vorteil, an ihrem Bestimmungsort ganz »sauber« zu sein.[20] Die Verbraucher von Elektrizität werden kaum mehr mit all den Arbeiten und Unannehmlichkeiten belastet, die mit der Verwendung von Feuer verbunden sind – so das Problem, sich des Rauches zu entledigen, das Lagern von Brennmaterial, das Hüten des Feuers. Brände sind nicht ganz ausgeschlossen, aber ihre Häufigkeit ist außerordentlich verringert worden. Heute sind Menschen in der Lage, mit wenigen, einfachen Handlungen und einem Minimum an Risiken große Mengen hochkonzentrierter Energie zu nutzen.

Dies gilt für jeden Bereich des sozialen Lebens: sei es für die Landwirtschaft, die Industrie, den Verkehr oder für Aktivitäten in Haushalt und Freizeit. Überall ist es möglich, mit sehr wenig körperlicher Anstrengung große Mengen an Energie zu mobilisieren – mit dem Ergebnis, daß das Leben in vielerlei Hinsicht bequemer wird. Außerdem wird das Gefühl verstärkt, daß natürliche Prozesse gemeistert werden können, und, damit einhergehend, wird die Illusion von Unabhängigkeit geschaffen.

Denn dies ist eindeutig eine Illusion. Gleichgültig, ob Menschen die Energie eines Benzinmotors, einer Batterie oder eines Anschlusses an einen Stromkreislauf oder an eine Gasleitung nutzen, auf jeden Fall können sie dies nur deshalb tun, weil sie Teil eines komplexen und weitreichenden Netzwerkes sozialer Abhängigkeiten sind. Solange die Versorgung funktioniert und solange Menschen ihren finanziellen Verpflichtungen nachkommen, müssen sie sich über die ganze Konstellation wenig Gedanken machen. Sie werden jedoch unmittelbar damit konfrontiert, sobald irgendeine dieser Bedingungen nicht erfüllt wird.

In dieser Beziehung setzt die Nutzung neuer Energiequellen deutlich eine Entwicklungsrichtung fort, die die Kontrolle des Feuers immer gekennzeichnet hat. Die Abhängigkeit von Naturgewalten wurde weniger direkt (was nicht heißen soll, daß ihr Ausmaß geringer wurde), und gleichzeitig nahm die Abhängigkeit von kulturellen und sozialen Ressourcen zu. Ein komplizierter technischer und organisatorischer Apparat ist nötig, um die Energieversorgung jederzeit zu gewährleisten. Der Großteil die-

20 Vgl. Williams 1982, S. 64-79.

ses Apparats ist »hinter den Kulissen« der Industriegesellschaft angesiedelt und für den Normalverbraucher unsichtbar.

Die Zunahme der Brennstoffversorgung ging mit einer gewaltigen Verlängerung der Kette der gegenseitigen Abhängigkeit von Gruppen einher. Eine direkte Auswirkung war ein hoher Anstieg des Standards des physischen Komforts. In einem modernen Industrieland gibt es normalerweise keinen Mangel an Feuer. Alles was Menschen brauchen, um die Vorteile der reichlich vorhandenen Energie genießen zu können, ist der Zugang zur allgemeinsten Ressource des Wohlstands: Geld. Licht und Wärme werden in unbegrenzten Mengen verkauft; und dies gilt auch für Energie zum Betreiben einer großen Vielfalt von Geräten. Energie wird auf so bequeme Weise erhältlich gemacht, daß die gesellschaftliche Leistung, die für ihre Herstellung notwendig ist, leicht vergessen wird.

Diese gesellschaftliche Leistung wird zuerst an den Bohrlöchern und in den Bergwerken erbracht, wo die Energie gewonnen wird, und dann während der Vorgänge ihrer Verarbeitung zu konsumierbarem Gas, Öl oder Elektrizität sowie während des Transports und der Verteilung. Die vielen Voraussetzungen, die für den ungestörten Energiefluß notwendig sind, werden oft als selbstverständlich erachtet; aber es ist unmöglich, daß sie diejenigen, die von ihnen als Verbraucher profitieren, nicht ständigen Zwängen aussetzen. Die Rechnung muß bezahlt werden – sowohl finanziell als auch in anderer Hinsicht.

Wie der deutsche Soziologe Peter Gleichmann festgestellt hat, führte die ständige Verfügbarkeit von Elektrizität – zu jeder Stunde und in allen Teilen der Welt – zu einer Verringerung des Unterschieds zwischen Tag und Nacht.[21] In der Mitte des 19. Jahrhunderts waren Fabrikbesitzer aufgrund der von ihnen getätigten hohen Investitionen in ihre Fabriken dazu gezwungen, die Anlagen Tag und Nacht laufenzulassen. Gaslicht beleuchtete den Arbeitsplatz. Im 20. Jahrhundert hat sich das Nachtleben, vor allem in den Städten, nach und nach ausgedehnt. Wasserversorgung, Abwasserbeseitigung, Gas, Elektrizität, Telefon, Telefax, Radio, Polizei, Feuerwehren, Krankenhäuser – von all diesen

21 Gleichmann 1983. Siehe auch Melbin 1987.

Dienstleistungen wird gemeinhin erwartet, daß sie Tag und Nacht angeboten werden. Internationale Abhängigkeiten ruhen niemals; dies ist einer der Gründe dafür, daß viele Menschen die Nachrichten einschalten, sobald sie morgens aufwachen: Bevor sie wieder ihren alltäglichen Beschäftigungen nachgehen, möchten sie erfahren, was geschehen ist, während sie geschlafen haben – in ihrem eigenen Land, in dem es Nacht war, und anderswo, wo es Tag war.

Ab und zu treten Schwierigkeiten auf. Manchmal kommt es zu Störungen bei der örtlichen Stromversorgung, so z.B. beim »Blackout«, dem großen Stromausfall in New York am 13. Juli 1977. Oder es treten internationale Komplikationen auf, so wie z.B. die Ölkrise im Jahre 1973, als es der Mehrheit der ölfördernden Länder gemeinsam gelang, einen drastischen Anstieg der Rohölpreise durchzusetzen.[22]

Berücksichtigt man den ungeheuren Anstieg des Energieverbrauchs in der zweiten Hälfte des 20. Jahrhunderts, sind Störungen jedoch bemerkenswert selten. Die Industriewirtschaft ist eine Brennstoffwirtschaft; ihr Dreh- und Angelpunkt ist die regelmäßige Versorgung mit Brennmaterial, das leicht in Energie umgewandelt werden kann. Der Produktivitätsanstieg führte zu intensivem Wachstum, das sich in den Zentren der industriellen Produktion und des Verbrauchs konzentriert, und zu einem extensiven Wachstum, das derzeit überwiegend auf den Rest der Welt, die »Peripherie«, begrenzt ist. Das intensive Wachstum weist heute mehr noch als das extensive Wachstum alle Kennzeichen einer weitestgehend autonomen, selbstangetriebenen Kraft auf. Licht, Wärme, Bewegung und sogar Kühlung werden mit Brennstoffen erzeugt, und das in zunehmend großen Mengen. Das steigende Angebot all dieser brennstoffintensiven Güter und Dienstleistungen stimuliert dagegen seinerseits wieder die Nachfrage der Kunden, die danach streben, sowohl ihren materiellen Komfort als auch ihren sozialen Status zu erhöhen.

Das Verlangen nach intensivem Wachstum ist auch in den weniger hochindustrialisierten Ländern vorhanden. Dort herrscht jedoch noch immer extensives Wachstum vor, und man muß damit rech-

---

22 Vgl. Yergin 1991, S. 588-652.

nen, daß sich dieser Prozeß des extensiven Wachstums in den kommenden Jahrzehnten auch immer mehr auf die reichen Länder ausdehnen wird. Reichtum zieht Armut an – für diese Verallgemeinerung lassen sich unzählige Beispiele in der Geschichte finden. Wann immer sich die Gelegenheit bietet, werden viele Menschen ärmerer Regionen in Gebiete wandern, in denen die Menschen durchschnittlich wohlhabender sind.

Indessen wird der durch extensives und intensives Wachstum gemeinsam ausgeübte Druck den Brennstoffkonsum in die Höhe treiben. In den meisten Fällen werden die tatsächlichen Verbrennungsprozesse vor den Verbrauchern verborgen, die daher keine direkten physischen Unannehmlichkeiten erfahren, die sie davon abhalten könnten, zunehmend mehr Brennmaterial zu verbrauchen.

Große Stadtbrände

Auf besonders spektakuläre Weise werden die Wirkungen von Verbrennungsprozessen dann sichtbar, wenn ein Feuer »ausbricht« und zu einem Großbrand wird. Während des schnellen Wachstums der Städte in der frühen Moderne und der Moderne traten mehrere riesige Brände auf. So wurden – wie bereits beschrieben – 1666 in London mehr als dreizehntausend Häuser zerstört – ein Rekord für Westeuropa, der jedoch mehr als zwei Jahrhunderte später noch durch Brände in den Vereinigten Staaten übertroffen wurde. In Chicago brannten 1871 17.500 Häuser aus, in San Francisco 1906 nach einem Erdbeben 28.000.[23]

In Kapitel 7 habe ich bereits festgestellt, daß jedoch die Korrelation zwischen der Größe einer Stadt und der Häufigkeit von Großbränden nicht gleichgeblieben ist. Wie E. L. Jones deutlich macht, fügte sich der Brand in London 1666, obwohl er außerordentlich groß war, in ein übergeordnetes Muster. Wie Chicago zweihundert Jahre später, erlebte London damals eine Phase des schnellen und stürmischen Wachstums, die das Brandrisiko erhöhte. Dicht bebaut mit Gebäuden aus billigen und leicht brenn-

23 Lyons 1985, S. 111. Siehe auch Rosen 1986.

baren Materialien glich es einer Zunderbüchse. Der Brand, der mitten in der Nacht in einem Bäckerladen ausgebrochen war, breitete sich, begünstigt durch das trockene Sommerwetter und einen starken Wind, schnell aus und hatte sich der menschlichen Kontrolle bald völlig entzogen.[24]

Im 19. Jahrhundert wüteten in Westeuropa die größten Stadtbrände in Hamburg (1842) und in Newcastle (1854), wobei vierhundert bzw. achthundert Gebäude zerstört wurden. Sowohl die Zahl der Städte als auch ihre Größe nahm zu, nicht jedoch Zahl und Ausmaß der Stadtbrände. In den Vereinigten Staaten war der Brand von 1906 in San Francisco der letzte einer Reihe zunehmend größerer Brände, und obwohl Nordamerika weiterhin eine beträchtlich höhere jährliche Rate von Bränden hatte als Westeuropa oder Japan, hielt auch in diesem Teil der Welt die Häufigkeit von großen Stadtbränden nicht Schritt mit dem Wachstum der Städte.[25]

Zur Erklärung des »fire gap« (»Feuerlücke«), wie er die Diskrepanz zwischen der Abnahme der Brände und dem Wachstum der Städte nennt, weist Jones auf zwei Faktoren hin. Zuerst nennt er die zunehmende Verwendung von Ziegelsteinen, Beton und Stahl als Baumaterialien. Schnell wachsende Industriestädte wie Birmingham oder Manchester waren zwar berüchtigt für ihre schlechten Wohnverhältnisse, blieben aber das ganze 19. Jahrhundert hindurch von großen Bränden verschont. Jones zufolge kam dies hauptsächlich daher, daß es in England billiger war, industriell gefertigte Ziegel anstelle von Holz als Baustoff zu verwenden, da es dort zu dieser Zeit kaum mehr Wälder gab.[26]

Die zweite Erklärung, die Jones vorbringt, betrifft räumliche Vorkehrungen. Besonders in Nordamerika und Australien, wo es Land in Hülle und Fülle gab, expandierten die Städte gewöhnlich durch den Bau einzelnstehender Einfamilienhäuser mit Gärten. Das reduzierte in hohem Maße das Risiko, daß sich Brände über ein ganzes Gebiet ausdehnten, auch wenn die äußeren Wände aus Holz bestanden und die Dächer mit rustikal wirkendem Stroh gedeckt waren.

24 Frost und Jones 1989, S. 334 f.
25 E. L. Jones 1987, S. 33 f.
26 Frost und Jones 1989, S. 341.

Jones verwirft eine dritte Erklärung, die die Abnahme von Großbränden in Städten auf eine effektivere Brandbekämpfung zu-
rückführt. Während er einräumt, daß im Laufe des 19. Jahrhunderts tatsächlich eine Reihe technischer Neuerungen eingeführt
wurde, glaubt er nicht, daß diese spürbaren Einfluß auf die Fähigkeit der Feuerwehrmänner haben konnten, einem wirklich
großen Ausbruch von Feuer Einhalt zu gebieten.

Während ich Jones' ersten zwei Argumenten völlig zustimmen
kann, bin ich der Meinung, daß er den möglichen Einfluß von
Verbesserungen in der Brandbekämpfung zu schnell verwirft. Es
ist zweifelsohne wahr, daß Feuerwehren einem Brand ohnmäch-
tig gegenüberstanden, wenn er einmal katastrophale Ausmaße
angenommen hatte. Aber genau hier liegt das Problem: Wie kann
die abnehmende Häufigkeit solcher unkontrollierbar großen
Brände erklärt werden? Zeitgemäßeres und effektiveres Ein-
schreiten auf seiten der Feuerwehren kann dabei durchaus eine
Rolle gespielt haben.

Die nähere Betrachtung eines speziellen Ereignisses, das in vielerlei Hinsicht typisch für die städtischen Großbrände in der
Mitte des 19. Jahrhunderts war, mag zur Klärung dieses Problems
beitragen. Am 2. Juli 1858 brach in einem Warenhaus am Rande
eines dicht bebauten Amsterdamer Stadtteils ein Feuer aus. Angefacht durch einen starken Wind griffen die Flammen auf die
benachbarten Gebäude – Industriegebäude und Wohnhäuser –
über, von denen siebenundzwanzig völlig zerstört wurden.[27]

In einem historischen Bericht über dieses Feuer, in dem aus zeitgenössischen Zeitungen zitiert wird, sind zwei Punkte von besonderem Interesse. Der erste betrifft die Feuerwehr. Diese
bestand aus zwangsweise verpflichteten Bürgern, die durch Los
zum Dienst als Feuerwehrmann bestimmt worden waren. Im Falle eines Feueralarms mußten sie sich unter Androhung eines
Bußgelds sofort melden. Außerdem konnte der Kommandant
auch Mitgliedern der Öffentlichkeit befehlen, sich an den Lösch-
arbeiten zu beteiligen. Die wichtigsten zur Verfügung stehenden
Ausrüstungsgegenstände waren Löschgeräte des Typs, den Jan
van der Heyden im 17. Jahrhundert entwickelt hatte. Um die

27 Der folgende Bericht beruht auf Douwes 1968.

Feuerwehrleute dazu zu bewegen, sich anzustrengen, wurden sie reichlich mit Bier versorgt. Wie viele Augenzeugen in ihren Briefen an den Herausgeber feststellten, ließ alles in allem sowohl die technische Ausrüstung als auch die Moral der Feuerwehrleute viel zu wünschen übrig.

Dasselbe galt, laut dieser Kommentatoren, auch für die Einstellung der Öffentlichkeit. Menschen strömten in Scharen aus der ganzen Stadt herbei, um sich das Spektakel anzusehen. In einem kritischen, kurz nach dem Ereignis geschriebenen Artikel beschwerte sich ein Arzt über »die gräßliche Unordnung am Ort des Feuers, den minderwertigen Zustand der Ausrüstung und die verspätete Ankunft der zivilen Feuerwehrleute«. Besonders ärgerlich fand er, daß die Feuerwehrleute sich kein Gehör verschaffen konnten,

denn ihre Stimmen wurden nicht gehört aufgrund des allgemeinen Rufens, Schreiens und Tobens in der Straße, in der jeder, dem danach war, schrie, wütete und kreischte, inmitten von Anordnungen und Befehlen, die nicht gehört, geschweige denn richtig ausgeführt wurden, da sie im Lärm untergingen. Es war mehr eine bacchantische Straßenvorstellung, ein lautes Volksfest als ein tragisches Unglück, das gelassenes und ruhiges Handeln erforderte.

Sowohl das heraufbeschworene Bild als auch die entrüsteten Reaktionen darauf geben Aufschluß über die Veränderungen, die bei der Feuerbekämpfung stattfanden. Davon war eine technologischer Art, denn in den Jahrzehnten nach 1850 wurden Handpumpen nach und nach durch dampfbetriebene Pumpen ersetzt – eine Neuerung, der bald der Anschluß der Feuerwehrschläuche an die in den Städten neuinstallierten Hochdruckwasserleitungen folgte. Nicht weniger wichtig waren für die Feuerwehren Reformen in der Organisation und Disziplin.

Auf den ersten Blick scheinen einige dieser Reformen in verschiedene Richtungen zu gehen, denn in manchen Städten wurden freiwillige Feuerwehren gegründet, in anderen Berufsfeuerwehren. Beiden gemeinsam war jedoch, daß sie einen höheren Grad der Spezialisierung und Organisation aufwiesen als ihre Vorgänger. Das System der Rekrutierung zwangsverpflichteter Feuerwehrleute wurde aufgegeben.* Die neuen Feuerwehren besaßen nicht nur fortschrittlichere technische Ausrüstungen, sondern ihre Mitglieder erhielten auch eine bessere Ausbildung und wurden besser belohnt – entweder mit Geld und einem höheren sozialen Status oder, bezeichnenderweise, nur mit einem höheren Status. Die Veränderungen spiegeln sich im Ton wider, in dem die Zeitungen über Feuerwehreinsätze berichteten. Solche Berichte betonten die Effektivität der Feuerwehrleute und ihren bescheidenen Heldenmut. Das Bekämpfen von Feuer gewann mehr Ansehen denn je – sei es als besondere Berufung für Bürger, die bereit waren, alle anderen Pflichten zu vernachlässigen, wenn sie zu einem Notfall gerufen wurden, oder als edelmütiger Beruf für diejenigen, die sich dieser Aufgabe ganz widmeten und sogar bereit waren, ihr Leben in ihren Dienst zu stellen.[28]

Die Veränderung der Einstellung zur Aufgabe der Brandbekämpfung sowohl in der Presse als auch innerhalb der Feuerwehren selbst war ein Aspekt einer umfassenderen »Zivilisationskampagne«. Die neuen Feuerwehren waren vom gleichen Geist beseelt wie die Gesellschaften, die zur selben Zeit in Küstenstädten zur Rettung Ertrinkender gegründet wurden, wo über Jahrhunderte die Einstellung zu den Opfern eines Schiffbruchs eher durch Gefühllosigkeit als durch Menschenliebe gekennzeichnet war. Bis ins frühe 19. Jahrhundert war es die primäre und praktisch einzige Aufgabe der an der Brandbekämpfung Beteiligten, den materiellen Besitz zu schützen; jetzt aber begann die Rettung von Menschenleben Priorität zu gewinnen, was die Gründung der »Königlichen Gesellschaft zum Schutze des Lebens vor Feuer« in London 1836 zum Ausdruck bringt.[29]

Autoren, die über die »Zivilisationsoffensiven« (oder Kampagnen, wie man sie besser nennt) des 19. Jahrhunderts schreiben, betonen gewöhnlich nur einen Aspekt: die Versuche von Seiten der Bourgeoisie, die Arbeiterklassen in bestimmten Sitten der

* In der BRD gibt es noch immer für den Ausnahmefall, daß eine freiwillige Feuerwehr nicht zustandekommt bzw. eine bestehende Wehr den Feuerschutz nicht gewährleisten kann, laut FSHG (vom 25. 2. 75, § 11) die Bestimmung, daß eine Pflichtfeuerwehr eingerichtet werden muß (Anm. der Übersetzerinnen).

28 Viele Beispiele für diesen Ethos findet man in der Literatur zur Geschichte der Feuerwehren in verschiedenen Ländern. Siehe zum Beispiel Wallington 1989.

29 Green-Hughes 1979, S. 34.

Mittelklasse zu unterweisen. Die Ausbildung der Feuerwehren umfaßte jedoch weit mehr, als nur aufsässigen Arbeitern eine bürgerliche Ordnung aufzuzwingen. Sicherlich gilt für die freiwilligen Feuerwehren, aber auch für die meisten Berufsfeuerwehren, daß sie die selbstgewählte Hingabe an ein hohes Ideal mit einschloß. Der von den Feuerwehrmännern durchlaufene Zivilisationsschub scheint sich auch auf die breite Öffentlichkeit ausgewirkt zu haben: Während große Feuer weiterhin viele Menschen anzogen, schienen die Zuschauer weniger geneigt zu sein, den Schauplatz des Brandes als Rummelplatz zu betrachten.

Diese Überlegungen unterstützen das Argument, daß außer den zwei Erklärungen, die Jones für das »fire gap« gibt, auch die sich wandelnde Rolle der Feuerwehren berücksichtigt werden sollte, und zwar nicht nur ihre technische Ausrüstung, sondern auch ihre Organisation und mentale Einstellung. Ebensowenig dürfen die Einstellungen der Öffentlichkeit ignoriert werden, denn als das Problem des öffentlichen Chaos reduziert war, konnten die Feuerwehrmänner ihre Anstrengungen besser auf die Bekämpfung des Feuers konzentrieren.

Heute finden solche großen Stadtbrände, wie sie immer wieder in Agrargesellschaften wüteten, mit einer gewissen Regelmäßigkeit in der Dritten Welt statt. Sie sind in der Tat so häufig, daß ihnen in den Medien wenig Aufmerksamkeit geschenkt wird. Selbst wenn in einem Barrio in São Paulo oder Manila Tausende von Hütten ausbrennen, widmen die Zeitungen in Europa diesem Ereignis nicht mehr als eine kurze Nachrichtenzeile, wenn sie es überhaupt erwähnen. Gerade diese Tendenz, nicht über Brände zu berichten, trägt zur Erklärung bei, warum wir so wenig über Brände in der Vergangenheit wissen: Sie wurden nur dann aufgezeichnet, wenn sie wichtige öffentliche Gebäude zerstörten. Normalerweise galt das Abbrennen von Wohnungen nicht als erwähnenswert – besonders dann nicht, wenn diese Wohnungen – was gewöhnlich der Fall war – armen Menschen gehörten.

In hochindustrialisierten Ländern hat in Friedenszeiten nicht nur die Häufigkeit von großen Stadtbränden, sondern auch die Häufigkeit von Bränden überhaupt drastisch abgenommen – und das trotz der Ausbreitung einer neuen Ursache für Brände: Brandstiftung, die dazu dient, sich zu bereichern, und die durch den

Eigentümer oder auf seine Anweisung begangen wird, um die Versicherungsprämien zu kassieren. Während dieser abnehmende Trend zwar für alle Industriegesellschaften gilt, sind sie doch in unterschiedlichem Maße davon betroffen. Jedes Jahr sind in den Vereinigten Staaten und Kanada sowohl die Eigentumsverluste als auch die Verluste an Menschenleben pro 100.000 Einwohnern mindestens zweimal so hoch wie in Westeuropa und Japan.[30] Manche Unterschiede sind besonders eindrucksvoll. In den späten 1980er Jahren gab es in Chicago, einer Stadt, die halb so groß ist wie Hongkong, dreimal so viele durch Brände verursachte Todesfälle. In Baltimore war die Zahl der Brandopfer dreizehnmal höher als in Amsterdam, das ungefähr gleich groß ist.[31]

Wie die mit Feuer verbundenen Fragestellungen generell, so scheinen auch diese auffallenden Unterschiede der Aufmerksamkeit der vergleichenden Soziologie meistens entgangen zu sein. Um sie zu erklären, müssen wir uns deshalb auf die auf den ersten Blick einleuchtenden Argumentationen beschränken. In den Vereinigten Staaten tritt die bei weitem größte Zahl von Bränden mit Todesopfern in Einfamilienhäusern auf; es ist daher sehr wahrscheinlich, daß die hohe Todesrate damit zusammenhängt, daß viele der Häuser immer noch aus Holz gebaut sind. Amerikanische Brandschutzexperten weisen auch auf andere Faktoren hin – so z.B. auf den Mangel an gesetzlichen Vorschriften und Programmen zur Brandschutzerziehung.[32]

Während das Problem bisher noch nicht aus der Sicht der soziologischen Theorie erörtert worden ist, wird es jedoch von einer zunehmenden Zahl praktisch orientierter Spezialisten untersucht und diskutiert. Viele Organisationen, einschließlich der Feuerwehren und Versicherungsgesellschaften, haben ein großes Interesse daran, Maßnahmen zur Verringerung der Brandgefahr voranzutreiben. Sie können auf einen schnell wachsenden Bestand wissenschaftlicher und technischer Erkenntnisse zurückgreifen, die in hochspezialisierten Laboratorien gewonnen und durch Fachzeitschriften und -konferenzen verbreitet werden. Das Ziel dieser Aktivitäten ist offensichtlich: Ähnlich wie in den

30 Lyons 1985, S. 2-4; Kolata 1987, S. 281.
31 Kolata 1987, S. 281.
32 Kolata 1987, S. 282.

letzten zwei Jahrhunderten riesige Stadtbrände in hochindustrialisierten Ländern zunehmend seltener wurden, so sollte auch die Zahl kleiner Brände weiter gesenkt werden.

Im Ergebnis wird der allgemeine Trend zu einer kulturellen Angleichung der industrialisierten Länder wahrscheinlich verstärkt. Zwischen dem Wunsch nach Sparsamkeit und Annehmlichkeit einerseits und dem Ruf nach Sicherheit andererseits wird es eine fortwährende Spannung geben. Auf der Suche nach einem Kompromiß zwischen diesen einander widersprechenden Forderungen ist es wahrscheinlich, daß überall auf der Welt zunehmend einheitliche Regeln für den Bau, die Innenaufteilung und die Einrichtung von Gebäuden eingeführt werden. Den Einfluß dieser Entwicklung kann man bereits auf Flughäfen und in großen internationalen Hotels erkennen. Für die meisten Brandschutzexperten sind die bestehenden Regeln noch bei weitem nicht ausreichend. Sie sähen z.B. gerne strengere Normen für die Textilien, die zur Herstellung von Möbeln und Kleidung verwendet werden.[33] Endziel ist es, die Räume, in denen Menschen leben und arbeiten, in eine Zone zu verwandeln, die optimal vor Feuer geschützt ist.

Jenseits feuergeschützter Zonen: Krieg

Alles, was im vorhergehenden Abschnitt über den Rückgang von Bränden in Städten gesagt wurde, bedarf einer entscheidenden Einschränkung: Der Rückgang gilt nur für Friedenszeiten. Mit der Industrialisierung stieg die Produktivität und mit ihr, unvermeidlich, auch das Potential zur Zerstörung oder die »Destruktivität«. Nicht nur die Möglichkeiten zur Verhinderung und Bekämpfung von Feuer wurden effektiver, sondern auch die Möglichkeiten, Brände zu entfachen, während Städte als mögliche Ziele für Brandstiftung sowohl an Zahl als auch an Größe zunahmen. Folglich haben im 20. Jahrhundert Kriegshandlungen einige der größten Stadtbrände der Geschichte verursacht.

Wie der Stadthistoriker und -soziologe Lewis Mumford festgestellt hat, boten Städte hinter ihren Mauern ursprünglich den

33 Lyons 1985, S. 140-142.

sichersten Schutz gegen militärische Gewalt. Im Zeitalter der Flugzeuge und Raketen sind sie jedoch die für Angreifer verwundbarsten Ziele geworden.[34] Nachdem dies erstmals im Spanischen Bürgerkrieg (1936-1939) deutlich demonstriert worden war, wurde die Bombardierung von Städten aus der Luft im 2. Weltkrieg allgemein übliche Praxis. Ihre zerstörerische Wirkung nahm ständig zu. Laut offizieller Statistiken hatte der deutsche Luftangriff auf Rotterdam im Mai 1940 980 Todesopfer zur Folge und machte 75.000 Menschen obdachlos. Diese Zahlen wurden in den nächtlichen Angriffen auf deutsche Städte, die 1942 von alliierten Bombern ausgeführt wurden, um ein Vielfaches übertroffen. Das erste Ziel, die alte Hafenstadt Lübeck, wurde für die Zerstörung ausgewählt, weil sie einen spätmittelalterlichen Stadtkern besaß, der hauptsächlich aus leicht brennbaren Holzhäusern bestand. Die erwünschte Wirkung wurde tatsächlich erreicht: Nach ein paar Stunden intensiver Bombardierung brannten 80% der alten Stadt nieder.

Innerhalb weniger Monate bauten die alliierten Streitkräfte eine riesige Organisation auf, um ein Programm zur »massiven Zerstörung, Stadt für Stadt« durchzuführen. Für einen einzigen Nachtangriff auf Köln war im Mai 1942 eine Flotte von mehr als eintausend Flugzeugen entsandt worden. Die Mannschaften hatten den Befehl, »eine Feuersbrunst zu entfachen, die von keiner Feuerwehr der Welt mehr gelöscht werden könnte«.[35] Die größte Zerstörungskraft von allen hatten die Bombardierungen von Hamburg und Dresden im Juli 1943 und Februar 1945. Auf diese Städte wurden riesige Mengen von Brandbomben und Sprengstoff abgeworfen, die »Feuerstürme« entfachten, denen die Feuerwehr wirklich machtlos gegenüberstand und denen man nicht entkommen konnte, so daß Zehntausende von Menschen verbrannten oder erstickten.[36] Angriffe von noch größerem Ausmaß

34 Mumford 1961, S. 632-638.

35 Longmate 1983, S. 221.

36 1 Ernstzunehmende Schätzungen der Zahl der Opfer der Luftangriffe auf Dresden schwanken von 35.000 (Beck 1986, S. 177-180) bis 135.000 (Longmate 1983, S. 341). Diese enormen Diskrepanzen, die es bezogen auf ein Ereignis von 1945 gibt, müssen Zweifel an der Verläßlichkeit von Zahlen über die Opfer bewaffneter Konflikte und

wurden während der ersten Monate 1945 in einer Reihe von ›konventionellen‹ Bombardierungen gegen Tokio und gegen Hiroshima und Nagasaki durch den Abwurf der Atombombe im August 1945 geführt.

Bevor sie den internationalen Krieg begannen, hatten die Nationalsozialisten das Feuer bereits in dem von ihnen geführten Bürgerkrieg eingesetzt, um die Hegemonie ihrer Partei in Deutschland herzustellen. Bis heute ist die Rolle umstritten, die sie 1933 beim Brand des Reichstags spielten. Sicher ist jedoch, daß sie den Brand in einem stark an die Öffentlichkeit getragenen Schauprozeß zu ihrem eigenen Vorteil nutzten. Später inszenierten sie Autodafés, bei denen Bücher, deren Autoren Juden oder andere der Partei mißliebige Personen waren, öffentlich den Flammen übergeben wurden. Es folgte die berüchtigte Kristallnacht, als in ganz Deutschland Synagogen angezündet wurden. Bereits 1920 hatten Truppen des deutschen Militärs (das Freikorps) Osteuropa plündernd durchzogen, wo sie mit modernen Mitteln die alten Techniken der verbrannten Erde und des Plünderns und Brennens praktizierten. Der deutsche Schriftsteller Ernst von Salomon skizziert in seinem halb autobiographischen Roman *Die Geächteten* treffend ihre Mentalität:

Wir machten den letzten Stoß. Ja, wir erhoben uns noch einmal und stürmten in ganzer Breite vor. Noch einmal rissen wir den letzten Mann mit aus der Deckung und stießen in den Wald hinein. Wir rannten über die Schneefelder und brachen in den Wald. Wir knallten in überraschte Haufen und tobten und schossen und schlugen und jagten. Wir trieben die Letten wie Hasen übers Feld und warfen Feuer in jedes Haus und pulverten jede Brücke zu Staub und knickten jede Telegrafenstange. Wir schmissen die Leichen in die Brunnen und warfen Handgranaten hinterdrein. Wir erschlugen, was uns in die Hände fiel, wir verbrannten, was brennbar war. Wir sahen rot, wir hatten nichts mehr von menschlichen Gefühlen im Herzen. Wo wir gehaust hatten, da stöhnte der Boden unter der Vernichtung. Wo wir gestürmt hatten, da lagen, wo früher Häuser waren, Schutt, Asche und glimmende Balken, gleich eitrigen Geschwüren im blanken Feld. Eine riesige Rauchfahne bezeichnete unseren Weg. Wir hatten einen Scheiterhaufen angezündet, da brannte mehr als totes Material, da brannten unsere Hoffnungen, unsere Sehnsüchte, da brannten die

anderer Unglücke, die noch weiter in der Vergangenheit zurückliegen, wecken.

bürgerlichen Tafeln, die Gesetze und Werte der zivilisierten Welt, da brannte alles, was wir noch vom Wortschatz und vom Glauben an die Dinge und Ideen der Zeit, die uns entließ, wie verstaubtes Gerümpel mit uns geschleppt. Wir zogen zurück, prahlend, berauscht, mit Beute beladen.[37]

Der folgende Abschnitt aus einer richtigen Autobiographie ist lakonischer geschrieben, aber als Dokument zum Einsatz des Feuers in der modernen Kriegsführung ebenso interessant:

Sir Bindon sandte Befehl, daß wir zunächst im Mamundtal bleiben und es zur Vergeltung mit Feuer und Schwert verwüsten sollten. Das taten wir dann auch, allerdings mit aller Vorsicht. Wir gingen systematisch vor, von Dorf zu Dorf, zerstörten als Strafmaßnahme die Häuser, warfen die Brunnen zu, legten Türme um, fällten die großen, schattenspendenden Bäume, brannten die Ernten ab und zerstörten die Wasserreservoirs.[38]

Dieser Text, der dem Tenor nach aus den Memoiren eines jeden Generals von Julius Cäsar bis zu Napoleon stammen könnte, wurde von Winston Churchill verfaßt. Er bezieht sich auf einen Feldzug der britischen Armee in Afghanistan um 1900. Auf nüchterne Art führt er uns den althergebrachten Einsatz von Brandstiftung als eines Mittels zur Einschüchterung und zur Demonstration von Macht vor Augen. Sarkastischer wurde die gleiche Botschaft im Roman eines niederländischen Schriftstellers des 19. Jahrhunderts, Multatuli, vermittelt, wenn er beiläufig erwähnt, daß ein indonesisches Dorf »gerade von der niederländischen Armee erobert worden war und daher in Flammen stand«.[39]

Die Durchführung von Brandstiftungen durch Armeen ist tatsächlich furchterregend und einschüchternd. Dennoch sollte unserer Aufmerksamkeit nicht entgehen, daß solche Demonstrationen von Macht gerade auch ein Eingestehen ihrer Grenzen implizieren. Feuer wird dann gegen Menschen eingesetzt, um Gehorsam zu erzwingen, wenn diese offensichtlich durch kein anderes Mittel mehr dazu gebracht werden können. Eine Regierung, die bei ihrer Innenpolitik auf solche Maßnahmen zurückgreifen muß, befindet sich gewiß gerade in einer ernsten Legiti-

37 Salomon 1930, S. 144f.
38 Churchill 1967, S. 198f.
39 Multatuli 1982, S. 276.

mationskrise. Die Gefechte, die Churchill beschrieben hat, fanden an den Grenzen des britischen Weltreichs statt, wo die *Pax Britannica* nicht fest etabliert war. Nur dort griff die Kolonialmacht regelmäßig auf das Mittel der Brandstiftung zurück. Ebenso gingen in den 1980ern die sowjetischen Soldaten in Afghanistan zur Brandstiftung über. Sie benutzten eine Waffe, die der ähnelte, die fünfzehn Jahre zuvor von amerikanischen Truppen in Vietnam eingesetzt worden war: Napalm. In beiden Fällen waren die Folgen für die einheimische Bevölkerung katastrophal; schließlich jedoch sahen sich sowohl die Amerikaner als auch die Sowjets gezwungen, die Feindseligkeiten zu beenden und abzuziehen. Offensichtlich war die großangelegte Zerstörung durch Feuer eine Demonstration militärischer Macht, die einen Mangel an politischer Macht verdeckte. Das gleiche konnte auch Anfang 1991 beobachtet werden, als irakische Soldaten die Ölquellen Kuwaits in Brand setzten. Ungeachtet der angegebenen strategischen Rechtfertigungen war dies eindeutig eine von Verlierern begangene Verzweiflungstat: Sie mußten die von ihnen eroberten Schätze aufgeben und übergaben sie den Flammen.

Jenseits feuergeschützter Zonen: Waldbrände

Menschen, die in einer Stadt aufgewachsen sind, umgeben von Feldern und Weiden, die dauernd landwirtschaftlich genutzt werden, können ziemlich überrascht sein, wenn sie ein Gebiet besuchen, in dem Jäger und Sammler oder Feld-Wald-Wechselwirtschaft betreibende Bauern leben, die regelmäßig große Landstriche in Brand setzen. Einer der ersten Menschen, von dem wir wissen, daß er seine Verwunderung über so einen Anblick aufgezeichnet hat, war der karthagische Reisende Hanno, der um 500 v. Chr. entlang der afrikanischen Küste bei Sierra Leone segelte und aus dem Busch auf den Inseln nahe dem Festland Flammen hoch in den Himmel hinaufschlagen sah.[40] Viele andere Stadtmenschen machten seither ähnliche Erfahrungen. So schrieb der britische Anthropologe Bronislaw Malinowski am Tag seiner

40 Vgl. Harden 1980, S. 167.

Ankunft in Port Moresby in Neuguinea im Sommer 1915 in sein Tagebuch:

Feuer waren an verschiedenen Orten angezündet worden. Rote, manchmal purpurrote Flammen krochen in schmalen Bändern den Berghang hoch; durch den dunkel- oder saphirblauen Rauch verändert der Berghang die Farbe wie ein schwarzer Opal unter dem Glitzern seiner geschliffenen Oberfläche. Vom Berghang vor uns breitete sich das Feuer ins Tal hinunter aus, indem es das hohe, feste Gras fraß. Tobend wie ein Hurrikan aus Licht und Hitze kam es genau auf uns zu, während der Wind, der hinter ihm wehte, halb verbrannte Teilchen in die Luft wirbelte. Vögel und Grillen flogen in Wolken vorbei. Ich ging direkt in die Flammen. Wunderbar – eine völlig verrückte Katastrophe, die in einem furiosen Tempo direkt auf mich zu stürmte.[41]

Wie Malinowski sich wohl bewußt war, war das ungeheure Feuer nicht eine außer Kontrolle geratene Naturgewalt, sondern wurde von den Menschen, die er untersuchen würde, angezündet und beherrscht. Für sie war Brandrodung praktisch die einzige Möglichkeit, Land für die Bebauung zu gewinnen. Dagegen neigten Stadtmenschen, die nicht an große kontrollierte Feuer gewöhnt waren und die berücksichtigten, wie kostbar der Wald war, gewöhnlich zur Verurteilung dieser Praktiken. Sie fanden Brandrodung primitiv und verschwenderisch und betrachteten sie als rücksichtslose Ausbeutung. Seßhafte Farmer dachten ebenso. Ihrem Wissen nach wurde Brandrodung nur auf unergiebigem Boden in fernen Gebieten angewendet. Den meisten von ihnen war wohl kaum klar, daß ihre Felder früher einmal auf dieselbe Weise gerodet worden waren.

Im 20. Jahrhundert wird die Brandrodung positiver beurteilt.[42] Diese Veränderung der Einschätzung ist Teil eines generellen Wandels im kulturellen Klima der hochindustrialisierten Länder. Den Menschen wird zunehmend bewußt, daß die fortschrittlichsten Formen intensiver Landwirtschaft von der ständigen Zufuhr enormer Brennstoffmengen abhängen. Das Bewußtsein von den Kosten, die mit dieser Art der agrarischen Produktion verbunden sind, hat eine positivere Einstellung älteren Formen gegenüber entstehen lassen.

41 Malinowski 1967, S. 11f.
42 Vgl. De Schlippe 1956; Christiansen 1981; Raumolin 1987.

Die veränderte Einstellung brachte auch ein größeres Interesse für Brandrodungspraktiken mit sich, die in verschiedenen Verhältnissen tatsächlich angewandt wurden. So veröffentlichte 1957 der amerikanische Anthropologe Harold C. Conklin für die FAO, die Ernährungs- und Landwirtschaftsorganisation der Vereinten Nationen, einen Bericht über die Yagaw Hanunóo, eine Gemeinschaft von ca. 128 Menschen, die auf einer der philippinischen Inseln lebt. Auf kleinen, im Wald gerodeten Flächen bauten die Yagow Hanunóo als Feldfrucht hauptsächlich Reis an. Sie wählten mit großer Sorgfalt ein geeignetes Waldstück. Wenn sie sich schließlich für einen bestimmten Platz entschieden hatten, schlugen sie zuerst die Äste von den Bäumen, um sie in der Sonne trocknen zu lassen, und zündeten sie dann genau vor Beginn der Regenzeit an. Insbesondere das Abpassen des richtigen Zeitpunkts erforderte ein sehr feines Gespür: Wenn sie mit dem Abbrennen zu früh begannen, bestand die Gefahr, daß die Asche weggeblasen und wertvolle Substanzen dem Boden entzogen wurden; warteten sie dagegen zu lange, liefen sie Gefahr, vom Regen überrascht zu werden, was das Verbrennen sehr erschweren würde. Das Abbrennen selbst wurde ebenfalls mit großer Vorsicht durchgeführt. Die Brandroder arbeiteten in einem genau abgesteckten Gebiet zum Zentrum hin; zwei oder drei Männer entzündeten mit Bambusfackeln an mehreren Stellen die trockene Vegetation. Dann bewachte eine ganze Gruppe von Männern, Frauen und Kindern aufmerksam das Feuer, so daß es sich nirgendwo in die falsche Richtung ausbreitete. Kurz nachdem das Verbrennen beendet war, wurden Reis und andere Feldfrüchte in den mit Asche bedeckten Boden gesät und gepflanzt. Nach zwei oder drei Ernten wurde das Feld aufgegeben und man ließ es brachliegen, bis nach etwa zehn Jahren der Zyklus von neuem begann.[43]

Ein anderer positiver Bericht über Brandrodungspraktiken wurde 1961 von dem Anthropologen Robert Carneiro veröffentlicht. Er beruhte auf der Feldarbeit einer Gemeinschaft von ca. eintausend Kuikuru-Indianern in Brasilien. Seinen Forschungsergebnissen zufolge würde eine Strategie der Feld-Wald-Wechselwirt-

43 Conklin 1957.

schaft, die umsichtig befolgt würde, nur wenige Stunden Arbeit pro Tag erfordern, um Menschen unter günstigen Bedingungen »reichlich und zuverlässig« mit Lebensmitteln für ihre Subsistenz zu versorgen. Seit mindestens drei Generationen betrieben die Kuikuru Brandrodung in einem Waldgebiet innerhalb eines Radius von nicht mehr als vier Meilen um ihr Dorf. Es gab keinen Mangel an Land, so daß sie, wenn ihre Felder nach ein paar Ernten mit Unkraut zugewachsen waren, zu neuen Plätzen ziehen und die aufgegebenen Felder bis zu 25 Jahren brachliegen lassen konnten.[44]

Die von Conklin und Carneiro beschriebenen Bewirtschaftungsmethoden waren offensichtlich auf einen Reichtum an Land angewiesen. Eine Gruppe konnte nur unter der Bedingung, daß ihr genügend alternatives Land zur Verfügung steht, zehn bis fünfundzwanzig Jahre auf die Nutzung eines Gebiets verzichten. Bei einer Bevölkerungszunahme würde sich der Druck auf den Wald verstärken – und dies geschieht heute auf der ganzen Welt. Es ist kein Zufall, daß die oben zitierten Berichte über erfolgreiche Brandrodungswirtschaften aus der Zeit um 1960 stammen. Damals war es vielleicht für einige kleine Gemeinschaften, die in Gebieten weitab von den Zentren der industriellen Welt Feld-Wald-Wechselwirtschaft betrieben, noch möglich, Brandrodung zu praktizieren, ohne dem Zwang ausgesetzt zu sein, den Ackerbau zu intensivieren und die Brachzeiten zu verkürzen.

Solche Zwänge sind freilich fast so alt wie der seßhafte Ackerbau und die Viehzucht. Über eine lange Zeit jedoch konnten sich Wanderfeldbau bzw. Landwechselwirtschaft betreibende Menschen in vielen Teilen der Welt, vor allem in Afrika, Südostasien und Lateinamerika, diesen Zwängen widersetzen oder sich ihnen entziehen. In der zweiten Hälfte des 20. Jahrhunderts stiegen das intensive und das extensive Wachstum jedoch in einem solchen Tempo an, daß es außerordentlich selten geworden ist, daß die Voraussetzungen für ein ausgewogenes System der Brandrodungswirtschaft gegeben sind.

Besonders in den Tropen sind noch immer riesige Landflächen mit Wald bedeckt; aber sie sind jedes Jahr von großen Einschlägen

44 Carneiro 1961.

betroffen. Die menschliche Bevölkerung nimmt ständig zu; und über Netzwerke des Handels und der Industrie, die die ganze Welt umspannen, gefährden dieselben ökonomischen Kräfte und dieselbe technische Ausrüstung die noch verbleibenden Tropenwälder. Wenn Bäume als Bauholz gebraucht werden, werden sie gefällt. Ebensooft jedoch ist nicht das Holz, sondern das Land das begehrte Gut, und in diesen Fällen greifen die Siedler immer wieder auf das älteste Mittel der Zerstörung zurück: Feuer.

In seinem Buch *The Primary Source* gibt Norman Myers, der britische Waldexperte, einen Überblick über die jährlich verursachten Schäden. Eine der Ursachen ist der Bedarf an Brennstoffen in der Dritten Welt; in vielen dichtbesiedelten Gebieten ist Brennmaterial für das Feuer, auf dem gekocht wird, ebenso knapp geworden wie die Nahrung, die gekocht werden soll. Hinzu kommt aus den am höchsten industrialisierten Ländern eine steigende Nachfrage nach Bauholz und Holz für die Papierherstellung. Die größte Bedrohung für das Weiterbestehen des Regenwaldes stellt jedoch nicht das Fällen der Bäume dar, sondern das unkritische Abbrennen ganzer Gebiete zur Gewinnung von Land, um Feldfrüchte und Vieh für den Handel anzubauen bzw. zu züchten.

Um 1980 wurden Myers vorsichtigen Schätzungen zufolge jährlich ca. 20.000 km² Wald (überwiegend in Lateinamerika) der Viehzucht und weltweit über 80.000 km² der Landwirtschaft geopfert, während weitere 80.000 km² ernsthafte Schäden erlitten. Die meisten Wälder vernichtenden Feuer wurden von kleinen, umherziehenden Bauern – deren Zahl 1980 auf 800 Mill. geschätzt wurde – angezündet, die sich gezwungen sahen, ihre Heimstätte zu verlassen und in die Wälder zu ziehen. Myers nennt sie »shifted cultivators«.[*] Er ist der Meinung, daß der heutige typische Waldbauer als »ein eher unbewußtes Instrument, und nicht ein bewußter Agent der Waldzerstörung« betrachtet werden muß.

Für das, was dem Wald geschieht, trifft ihn nicht mehr Verantwortung als einen Soldaten für den Beginn eines Krieges. Die Ursachen seiner Le-

[*] »Shifted cultivators« als zwangsweise umherziehende, Wanderfeldbau betreibende Bauern, im Gegensatz zu dem Begriff »shifting cultivators«, der Freiwilligkeit impliziert (Anm. der Übersetzerinnen).

bensweise liegen in einer Reihe von Umständen begründet, die von den Waldgebieten oft Horizonte weit weg sind. Weit davon entfernt, ein enthusiastischer Pionier der Besiedlung des Waldes zu sein, sieht er sich von Zwängen in den Wald gedrängt, die außerhalb seiner Kontrolle liegen.[45]

Die von Myers angedeuteten Umstände sind vor allem ökonomische und demographische. Die Weltwirtschaft erzeugt eine steigende Nachfrage nach Produkten aus tropischem Anbau. Um diese Nachfrage zu decken, werden Gartenbeete in Plantagen umgewandelt, und die Kleinbauern müssen gehen. Gleichzeitig wächst die Bevölkerung weiter an, so daß der Druck auf das Land noch größer wird. Als Ergebnis entsteht die paradoxe Situation, daß in einer Welt, die unter einer großen Holzknappheit leidet, jedes Jahr mehrere tausend Hektar Wald verbrannt werden.

Myers Buch beinhaltet einige Satellitenfotos, die bei Nacht aufgenommen wurden und den Regenwald als helle Lichtflecke zeigen, so strahlend erleuchtet wie große Städte. Ein eloquentes verbales Zeugnis dieser ubiquitären Feuersbrünste ist die folgende Beschreibung von Jon Kirby, einem Anthropologen aus Ghana:

Für jemanden, der es noch nicht gesehen hat, ist die völlige Zerstörung, die von einem Buschfeuer in der Hitze der Trockenzeit verursacht wird, schwer vorstellbar. Völlig verdorrte Vegetation wird in Sekunden zu Asche, und Harthölzer wie die Akazie oder der Schibutterbaum schwelen tagelang, bevor sie umfallen. Das, was übrig bleibt, sieht aus wie die Maginot-Linie oder eine unheimliche Mondlandschaft. Und die Auswirkungen scheinen jedes Jahr schlimmer zu werden.[46]

Kirby zufolge werden die demographischen und ökonomischen Ursachen für das Anzünden des Busches und der Wälder durch kulturelle Motive verstärkt. Seßhafte Bauern betrachten traditionell den Wald als eine fremde und feindliche Kraft, als Aufenthaltsort von Schädlingen und bösen Geistern. Das kollektive Gedächtnis verweilt noch in den Zeiten, in denen ihre eigenen Felder dem Busch abgetrotzt wurden; und sie hören nie auf, die Möglichkeit auszuschließen, daß der Busch ihre Gärten wieder überwuchern könnte. Deshalb versuchen sie, wann immer sich

45 Übersetzt nach Myers 1984, S. 150.
46 Übersetzt nach Kirby 1987, S. 14.

die Gelegenheit bietet, den Busch durch Verbrennen zurückzu-
drängen.

Diese tief verwurzelte Haltung macht die Bauern Kirbys Mei-
nung nach unzugänglich für rationale ökologische Argumente.
Das Abbrennen des Buschs ist für sie nicht nur ein ökonomischer
Vorgang; er wird geheiligt durch ein tief verwurzeltes Gefühl von
Notwendigkeit und Sendungsbewußtsein:

Der Haushalt mußte der »Wildnis« Land abgewinnen und ihre Kräfte
zurückdrängen. Er hat jedes verfügbare Mittel eingesetzt, um sie zu bekämpfen, besonders das Feuer, das sie verkleinert, sie annehmbar macht,
Fleisch und Honig aus ihr herauspresst und die wilden Tiere verjagt. Seit
undenklichen Zeiten war das Feuer eine Mauer der Kultur gegen die
»Wildnis«, die man sich als unerschöpflich, böse, gefährlich, unbekannt
und nutzlos für jegliche gesellschaftlichen Zwecke dachte. Es war der
Hauptverbündete des Menschen bei der ständigen Arbeit der Domestizierung der »Wildnis«.[47]

Was Kirby schreibt, verweist auf eine Einstellung, deren Ursprünge in einer weit zurückliegenden Vergangenheit, lange vor
dem Aufkommen der Landwirtschaft, gesucht werden müssen.
Seine Interpretation stimmt mit den von Sir James Frazer und
Claude Lévi-Strauss gesammelten mythologischen Quellen überein, auf die ich mich in Kapitel 1 bezogen habe. Eine bodenstän-
digere Vermutung, die in dieselbe Richtung geht, äußert der
australische Historiker Geoffrey Blainey, der feststellt, daß das
Anzünden eines toten Buschs oder eines trockenen Grasbüschels
»oft ein stärkeres Gefühl der Allmacht vermittelt als sein modernes Gegenstück – das Fahren eines PS-starken Autos oder Mo-
torrads«.[48] Bevor wir dem Menschen jedoch einen »ursprünglichen« tiefverwurzelten Trieb zum Anzünden des Buschs zuschreiben, müssen wir uns bewußt machen, daß ein jeder solcher Trieb durch kulturelle Traditionen geformt wird. Die Beschreibung von manchen Brandrodungsfeldbau betreibenden
Bauern wie den Yagaw Hanunóo und den Kuikuru legen nahe,
daß Menschen auch eine pragmatische Haltung zum Feuer entwickeln können: es zwar in hohem Maße, aber nicht willkürlich

---

47 Übersetzung nach Kirby 1987, S. 19. Ähnliche Aussagen über die neolithischen Skandinavier finden sich bei Hodder 1990, S. 199f.
48 Blainey 1975a, S. 76.

einsetzen. Der fast zwanghafte Wunsch, den Busch wegzubrennen, ist vielleicht eher ein Hinweis auf eine bestimmte Stufe in der Entwicklung von Agrargesellschaften, auf der sich erst vor kurzem seßhaft gewordene Bauern gezwungen sahen, ihre Felder gegen die sie noch umgebende Wildnis zu verteidigen.

Es kann kein Zweifel darüber bestehen, daß derzeit viele Völker Gefallen daran finden, den Busch in Brand zu setzen. Wie der Entwicklungshelfer Albin Korem beobachtet hat, werden bereits kleine Kinder dazu erzogen, den Busch in Brand zu setzen und dies zu genießen.[49] Es scheint kaum dem entgegenwirkende Kräfte zu geben, die sie zügeln würden und ihr Vergnügen am Anzünden des Busches bremsen würden.

Der niederländische Anthropologe J. M. Schoffeleers hat das Aussterben solcher neutralisierender Kräfte in Malawi in Zentralafrika untersucht. Dort war seinem Bericht zufolge der kontrollierte Einsatz des Feuers eine Kunst, die »zu ihrer Perfektion entwickelt« gewesen war. Da Feuer »in den Händen nicht Ausgebildeter und Unverantwortlicher« den Ressourcen einer Gemeinschaft großen Schaden zufügen konnte, war sein Gebrauch einer »strengen Gesetzgebung und schweren Sanktionen« unterworfen. Die Kontrolle wurde durch die Priester der regionalen Kulte ausgeübt. Sie setzten Regeln durch, die sowohl die Zeit, zu der das Abbrennen erlaubt war, als auch die Gebiete, die abgebrannt oder nicht abgebrannt werden konnten, betrafen:

Die Saison wurde mit dem zeremoniellen Abbrennen eines Hügels durch die Priesterschaft des Bundaschreins in der ersten Septemberwoche eröffnet, und vorher war kein Abbrennen erlaubt. (…) Weite Gebiete mit Wald und Unterholz waren vor dem Abbrennen durch rituelle Verbote geschützt. Übertritte in beiden Fällen galten als Hauptursache für Dürren, und ihre Bestrafung war hart. Es ist wahrscheinlich kein Zufall, daß einige der größten Waldgebiete Malawis in der zweiten Hälfte des 19. Jahrhunderts durch Feuer zerstört wurden, als eine Kombination von Faktoren (…) zu einem fast völligen Zusammenbruch der territorialen Kulte führte.[50]

In Malawi und Ghana sind, wie in vielen anderen afrikanischen

49 Korem 1985, S. 24.
50 Übersetzt nach Schoffeleers 1978, S. 3 f.; Schoffeleers 1971; Chapman und White 1970, S. 31-34.

Ländern, die Praktiken des Verbrennens nicht mehr durch priesterliche Sanktionen eingeschränkt, die früher einmal sehr schwer waren und die Strafe, den Täter in die Sklaverei zu verkaufen, einschlossen. Heute neigen die staatlichen Behörden in Ghana Kirby zufolge dazu, die Ernsthaftigkeit des Problems, daß praktisch unkontrolliert abgebrannt wird, zu unterschätzen. Sie betrachten den Wassermangel als die größte ökologische Plage ihres Landes. Dieser Wassermangel, so argumentiert Kirby, wird jedoch zu einem hohen Maße durch einen unverantwortlichen Gebrauch des Feuers verursacht. Das Niederbrennen der Vegetation führt zu Entwaldung, Entwaldung zu Erosion und Erosion zum Austrocknen des Bodens und zu abnehmendem Niederschlag.[51]

Dieselbe Kette von Ereignissen kann auch in vielen anderen Ländern beobachtet werden. Der Prozeß der Entwaldung, der zuerst die gemäßigten Klimazonen betraf, findet jetzt in den Tropen in viel schnellerem Tempo und in viel größerem Ausmaß statt. Die gegenwärtige Entwicklung ist besonders alarmierend, da die tropischen Regenwälder geschlossene Ökosysteme bilden, in denen praktisch alle verfügbaren Nährstoffe in die lebende Biomasse aufgenommen werden. Wird ein Teil des Regenwaldes abgebrannt, gehen einige der Nährstoffe in Dampf und Rauch verloren, und die Reste werden zu Asche reduziert. Wenn anschließend die Asche vom Regen weggeschwemmt oder vom Wind weggeweht wird, ist auch sie für das Ökosystem verloren. Die Wälder konnten das Abbrennen im kleinen Rahmen, wie es die Yagaw Hanunóo oder Kuikuru-Indianer praktizierten, überleben; aber sie können dem jetzigen Ausmaß der Zerstörung durch Feuer nicht standhalten.

Neben den Feuern, die zur Rodung von Land in der Dritten Welt entfacht werden, verwüsten zahllose Busch- und Waldbrände jedes Jahr die übrigen ›Naturgebiete‹ in den reichen Teilen der Welt. Jeden Sommer berichten die Medien über Brände in Südeuropa und in den Vereinigten Staaten, bei denen mehrere zehntausend Hektar zerstört werden.[52] Manchmal sind Blitze die Ursache für das Entzünden, aber ebensooft ist es menschliche Nachlässigkeit oder Absicht.

51 Kirby 1987, S. 18.
52 Pyne 1982 nennt hierzu viele Beispiele.

Eine zunehmende Zahl von Ökologen glaubt, daß die ungeheure Größe der Brände, unabhängig von der direkten Ursache, eine Folge menschlichen Eingreifens ist. Zu den größten Buschfeuern der letzten Jahre gehören die »Aschermittwochsbrände« 1983 im australischen Staat Viktoria, in denen 72 Menschen starben. Später wurde die Aussage eines Stammesältesten zitiert, wonach zugelassen worden sei, daß die Katastrophe eintritt, weil das Land nicht »saubergehalten« worden war.[53] Diese Aussage bringt die Sichtweise zum Ausdruck, daß eine übertriebene Besorgnis, den Wald gegen Feuer zu schützen, wahrscheinlich eine gegenteilige Wirkung hat – eine Meinung, die gerade unter Förstern weite Zustimmung findet.

Überzeugende Darstellungen, die diese Ansicht zum Ausdruck bringen, lassen sich in dem 1974 in den Vereinigten Staaten veröffentlichten Band *Feuer und Ökosysteme* finden. Die Autoren verurteilen einmütig willkürliches, ›promiskuitives‹ Abbrennen; sie kritisieren aber ebenso stark »Feuerausschluß-Programme«, die ihrer Meinung nach von Vorurteilen und Unwissenheit sowie ungerechtfertigter Angst vor Feuer in jeder Form erfüllt sind. Seit mehr als einhundert Jahren betrachten Umweltschützer Feuer als »einen heimtückischen Feind«; und vor diesem Hintergrund haben sie Maßnahmen initiiert, die darauf zielten, das Feuer völlig aus den Wäldern zu verbannen. Die Folge war, daß sich abgestorbene Bäume und Pflanzenabfälle ansammelten, die leicht riesige Brände entfachen können, wenn sie einmal entzündet werden: »Das Brennmaterial sammelt sich weiter an und verbreitet sich immer mehr, und wenn Brände außer Kontrolle geraten, ist der Tribut an Menschenleben, natürlichen Ressourcen und Kosten enorm.«[54]

Die Autoren drängen daher darauf, daß die Menschen »die verlorene Kunst«, das Feuer »als Diener« und »nützlichen Freund« einzusetzen, »wieder erlernen« sollten. Sie erinnern uns daran, daß »Feuer zwar ein schlechter Meister, aber wenn es richtig angewendet wird, ein guter Diener ist«, und sie empfehlen die »geschickte Anwendung von Feuer als ein Bewirtschaftungsin-

53 H. T. Lewis 1989, S. 940.
54 Übersetzt in Harold H. Biswell nach dem Zitat von Kozlowski und Ahlgren 1974, S. 356.

strument«. Es ist eine aufgeklärte Feuerpolitik notwendig, die auf dem Prinzip beruht, daß »zu wenig verbrennen« ein »Zuviel an Bränden« zur Folge hat. Von Zeit zu Zeit werden »verordnete Brände« nötig sein, um Ansammlungen von Brandmaterial zu beseitigen. So empfiehlt das Buch, »Feuer unter sorgfältig bestimmten Bedingungen seinen natürlichen Lauf nehmen zu lassen«.[55]

Es gibt eine auffallende Ähnlichkeit zwischen dieser ökologischen Strategie und einem generellen Trend hin zu einer bewußten Permissivität, die in hochindustrialisierten Gesellschaften beobachtet werden kann. Dieser Trend kam am deutlichsten in bestimmten Theorien über psychische Krankheiten zum Ausdruck. Diese Theorien, die von der Psychoanalyse beeinflußt sind, beruhen auf dem Prinzip, daß jeder Versuch, natürliche menschliche Triebe völlig zu unterdrücken, vergeblich und kontraproduktiv sein wird. Dies ist eine Entwicklung, die Norbert Elias im Zusammenhang mit seiner Zivilisationstheorie als Trend hin zu einem »kontrollierten Dekontrollieren von Gefühlskontrollen«[56] erkannt hat. Auf ähnliche Weise wird jetzt die willkürliche Unterdrückung von Waldbränden als ein Teil des Prozesses, in dem die Kontrolle des Menschen über das Feuer beständig zunimmt, bewußt gemäßigt.

55 Übersetzungen nach A. J. Kayll in Kozlowski und Ahlgren 1974, S. 503. Kurze Zitate stammen aus anderen Beiträgen auf den Seiten 170, 180, 182, 247, 271, 281, 435.
56 Vgl. Elias und Dunning 1986, S. 44-49.

9. Verschiedene Stufen der Kontrolle des Feuers

Die individuelle Aneignung der Kontrolle des Feuers

Schätzungen zufolge leben heute über 5 Milliarden Menschen auf unserem Planeten. Sie nutzen Feuer auf vielfältige und unterschiedliche Weise, abhängig von der Gesellschaft, der sie angehören, und von der Stellung, die sie in dieser Gesellschaft innehaben. Einige verbringen täglich viele Stunden damit, Feuerholz zu sammeln und es nach Hause zu tragen. Andere haben enorme Mengen an Energie zu ihrer ständigen Verfügung. Allen gemeinsam ist, daß sie direkt oder indirekt Feuer nutzen und Brennmaterial brauchen.

Wie bereits erwähnt, sind bestimmte Pflanzen und Bäume vollkommen daran angepaßt, häufig Feuer ausgesetzt zu sein. Sie brauchen zum Überleben und für ihre Reproduktion in regelmäßigen Abständen Feuer, z.B. weil sich ihre Samenkapseln nur bei hohen Temperaturen öffnen. Im Prozeß der natürlichen Selektion wurden sie zu »Pyrophyten« oder »Feuer-Pflanzen«; ohne Feuer würden sie entweder von Konkurrenten verdrängt oder wären unfähig, sich zu reproduzieren.

Seit vielen tausend Generationen leben Menschen unter Bedingungen, in denen Feuer für ihre weitere Existenz und Vermehrung notwendig ist. Dies mag zwar rechtfertigen, daß sie ebenfalls als Pyrophyten bezeichnet werden, in ihrem Fall ist dieses Etikett aber nicht mehr als eine Metapher. Es gibt kein Merkmal in ihrer biogenetischen Ausstattung, das Menschen vom Feuer ebenso abhängig macht wie von den anderen drei »Elementen« der klassischen Kosmologie: Erde, Wasser und Luft – eine Abhängigkeit, die sie mit allen Landtieren teilen.

Dennoch mag die Erfahrung von Zehntausenden von Generationen im Umgang mit Feuer Spuren in der genetischen Struktur des heutigen Menschen hinterlassen haben. Es wurde mir gesagt, daß

Pferde und andere Steppen- und Savannenhuftiere ein ganz spezielles Reaktionsmuster auf einen Steppenbrand entwickelt haben: Sie fliehen nicht vor ihm, sondern bewegen sich darauf zu und überspringen es.[1] Obwohl dies zuerst ein wenig erstaunen mag, ist es wahrscheinlich eine wirkungsvollere Überlebensstrategie, als vor einem Feuer herzurennen, das sich schnell über die Grasfläche ausbreitet. Es ist auch nicht unwahrscheinlich, daß während der lang andauernden Phase des paläolithischen Zeitalters ein Prozeß der »Feuerselektion« unter unseren hominiden und menschlichen Vorfahren stattfand. Diejenigen Individuen, die für eine Anpassung an ein sozio-kulturelles Feuerregime besser vorbereitet waren, hatten wahrscheinlich höhere Überlebenschancen und bessere Möglichkeiten zur Reproduktion als diejenigen, die diesbezüglich weniger gut ausgerüstet waren.

Dies soll jedoch nicht heißen, daß die – besonders über die letzten Jahrhunderte – gestiegene Kontrolle über das Feuer auf eine biologische Mutation zurückgeführt werden kann, derzufolge die angeborene Fähigkeit der Menschen, mit dem Feuer umzugehen, plötzlich zunahm. Es handelt sich hierbei um einen soziokulturellen Entwicklungsprozeß. Wie der nordamerikanische Sozialpsychologe Leon Festinger beobachtet hat, kann in solchen Prozessen der Mittelmäßige vom Intelligenten profitieren: Ist eine Erfindung einmal gemacht, müssen andere Menschen nicht mehr alle die Schwierigkeiten lösen, mit denen der ursprüngliche Erfinder konfrontiert war.[2]

Dieses Prinzip gilt eindeutig für die menschliche Kontrolle über Feuer. Seit Beginn der ursprünglichen Domestizierung des Feuers hing die Kontrolle des Feuers immer in erster Linie von sozialer Organisation und kultureller Tradition ab. In jeder Generation mußten Menschen von neuem lernen, sich an das Vorhandensein des Feuers anzupassen. Sie mußten sowohl ihre Beziehungen zueinander als auch ihre individuellen Triebe und Gefühle so kontrollieren, daß der regelmäßige Besitz und Einsatz des Feuers gewährleistet war. Um das Feuer zu beherrschen, mußten sie sich gegenseitig und sich selbst beherrschen.

1 Im persönlichen Gespräch mit dem kürzlich verstorbenen Dick Hillenius. Siehe auch Komarek 1967, S. 151-155.
2 Festinger 1983, S. 16-18.

Die Beobachtung, daß die technische Meisterung des Feuers auf sozialen Voraussetzungen beruht, wurde überzeugend von Catherine Perlès in ihren Schriften über Feuer in der prähistorischen Zeit vorgebracht. Wie in Kapitel 2 bereits festgestellt, wandte der französische Wissenschaftstheoretiker Gaston Bachelard dieselbe Erkenntnis auf unsere Zeit an. Er wies darauf hin, daß die Kontrolle über Feuer immer mit sozialer Macht verbunden ist. Ein Kind wird zunächst nicht nur an »Feuer« herangeführt, sondern an »soziales Feuer« – Feuer, das von Signalen umgeben ist, die andere Menschen geben. Sogar der Angst vor Feuer, die uns spontan und natürlich scheinen mag, gingen soziale Erfahrungen voraus: Warnungen und Verbote, Ermahnungen, vorsichtig zu sein und sich vom Feuer fern zu halten. Daraus ergibt sich Bachelards Schlußfolgerung, daß Feuer für Menchen »eher eine soziale als eine natürliche Wesenheit ist«.

In Wirklichkeit kommen die sozialen Verbote zuerst. Die natürliche Erfahrung kommt erst an zweiter Stelle, um einen unverhofften materiellen Beweis zu liefern, der als solcher viel zu undeutlich wäre, um eine objektive Erkenntnis zu begründen. Die schmerzhafte Verbrennung, das heißt die natürliche Hemmschwelle, gibt in den Augen des Kindes der väterlichen Intelligenz nur einen noch größeren Wert, insofern sie nämlich die sozialen Verbote bestätigt.[3]

Diese Kommentare sind sehr scharfsinnig; aber wie bereits angemerkt, lassen sie einen Aspekt außer acht: den der soziokulturellen Entwicklung. Die Verbote, auf die Bachelard anspielt, sind die Verbote, die Eltern aussprechen, die in leicht entflammbaren Städten in leicht entflammbaren Häusern leben, die mit leicht entflammbarem Eigentum gefüllt sind. Sie stellen eine ziemlich neue Stufe in der Entwicklung des menschlichen Feuerregimes dar.

Das Feuerregime, der Komplex aus soziokulturellen Vorschriften und Handlungsalternativen, die sich auf das Feuer beziehen, hat sich im Laufe der Zeit verändert. In seiner klassischen Untersuchung machte Norbert Elias auf einen Satz aus einem Manierenbuch des 14. Jahrhunderts aufmerksam: »Thingis somtyme allowed is now repreuid« – Dinge, die einmal erlaubt waren,

3 Bachelard 1985, S. 17f.

werden jetzt beanstandet.[4] Dies, so stellte er fest, kann als angemessene Zusammenfassung einer Entwicklungsrichtung im Zivilisationsprozeß gelesen werden, die manchmal klar dominieren kann. Und es ist genau das, was beim Feuerregime geschah, als nach dem Übergang vom Jagen und Sammeln oder von der Brandrodung zur seßhaften Landwirtschaft und zum Stadtleben die Erlaubnis zu verbrennen stark eingeschränkt wurde.

Wie ich im 1. Kapitel dargestellt habe, begegneten unsere hominiden Vorfahren dem Feuer in der Wildnis, bevor sie lernten, es selbst zu machen. Dieselbe Reihenfolge wird noch immer von Individuen wiederholt: Ein Kind sieht zuerst ein Feuer brennen und lernt erst später, ein Feuer zu machen. Das Feuer, das es brennen sieht, ist jedoch sehr selten ein »wildes« Feuer; die meisten Kinder machen ihre erste Bekanntschaft mit einer domestizierten, kontrollierten Form des Feuers.

Seit der ursprünglichen Domestizierung des Feuers wachsen alle nachfolgenden Generationen in einer feuerbesitzenden Gruppe auf. Ein Mitglied dieser Gruppe zu werden schließt mit ein, daß man sich dem Feuerregime anpaßt: Man muß sich das Wissen und die Fähigkeiten, die nötig sind, um mit Feuer umgehen zu können und sich in seiner Gegenwart richtig zu verhalten, im Einklang mit den geltenden Gruppennormen aneignen.

Selbstverständlich müssen Individuen in ihrer persönlichen Geschichte nicht den ganzen soziokulturellen Entwicklungsprozeß wiederholen, wenn sie lernen, das Feuer zu kontrollieren. Im Gegenteil, sie müssen sich an die Stufe anpassen, auf der sich die Gesellschaft während ihres Lebens befindet. Daher müssen Kinder im letzten Jahrzehnt des 20. Jahrhunderts nicht lernen, Feuer mit Hölzchen oder Feuersteinen zu machen; die meisten von ihnen müssen sich nicht einmal die Fähigkeiten aneignen, ein Holzfeuer oder einen Kohleofen am Brennen zu halten. Wenn aber ein Kind, das in einer Stadt aufwächst, den Impuls hat, ein großes Feuer anzuzünden, muß es lernen, diesen Impuls zu unterdrücken. Für Tausende von Generationen war es nicht nur erlaubt, ganze Landstriche in Brand zu setzen, sondern dies hatte sogar positiv bewertete Funktionen. Heutzutage wird eine Form

4 Elias 1969a, S. 107.

des Umgangs mit Feuer, die in Jäger- und Sammler- oder in Brandrodungswirtschaften normal und nützlich gewesen wäre, als pathologisch und kriminell erachtet.

Bis vor kurzem war es in den meisten Gemeinschaften ziemlich sicher, daß Kinder, sobald sie sich bewegen konnten, in die Nähe eines Feuers kamen. Bei Jägern und Sammlern war dies ein offenes Lagerfeuer. So beschreibt die Anthropologin Jane Goodale, wie bei den Tiwi auf Melville Island in Nordaustralien ein paar kleine Mädchen im Alter von ca. zwei und drei Jahren in der Nähe eines kleinen Feuers allein gelassen wurden, während ihre Mütter auf einer Expedition waren, um nach Yamwurzeln zu graben. Nach einer Weile beschlossen die Kinder, ihr eigenes Feuer zu machen:

Sie sammelten einen kleinen Haufen Gras, nahmen einen glühenden Stock vom Feuer ihrer Mütter und trugen ihn zu dem Grashaufen. Sie hielten den glühenden Stock an das Gras und legten sich dann auf ihre Bäuche und bliesen behutsam, bis eine Flamme erschien. Dann trippelten sie eilig herum und versuchten, genug kleine Zweige zu finden, um das Feuer zu unterhalten, aber es erlosch.[5]

Jane Goodale hörte nie, daß Tiwieltern ihren Kindern verboten hätten, mit Feuer zu spielen, noch daß sie sie warnten, vorsichtig zu sein. Offensichtlich wurde die Maxime »Erfahrung ist der beste Lehrmeister« streng befolgt.[6] Ein etwas anderes Bild entsteht aus Berichten über die !Kung San in Südafrika. Auch dort sah man Kinder oft, wie sie Glut oder brennende Zweige von einem offenen Feuer auflasen; aber sie wurden ermahnt, vorsichtig zu sein, und trotz dieser Warnungen traten Verletzungen »mit einer beunruhigenden Häufigkeit auf«.[7] Die Anthropologin Lorna Marshall war zweimal dabei, als kleine Kinder, deren Mütter sie für ein paar Minuten aus den Augen gelassen hatten, brennende Stöcke aus dem offenen Feuer nahmen, sie auf das weiche, trockene, zum Schlafen dienende Gras in einer Hütte fallen ließen und beim ersten Auflodern von Flammen vernünftigerweise unverletzt nach draußen rannten.

Beim ersten Mal hatten die zwei Kinder, die ungefähr drei Jahre alt waren,

5 Übersetzt nach Goodale 1971, S. 34.
6 Übersetzt nach Goodale 1971, S. 36.
7 Übersetzt nach Shostak 1981, S. 107.

Angst und wurden von ihren Müttern und anderen Verwandten beruhigt und getröstet. Sie wurden nicht ausgeschimpft. Beim zweiten Mal (...) hatte [ein zweijähriges Mädchen] die Hütte ihrer Großeltern angezündet. Sie war offensichtlich überhaupt nicht verängstigt und wurde gefunden, wie sie auf der gut gerösteten Sandale ihres Großvaters herumkaute. Auch sie wurde nicht ausgeschimpft.[8]

Bei kleinen Kindern, die in einer modernen städtischen Umgebung aufwachsen, ist es weniger wahrscheinlich, daß sie mit offenem Feuer in Berührung kommen. Aber in vielen Haushalten können sie bald innerhalb ihrer Reichweite Streichhölzer oder andere Mittel zum Entzünden eines Feuers finden. Dann ist es unerläßlich, daß sie lernen, damit sehr vorsichtig umzugehen, so daß sie sich weder verbrennen noch anderen Verletzungen oder Schaden zufügen. Die Leichtigkeit, mit der ein Streichholz angezündet werden kann, steht in keinem Verhältnis zu dem zerstörerischen Potential eines damit entzündeten Feuers. In einer modernen Gesellschaft ist es daher ein integraler Bestandteil des individuellen Zivilisationsprozesses zu lernen, mit Streichhölzern umzugehen.

Bis jetzt haben Pädagogen und Psychologen diesem Aspekt der persönlichen Entwicklung wenig Aufmerksamkeit geschenkt. Die Kontrolle des Feuers wird in Standardwerken der Pädagogik, der Entwicklungspsychologie, der kognitiven Psychologie oder der Sozialpsychologie so gut wie nie erwähnt. Offensichtlich wird es als selbstverständlich erachtet – so wie es im alten Israel, Griechenland und Rom für selbstverständlich erachtet wurde –, daß Kinder von ihren Eltern und Altersgenossen ausreichend im Gebrauch des Feuers unterrichtet werden. Dies wird jedoch immer fraglicher.

So ist das Feuer, während es weiterhin ein integraler Bestandteil der modernen Gesellschaft bleibt, wie die Gesellschaft als Ganzes hochspezialisiert geworden, und die meisten seiner Funktionen laufen »hinter den Kulissen« ab: in Kraftwerken und Fabriken oder in den Boilern, in denen das Wasser für Heizkörper und Wasserhähne erhitzt wird. Es ist tief in die Infrastruktur der Gesellschaft eingedrungen. Folglich sind viele Menschen, sowohl Kinder als auch Erwachsene, wirklich brennendem Feuer nur zu

8 Übersetzt nach Marshall 1976, S. 291.

besonderen Gelegenheiten ausgesetzt, wenn Kerzen oder ein Holzfeuer oder, seltener, Fackeln für dekorative oder zeremonielle Zwecke angezündet werden.

Der regelmäßige, alltägliche Gebrauch von Feuer wird zunehmend seltener. Eine der wenigen Formen, in der Feuer weiterhin direkt benutzt wird – und der Hauptgrund dafür, daß viele Menchen Streichhölzer oder Feuerzeuge mit sich herumtragen –, ist das Rauchen. In den letzten Jahren wurden viele »Zivilisationskampagnen« gegen diese Gewohnheit gerichtet. Rauchen ist bekannt als eine der Hauptursachen für Brände. Die derzeitigen Kampagnen drehen sich jedoch hauptsächlich um die Gesundheit. Sie rufen Menschen dazu auf, Selbstbeherrschung zu üben, um das Krebsrisiko zu senken. Unbeabsichtigterweise waren die Kampagnen vor allem in den Mittel- und Oberschichten erfolgreich; vielleicht wird von dort aus ein gleichermaßen unbeabsichtigter »Durchsickerungseffekt« eintreten, der auch diesen fast rudimentären Gebrauch von Feuer zum Verschwinden bringen wird.[9]

Die allmähliche Eliminierung des Feuers aus dem Alltagsleben führte zu sich widersprechenden Entwicklungen: Während die Fähigkeit der Gesellschaft, Feuer zu kontrollieren, spektakulär gestiegen ist, nimmt die durchschnittliche individuelle Kompetenz im Umgang mit Feuer wahrscheinlich ab. Allerdings haben sich in den hochindustrialisierten, reichen Ländern alle möglichen Arten von Spezialisten ein unübertroffenes berufliches Fachwissen im Umgang mit Feuer angeeignet. Einige davon, wie z. B. die Heizer und Schweißer, sind bei ihrer täglichen Arbeit mit Flammen und Hitze konfrontiert. Andere gehen so unterschiedlichen Beschäftigungen nach wie der Konstruktion von Dampfturbinen für Stromkraftwerke, dem Bauen von Raketenantrieben, um Raumschiffe ins All zu schießen, oder der Durchführung von Experimenten zur Kernfusion; obwohl ihre Arbeit eine fortgeschrittene Manipulation von hochkonzentriertem Feuer zum Ergebnis hat, sind sie ihm selbst in keiner Weise direkt ausgesetzt. Der Beruf, bei dem der Kontakt mit Feuer am unmittelbarsten ist, ist wahrscheinlich derjenige, den wir weiterhin »Feuerwehr« nen-

9 Vgl. Ney und Gale 1989.

nen; dieser Beruf schließt heute ebenfalls hochspezialisierte Techniker ein, die Experten für die Verhütung und das Löschen von Feuern in chemischen Fabriken oder auf Ölfeldern sind.

Dem Fachwissen der Spezialisten steht die weitverbreitete Unwissenheit und Ohnmacht auf seiten der Nicht-Spezialisten gegenüber. Menschen, die zufällig in der Nähe einer chemischen Fabrik oder eines Atomkraftwerks wohnen, können sehr wenig tun, um sich gegen die giftigen Dämpfe oder die radioaktive Strahlung, die bei einem Feuer austreten könnten, zu schützen; sollte das passieren, könnten sie sich nur evakuieren lassen. Dies mag ein Extremfall sein; aber selbst was Feuergefahren im Haushalt betrifft, sind die meisten schlecht informiert und schlecht vorbereitet. Häuser, Möbel, Teppiche und Vorhänge, Kleidung, Autos – der durchschnittliche Verbraucher ist nicht in der Lage zu beurteilen, inwieweit die in diesen Gegenständen enthaltenen Kunststoffe brennbar sind. Alles, was er oder sie tun kann, ist, die Gebrauchsanweisungen zu lesen, sofern es welche gibt, und darauf zu vertrauen, daß die Hersteller die Sicherheitsbestimmungen befolgt haben – auch hier gilt wieder: sofern diese existieren und ausreichen.[10]

Die kontinuierliche Differenzierung des Feuerregimes spiegelt sich in dem Ausmaß wider, in dem Feuer und der Gebrauch von Feuer zum Thema spezieller Untersuchungen gemacht werden. In den allgemeinen Theorien sowohl der Natur- als auch der Sozialwissenschaften fehlt der Begriff des Feuers meistens. In beiden Wissenschaftsbereichen jedoch nehmen sprunghaft praktisch orientierte Untersuchungen zu. Während Fachbücher der Psychologie oder Pädagogik, wie bereits erwähnt, noch immer das Problem ignorieren, wie Kinder mit Feuer und den vielen formellen und informellen Regeln, die damit verbunden sind, zurechtkommen, gibt es einen wachsenden Bestand an empirischen Studien, die für das praktische Ziel der Förderung der Feuerverhütung entworfen wurden.

Als solche sind diese Studien selbst Teil einer »Zivilisationskampagne«, die darauf ausgerichtet ist, die individuellen Verhaltenskontrollen zu verstärken. So untersuchte die amerikanische

10 Vgl. Lyons 1985, S. 136-157.

Psychologin Ditsa Kafry den »Umgang mit Feuer und das Wissen über Feuer« bei sechs-, acht- und zehnjährigen Jungen mit der ausdrücklichen Überzeugung, daß eine fächerübergreifende Forschung »den gefährlichen und schmerzverursachenden Gebrauch von Feuer senken und (…) seinen richtigen Gebrauch als Quelle der Wärme und des Vergnügens fördern« würde.[11]

Fast die Hälfte der 99 Jungen in Berkeley (Kalifornien), die Kafry befragt hatte, erzählten ihr, daß sie mit Feuer gespielt hatten; und einer von fünf hatte ein Feuer verursacht, wobei die meisten dieser Feuer einfach gelöscht und nie der Feuerwehr gemeldet wurden. Die Unfälle, die die jüngsten Kinder verursacht hatten, konnten auf deren Unfähigkeit im Umgang mit Feuer zurückgeführt werden. Im Falle der älteren Jungen schien die Neigung, Feuer zu entzünden, jedoch nicht hauptsächlich mit mangelnden Fähigkeiten oder Wissen verbunden zu sein, sondern eher mit einer Charaktereigenschaft, die entweder als »Frechheit« oder als »Mangel an Affektkontrolle« beschrieben wurde.[12] Als Teil einer allgemeineren Neigung, Unfug zu treiben, versagen diese Jungen auch darin, sich dem Feuerregime anzupassen; in den Begriffen der Psychoanalyse war ihr »Ich« »unfähig, adäquat mit der real gegebenen Situation umzugehen«.[13]

In modernen urbanen Gesellschaften erfordert die »real gegebene Situation« (oder das Feuerregime), daß Menschen keine Feuer verursachen. Dies liegt eindeutig im gemeinsamen Interesse. Überall sind Menschen aufgrund ihres Besitzes Geiseln des Feuers; sie haben daher allen Grund, jede Form von Brandstiftung zu fürchten und zu verurteilen.

Besonders gefürchtet ist eine anhaltende Neigung zur Brandstiftung, die weithin als »Pyromanie« bekannt ist. Obwohl die meisten Psychiater inzwischen die Nützlichkeit dieses Begriffes bezweifeln, bleibt er nach wie vor weit verbreitet. Das Gegenteil, die »Pyrophobie«, setzte sich nie durch, obwohl es in der psychiatrischen Fachliteratur sporadische Hinweise auf eine »phobische Abneigung gegenüber Feuer« gibt.[14] Wenn eine Person die

11 Übersetzung nach Kafry 1990, S. 60.
12 Übersetzt nach Kafry 1990, S. 54.
13 Grinstein 1952, S. 418.
14 Joseph 1960, S. 102.

Symptome einer exzessiven Angst vor Feuer aufweist, ist es viel unwahrscheinlicher, daß diese Besorgnis wecken, als bei der Neigung zur Brandstiftung.

Obwohl bestimmte Individuen eine gewohnheitsmäßige Neigung zur Brandstiftung haben, haben Psychiater vergeblich versucht, ein eindeutiges »Brandstifter-Syndrom« zu isolieren. Herrschende Expertenmeinung ist, daß Brandstiftung, zusammen mit anderen asozialen Verhaltensweisen, auf »einen generellen Mangel an Selbstkontrolle, Selbstbewußtsein und Fähigkeiten hinweist, insbesondere die sozialen Fähigkeiten, die notwendig sind, um Bestätigungen von der Umgebung in einer angemessenen Weise zu erlangen«. Brandstiftung, so wird angenommen, »kann eine Kontrollmöglichkeit über die Umgebung bieten, die der Brandstifter auf andere Weise nicht erreichen konnte«.[15]

In der Einführung zu ihrer Monographie über »Pathological Firesetting« geben die amerikanischen Psychiater Nolan Lewis und Helen Yarnell eine markante Beschreibung der Faszination, die Brandstiftung ausüben kann:

Da das Feuer ein *ausgezeichnetes* Mittel zur Zerstörung ist, ist es *vortrefflich* zum Ausleben aggressiver Neigungen, zum Abreagieren von Haß geeignet, und es ist ein *perfektes* Medium zur Entladung einer beträchtlichen Menge anderer unterdrückter Emotionen. (...) Durch die Verwendung eines Streichholzes erreicht der Brandstifter ungeheuer spektakuläre Wirkungen, die das übliche Verhältnis zwischen Anstrengung und Ergebnis übersteigen. Er hat das Gefühl, das vollbracht zu haben, was die von ihm entfesselten Naturgewalten für ihn bewerkstelligen.[16]

Ihre Wahl von Adjektiven zeigt, daß die Autoren ein scharfes Auge für die Versuchungen der Brandstiftung haben. Sie weisen auch auf die symbolische Bedeutung des Feuers als herausragendes Mittel für die Zerstörung des Bösen hin. Die Fähigkeit, diese symbolische Bedeutung zu erkennen, kann durch soziales Lernen erworben werden. Die Idee, daß das Feuer »reinigt«, ist ein Element der Kultur; sie wird über verschiedene Kanäle, einschließlich der Religion, der Literatur und des Films, verbreitet. Einige

15 Übersetzt nach Vreeland und Levin 1990, S. 40 f.
16 Übersetzung nach Lewis und Yarnell 1951, S. V (meine Hervorhebung).

der am meisten geschätzten und beliebtesten Romane und Filme des 20. Jahrhunderts enden mit einem spektakulären »Feuer-Höhepunkt« – einer Katharsis, in der die Hauptfigur sein oder ihr Haus anzündet und in den Flammen umkommt.[17]

Wir können in der individuellen Psychopathologie der Brandstiftung vielleicht eine generellere Ambivalenz zur Zerstörung, und insbesondere zur Zerstörung durch Feuer, wiedererkennen. Diese Ambivalenz scheint es in jeder Kultur zu geben. Sie ist wahrscheinlich so alt wie die Domestizierung des Feuers selbst. Der Hauptgrund dafür, daß unsere frühen Vorfahren sich die Mühe machten, das Feuer in ihre Gruppen einzubeziehen, war der, daß sie seine zerstörerische Kraft beim Roden und Kochen zu ihrem Vorteil nutzen konnten. Feuer wurde als ein Mittel zur Zerstörung verehrt, das umgewandelt und zu Zwecken der Produktion und zum Schutz eingesetzt werden konnte.

Solche Begriffe wie »Produktion« und »Schutz« sind heikel, weil sie offen lassen, wer was für wen produziert und wer wen vor wem schützt. Das Problem der Brandstiftung taucht dann auf, wenn ein Individuum die zerstörerische Kraft des Feuers zugunsten seines – tatsächlichen oder eingebildeten – Vorteils gegen die Interessen anderer wendet. Damit verfolgen einzelne Brandstifter (oder Brandstifterbanden gleichermaßen) eine Praxis, die auf einer höheren Stufe der sozialen Organisation nicht mehr so bereitwillig als pathologisch erachtet wird. Seit der Entstehung der Landwirtschaft und der Errichtung von Dörfern und Städten greifen Gruppen von Menschen im Krieg darauf zurück, das Eigentum ihrer Feinde zu verbrennen. Im 20. Jahrhundert hat militärisches Brandstiftertum noch nie dagewesene Ausmaße angenommen. Zeitungen und Wochenschauen liefern der Öffentlichkeit fast täglich neue Beispiele für Brandstiftung, die in organisierten Konflikten, oft im Namen erhabener politischer Ideale, begangen wird. Analog zum – weitgehend ungelösten – Problem der Brandstiftung durch Individuen gibt es ein großes – und ebenso ungelöstes – Problem auf der Ebene der Gesellschaft insgesamt.

17 Siehe z. B. Canetti 1974; du Maurier 1938. Zu Filmen siehe Armstrong und Armstrong 1990, S. 128-130; zur Kunst, siehe Draxler 1987; zu Religion siehe Hagger 1991.

Brandstiftung durch Individuen wird im allgemeinen als ein ernstes Problem betrachtet. Dasselbe kann von einer anderen Art von Aktivitäten, die mit Feuer zusammenhängen, nicht gesagt werden: von dem willkürlichen Gebrauch von Brennmaterial. Während in den reichen Teilen der Welt der direkte Einsatz von Feuer abnimmt, steigt der Brennstoffverbrauch weiter an. Immer mehr Individuen wird immer mehr Energie zur Verfügung gestellt, für die sie immer weniger Aufwand erbringen müssen. Sie gewöhnen sich immer mehr an gleichmäßige Temperaturen und allgegenwärtiges Licht und an eine Vielzahl anderer Annehmlichkeiten einer brennstoffintensiven Wirtschaft. Die wachsende Nachfrage nach materiellem Komfort und Luxus, genährt durch die scheinbare Überfülle leicht erhältlicher Energie, zeigt alle Kennzeichen einer grenzenlosen Unersättlichkeit der Art, die Emile Durkheim als »Anomie« charakterisiert hat.[18]

Unterschiedliche Spielarten des Feuergebrauchs zwischen und innerhalb von Gesellschaften

Eine zentrale These dieses Buches ist, daß das Monopol des Feuergebrauchs in hohem Maße dazu beigetragen hat, die Verhaltens- und Machtunterschiede zwischen Menschen und anderen Tieren zu erhöhen – ein Prozeß, der bereits während der lang andauernden ersten Phase der soziokulturellen Entwicklung, vor der Entstehung von Ackerbau und Viehzucht, im Gange war. Während dieser Phase waren Verhaltens- und Machtunterschiede innerhalb von Gesellschaften überwiegend nur durch Alter und Geschlecht bestimmt, während über lange Zeiträume hinweg die kulturellen Repertoires der verschiedenen Gruppen gewöhnlich sehr ähnlich waren.

Nach der Entstehung der Landwirtschaft dauerte die Entwicklung hin zur Dominanz des Menschen über die Tiere an. Zudem jedoch entstand eine starke Tendenz zu einer steigenden Verhaltens- und Machtdifferenzierung zwischen den Menschen selbst.

18 Durkheim 1983.

So war die sozio-kulturelle Entwicklung über die letzten zehntausend Jahre hinweg nach den Worten des brasilianischen Anthropologen Darcy Ribeiro durch ein Zusammenspiel von sowohl »homogenisierenden« als auch »diversifizierenden« Entwicklungen gekennzeichnet.[19]

Einerseits übte die allmähliche Ausdehnung der Landwirtschaft überall ähnliche Zwänge aus; darauf spielte der rumänische Religionshistoriker Mircea Eliade an, als er feststellte, daß »nach der Entdeckung des Ackerbaus (...) die Menschheit dazu verurteilt [war], (...) Ackerbau zu treiben«.[20] Andererseits ließ die Landwirtschaft auch zunehmende Verschiedenheit entstehen: zwischen den Gesellschaften mit und denen, die noch immer ohne Landwirtschaft waren; zwischen Gesellschaften, die sich beim Getreideanbau auf so unterschiedliche Haupterzeugnisse wie Weizen, Reis und Mais konzentrierten, und zwischen den verschiedenen sozialen Klassen, die in Agrargesellschaften entstanden.

Wenn man die daraus resultierende Vielfalt menschlicher Kulturen berücksichtigt, mag es verführerischer sein, sich auf die vielen Unterschiede zu konzentrieren als auf die Regelmäßigkeiten. Je einzigartiger und bizarrer die Variationen sind, desto eher lenken sie unsere Aufmerksamkeit auf sich; demgegenüber liegt es gerade in der Natur von Ähnlichkeiten und Regelmäßigkeiten, monoton sowie offensichtlich und belanglos zu sein. Die Faszination, die von auffallenden Besonderheiten im Verhalten und in der Kultur ausgeht, manifestiert sich bereits deutlich in den Schriften des Historikers und Anthropologen Herodot aus dem antiken Europa. Und sie hat ihre Kraft noch nicht verloren.

So gehört zum Standardwissen der Feuerkontrolle, daß es unter allen Völkern, die die moderne Anthropologie kennt, eines gab, das nicht wußte, wie man Feuer macht: die Bewohner der Andamanen im Indischen Ozean. Diese Information, die immer und immer wieder zitiert worden ist, geht auf den Britischen Anthropologen A. R. Radcliffe-Brown zurück, der 1922 eine ausführliche und maßgebliche Monographie über die Andamaner veröffentlicht hat. Er schrieb:

19 Ribeiro 1968, S. 4f. (Ribeiro 1971, S. 28).
20 Eliade 1980, S. 152, Fußnote 2.

Die Andamaner sind vielleicht das einzige Volk auf der Welt, die keine eigene Methode zur Herstellung des Feuers haben. Heute erhalten sie Streichhölzer von der Siedlung von Port Blair, und ein paar von ihnen haben entweder von den Birmanen oder den Nikobarern eine Methode erlernt, Feuer durch das Aneinanderreiben von Bambussplittern zu machen. Früher jedoch kannten sie nicht eine einzige Methode, mit der Feuer gemacht werden konnte. Feuer wurden und werden im Dorf noch immer sorgfältig unterhalten und werden auf Reisen vorsichtig transportiert. Jede Jagdgesellschaft trägt ihr Feuer mit sich herum. Die Ureinwohner sind sehr geschickt darin, Holz zu sammeln, das lange glühen wird, ohne zu verlöschen oder in Flammen auszubrechen.[21]

Wenn wir diese Äußerung beurteilen wollen, müssen wir feststellen, daß sie auf Beobachtungen beruht, die viele Generationen nach der Ankunft der ersten Europäer und einige Generationen nach der Erfindung des industriell gefertigten Sicherheitszündholzes gemacht wurden. Die Tatsache, daß 1920 niemand auf den Andamanen-Inseln wußte, wie man ein Feuer ohne Streichhölzer macht, ist nicht verwunderlich; dasselbe hätte für Mallorca oder die Isle of Man gegolten. Diese Beobachtung allein würde gewiß nicht ausreichen, um den Schluß zuzulassen, daß die Andamaner als einziges Volk der Erde nicht in der Lage waren, ein Feuer zu machen.

Dennoch wurde Radcliffe-Browns Text eifrig in die Sekundärliteratur aufgenommen, und das ohne sein einschränkendes »vielleicht«. Dies scheint in der Tat auf einen Wunsch, über einzigartige Fälle zu berichten, hinzuweisen, ein Wunsch, der auf der Vermutung beruht, daß das Außergewöhnliche interessanter ist als das Gewöhnliche. Dem möchte ich jedoch entgegenhalten, daß die außergewöhnlichen Fälle erst dann wirklich interessant werden, wenn wir in der Lage sind, sie so zu erklären, daß ein allgemeines Muster in neuem Licht erscheint. Dieser Aspekt fehlt in der Geschichte über die Andamaner völlig – einer Geschichte, die nicht mehr als eine Kuriosität, eine triviale »Ausnahme« ist, die »die Regel beweisen« soll.

Tatsächlich hat es in allen bekannten Gesellschaften zumindest ein paar Menschen gegeben, die eine Methode zum Feuermachen kannten. Auch in anderer Hinsicht zeigten die Feuerregime in verschiedenen Gesellschaften viele Ähnlichkeiten. Die wichtigste

21 Übersetzt nach Radcliffe-Brown 1922, S. 472.

Variable war die Stufe der agrarischen und industriellen Entwicklung. Wenn wir also den Gebrauch des Feuers als Lichtquelle betrachten, sehen wir, daß über eine lange Zeitspanne hinweg nur wenige Veränderungen auftraten, die etwas Variation zuließen. Sogar nach der Einführung der Landwirtschaft und der Entstehung von Städten war der häusliche Herd weiterhin die wichtigste Lichtquelle, ergänzt durch Fackeln, Öllampen und Kerzen. Lampen und Kerzenständer sahen in verschiedenen Kulturkreisen wie China, Indien und Westeuropa sehr unterschiedlich aus; aber dies waren stilistische, nicht strukturelle Unterschiede. Obwohl die Verzierungen variierten, war das technische Prinzip, zu Licht zu kommen, das gleiche.

Innerhalb jeder dieser wichtigsten Kulturkreise spielten aber die Unterschiede bei der Beleuchtung eine große Rolle. Um ihre Häuser und Paläste zu erleuchten, konnten die reichen herrschenden Klassen Spezialisten verpflichten, die sie mit Lampen und Brennmaterial von bester Qualität beliefern konnten. Um 1500 nahmen die oberen Stände in Westeuropa die Gewohnheit an, Wachskerzen anzuzünden, was ihnen ermöglichte, abends lange aufzubleiben – eine teure Gewohnheit, die sich nur eine kleine Minderheit leisten konnte.[22] Sie verschoben den Zeitpunkt des Aufstehens, der Mahlzeiten und des Ins-Bett-Gehens auf immer spätere Uhrzeiten. Dies war Teil der Verhaltensänderungen, die Norbert Elias in *Über den Prozeß der Zivilisation* beschreibt. Dank ihres verschwenderischen Gebrauchs von Kerzen konnten sich die oberen Klassen nicht mehr nur dadurch, was und wie, sondern auch dadurch, wann sie es taten, abheben.

Die Statuskonkurrenz unter den Eliten stimulierte wahrscheinlich neue technische Entdeckungen. Das zunehmende Bedürfnis nach Luxus (das nur schwer von dem Bedürfnis, Luxus zur Schau zu stellen, zu unterscheiden war)[23] schuf ein günstiges Klima für Neuerungen bei der Beleuchtung und dem Heizen sowie bei vielen Handwerken, für deren Ausübung Feuer notwendig war und die Güter herstellten, die das Leben komfortabler und »reicher« machen konnten. So wurde der Grundstein für die Massenproduktion von Luxusgütern im 19. und 20. Jahrhundert gelegt.

22 Laing 1982, S. 41 f.
23 Vgl. Bourdieu 1987.

In geschichteten Gesellschaften spiegelte und spiegelt sich die ungleiche Verteilung von Macht immer in dem unterschiedlichen Ausmaß wider, in dem verschiedene Menschengruppen Feuer nutzen konnten und in dem sie der Gefahr von Bränden ausgesetzt waren. Einige Gruppen laufen sogar die noch größere Gefahr, durch Feuer getötet zu werden. Letzteres konnte das Schicksal von Kriegsopfern sein – aber es konnte auch Menschen in »Friedenszeiten« treffen, so z. B. während der Verfolgung von Häretikern und Hexen im Europa des späten Mittelalters und der frühen Moderne. Die Übermacht einer streng organisierten Gruppe gegenüber individuellen Opfern wurde in dramatischer Weise bei den langwierigen und extrem qualvollen Folterungen mit Feuer ausgespielt, die manche Indianerstämme Nordamerikas Berichten aus dem 17. und 18. Jahrhundert zufolge ihren Kriegsgefangenen zufügten.[24] Ein zeitgenössisches Beispiel ist die Witwenverbrennung in Indien – wo sich Frauen nach dem Tod ihres Ehemanns, angesichts der extrem ungleichen Machtbalance zwischen den Geschlechtern, in einer besonders verwundbaren Stellung befinden. Heute ist diese Praxis offiziell verboten; es wäre interessant, ihren sozialen Kontext mit dem der Hexenverbrennungen zu Anfang des modernen Europas und Nordamerikas zu vergleichen.

Die herrschenden Unterschiede in Reichtum und Macht zwischen und innerhalb von Gesellschaften wirken sich deutlich darauf aus, wie Menschen das Feuer nutzen und inwieweit sie Feuergefahren ausgesetzt sind. In Städten auf der ganzen Welt ist es viel wahrscheinlicher, daß Elendsviertel und Slumvorstädte von schweren Bränden betroffen sind als die wohlhabenderen Wohngegenden. Die Bronx in New York ist ein berüchtigtes Beispiel. In einem seiner Aufsätze liefert Salman Rushdie einen ebenso prägnanten wie ergreifenden Bericht über einen »unbedeutenden Brand« in einem Elendsviertel in London 1984:

Als der Brand ausbrach, schrillte nirgendwo Alarm. Denn er war abgestellt worden. Die Feuerlöscher waren leer. Die Notausgänge waren blockiert. Es war Nacht, aber das Treppenhaus war dunkel, weil keine Glühbirnen in den Fassungen waren. Und in dem einzigen, vollgestopften Zimmer im obersten Stock, in dem sie seit neun Monaten wohnten und

24 Vgl. Hudson 1976, S. 255-257.

wo der Kocher neben dem Bett stand, erstickte Mrs. Abdul Karim, eine Bangladeshi, mit ihrem fünfjährigen Sohn und ihrer dreijährigen Tochter.[25]

Die unterschiedliche Betroffenheit durch Feuergefahr in den verschiedenen Vierteln New Yorks oder Londons spiegelt auf einer lokalen Stufe die wichtigsten Unterschiede wider, die den Variationen im Feuergebrauch in der heutigen Welt zugrunde liegen: die Unterschiede zwischen den Ländern, in denen die Mehrheit der Bevölkerung in Luxus lebt, und den Ländern, in denen die Mehrheit in Armut lebt. Diese Unterschiede drücken sich sogar noch deutlicher im unterschiedlichen Zugang zu Brennmaterial und zu den Brennstoff verbrauchenden Geräten aus. So verbrauchte um 1985 der Durchschnittsbürger der Vereinigten Staaten vierzigmal mehr Energie als der Durchschnittsbürger Indiens.[26] Diese Zahl muß selbstverständlich vor dem Hintergrund der Altersverteilung der jeweiligen Bevölkerungen beurteilt werden; aber dennoch macht sie uns aufmerksam auf die Unterschiede zwischen den Lebenschancen in hochindustrialisierten, reichen Ländern einerseits und weniger hochindustrialisierten armen Ländern – von denen Indien noch lange nicht das ärmste ist – andererseits.

Trotz aller trennenden Gegensätze wird die Menschheit mehr und mehr zu einer einzigen Weltgesellschaft integriert. Die Spannungen in dieser Weltgesellschaft werden regelmäßig in gewalttätigen Konflikten freigesetzt: in Kriegen, Bürgerkriegen, Revolutionen. In Kapitel 8 habe ich einige Beispiele angeführt, die zeigen, daß das Feuer selbst in den technisch am meisten entwikkelten Kriegen eine zentrale Rolle spielt. Es wird außerdem noch häufig als Waffe benutzt, wenn Konflikte in kleinerem Rahmen ausgetragen werden.

Manchmal scheint das Verbrennen hauptsächlich zeremoniellen oder theatralischen Zwecken zu dienen. So inszenierte im August 1989 die demokratische Regierung Griechenlands eine öffentliche Veranstaltung, bei der die Archive der Geheimpolizei verbrannt wurden. Es war ein festliches Ereignis, in dessen Verlauf Tausende von Akten in Rauch aufgingen. Ebenso gibt es immer wieder

25 Rushdie 1992, S. 169.
26 Simmons 1989, S. 214.

einmal Berichte über Regierungen, die große Vorräte an konfisziertem Marihuana verbrennen. In allen diesen Fällen hat das Feuer offensichtlich eine symbolisch reinigende Funktion: Etwas, das gehaßt oder verurteilt wird, wird zerstört. Aber das symbolische Verbrennen dient auch einem praktischen Ziel. Was sonst könnten die Behörden mit zu Unrecht belastenden Papieren oder mit geschmuggelten Drogen tun, als sie zu zerstören? Wie bei traditionellen Brandopfern und Feuerfesten scheint die Vernichtung durch Feuer eine emotional befriedigende Lösung für das Problem darzustellen, was man mit materiellen Gütern, die ihren Besitzer in Verlegenheit bringen, tun kann.

Die gleiche Verknüpfung von symbolischen und praktischen Funktionen kann auch beim Gebrauch des Feuers bei öffentlichen Demonstrationen und Aufständen beobachtet werden. Eine Barrikade aus brennenden Fahrzeugen und Reifen kann ein wirkungsvolles Mittel zum Blockieren einer Straße sein, obwohl es unwahrscheinlich ist, daß sie schwer bewaffnete Panzer aufhalten könnte. Aber Rauch und Flammen sollen auch eine Botschaft überbringen; und die meisten Demonstranten sind sich der Tatsache bewußt, daß es wahrscheinlich ist, daß Bilder vom Feuer als ein weit verbreiteter Beweis ihres Zorns und ihres politischen Willens im Fernsehen gezeigt werden.

Von brennenden Straßenblockaden zu wirklicher Brandstiftung ist es nur ein kleiner Schritt. In Aufständen stellen öffentliche Gebäude – Gerichte, Polizeistationen, Finanzämter, Zentralen der regierenden politischen Parteien – ein beliebtes Ziel für Brandstiftung dar. Verglichen mit Kriegen zwischen Staaten ist der Schaden gewöhnlich gering; aber die symbolische Wirkung kann sehr groß sein, da die Autorität des Staates offen mißachtet und ihr Widerstand geleistet wurde. Darin liegt die bedrohliche Macht solcher Parolen wie »Und nächstes Mal das Feuer« und »Brenn, Baby, brenn« begründet. So wurde folgende Äußerung eines Aktivisten in Brixton zitiert: »Sie wußten nicht, daß es hier ein Problem gab, bis wir den Ort niederbrannten. Vielleicht brauchen wir ein weiteres [Feuer], um ihnen zu zeigen, daß die Dinge jetzt nicht viel besser sind.«[27]

27 ›Frank‹, zitiert von Angela Johnson im »Independent« vom 3. April 1991.

Bei dieser Art von Konflikten ist das Feuer besonders bei denen als Waffe beliebt, die keinen Zugang zum staatlichen Monopol der organisierten Gewalt haben. Während sie vor Mord zurückschrecken mögen, sind sie bereit, Brandstiftung als äußerste gewalttätige Handlung zu begehen. Manche Gruppen jedoch setzen Feuer nicht nur gegen materielles Eigentum ein, sondern auch gegen Menschen. So wurden Lynchmorde in den Südstaaten der Vereinigten Staaten manchmal mit Feuer durchgeführt, ebenso wie später die »necklace murders« (»Halskettenmorde«) in Südafrika – rituelle Hinrichtungen, in denen das Opfer getötet wird, indem man ihm einen Reifen um den Hals legt, diesen mit Benzin übergießt und anzündet. Noch dramatischer sind möglicherweise die Fälle, in denen sich Menschen öffentlich selbst verbrennen, um die Aufmerksamkeit auf etwas zu lenken, das sie als unerträgliche Ungerechtigkeit erfahren.

Bilder von all diesen Ereignissen erscheinen im Fernsehen und in den Zeitungen. Nicht ein einziger Tag vergeht, an dem Feuer nicht in den Fernsehnachrichten gesehen werden kann. Und fast immer bedeutet das Feuer Gewalt, Unruhe, Zorn, Chaos, Zerstörung. Feuerausbrüche und ihre Folgen in Gestalt von ausgebrannten Häusern und verbrannten Auto- und Buswracks drücken fast täglich kollektiven Haß aus. Sicher in ihre Sessel gekuschelt, können die Zuschauer bei dem Anblick des Spektakels erschauern und hoffen, daß ihnen die symbolische Bedeutung des Feuers auch weiterhin nur indirekt, über den Bildschirm, klar gemacht wird.

Gestiegene Kontrolle des Feuers für die ganze Menschheit

Seit den Anfängen des Domestizierungsprozesses ist die menschliche Fähigkeit, das Feuer einzusetzen, enorm gestiegen. Anfänglich ging der Prozeß langsam, über mehrere tausend Generationen vonstatten. Aber dann trat nach der Entstehung der Landwirtschaft eine schnellere Folge von Neuerungen ein, zuerst mit der Einführung des Töpferns und der Metallurgie und dann mit der Entwicklung von immer mehr spezialisierten Techniken. Erst vor ungefähr zehn Generationen begann die Industrialisierung zu einer dominanten Entwicklung zu werden; und mit ihr wuchs – mit zunehmender Geschwindigkeit – die Fähigkeit, das Feuer zu kontrollieren.

Von Anfang an haben die Menschen ihre Lebenschancen vergrößert, indem sie das Feuer als nicht-menschliche Energiequelle ihrer eigenen physischen Kraft hinzufügten. Zunehmend unterschieden sie sich von anderen, verwandten Geschöpfen – in ihrem Verhalten und ihrer Macht. Dies führte auf lange Sicht zu einer Verlängerung der durchschnittlichen Lebensdauer und zu einem Anstieg des materiellen Komforts (oder geringem »intensivem Wachstum«) und, damit einhergehend, zu einem Ansteigen der Bevölkerungszahl (»extensivem Wachstum«). Die Kontrolle über das Feuer war nicht die einzige Ursache für den Prozeß der wachsenden Dominanz der Menschen; aber sie ist ein integraler Bestandteil dieses Prozesses und trug dazu bei, ihn zu beschleunigen.

Die Industrialisierung brachte weitreichende Fortschritte in der Kontrolle des Feuers mit sich. Ein klares Bespiel für diese allgemeine Entwicklungsrichtung ist auch die Entwicklung der Beleuchtung. Für das England des 17. Jahrhunderts konnte immer noch ohne große Übertreibung behauptet werden, daß das Herdfeuer »die Wärmequelle und die wichtigste Lichtquelle nach Einfall der Dunkelheit« war.[28] Diese Situation sollte sich in den nächsten paar Jahrhunderten radikal ändern – zuerst durch eine Reihe von Verbesserungen bei der Herstellung von Kerzen und Öllampen und dann durch die Einführung von Gaslicht und elektrischem Licht.

Gaslicht bot bis dahin unübertroffene Möglichkeiten zur Beleuchtung von Häusern und Straßen. Es wurde in vielen Städten mit hohem Kostenaufwand installiert; aber es wurde innerhalb weniger Generationen überall von elektrischem Licht abgelöst. Über die letzten hundert Jahre war die Elektrifizierung der Beleuchtung auf der ganzen Welt eine dominante Entwicklung. In ihren Anfängen gewannen große Erfinder und Unternehmer wie

28 Thornton 1984, S. 15. Siehe auch O'Dea 1958, S. 1-26; Laing 1982.

Thomas Edison Ruhm, indem sie wichtige Beiträge dazu lieferten. Von Anbeginn an hatte der Prozeß aber eine Eigendynamik; und wir können genausogut sagen, daß Edison von eben dieser Entwicklung angetrieben wurde, die ihn vor die Herausforderung stellte, in einem ständigen Rennen, im technischen und ökonomischen Wettbewerb, vorne zu bleiben.

Heute haben die Einwohner der hochindustrialisierten Länder eine regelmäßige Stromzufuhr zu ihrer Verfügung, so daß sie zu jeder beliebigen Tageszeit mit einer minimalen Anstrengung Licht erzeugen können. Verglichen mit der Sorgfalt und dem Geschick, die für den Umgang mit Kerzen oder auch für eine Gaslampe erforderlich sind, ist elektrisches Licht eine Annehmlichkeit, die wenig Anforderungen stellt. Damit wird leicht verständlich, warum es so schnell auf der ganzen Welt übernommen wurde. Der kurze Zeitraum, in dem es Gemeinschaften mit und Gemeinschaften ohne Elektrizität gibt, wird bald zu Ende sein; die globale Elektrifizierung ist ein Beispiel für die generelle Reduzierung von Unterschieden zwischen und innerhalb von Gesellschaften.

Als solche paßt auf sie der Ausdruck, mit dem Norbert Elias einen wichtigen Aspekt des Zivilisationsprozesses im Europa des 20. Jahrhunderts charakterisiert hat: »Verringerung der Kontraste, Vergrößerung der Spielarten«.[29] Elektrizität hat ein breites Spektrum von Aktivitäten eröffnet; neue Verwendungsmöglichkeiten entstehen schnell hintereinander, besonders seit dem Aufkommen der Mikroelektronik und der daraus resultierenden »Automatisierung« von Informationsprozessen. Heute können Menschen mit Computern und Videogeräten Dinge tun, die vor wenigen Generationen noch unvorstellbar gewesen wären.

Während die Breite der Variationsmöglichkeiten ständig wächst, nehmen die Unterschiede ab. Wie der britische Kulturhistoriker Alistair Laing festgestellt hat, hat die Elektrifizierung überall »zu einer stetigen Verringerung sozialer Unterschiede beim Gebrauch von Licht und zu dessen allgemeiner Verfügbarkeit« geführt.[30] Gleichgültig wo elektrisches Licht eingeführt wurde, war es bald mehr oder weniger selbstverständlich und nicht länger Luxus.

29 Elias 1969b, S. 342-351.
30 Laing 1982, S. 6f.

Dasselbe kann von zahlreichen anderen Erleichterungen gesagt werden, die durch Elektrizität möglich wurden und die heute einen Standard von Komfort, Hygiene und Sicherheit repräsentieren, der in der industrialisierten Welt als normal betrachtet wird. In den reichen Ländern sind Abweichungen, die dieser Norm widersprechen, nur in Subkulturen oder Elendsvierteln zu finden. Es ist fast normale Praxis geworden, sowohl ein konstantes Niveau künstlicher Beleuchtung als auch eine gleichmäßige Innentemperatur, die – in kalten Wintern durch Heizen, in heißen Sommern durch Kühlen – automatisch erreicht wird, aufrechtzuerhalten.

All diese Einrichtungen benötigen Energie, die durch Brennstoffe erzeugt wird, die manchmal von weither importiert werden. Der ständige Verbrauch von großen Mengen an Brennmaterial verursacht Nebenwirkungen, wobei zunehmend deutlich wird, daß sich diese auf die ganze Menschheit auswirken. Zu diesen Nebenwirkungen gehört einerseits eine gestiegene Emission von Verbrennungsgasen in die Luft und andererseits die nahe bevorstehende Erschöpfung der Erdvorräte an fossilen Brennstoffen. Das volle Ausmaß dieser Kosten kam uns erst langsam ins Bewußtsein; und selbst heute sind sich Experten nicht einig über das wirkliche Ausmaß der ökologischen Folgen, die das fortschreitende Verbrennen von fossilen Brennstoffen hat.

Eines scheint jedoch gewiß: Das Einschätzen der Konsequenzen ist eine Sache der Experten. Es übersteigt das Fassungsvermögen von Laien, denen sowohl die Apparate fehlen, um die notwendigen Informationen zu sammeln, als auch die intellektuellen Fähigkeiten, um sie zu beurteilen. Die ungleiche Verteilung von Wissen kann als eine der Folgen des Langzeitprozesses der Spezialisierung und Organisation betrachet werden, ein Prozeß, von dem der amerikanische Ethnologe Walter Hough sagt, er habe mit dem Hüten des Gemeinschaftsfeuers begonnen.[31]

Keiner hätte diesen Prozeß vorhersehen oder im voraus planen können. Sein Verlauf als Ganzes war blind und ungesteuert. Dennoch ist er das Ergebnis menschlicher Absichten. Jede Neuerung in der Kontrolle des Feuers wurde erreicht, weil Menschen be-

31 Hough 1926, S. 165.

wußt versuchten, mehr mit Feuer zu machen, als sie bisher vermochten. Aber sie konnten unmöglich alle weiteren Schritte vorhersehen, die ihre Nachfolger tun würden. Noch sahen sie immer die Zunahme der Abhängigkeit voraus, die fast unvermeidbar auf die Zunahme der Kontrolle folgte.

Gerade die Ausdehnung und das Engerwerden der Dependenzketten waren es, die die Menschen dazu veranlaßten, über die Wirkungen ihres Eingriffs in ihre natürliche Umwelt nachzudenken. Die ersten Bücher zu diesem Thema erschienen in der zweiten Hälfte des 19. Jahrhunderts.[32] Im 20. Jahrhundert hat sich die Sorge zunächst einzelner zu einer weltweiten Umweltschutzbewegung entwickelt. Immer mehr Menschen sind bereit, die Möglichkeit anzuerkennen, daß die Kombination von intensivem und extensivem Wachstum einen steigenden Brennstoffverbrauch mit sich bringt, der früher oder später katastrophale Folgen haben wird.

Es gibt ein wachsendes Bewußtsein dafür, daß – es sei denn, es ereignet sich als bittere Alternative eine große Katastrophe – zumindest noch einige Generationen lang ein weiterer Anstieg der Weltbevölkerung und gleichzeitig ein wachsendes Verlangen nach einem höheren Lebensstandard zu erwarten sind. Unter diesen Umständen wird es immer schwieriger, das Problem zu ignorieren, wie die Erde und die Stratosphäre reagieren werden, falls und wenn die Zeit kommt, daß es 10 Mrd. Menschen gibt, die soviel Brennmaterial pro Person verbrauchen wie der Durchschnittsbürger der Vereinigten Staaten heute.

Um eine globale Katastrophe abzuwenden, scheint es prinzipiell zwei wesentliche Strategien zu geben: eine Senkung des Energieverbrauchs und ein Wechsel zu alternativen Energiequellen wie Wind, Wasser oder Atomenergie. Die erste Strategie impliziert einen Wandel in der Regulierung sozialer Beziehungen und individueller Triebe, die zweite Strategie eine weitere Ausdehnung der menschlichen Kontrolle über »außermenschliche« natürliche Prozesse. Wie in Kapitel 8 festgestellt wurde, wird in manchen Bereichen, so z.B. dem, den wir etwas paradox das Management von Waldbränden nennen könnten, eine Politik des »kontrollier-

32 Siehe z.B. Bramwell 1983; Hardin 1985; Mitchell 1991.

ten Lockerns von Kontrollen« gemeinhin akzeptiert. Diese Formel ist auf den Brennstoffverbrauch nicht leicht anwendbar; aber es gibt keinen Mangel an Versuchen, das ungezügelte Wachstum zu bremsen. Die Tatsache, daß die unterschiedlichen Strategien ernsthaft diskutiert werden, ist für sich selbst bereits ein Hinweis auf eine neue Phase im Zivilisationsprozeß.

Obwohl es einige Anzeichen für ein neues Bewußtsein für Sparsamkeit beim Brennstoffverbrauch gibt, werden vorläufig effektivere Ergebnisse von der zweiten Strategie erwartet – vom Erschließen anderer Energiequellen wie Wind, Wasser oder Kernenergie, von denen man sich erhofft, daß sie effizienter genutzt werden können und weniger Umweltverschmutzung verursachen. Als ein Prozeß der technologischen Innovation wird diese Suche gewiß durch Planung und Koordination bestimmt, aber sie ist auch in hohem Maße durch den unkontrollierten Wettbewerbsdruck – zwischen Staaten, zwischen Industrieunternehmen und zwischen wissenschaftlichen Zentren – motiviert.

Über mehrere Jahrzehnte wurde in diesem Bereich am meisten Kapital in die Erforschung der Möglichkeiten der Kernspaltung investiert. Das Vertrauen in diese Verfahren wurde jedoch schwer erschüttert – zuerst durch alarmierende theoretische Berechnungen über die Gefahren der radioaktiven Strahlung, dann durch einige Unfälle, die in den Vereinigten Staaten und Westeuropa auftraten und vor allem durch die Explosion im Kernreaktor in Tschernobyl im April 1986, die dem russischen Physiker Zhores Medvedev zufolge »die furchterregendste Katastrophe der modernen Industriegeschichte« verursachte.[33]

Viele Experten verweisen auf die Kernfusion als eine umsetzbare Alternative zur Kernspaltung. Die Verheißungen der Kernverschmelzung klingen fast zu gut, um wahr zu sein. Das Verfahren soll Energie hervorbringen, die »sauber« sein wird, keine Luftverschmutzung oder radioaktiven Niederschlag verursachen und zudem »billig« sein wird – denn die Elemente, die benötigt werden, um eine Kernfusion zu erzeugen, gibt es auf der ganzen Welt im Überfluß. Wenn der Durchbruch zu einer gewinnbringenden

33 Medvedev 1990, S. ix.

Herstellung einmal gemacht worden sei, würde es möglich sein, diese Form der Energie überall in fast grenzenlosen Mengen verfügbar zu machen.

Bis jetzt aber wurde das Versprechen noch nicht eingelöst. Die Ankündigung vom März 1989, daß es möglich sei, mit relativ einfachen Mitteln »kalte Kernfusion« zu erzeugen, erwies sich als falsch.[34] Die Anstrengungen werden jetzt ganz auf die »heiße Kernfusion« konzentriert, die unter Bedingungen stattfinden muß, die denen im Zentrum der Sonne vergleichbar sind. Dort laufen bei einer Temperatur von 15 Millionen Grad ständig Kernverschmelzungsprozesse ab; sie bilden die elementare Energiequelle, die unser Sonnensystem speist. Für eine kontrollierte »heiße Kernfusion« auf unserem Planeten sind Temperaturen von mindestens 100 Millionen Grad erforderlich.

Technisch können solche Temperaturen bereits erreicht werden. Gegenwärtig ist der für dieses Verfahren notwendige Energieeinsatz jedoch so hoch, daß er kontraproduktiv wäre. Der finanzielle Aufwand, der für die Erforschung weiterer Möglichkeiten erforderlich ist, ist enorm, und dies hat dazu geführt, daß die Hauptwettstreiter dieses wissenschaftlichen Rennens ihre Anstrengungen zusammengeführt haben. Seit 1983 betreibt ein Konsortium der westeuropäischen Staaten, einschließlich solcher Nicht-EG-Mitglieder wie Schweden und der Schweiz, ein Labor in Culham bei Oxford – JET (»Joint European Torus«) genannt –, in dem Plasmatemperaturen von bis zu 140 Millionen Grad erreicht wurden. In den späten 1980ern wurden Pläne für ein noch umfassenderes internationales Unternehmen, das ITER (»International Thermonuclear Experimental Reactor«) heißt und unter der Schirmherrschaft der Europäischen Gemeinschaft, Japans, der damaligen Sowjetunion und der Vereinigten Staaten steht, in Angriff genommen.[35]

Vorläufig mag die Fähigkeit, Temperaturen in der Größenordnung von 150 Millionen Grad zu erzeugen, es wohl verdienen, als Höhepunkt des Prozesses der zunehmenden menschlichen Kontrolle über Feuer zu gelten. Nicht weniger beeindruckend ist der Grad der internationalen Koordinierung auf dem Weg zur Nut-

34 Vgl. Close 1992; Mallove 1991.
35 Vgl. Maple 1987.

zung der Kernverschmelzung. Im paläolithischen Zeitalter konnte es sich keine Gruppe erlauben, nicht am Monopol der Menschheit, Feuer zu gebrauchen, teilzuhaben; ebenso wird sich in unserer Zeit kein Stamm oder keine Nation von den gegenwärtigen, auf globaler Ebene ablaufenden Entwicklungen im Feuerregime abkoppeln können.

Die Domestizierung des Feuers hat das Leben der Menschen bequemer und komplizierter gemacht. Die ubiquitären Feuer mit ihrem zerstörerischen Potential und ihrem niemals endenden Bedarf an Brennstoff üben nachhaltige Zwänge auf die Gesellschaft aus – Zwänge, die auf den aufeinanderfolgenden Stufen verschiedene Ausformungen angenommen haben. Aufgrund der Fortschritte in der Spezialisierung und Organisation werden einige dieser Anforderungen von den meisten Menschen in gegenwärtigen Industriegesellschaften kaum gespürt. Dies bedeutet jedoch nicht, daß sie verschwunden sind. Jede Generation muß aufs Neue lernen, mit dem Feuer umzugehen. Sie muß nicht dieselben Techniken wie ihre Vorfahren meistern; aber ihre Mitglieder müssen die generelle Fähigkeit erwerben, in einer Gruppe, die Feuer besitzt, zu leben. In gegenwärtigen Gesellschaften bedeutet das noch immer, daß sich alle Individuen Grundkenntnisse über das Feuer aneignen müssen; nicht weniger wichtig ist es, daß sie lernen, an der sozialen Organisation des Feuerregimes teilzunehmen und hoffentlich auch zu einem gewissen Verständnis dieses Regimes zu kommen.

Die in diesem Buch beschriebenen Entwicklungen hin zu einem zunehmenden Gebrauch des Feuers in einer konzentrierteren Form und unter Bedingungen einer dauernd fortschreitenden Spezialisierung und Organisation haben dazu beigetragen, die Kontrolle des Feuers scheinbar einfacher, tatsächlich aber viel komplexer zu machen. Als ein Ergebnis dieser Entwicklungen wurden im 20. Jahrhundert mehr und größere Feuer als in jedem vorhergehenden Zeitalter verursacht. Menschen haben durch das Feuer mehr Komfort gewonnen und damit mehr Schaden und Leid zugefügt als jemals zuvor. Heute bedarf die Kontrolle des Feuers selbst, mehr denn je, der Kontrolle; damit bleibt das Feuer ein zentrales Problem der menschlichen Zivilisation.

Literatur

Abbiateci, André, »Les incendiaires dans la France du XVIIIe siècle. Essai de typologie criminelle«, *Annales. Economies, Sociétés, Civilizations* 25 (1970), S. 229-248.

Adkins, W. H., *Merit and Responsibility: A Study in Greek Values*, Oxford University Press, 1960.

Allaby, Michael, *Animal Artisans*, Knopf, New York 1982.

Allan, William, *The African Husbandman*, Oliver & Boyd, Edinburgh 1965.

Armstrong, Edward A., *The Folklore of Birds: An Enquiry into the Origin and Distribution of Some Magico-Religious Traditions*, Collins, London 1958.

Armstrong, Richard B./Mary Willems Armstrong, *The Movie List Book: A Reference Guide to Film Themes, Settings, and Series*, McFarland, Jefferson, NC 1990.

Bachelard, Gaston, *Psychoanalyse des Feuers*, Carl Hanser, München/ Wien 1985.

Baker, Paul T., »The Adaptive Limits of Human Populations«, *Man* (n.s.) 19 (1984), S. 1-14.

Bankoff, H. Arthur/Fredrick A. Winter, »A House-Burning in Serbia«, *Archaeology* 32, 5 (Sept. 1979), S. 8-14.

Barker, Graeme, *Prehistoric Farming in Europe*, Cambridge University Press, 1985.

Beard, M., »The Sexual Status of the Vestal Virgins«, *Journal of Roman Studies* 70 (1980), S. 12-27.

Beaver, Patrick, *The Match Makers*, Henry Mellard, London 1985.

Beck, Earl R., *Under the Bombs: The German Home Front 1942-1945*, University Press of Kentucky, Lexington 1986.

Bell, Walter George, *The Great Fire of London in 1666*, John Lane, London 1920.

Bendell, J. F., »Effects of Fire on Birds and Mammals«, in: Kozlowski/ Ahlgren 1974, S. 73-138.

Benedict, Ruth, *Urformen der Kultur*, Rowohlt, Hamburg 1955.

Die Bibel. Nach der Übersetzung Martin Luthers, Deutsche Bibelgesellschaft, Stuttgart 1985.

Binford, Lewis R., *Debating Archaeology*, Academic Press, San Diego 1989.

Birks, Hilary H./H. J. B. Birks/Peter Emil Kaland/Dagfinn Moe (Hg.), *The Cultural Landscape – Past, Present and Future*, Cambridge University Press, 1988.

Blainey, Geoffrey, *Triumph of the Nomads: A History of Ancient Australia*, Macmillan, Melbourne 1975a.

– *The Tyranny of Distance: How Distance Shaped Australia's History* (2. Aufl.), Macmillan, Melbourne 1975b.

Boserup, Ester, *The Conditions of Agricultural Growth*, Aldine, Chicago 1965.

– *Woman's Role in Economic Development*, Allen and Unwin, London 1970.

Bottéro, Jean, »Notes sur le feu dans les textes Mésopotamiens«, in: *Le Feu dans le Proche-Orient antique. Aspects linguistiques, archéologiques, littéraires*, Actes du Colloque de Strasbourg (9 and 10 June 1972), Brill, Leiden 1973, S. 9-30.

Bourdieu, Pierre, *Die feinen Unterschiede. Kritik der gesellschaftlichen Urteilskraft*, Suhrkamp, Frankfurt 1982 und 1987 (stw 658).

Bowsky, William M., *A Medieval Italian Commune: Siena under the Nine, 1287-1355*, University of California Press, Berkeley 1981.

Boyce, Mary, *Zoroastrians: Their Religious Beliefs and Practices*, Routledge & Kegan Paul, London 1979.

Bradbury, Ray, *Fahrenheit 451*, Hart-Davis, New York 1954.

Brain, C.K., *The Hunters or the Hunted? An Introduction to African Cave Taphonomy*, University of Chicago Press, 1981.

– /A. Sillen, »Evidence from the Swartkrans cave for the earliest use of fire«, *Nature* 336 (Dec. 1988), S. 464-466.

Bramwell, Anne, *Ecology in the Twentieth Century: A History*, Yale University Press, New Haven 1989.

Braudel, Fernand, *Sozialgeschichte des 15.-18. Jahrhunderts. Der Alltag*, Kindler, München 1985.

Brewer, Richard, *The Science of Ecology*, Saunders, Philadelphia 1988.

Brewer, Stella, *The Forest Dwellers*, Collins, London 1978.

Briggs, Asa, *Victorian Things*, Penguin Books, Harmondsworth 1988.

Brimblecombe, Peter, *The Big Smoke: A History of Air Pollution in London since Medieval Times*, Methuen, London 1987.

Brink, A.S., »The Spontaneous Fire-controlling Reactions of Two Chimpanzee Smoking Addicts«, *South African Journal of Science* 53 (1957), S. 241-247.

Burford, Alison, *Craftsmen in Greek and Romain Society*, Thames & Hudson, London 1972.

Burkert, Walter, *Griechische Religion der Archaischen und Klassischen Epoche*, Kohlhammer, Stuttgart 1977.

Burton, Maurice, *Phoenix Re-born*, Hutchinson, London 1959.

Byock, Jesse L., *Medieval Iceland: Society, Sagas, and Power*, University of California Press, Berkeley 1988.

Camporesi, Piero, *The Fear of Hell: Images of Damnation and Salvation in Early Modern Europe* (übersetzt aus dem Italienischen, 1987), Polity Press, Cambridge 1990.

Canetti, Elias, *Die Blendung* (Sonderausgabe), Hanser, München 1974.

Canter, David (Hg.), *Fires and Human Behaviour* (2. Aufl.), David Fulton, London 1990.

Carcopino, Jérome, *Daily Life in Ancient Rome* (übersetzt aus dem Französischen, 1939), E.O. Lorimer, London 1941.

Carneiro, Robert L., »Slash-and-Burn Cultivation among the Kuikuru and Its Implications for Cultural Development in the Amazon Basin«, in: Jonathan Wilbert (Hg.), *The Evolution of Horticultural Systems in Native South America: Causes and Consequences*, Editorial Sucre, Caracas 1961, S. 47-67.

Chapman, J.D./F. White, *The Evergreen Forests of Malawi*, Commonwealth Forestry Institute, Oxford 1970.

Chatwin, Bruce, *The Songlines*, Jonathan Cape, London 1987.

Christiansen, S., »Shifting Cultivation – Survey of Recent Views«, *Folk* 23 (1981), S. 177-184.

Churchill, Winston S., *Meine frühen Jahre*, Coron-Verlag, Zürich 1967.

Cipolla, Carlo M., *Guns and Sails in the Early Phase of European Expansion 1400-1700*, Pantheon Books, London 1965.

– (Hg.), *The Fontana Economic History of Europe*. 1. The Middle Ages, Fontana, Glasgow 1972.

Clark, J.C.D., *English Society 1688-1832*, Cambridge University Press, 1985.

– /J.W.K. Harris, »Fire and Its Roles in Early Hominid Lifeways«, *The African Archaeological Review* 3 (1985), S. 3-27.

Clark, J.G.D., *Prehistoric Europe: The Economic Basic*, Methuen, London 1952.

Clarke, D.V./T.G. Cowie/A. Foxon, *Symbols of Power at the Time of Stonehenge*, National Museum of Antiquities of Scotland, Edinburgh 1985.

Claverie, Elisabeth/Pierre Lamaison, *L'impossible mariage: Violence et parenté en Gévaudan 17e, 18e et 19e siècles*, Hachette, Paris 1982.

Clayre, Alasdair (Hg.), *Nature and Industrialization*, Oxford University Press, 1977.

Clayton. G., *British Insurance*, Elek Books, London 1971.

Close, Frank, *Too Hot to Handle: The Story of the Race for Cold Fusion*, W.H. Allen, London 1990.

Clutton-Brock, Juliet, *A Natural History of Domesticated Animals*, Cambridge University Press, 1987.

Coghlan, H.H., *Notes on the Prehistoric Metallurgy of Copper and Bronze in the Old World* (2. Aufl.), Oxford University Press, 1975.

Cohen, Mark Nathan, *The Food Crisis in Prehistory: Overpopulation and the Origins of Agriculture*, Yale University Press, New Haven 1977.

Colgrave, Bertram/R. A. B. Mynors (Hg.), *Bede's Ecclesiastical History of the English People*, Clarendon Press, Oxford 1969.

Collins, Randall, *Weberian Sociological Theory*, Cambridge University Press, 1986.

Conklin, Harold C., *Hanunóo Agriculture: A Report on an Integral System of Shifting Cultivation in the Philippines*, Food and Agricultural Organization, Rome 1957.

– »The Study of Shifting Cultivation«, *Current Anthropology* 2 (1961), S. 27-64.

Cronon, William, *Changes in the Land: Indians, Colonists, and the Ecology of New England*, Hill & Wang, New York 1983.

Cross, M. F., »A History of the Match Industry«, *Journal of Chemical Education* 18 (1941), S. 116-120, 227-282, 316-319, 380-384, 421-431.

Cumberland, Kenneth B./James S. Whitelaw, *New Zealand*, The World's Landscapes 5, Longman, London 1970.

Darnton, Robert, *The Great Cat Massacre and Other Episodes in French History*, Basic Books, New York 1984.

Dart, R. A., »The Makapansgat Proto-human Australopithecus prometheus«, *American Journal of Physical Anthropology* (n.s.) 6 (1948), S. 259-284.

Darwin, Charles, »The Descent of Man and Selection in Relation to Sex« (2. Aufl., 1877), in: Paul H. Barrett/R. B. Freeman (Hg.), *The Works of Charles Darwin*, vols. 21-22, William Pickering, London 1989.

Day, Gordon M., »The Indian as an Ecological Factor in the Northeastern Forest«, *Ecology* 34 (1953), S. 329-346.

De Schlippe, Pierre, *Shifting Cultivation in Africa: The Zande System of Agriculture*, Routledge & Kegan Paul, London 1956.

Dorwart, Reinhold A., *The Prussian Welfare State Before 1740*, Harvard University Press, Cambridge, Mass. 1971.

Douwes, F. G. M., »De grote brand in 1858«, *Ons Amsterdam* 20 (1968), S. 267-271.

Draxler, Helmut: »Das brennende Bild: Eine Kunstgeschichte des Feuers in der neueren Zeit«, *Kunstforum* 87 (1987), S. 70-228.

Duchesne-Guillemin, J., »Fire in Iran and in Greece«, *East and West* 13 (1962), S. 198-206.

Du Maurier, Daphne, *Rebecca*, Gollancz, London 1938.

Durkheim, Emile, *Der Selbstmord*, Suhrkamp, Ffm 1983 (stw 431).

Ebeling, E., »Feuerbekämpfung«, in: *Reallexikon der Assyriologie*, Vol. 3 (1957), S. 56.

Edsman, Carl-Martin, *Ignis divinus: Le feu comme moyen de rajeunissement et d'immortalité*, Gleerup, Lund 1949.

Edwards, Kevin J., »The Hunter-Gatherer/Agricultural Transition and the Pollen Record in the British Isles«, in: H.H. Birks et al., 1988, S. 255-266.

Eliade, Mircea, *Schmiede und Alchimisten*, Klett-Cotta, Stuttgart 1980.

– *Shamanism: Archaic Techniques of Ecstasy* (1951), Pantheon, New York 1964.

Elias, Norbert, *Über den Prozeß der Zivilisation. Erster Band: Wandlungen des Verhaltens in den weltlichen Oberschichten des Abendlandes*, Suhrkamp, Frankfurt 1969a; *Zweiter Band: Wandlungen der Gesellschaft, Entwurf zu einer Theorie der Zivilisation*, Suhrkamp, Frankfurt 1969b.

– *Was ist Soziologie?* Juventa Verlag, München ⁴1981.

– /Eric Dunning, *Quest for Excitement: Sport and Leisure in the Civilizing Process*, Basil Blackwell, Oxford 1986.

Ellis Davidson, H.R., »The Secret Weapon of Byzantium«, *Byzantinische Zeitschrift* 66 (1973), S. 61-74.

Ferrill, Arther, *The Origins of War*, Thames & Hudson, London 1985.

Festinger, Leon, *The Human Legary*, Columbia University Press, New York 1983.

Finberg, H.P.R., *The Formation of England 550-1042*, Paladin Books, London 1976.

Finley, M.I., *The World of Odysseus* (2. Aufl.), Chatto & Windus, London 1977.

Finó, J.-F., »Le feu et ses usages militaires«, *Gladius* 9 (1970), S. 15-30.

Foley, Gerald, *The Energy Question* (3. Aufl.), Penguin Books, Harmondsworth 1987.

Forbes, R.J., »Power to 1850«, in: Charles Singer et al. (Hg.), *A History of Technology*, Bd. 4, Clarendon Press, Oxford 1958a, S. 148-167.

– *Studies in Ancient Technology* 6, Brill, Leiden 1958b.

– *More Studies in the Early Petroleum Industry*, Brill, Leiden 1959.

– *Studies in Ancient Technology* 8, Brill, Leiden 1970.

– *A Short History of the Art of Distillation*, Brill, Leiden 1970.

Forni, G., »From Pyrophytic to Domesticated Plants: The Palaeontological-linguistic Evidence for a Unitary Theory on the Origin of Plant and Animal Domestication«, in: W. van Zeist/W.A. Casparie (Hg.), *Plants and Ancient Man: Studies in Palaeoethno-botany*, Balkema, Rotterdam 1984, S. 131-139.

Forster, E.M., *Abinger Harvest*, Edward Arnold, London 1936.

Franklin, Benjamin, *The Autobiography and Other Writings*, Penguin Books, Harmondsworth 1986.

Frazer, J.G., *Balder the Beautiful: The Fire-Festivals of Europe and the Doctrine of the External Soul*, 2 Bde., Macmillan, London 1930a.

– *Myths of the Origin of Fire*, Macmillan, London 1930b.

Freud, Sigmund: *Massenpsychologie und Ich-Analyse,* in: *Gesammelte Werke, Bd. 13* (Reprint v. 1940), Imago, London 1955, S. 71-161.

– *Zur Gewinnung des Feuers,* in: *Gesammelte Werke, Bd. 16,* Imago, London 1950, S. 1-9.

– *Das Unbehagen in der Kultur,* in: *Gesammelte Werke, Bd. 14,* Imago, London 1955, S. 419-506.

– *Neue Folge der Vorlesungen zur Einführung in die Psychoanalyse. Gesammelte Werke, Bd. 15,* Imago, London 1949.

Freudenthal, Herbert, *Das Feuer im deutschen Glauben und Brauch,* De Gruyter, Berlin 1931.

Frier, Bruce W., *Landlords and Tenants in Imperial Rome,* Princeton University Press, 1980.

Frisch, Max, *Biedermann und die Brandstifter,* Suhrkamp, Ffm 1963.

Frost, L.E./E.L. Jones, »The Fire Gap and the Greater Durability of Nineteenth-century Cities«, *Planning Perspectives* 4 (1989), S. 333-347.

Furley, William D., *Studies in the Use of Fire in Ancient Greek Religion,* The Ayer Company, Salem, NH 1981.

Fustel de Coulanges, Numa Denis, *Der antike Staat: Kult, Recht und Institutionen Griechenlands und Roms,* Klett-Cotta (u.a.), Stuttgart 1988.

Gales, B.P.A./J.L.J.M. van Gerwen, *Sporen van leven en schade. Een geschiedenis en bronnenoverzicht van het Nederlandse verzekeringswezen,* NEHA, Amsterdam 1988.

Geertz, Clifford, *Agricultural Involution: The Process of Ecological Change,* University of California Press, Berkeley 1966.

Gellner, Ernest, *Pflug, Schwert und Buch. Grundlinien der Menschheitsgeschichte,* Klett-Cotta, Stuttgart 1990.

Gleichmann, Peter Reinhart, »Nacht und Zivilisation«, in: Martin Baethge (Hg.), *Soziologie: Entdeckungen im Alltäglichen,* Campus, Frankfurt 1973, S. 174-195.

Goodale, Jane C., *Tiwi Wives: A Study of the Women of Melville Island, North Australia,* University of Washington Press, Seattle 1971.

Gottwald, Norman, *The Tribes of Yahweh: A Sociology of the Religion of Liberated Israel 1250-1050 BCE,* Orbis Books, Maryknoll, NY 1979.

Goudsblom, Johan, *Soziologie auf der Waagschale,* Suhrkamp, Frankfurt 1979 (1. Aufl. 1976).

– *Nihilism and Culture* (übersetzt aus dem Holländischen, 1960), Basil Blackwell, Oxford 1980.

– »Zur Untersuchung von Zivilisationsprozessen«, in: Peter Gleichmann/Johan Goudsblom/Hermann Korte (Hg.), *Macht und Zivilisation,* Suhrkamp, Frankfurt 1984, S. 83-104.

- »The Impact of the Domestication of Fire upon the Balance of Power between Human Groups and Other Animals«, *Focaal* 13 (1990a), S. 55-65.
- »The Humanities and the Social Sciences«, in: E. Zürcher/T. Langendorff (Hg.), *The Humanities in the Nineties: A View from the Netherlands*, Swets & Zeitlinger, Amsterdam 1990b.
- E. L. Jones/Stephen Mennell, *Human History and Social Process*, Exeter University Press, 1989, S. 79-92.

Gowlett, John, *Ascent to Civilization: The Archaeology of Early Man*, Knopf, London 1984.

Gowlett, J. A. J./J. W. K. Harris/D. Walton/B. A. Wood, »Early Archaeological Sites, Hominid Remains and Traces of Fire from Chesowanja, Kenya«, *Nature* 294 (1981), S. 125-129.

- »Reply to Glynn Isaac«, *Nature* 296 (1982), S. 870.

Graves, Robert, *The Greek Myths*, 2 Bde., Penguin Books, Harmondsworth 1955.

Graz, Louis, *Le feu dans ›l'Iliade‹ et ›l'Odyssée‹*, Klincksieck, Paris 1965.

Green-Hughes, E., *A History of Firefighting*, Moorland, Ashbourne 1979.

Grinstein, Alexander, »Stages in the Development of Control over Fire«, *International Journal of Psychoanalysis* 33 (1952), S. 416-420.

Gurney, O. R., *The Hittites* (2. Aufl.), Penguin Books, Harmondsworth 1990.

Gutmann, Myron P., *Warfare and Rural Life in the Early Modern Low Countries*, Van Gorcum, Assen 1980.

Hagger, Nicholas, *The Fire and the Stones: A Grand Unified Theory of World History and Religion*, Element Books, Longmead, Shaftesbury 1991.

Haldon, J. F./M. Byrne, »A Possible Solution to the Problem of Greek Fire«, *Byzantinische Zeitschrift* 70 (1977), S. 91-99.

Hallam, Sylvia J., *Fire and Hearth: A Study of Aboriginal Usage and European Usurpation in South-western Australia*, Australian Institute of Aboriginal Studies, Canberra 1975.

Hallpike, C. R., *The Principles of Social Evolution*, Clarendon Press, Oxford 1986.

Hanson, Victor Davis, *Warfare and Agriculture in Classical Greece*, Giardini, Pisa 1983.

Harden, Donald, *The Phoenicians* (2. Aufl.), Penguin Books, Harmondsworth 1990.

Hardin, Garrett, *Filters against Folly*, Viking, New York 1985.

Harris, Marvin, *Cannibals and Kings: The Origins of Cultures*, Random House, New York 1977.

Hecht, Susanna/Alexander Cockburn, *The Fate of the Forest: Developers, Destroyers and Defenders of the Amazon*, (2. Aufl.), Penguin Books, Harmondsworth 1990.

Hemming, John, *The Conquest of Peru (2.* Aufl.), Penguin Books, Harmondsworth 1983.

Henley, Paul, *The Panare: Tradition and Change on the Amazonian Frontier*, Yale University Press, New Haven 1982.

Hermansen, Gustav, *Ostia: Aspects of Roman City Life*, University of Alberta Press, Edmonton 1981.

Herodot, *Historien.* Deutsche Gesamtausgabe, übersetzt von A. Horneffer, Alfred Kröner, Stuttgart 1971.

Herrin, Judith, *The Formaton of Christendom*, Princeton University Press, 1987.

Hesiod, *Werke und Tage*, in: *Werke in einem Band*, aus dem Griechischen von Luise und Karl Hallof, Aufbau Verlag, Berlin, Weimar 1994 (Bibliothek der Antike). Engl.: Hesiod, *Works and Days*, hg. von M. L. West, Clarendon Press, Oxford 1978.

Hillel, Daniel J., *Out of the Earth: Civilization and the Life of the Soil*, Free Press, New York 1991.

Hobsbawm, Eric/Terence Ranger (Hg.), *The Invention of Tradition*, Cambridge University Press, 1983.

– George Rudé, *Captain Swing*, Lawrence Wishart, London 1969.

Hodder, Ian, *The Domestication of Europe. Structure and Contingency in Neolithic Societies*, Basil Blackwell, Oxford 1990.

Hoffner, Harry Angier Jr., *The Laws of the Hittites*, Ph.D. dissertation, Brandeis University, 1963.

Hohenberg, Paul M./Lynn Hollen Lees, *The Making of Urban Europe 1000-1950*, Harvard University Press, Cambridge, Mass. 1985.

Homer, *Ilias/Odyssee.* Aus dem Griechischen, in der Übertr. v. Johann Heinrich Voß, vollständige Ausgabe, nach dem Text der Erstausgaben (*Ilias*, Hamburg 1793, *Odyssee* 1781), mit einem Nachwort von Wolf Hartmut Friedrich, Winkler, München 1963.

Hoover, Herbert Clark/Lou Henry, *Georgius Agricola: De Re Metallica* (übersetzt aus dem Lateinischen, 1556), Dover Publications, New York 1950.

Hopkins, Keith, *Conquerors and Slaves. Sociological Studies in Roman History: 1*, Cambridge University Press, 1978.

– *Death and Renewal. Sociological Studies in Roman History: 2*, Cambridge University Press, 1983.

Horton, D.R., »The Burning Question: Aborigines, Fire and Australian Ecosystems«, *Mankind* 13 (1982), S. 237-251.

Hoskins, W.G., *The Making of the English Landscape* (2. Aufl.), Penguin Books, Harmondsworth 1970.

Hough, Walter, »The Distribution of Man in Relation to the Invention of Fire-making Methods«, *American Anthropologist* (n.s.) 18 (1916), S. 257-263.

– *Fire as an Agent in Human Culture*, Smithsonian Institute, United States National Museum, Government Printing Office, Washington 1926.

Howell, F. Clark, *Early Man*, Time-Life Books, New York 1965.

– »Observations on the Earlier Phases of the European Paleolithic«, in: J. Desmond Clark/F. Clark Howell (Hg.), *Recent Studies in Paleoanthropology, The American Anthropologist* 68 (1966), Special Issue, S. 88-201.

Hudson, Charles M., *The Southeastern Indians*, University of Tennessee Press, Knoxville 1976.

Hughes, J.D.F./J.V. Thirgood, »Deforestation in Ancient Greece and Rome: A Cause of Collapse?«, *The Ecologist* 12 (1982), S. 196-208.

Isaac, Glynn, »Early Hominids and Fire at Chesowanja, Kenya«, *Nature* 296 (1982), S. 870.

James, Steven R., »Hominid Use of Fire in the Lower and Upper Pleistocene«, *Current Anthropology* 30 (1989), S. 1-26.

Johanson, Donald C./Maitland, A. Edey, *Lucy: The Beginnings of Humankind*, Warner Books, New York 1982.

– James Shreeve, *Lucy's Child: The Discovery of a Human Ancestor*, William Morrow and Company, New York 1989.

Jones, David, *Crime, Protest, Community and Police in Nineteenth-century Britain*, Routledge & Kegan Paul, London 1982.

Jones, E.L., *The European Miracle: Environments, Economies, and Geopolitics in the History of Europe and Asia* (2. Aufl.), Cambridge University Press, 1987.

– *Growth Recurring: Economic Change in World History*, Clarendon Press, Oxford 1988.

– /S. Porter/M. Turner, »A Gazetteer of English Urban Fire Disasters«, *Historical Geography Series: 13*, Geo Books, Norwich 1984.

Jones, Rhys, »Fire-stick Farming«, *Australian Natural History* 16 (1969), S. 224-248.

– »East of Wallace's Line: Issues and Problems in the Colonization of the Australian Continent«, in: Mellars/Stringer, 1989, S. 743-760.

Joseph, Edward D., »Cremation, Fire, and Oral Aggression«, *Psychoanalytic Quarterly* 8 (1960), S. 98-104.

Kafry, Ditsa, »Playing with Matches: Children and Fires«, in: Canter 1990, S. 47-62.

Kirby, Jon P., »Bush Fires and the Domestication of the Wild in Northern Ghana«, *Culture and Development Series: 1*, Institute of Cross-cultural Studies, Tamale, 1987, S. 14-30.

Kitching, C.J., »Fire Disasters and Fire Relief in Sixteenth-century England: The Nantwich Fire of 1583«, *Bulletin of the Institute of Historical Research* 54 (1981), S. 171-187.

Klaatsch, Hermann, *Der Werdegang der Menschheit und die Entstehung der Kultur*, Bong, Berlin 1920.

Kolata, Gina, »Fire! New Ways to Prevent It«, *Science* 235 (1987), S. 281-282.

Komarek, E.V. Sr., »Fire and the Ecology of Man«, *Proceedings Sixth Annual Tall Timbers Fire Ecology Conference*, Tall Timbers Research Station, Tallahassee, Fa. 1967.

Komarek, E.V., »Effects of Fire on Temperate Forests and Related Ecosystems: Southeastern United States«, in: Kozlowski/Ahlgren, 1974, S. 251-278.

Konner, Melvin, *The Tangled Wing: Biological Constraints on the Human Spirit*, Holt, Rinehart & Winston, New York 1982.

Konvitz, Joseph, *The Urban Millennium: The City-building Process from the Early Middle Ages to the Present*, Southern Illinois University Press, Carbondale 1985.

Der Koran, Übersetzung von Rudi Paret, Kohlhammer, Stuttgart u.a. ⁴1985.

Korem, Albin, *Bush Fire and Agricultural Development in Ghana*, Ghana Publishing Corporation, Tema 1985.

Kortlandt, Adriaan, *New Perspectives on Ape and Human Evolution*, Stichting voor Psychobiologie, Amsterdam 1972.

– /M. Kooij, »Protohominid Behaviour in Primates«, *Symposium of the Zoological Society of London* 10 (1963), S. 61-88.

Kozlowski, T.T./C.E. Ahlgren (Hg.), *Fire and Ecosystems*, Academic Press, New York 1974.

Kranendonk, Willem, *Society as Process: A Bibliography of Figurational Sociology in the Netherlands*, Sociologisch Instituut, Amsterdam 1990.

Kuhnholtz-Lordat, G., *La terre incendiée: Essai d'agronomie comparée*, Editions de la Maison Carrée, Nîmes 1938.

Laing, Alastair, *Lighting*, Victoria und Albert Museum, London 1982.

Lane, Frederic C., *Seenrepublik Venedig*, Prestel, München 1980.

Latham, Robert/William Matthews (Hg.), *The Diary of Samuel Pepys: 7* (1666), Bell, London 1972.

Le Goff, Jacques, *The Birth of the Purgatory* (übersetzt aus dem Französischen, 1981), University of Chicago Press, 1984.

Lee, Richard B., *The !Kung San: Men, Women and Work in a Foraging Society*, Cambridge University Press, London 1979.

– /I. De Vore (Hg.), *Man the Hunter*, Aldine, Chicago 1968.

Leibowitz, Leila, »In the Beginning ... The Origins of the Sexual Division of Labour and the Development of the First Human Societies«, in: Stephanie Coontz/Peta Henderson (Hg.), *Women's Work, Men's Property: The Origins of Gender and Class*, Verso Editions, London 1985, S. 43-75.

Lemche, N.P., *Early Israel: Anthropological and Historical Studies of the Israelite Society Before the Monarchy*, Brill, Leiden 1985.

– *Ancient Israel: A New History of Israelite Society*, JSOT Press, Sheffield 1988.

Lenski, Gerhard/Jean Lenski/Patrick Nolan, *Human Societies: An Introduction to Macrosociology* (6. Aufl.), McGraw-Hill, New York 1991.

Lévi-Strauss, Claude, *Mythologica I. Das Rohe und das Gekochte*, Suhrkamp, Frankfurt 1971.

– *Mythologica II. Vom Honig zur Asche*, Suhrkamp, Frankfurt 1972.

– *Die elementaren Strukturen der Verwandtschaft*, Suhrkamp, Frankfurt 1981.

Lewis, Henry T., »The Role of Fire in the Domestication of Plants and Animals in South-west Asia: A Hypothesis«, *Man* (n.s.) 7 (1972), S. 195-222.

– »Ecological and Technological Knowledge of Fire: Aborigines Versus Park Rangers in Northern Australia«, *American Anthropologist* 91 (1989), S. 940-961.

Lewis, Nolan D.C./Helen Yarnell, *Pathological Firesetting (Pyromania)*, Nervous and Mental Disease Monographs, New York 1951.

Liebermann, Philip, Rezension von *Quest for Fire*, geleitet von Jean-Jacques Annaud, *American Anthropologist* 84 (1982), S. 991-992.

Lloyd, Seton, *The Archaeology of Mesopotamia* (2. Aufl.), Thames & Hudson, London 1984.

Longmate, Norman, *The Bombers: The RAF Offensive against Germany 1939-1945*, Hutchinson, London 1983.

Lumsden, Charles/Edward O. Wilson, *Promethean Fire. Reflections on the Origin of Mind*, Harvard University Press, Cambridge, Mass. 1983.

Lyons, John W., *Fire*, Scientific American Library, New York 1985.

McCloy, Shelby T., *Government Assistance in Eighteenth-century France*, Duke University Press, Durham 1946.

McEvedy, Colin/Richard Jones, *Atlas of World Population History*, Penguin Books, Harmondsworth 1978.

McGrew, W.C., »Comment«, *Current Anthropology* 30 (1989), S. 16-17.

– »Chimpanzee Material Culture: What are Its Limits and Why?«, *Anthropology*, in: R.A. Foley (Hg.), *The Origins of Animal Behaviour*, Unwin Hyman, London 1991, S. 13-22.

MacMullen, Ramsey, *Roman Social Relations: 50 BC to AD 284*, Yale University Press, New Haven 1974.

McNeill, William H., *Plagues and Peoples*, Doubleday, Garden City, NY 1976.

– *Seuchen machen Geschichte: Geißeln der Völker*, Pfriemer, München 1976.

– *The Pursuit of Power: Technology, Armed Force, and Society since AD 1000*, University of Chicago Press, 1982.

– »Control and Catastrophe in Human Affairs«, *Daedalus* 118, 1 (1989), S. 1-12.

Maddin, Robert (Hg.), *The Beginning of the Use of Metals and Alloys*, MIT Press, Cambridge, Mass. 1988.

Magnusson, Magnus/Hermann Pálsson (Hg.), *Njall's Saga*, Penguin Books, Harmondsworth 1960.

Malinowski, Bronislaw, *A Diary in the Strict Sense of the Term*, Athlone Press, London 1967.

Mallove, Eugene F., *Fire from Ice: Searching for the Truth Behind the Cold Fusion Furor*, Wiley, New York 1991.

Mann, Michael, *The Sources of Power. 1. A History of Power from the Beginning to AD 1760*, Cambridge University Press, 1986.

Maple, J.H.C. (Hg.), *The Technological Impact of JET on European Industry*, JET Joint Undertaking, Abingdon, Oxon. 1987.

Marshall, Lorna, *The !Kung of Nyae Nyae,* Harvard University Press, Cambridge, Mass. 1976.

Mathias, Peter, *The First Industrial Nation: An Economic History of Britain 1700-1814* (2. Aufl.), Methuen, London 1983.

Medvedev, Zhores, *The Legacy of Chernobyl*, Norton, New York 1990.

Meiggs, Russell, *Trees and Timber in the Ancient Mediterranean World*, Clarendon Press, Oxford 1982.

Melbin, Murray, *Night as Frontier. Colonizing the World After Dark*, Free Press, New York 1987.

Mellars, P.A., »Fire Ecology, Animal Populations and Man: A Study of Some Ecological Relationships in Prehistory«, *Proceedings of the Prehistoric Society* 42 (1976), S. 15-45.

Mellars, Paul/Chris Stringer (Hg.), *The Human Revolution: Behavioural and Biological Perspectives on the Origins of Modern Humans*, Edinburgh University Press, 1989.

Meyer, G.M. de/E.W.F. van den Elzen, *De verstening van Deventer: Huizen en mensen in de 14e eeuw*, Wolters-Noordhoff, Groningen 1982.

Miller, Madeleine/J. Macwell/John H. Hayes, *A History of Ancient Israel and Judah*, Westminster Press, Philadelphia 1986.

Milne, Gustav, *The Great Fire of London*, Historical Publications, London 1986.

Mitchell, George J., *World on Fire: Saving an Endangered Earth*, Scribner's, New York 1991.

Mokri, Mohammed, *La lumière et le feu dans l'Iran ancien et leur démythification en Islam*, Editions Peeters, Leuven 1982.

Mokyr, Joel, *The Lever of Riches: Technological Creativity and Economic Progress*, Oxford University Press, New York 1990.

Moore, P. D., »Fire: Catastrophic or Creative Force?«, *Impact of Science on Society* 32 (1982), S. 5-14.

Moore, R. I., *The Formation of Persecuting Society: Power and Deviance in Western Europe, 950-1250*, Basil Blackwell, Oxford 1987.

Morgenstern, Julian, *The Fire upon the Altar*, Quadrangle Books, Chicago 1963.

Morris, Desmond, *The Naked Ape*, Jonathan Cape, London 1967. Deutsch: *Der nackte Affe*, Knaur 1980.

Muhly, James D., »The Beginnings of Metallurgy in the Old World«, in: Maddin 1988, S. 2-20.

Muir, J. V., »Religion and the New Education: The Challenge of the Sophists«, in: P. E. Easterling/J. V. Muir (Hg.), *Greek Religion and Society*, Cambridge University Press, 1985, S. 191-230.

Müller, Klaus, *Geschichte der antiken Ethnographie und ethnologischen Theoriebildung: 1*, Franz Steiner, Wiesbaden 1972.

Multatuli, *Max Havelaar, or the Coffee Auctions of the Dutch Trading Company* (übersetzt aus dem Holländischen, 1867, 2. Aufl.), University of Massachusetts Press, Amherst 1982. Deutsch: *Max Havelaar. Die Kaffeeversteigerung der Niederländischen Handelsgesellschaft*, aus dem Niederländischen von Martina den Hertog-Vogt, 1993.

Mumford, Lewis, *The City in History*, Harcourt, New York 1961.

Murdock, George Peter, »The Current Status of the World's Hunting and Gathering Peoples«, in: Lee/De Vore 1968, S. 13-20.

Myers, Norman, *The Primary Source: Tropical Forests and Our Future*, Norton, New York 1984.

Naveh, Z., »Effects of Fire in the Mediterranean Region«, in: Kozlowski/ Ahlgren 1974, S. 401-434.

Needham, Joseph, *Gunpowder as the Fourth Power, East and West*, Hong Kong University Press, 1985.

Neufeld, E., *The Hittite Laws*, Luzac & Co., London 1951.

Newbold, R. F., »Some Social and Economic Consequences of the AD 64 Fire at Rome«, *Latomus* 33 (1974), S. 858-869.

Ney, Tara/Anthony Gale (Hg.), *Smoking and Human Behavior*, Wiley, New York 1989.

Oakley, Kenneth, »Fire as Palaeolithic Tool and Weapon«, *Proceedings of the Prehistoric Society* 21 (1955), S. 36-48.

O'Dea, William T., *The Social History of Lighting*, Routledge & Kegan Paul, London 1958.

Oman, Charles, *A History of War in the Middle Ages. 2: 1278-1485* (2. Aufl.), Methuen, London 1926.

Partington, J. R., *A History of Greek Fire and Gunpowder*, Heffer, Cambridge 1960.

Perlès, Catherine, *Préhistoric du feu*, Masson, Paris 1977.

– »Les origines de la cuisine: l'acte alimentaire dans l'histoire de l'homme«, *Communications* 31 (1979), S. 4-14.

– »Hearth and Home in the Old Stone Age«, *Natural History* 90 (1981), S. 38-41.

– »La guerre du feu a-t-elle eu lieu?« Interview mit Annick Miquel, *La Recherche* 13 (1982), S. 390-391.

Perlin, John, *A Forest Journey: The Role of Wood in the Development of Civilization*, Norton, New York 1989.

Perrin, Noel, *Giving Up the Gun: Japan's Reversion to the Sword 1543-1879*, Godine, Boston 1979.

Peters, Charles R./Eileen M. O'Brien, »On Hominid Diet before Fire«, *Current Anthropology* 25 (1984), S. 358-360.

Plinius der Jüngere: *Briefe*. Lateinisch und Deutsch von Helmut Kasten, Akademieverlag, Berlin 1982.

Price, Roger, *The Modernization of Rural France*, St. Martin's Press, New York 1983.

Prigogine, Ilya/Isabelle Stengers, *Dialog mit der Natur. Neue Wege naturwissenschaftlichen Denkens*, Piper, München/Zürich 1986.

Pritchard, James B. (Hg.), *The Ancient Near East* (3. Aufl.), Princeton University Press, 1969.

Pyne, Stephen J., *Fire in America: A Cultural History of Wildland and Rural Fire*, Princeton University Press, 1982.

Quack, H. P. G., *Herinneringen: Uit de levensjaren von H. P. G. Quack, 1834-1914* (2. Aufl.), Van Kampen and Zoon, Amsterdam 1915.

Radcliffe-Brown, A. R., *The Andaman Islanders*, Cambridge University Press, 1922.

Radzinowicz, Leon, *A History of English Criminal Law and Its Administration from 1750. 1:* The Movement for Reform, Stevens & Sons, London 1948.

Rainbird, J. S., »The Fire Stations of Imperial Rome«, *Papers of the British School of Rome* 54 (1986), S. 147-170.

Raumolin, Jussi, »Special Issue on Swidden Cultivation«, *Suomen Antropologi* 12 (1987), S. 185-279.

Renfrew, Colin, *The Emergence of Civilization*, Methuen, London 1972.
- *Before Civilization* (2. Aufl.), Penguin Books, Harmondsworth 1976.
-/Paul Bahn, *Archaeology: Theories, Methods and Practice*, Thames & Hudson, London 1991.
Reynolds, P.K. Baillie, *The Vigiles of Imperial Rome*, Oxford University Press, London 1926.
Ribeiro, Darcy, *Der zivilisatorische Prozeß*, Suhrkamp, Frankfurt 1983 (stw 433).
Roberts, Neil, *The Holocene: An Environmental History*, Basil Blackwell, Oxford 1989.
Robinson, Olivia, »Fire Prevention in Rome«, *Revue Internationale des droits de l'antiquité* (3e sér.) 24 (1977), S. 377-388.
Rogerson, John/Philip Davies, *The Old Testament World*, Cambridge University Press, 1989.
Rosen, Christine Meisner, *The Limits of Power: Great Fires and the Process of City Growth in America*, Cambridge University Press, 1986.
Rowley-Conwy, P., »Slash and Burn in the Temperate European Neolithic«, in: Roger Mercer (Hg.), *Farming Practice in British Prehistory*, University of Edinburgh Press, 1981, S. 85-96.
Rushdie, Salman, *Heimatländer der Phantasie. Essays und Kritiken 1981-1991*, Kindler, München 1992.
Russell, Emily W.B., »Indian-Set Fires in the Forests of Northeastern United States«, *Ecology* 64 (1983), S. 78-88.
Sahlins, Marshall, *Stone Age Economics*, Aldine, Chicago 1972.
Ste Croix, G.E.M. de, *The Class Struggle in the Ancient Greek World*, Duckworth, London 1981.
Salomon, Ernst von, *Die Geächteten*, Rowohlt, Berlin 1930.
Sartre, Jean-Paul, *Bei geschlossenen Türen. Tote ohne Begräbnis. Die ehrbare Dirne*. 3 Dramen. Rowohlt, Reinbek bei Hamburg 1968.
Sauer, Carl O., *Agricultural Origins and Dispersals*, The American Geographical Society, New York 1952.
- *Selected Essays 1963-1975*, Turtle Island Foundation, Berkeley 1981.
Schoffeleers, J.M., »The Religious Significance of Bush Fires in Malawi«, *Cahiers des Religions Africaines* 10 (1971), S. 271-281.
- »Introduction«, in: J.M. Schoffeleers (Hg.), *Guardians of the Land*, Mambo Press, Gwelo Zimbabwe 1978, S. 1-46.
Schulte, Regina, »Feuer im Dorf«, in: Heinz Reif (Hg.), *Räuber, Volk und Obrigkeit: Studien zur Geschichte der Kriminalität in Deutschland seit dem 18. Jahrhundert*, Suhrkamp, Frankfurt 1984, S. 100-152.
Shostak, Marjorie, *Nisa: The Life and Words of a !Kung Woman*, Vintage Books, New York 1981.

Sicilia, David B., »Stream Power and the Progress of Industry in the Late Nineteenth Century«, *Theory and Society* 15 (1986), S. 287-299.

Sigaut, François, *L'agriculture et le feu: Role et place du feu dans les techniques de préparation du champ de l'ancienne agriculture européenne*, Mouton, Paris 1975.

Simmons, I.G., *Changing the Face of the Earth: Culture, Environment, History*, Basil Blackwell, Oxford 1989.

Simons, L.M.R., *Flamma Aeterna: Studie over de betekenis van het vuur in de cultus an de Hellenistisch-Romeinse oudheid*, Jasonpers, Amsterdam 1949.

Sjoberg, Gideon, *The Preindustrial City*, Free Press, New York 1960.

Slicher van Bath, B.H., *The Agrarian History of Western Europe, AD 501-1850*, Edward Arnold, London 1963.

Snodgrass, A.M., »An Historical Homeric Society?«, *Journal of Hellenic Studies* 94 (1974), S. 114-125.

Spiegel, Shalom, *The Last Trial: On the Legends and Lore of the Command to Abraham to Offer Isaac as a Sacrifice: The Akedah* (übersetzt aus dem Iwrith), Pantheon Books, New York 1969.

Staal, Frits, *Agni: The Vedic Ritual of the Fire Altar*, 2 Bde., University of California Press, Berkeley 1983.

Stahl, Ann Brower, »Hominid Dietary Selection before Fire«, *Current Anthropology* 25 (1984), S. 151-168.

Stavrianos, L.S., *Lifelines From Our Past: A New World History*, Pantheon Books, New York 1990.

Steensberg, Axel, *Draved: An Experiment in Stone Age Agriculture – Burning, Sowing and Harvesting*, National Museum of Denmark, Copenhagen 1979.

– *New Guinea Gardens: A Study of Husbandry with Parallels in Prehistoric Europe*, Academic Press, London 1980.

Steinen, Karl von den, *Unter den Naturvölkern Zentral-Brasiliens*, Dietrich Reimer, Berlin 1894.

Stewart, Omer C., »Fire as the First Great Force Employed by Man«, in: W. Thomas 1956, S. 115-133.

Stone, John/Stephen Mennell, *Alexis de Tocqueville on Democracy, Revolution, and Society*, University of Chicago Press, 1980.

Stone, Leo, »Remarks on Certain Unique Conditions of Human Aggression (the Hand, Speech, and the Use of Fire)«, *Journal of the American Psychoanalytic Association* 27 (1979), S. 27-63.

Sumption, Jonathan, *The Albigensian Crusade*, Faber & Faber, London 1978.

Swaan, Abram de, *In Care of the State: Health Care, Education and Welfare in Europe and the USA in the Modern Era*, Polity Press, Oxford 1988.

Talbot, Lee M., »Man's Role in Managing the Global Environment«, in: Daniel B. Botkin *et al.* (Hg.), *Changing the Global Environment: Perspectives on Human Involvement*, Academic Press, New York 1989.

Te Brake, William H., »Air Pollution and Fuel Crises in Pre-industrial London, 1250-1650«, *Technology and Culture* 16 (1975), S. 337-359.

Thomas, Keith, *Religion and the Decline of Magic*, Weidenfeld & Nicolson, London 1971.

– *Man and the Natural World: Changing Attitudes in England 1500-1800*, Allen Lane, London 1983.

Thomas, William L., Jr (Hg.), *Man's Role in Changing the Face of the Earth*, University of Chicago Press, 1956.

Thornton, Peter, *Authentic Decor: The Domestic Interior 1620-1920*, Weidenfeld & Nicolson, London 1984.

Thukydides, *Geschichte des Peloponnesischen Krieges*, hg. und übertr. von Georg Peter Landmann, DTV, München 1977.

Trigger, Bruce G., *The Children of Aataensic: A History of the Huron People. Part 1*, McGill-Queen's University Press, Montreal 1976.

Trinder, B., *The Making of the Industrial Landscape*, Dent, London 1982.

Tunzelmann, G. N. von, *Steam Power and British Industrialization to 1860*, Clarendon Press, Oxford 1978.

Tylor, Edward Burnett, *Researches into the Early History of Mankind and the Development of Civilization* (2. Aufl.), John Murray, London 1870.

Unger, Richard W., »Energy Sources for the Dutch Golden Age: Peat, Wind, and Coal«, *Research in Economic History* 9 (1984), S. 221-253.

Van Creveld, Martin, *Technology and War: From 2000 BC to the Present*, Free Press, New York 1991.

Vreeland, Robert G./Bernard M. Levin, »Psychological Aspects of Fire-setting«, in: Canter 1990, S. 31-46.

Vries, Lyckle de, *Jan van der Heyden*, Meulenhoff-Landshoff, Amsterdam 1984.

Wallerstein, Immanuel, *The Modern World System. 3. The Second Era of Great Expansion of the Capitalist World Economy, 1730-1840*, Academic Press, New York 1989.

Wallington, Neil, *Images of Fire: 150 Years of Fire-fighting*, David & Charles, Newton Abbot 1989.

Washburn, S. L./C. S. Lancaster, »The Evolution of Hunting«, in: S. L. Washburn/Phyllis C. Jay (Hg.), *Perspectives on Human Evolution. I*, Holt, Rinehart & Winston, New York 1968, S. 213-229.

Weber, Egon, *Peasants into Frenchmen: The Modernization of Rural France 1870-1914*, Stanford University Press, 1976.

Weber, Max, *Die Protestantische Ethnik und der Geist des Kapitalismus*, *Gesammelte Aufsätze zur Religionssoziologie*, Bd. I, J.C.B. Mohr (Paul Siebeck). Tübingen ⁴1947, S. 17-206.

– *Das Antike Judentum*, *Gesammelte Aufsätze zur Religionssoziologie*, Bd. III, J.C.B. Mohr (Paul Siebeck), Tübingen ⁴1966.

Werner, P., *De incendiis urbis Romae aetate imperatorum*, Diss., Leipzig 1906.

Wertime, Theodore A./Steven F. Wertime (Hg.), *Early Pyrotechnology: The Evolution of the First Fire-using Industries*, Smithsonian Institute Press, Washington, DC 1982.

White, K.D., *Roman Farming*, Thames & Hudson, London 1984.

Wieërs, Thieu, *Wij zullen u met assen lonen! De bokkerijders in het Maasland* (2. Aufl.), Ten Bos, Nieuwkerken 1986.

Willems, H.G.M., »Onrust in een interbellum: moordbranders in Overijssel 1529-1566«, *Overijsselse historische bijdragen* 96 (1981), S. 51-70.

Williams, Trevor I., *A Short History of Twentieth-century Technology*, Clarendon Press, Oxford 1982.

Wolf, Eric R., *Sons of the Shaking Earth: The People of Mexico and Guatemala*, University of Chicago Press, 1959.

Wright, Gordon. *Between the Guillotine and Liberty: Two Centuries of the Crime Problem in France*, Oxford University Press, New York 1983.

Wrigley, E.A., *People, Cities and Wealth: The Transformation of Traditional Society*, Basil Blackwell, Oxford 1987.

– *Continuity, Chance and Change: The Character of the Industrial Revolution in England*, Cambridge University Press, 1988.

Yavetz, Z., »The Living Conditions of the Urban Plebs in Republican Rome«, *Latomus* 17 (1958), S. 500-517.

Yergin, Daniel, *The Prize: The Epic Quest for Oil, Money and Power*, Simon and Schuster, New York 1991.

Zeeuw, J.W. de, »Peat and the Dutch Golden Age: The Historical Meaning of Energy-attainability«, *AAG Bijdragen* 21 (Wageningen, 1978), S. 3-31.

Zeitlin, Irving M., *Ancient Judaism: Biblical Criticism from Max Weber to the Present*, Polity Press, Cambridge 1984.

Zimmermann, Carle C., *Family and Civilization*, Harper & Brothers, New York 1947.

Register

Aaron 114
Abfallverbrennung 122, 170
Abhängigkeit von Feuer s.a.
  Kontrolle und Abhängigkeit
  59
Aboriginies 49, 50, 68
Abraham 100, 101, 103, 123
Achan 117
Achilles 132, 133
Aeneis 131
Afghanistan 234, 235
Afrika 30, 41, 44-45, 70, 196, 242
Agni (altindischer Gott des Feuers und des Hauses) 167
Agrarian History of Western Europe (Slicher van Bath) 197
agrarisches »Regime« 65, 105, 122, 134-137, 159, 166
Agrarisierung
– Kontrolle des Feuers als Vorbedingung der 20, 65-68
– als vorherrschender Trend 68, 80, 83, 84
– als ökologischer Übergang 62-64
– in Europa 71, 72
– Produktivitätssteigerung 74-77
– Pionierlandwirtschaft 72
– Pflügen statt Roden 73
– s.a. Landwirtschaft: Schlagen und Abbrennen
Ägypten 100, 117, 119, 166
Ahab 110, 111
Ai 118
aktiver Einsatz von Feuer, Übergang zum 29-34
Albigenser 173
Alchimie 12, 205

Alexander der Große 126, 141
Alexandria 157
Altamira 85
Altäre
– in christlichen Kirchen 169
– Haus- 154
– s. auch Opfer; Tempelfeuer
Altes Testament als Quelle 99-102
Am Anfang war das Feuer (Annaud) 21
Amerika
– amerikanische Indianer: »Brandwirtschaft« 48, 49; Folterungen mit Feuer 261; Bevölkerung 62, 66; Schlagen und Abbrennen durch 69; Unterwerfung der 182, 216
– USA: Großbrände 225; Energieverbrauch 211; Wachstum der Städte 225; Lynchungen durch Feuer 264
Amos 114
Amsterdam 190, 226
Andamanen 258, 259
Angers 198, 199
Angst vor Feuer, irreführende Vorstellungen zur 26, 27
Annalen (Tacitus) 159
Annaud, Jean-Jacques 21
Anomie 257
Anthropologie 12-14
Apollo 156
Araber 164, 176
Arbeiterklasse 215, 216
Arbeitsteilung 60
Archäologie 15
Archimedes 142
Aristoteles 147

Artemis 147, 158
Asche 11, 70, 71
Aschermittwochsbrände 244
Assyrien 100, 117, 119
Atar 167
Athen 126, 127, 138, 139, 140,
    142, 145, 162
Athene 156
aufgeschobene Bedürfnisbefrie-
    digung, s. Umwegverhalten
Aufstände 263
Augustinus 127, 161, 166
Augustus 148-150
Ausscheidungskämpfe 36, 115,
    215
Australien 49, 50, 62, 66, 68,
    216, 225, 250
Australopithecus prometheus 30
Automobile 220
autos de fé / Autodafés 175

Baal 104, 110-112, 120
Babylon 90-94, 101
Bacchus 145
Bachelard, Gaston 60, 244
Bagdad 167
Bali 83
Baltimore 230
Bauern 80, 81, 83, 96, 182
Bauernhäuser 96-98, 198, 199
Bauvorschriften 149, 184-186
Beda, Hochwürden 79
Beerdigungsriten 83
Before Civilization (Renfrew) 15
Benedict, Ruth 16
Bergbau (Eisenminen) 198, 213
Berlin 193
Bevölkerungswachstum, s. ex-
    tensives Wachstum
Bewässerung 75, 78
Binford, Lewis 44
Birmingham 225
Blainey, Geoffrey 241

Blitze 24, 199, 200
Boerhaave, Herman 207
Bosch, Hieronymus 174
Boserup, Ester 75
Bottéro, Jean 90, 91
Boyle, Robert 182
Brahmanen 145
Brain, C. K. 41, 42
Brandenburg 193
brandmarken 93
Brandrodungswirtschaft,
    s. Roden (Schlagen und
    Abbrennen)
Brandstiftung 153, 154, 189,
    200-205, 229, 234, 235, 254-
    256
Brandwirtschaft 48
Brasilien 237
Braudel, Fernand 97, 184
Brennstoffe 82, 122, 127, 194,
    195, 262, 267
– und Entwaldung 161-163
Brennstoffintensive Produktion
    219, 220, 223, 236
Brewer, Stella 52, 53
Brink, A. S. 41
Buchdruck 206
Bulgarien 177
Burford, Alison 143, 144
Burkert, Walter 133
Buschfeuer
– durch verlassene Feuer 45, 46
– kulturelle Gründe für 239-242
Byzanz 164, 167, 176-179, 182

Carcopino, Jérome 146
Carneiro, Robert 237, 238
Celsius, Anders 207
Changes in the Land (Cronon)
    48
Chatwin, Bruce 42, 132
Chesowanja, Kenia 30
Chicago 224, 230

China 12, 81, 164, 180, 181, 196
Christentum 158-161, 166-175
Churchill, Sir Winston 234, 235
Cipolla, Carlo M. 183
Clark, J. G. D. 71-73, 76
Conklin, Harold C. 237, 238
Cronon, William 48
curfew 95, 186

Dampfmaschinen 212-216
Dampfschiffe 213
Daniel 116
Dart, Raymond 30
Darwin, Charles 2
David 119
Delium 140
Delphi 156
Der nackte Affe (Morris) 38
Descent of Man (Darwin) 2
Deuteronomium, Fünftes Buch
  Mose 116, 117
Deutschland 171, 192, 193, 232
Deventer, Niederlande 185
Dickens, Charles 69, 212
Die Stadt Gottes (AUGUSTINUS)
  127
Dinofelis 42, 132
Diodorus Cassius 150
Diokletian 161
Domestizierung des Feuers
– Hinweise auf 13, 32, 128
– als Zivilisationsprozeß 18, 19
– fortgesetzte 90, 106, 206, 247
– als exklusives Merkmal der
  Hominiden 29-32
– Natur der 51
– Übergang zu der 29-34
dominante (vorherrschende)
  Trends, Entwicklungsrichtung
  68, 78-82, 249
Donne, John 207, 208
Dörfer, s. Feuergefahr auf dem
  Land

Dreißigjähriger Krieg (1618-
  1648) 182
Dresden 232
Dritte Welt 148, 229, 239, 243
Dschingis Khan 89
Durkheim, Emile 201, 257

*Ecclesiastical History of the Eng-
  lish people* (Beda) 79
Edison, Thomas 266
Egnatius Rufus 150
Eigentum, Akkumulation von
  88
Einäscherung 132-134
Einsatz von Feuer im Haus
– Griechenland und Rom 145,
  146
– Israel, altes 121, 122
– Mesopotamien 92, 93
– moderne Welt 253
Eiszeit 47, 62, 66
Elefanten 43, 44
Elektrizität 220, 221, 265, 266
Elemente, Theorie der vier 207,
  208, 246
Eleonore, Königin von England
  194
Elia 110-113
Eliade, Mircea 258
Elias, Norbert 14, 19, 22, 116,
  164, 165, 171, 215, 248, 260,
  266
Emergence of Civilization
  (Renfrew) 15
emotionales Vergnügen durch
  Feuer 46, 134
Energie
– alternative -quellen 268
– -verbrauch 210, 211, 262, 267-
  269
– -umwandlung 143
– fossile Brennstoffvorräte 194,
  195

– neue -quellen 219-224
England 47, 184, 189, 191, 194, 195, 197, 204, 213
Entschädigung 151, 152, 192, 193
Entwaldung 72, 121, 162-164, 194-198, 238, 239, 242-245; s.a. Waldbrände, Brandrodung
Ephesos 147
Eskimos 55, 58
Ethologie, Verhaltensforschung 35-37
Europa 21, 68-71, 164
extensives Wachstum 58, 62, 63, 210, 238, 265, 268

Fahrenheit, Gabriel 207
Felsenmalerei 62
Festinger, Leon 247
Festungen 140-142
Feuer
– aktiver Einsatz des 29-34, 37, 82
– Zweideutigkeit des Wortes 45, 91
– Kontrolle über 12-14
– zerstörerische Wirkungen 51, 83, 122, 176
– Ökologie 24, 25
– Angst vor 25-27, 122, 123, 248
– Griechische Bedeutungen 130, 131
– mehr Feuer entzünden durch 45, 46
– Beschaffenheit/Natur des -s 45, 51, 207, 208
– passiver Umgang des -s 28
– semitische Piktogramme für 90
Feuer als Zeichen göttlichen Zorns 113-116

Feuer als Zeichen göttlicher Macht 109-113
Feuerausschlußprogramme 244, 245
Feuerfeste 82
Feuergefahr
– auf dem Land 96-98, 198
– in den Städten: Babylon 92, 93; feuergeschützte Zonen 74; Hattusa 94-97; Industriezeitalter 224-231; vorindustrielles Europa 183-189
feuergeschützte Zonen 74, 78, 81, 197, 231
Feuerkulte 93, 167, 168
Feuerprobe 59, 60
Feuerregime 50, 57-60, 211, 248, 253, 271
Feuerschneise 93, 184
Feuerschutz
– Babylon 92
– Hattusa 94-96
– Industriezeitalter 226-231
– vorindustrielles Europa 183-189
– römische Welt 147-154
– selbverständliches Gefühl für Vorsicht 67
Feuerwaffen 178-183
Feuerwehr(en)
– im Industriezeitalter 226-231
– im vorindustriellen Europa 183-189
– -pumpen 227
– im Römischen Reich 150, 152, 153, 187, 188, 190
Feuerwehrschläuche 188, 190
Finley, M. I. 129, 130
Finnland 73, 197
Fire and Ecosystems (Feuer und Ökosysteme) 244
fire gap (»Feuerlücke«) 225, 229
Fire in America (Pyne) 49

Flammenwerfer 140
Folter 261
Fontana Economic History of Europe (Cipolla) 183
Forbes, R. J. 157
Forni, Gaetano 67, 68
fossile Brennstoffe 195, 211, 221, 269
Franken 176
Franklin, Benjamin 199, 200
Frankreich 170, 171, 173, 181, 189, 198, 204
Frazer, Sir James 12, 169, 170, 241
Freud, Sigmund 33
Freudenthal, Herbert 169, 171, 174, 199
Friedrich I. von Brandenburg 193
Friedrich Wilhelm 193
Frost, L. E. 191
»Fruchtbarer Halbmond« (Mittlerer Osten) 66, 68
Funktionen 56-58
Fußbodenheizung 146
Fustel de Coulanges 145, 146, 154, 155

Gas 209, 219, 265, 266
Gehennatal 122
Gellner, Ernest 83
genetische Struktur der Menschen 246
Geschichte der Stadt 184
Geschichte des Peloponnesischen Krieges (Thukydides) 139, 140
Getreide 64
Gewalt 83
Ghana 240-243
Glasherstellung 205
Gleichmann, Peter 222
Gomorrah 133-115

Goodale, Jane 250
Graz, Louis 130, 131
Griechenland (altes)
– »Agrarregime« 134-137
– Stadtstaaten 126, 139, 147
– Feuer in der Religion und der Mythologie 128
– Feuerschutz 147, 148
– Hesiod 134-137
– Homer 129-134
– militärische Organisationen 125, 126
– soziale Schichtung und Feuergebrauch 142-146
– Gesellschaft 125
– Quellen ((36))
– Tempelfeuer 156
– Zeitalter der Kriege 137-142
Griechenland (modernes) 262
Griechisches Feuer 175-179
Großbrände
– im alten Griechenland 139,140
– im Industriezeitalter 224-231
– im vorindustriellen Europa 184, 189-191
– im Römischen Reich 148, 150-154
– in Rußland 151
– in der Dritten Welt 148, 229
– Einfluß von - auf den Reichtum 261-263
Gurney, O. R. 89
Gutmann, Myron 182

Hallam, Sylvia 49-51
Hamburg 225, 232
Hammurabi, Gesetz des 92, 188, 192
Handwerker 82, 83, 91, 123, 198, 206
– s.a. Arbeiterklasse
Hanno 235

Hanson, Victor D. 141
Häretiker, Ketzer 172-174, 261
Harris, Marvin 78, 108
Hattusa 94-96
Hazor 118
Hektor 132, 133
Hephaestus 128, 143, 156
Herdstellen, Herde 74, 78, 134,
  135, 146, 260, 265
– Herdkulte 154-156
Hero von Alexandria 142
Herodot 133, 137, 138, 258
Herostratos 147, 148
Herrin, Judith 167
Hesekiel 115, 116
Hesiod 134-137, 144
Hestia 128, 154-156
Hethiter (Hetiter) 89, 94-96
Heubrand 200
Hexerei 172, 173, 261
Hinduismus 83, 167
Hinrichtung durch Feuer 93,
  117, 118
Hiroshima 233
Hitze (Wärme, Heizen) 56-59,
  223, 260, 267
Hobbes, Thomas 166
Holland, s. Niederlande
Höllenfeuer 172-175
Holzkohle 87, 91, 122, 195
Homer 126, 127, 129-133
Homo erectus 30, 41-44
Homo sapiens 30, 44
Hong Kong 230
Hosea 114
Hough, Walter 267
Howell, F. Clark 43, 44
Hughes, J. Donald 162, 163
Huygens, Christian 180

Ilias (Homer) 126, 129-134
Indianer s. amerikanische
  Indianer

Indien 12, 73, 81, 132, 164,
  261
Indonesien 234
Industrialisierung 21, 209-219,
  265
Industrie
– Kapitalismus 214, 215
– frühe Energiequellen 209-219
– Massenproduktion 217
– neue Energiequellen 219-224
– vorindustrielles Zeitalter 198
Industrielle Revolution 209-212
intensives Wachstum 57, 62, 63,
  98, 185, 205, 223, 224
International Encyclopedia of
  the Social Sciences 13
International Thermonuclear
  Experimental Reactor (ITER)
  270
Isaak 100, 103
Isebel 110
Islam 167, 174
Island 200
Ismaros 134
Israel
– Quellen aus dem Alten Testa-
  ment 99-102
– Quellen aus dem Neuen
  Testament 160-162
Ivan der Schreckliche 151

Jagen
– Übergang zur Agrarisierung
  62
– gemeinsames 53
– Abhängigkeit von 63
– Feuer als Waffen 43-45
– neolithisch, Vorläufer der
  Weidewirtschaft 67, 68
Jakob 100
Japan 181, 233
Jeremia 107, 108, 114
Jericho 118

Jerusalem 100, 119, 120, 142
Jesaja 114, 115, 121
Jesus Christus 160
Johannistag 170, 171
Joint European Torus (JET) 270
Jojakim, König 121
Jones, David 204
Jones, E. L. 191, 224-225, 229
Josua 116-118, 122
Juda 100, 114
Judaismus 99, 167; s. auch Israel;
  Quellen aus dem Alten Testa-
  ment
Julius Caesar 234
Juvenal 148, 149, 152

Kafry, Ditsa 234
Kamine 194
Kanaan 110, 125
Kanada 230
Karthago 127
Katastrophen, Verwundbarkeit
  gegenüber 64
Kernfusion 270
Kerzen 186, 197, 260, 265
Kidrontal 122
Kinder
– Erlernen des Umgangs mit
  dem Feuer 249-251
– Spielen mit Feuer 253-255
– Verbote zum 60, 61, 248
Kirby, Jon 240, 241, 243
Klimaveränderungen 47
Kochen
– Waldbrände und Buschfeuer
  als Hinführung zum 26, 36
– Gruppenaktivität 53
– physiologische Veränderungen
  durch 52-54
– als Produktion 51-54
– römisches 145
– soziale Differenzierungen 54,
  55

– soziologische Veränderungen
  durch 52-54
Kohle 194, 195, 210, 214, 219
Köln 232
»Königliche Gesellschaft zum
  Schutze des Lebens vor Feu-
  er« 228
Konner, Melvin 43, 44
Konstantin 161
Konstantin (VII.) Porphyrogen-
  netos 176
Konstantinopel 176
Kontrolle über das Feuer
– Fortschritte 205, 206, 216,
  264-271
– Zivilisation, als Form der 14
– Folgen 40
– Funktionen 56-61
– erhöhte, für die Menschheit
  als Ganzes 264-271
– individuelle Aneignung der
  246-257
– neue Energiequellen 221
– im vorindustriellen Europa
  164-166
– Sanktionen bei Mißbrauch
  242
– soziale Spielarten 257-264
– Dampfmaschinen 214
– technische Innovationen 143
Kontrolle und Abhängigkeit 23,
  97, 214, 219, 221, 268
Koran 174
Korem, Albin 242
Kortlandt, Adriaan 37
Krieg und Feuer
– Einäscherung der Helden 132
– Brennstoffverbrauch 163, 164
– altes Griechenland 129-134,
  137-142
– Griechisches Feuer 175-179
– Schießpulver 179-183
– altes Israel 116-121, 123, 124

– moderne Kriegsführung 231-233
– Brandschatzen und Plündern 89, 90, 123, 231-234, 256
Krieger 80, 83, 58-90, 130, 182
Kristallnacht 233
Kuikuru Indianer 237, 238, 241, 243
Kultur
– Begriff 14-16
kulturelle Divergenz 21, 80, 81, 124, 138, 258
kulturelle Konvergenz 21, 80, 81, 124, 258
!Kung Buschmänner; !Kung San 44, 250
Kuwait 235

Lagerfeuer 45, 46
Laing, Alistair 265, 266
Lampen 74, 78
Lancaster, C. S. 38
Landnutzung und Produktivität 74-77
Landstreicher 202-205
Landwirtschaft
– Verwüstung 141
– Intensivierung der 75-78, 80-82
– arbeitsintensive Methoden 78, 80-82
– moderne 220
Lane, Frederic 187
Lascaux 85
Lavoisier, Antoine L. 208
Le Goff, Jacques 183
Lebensstandard s. intensives Wachstum
Lenski, Gerhard 88
Leuchttürme 157
Lévi-Strauss, Claude 12, 59, 241
Lewis, Henry T. 66, 67
Lewis, Nolan 255

Licht 56-58, 146, 22, 260, 265, 266
London
– Luftverschmutzung 194
– Brände 261, 262
– Feuer von 1212 184
– Feuer von 1666 189, 192, 224, 225
Lübeck 232
Lucretius 128
Ludwig XIV 170
Luftangriffe 232
Luftverschmutzung 194, 195
Lundström, Johan 217
Lüttich 212
Luxus 260

Macht durch Feuer 42, 59, 60, 81, 235
Machtbalancen 37, 42
Makapansgat, Südafrika 30
Malawi 242
Malinowski, Bronislaw 235, 236
Manchester 216, 225
Marcus Crassus 149, 150
Marshall, Lorna 250
Marx, Karl 20, 215
Matthäus, Hl. 159, 160
McCloy, Shelby 189
McNeill, William 22, 59, 181
Medvedev, Zhores 269
Meiggs, Russell 163
Mellars, Paul 67
Mesopotamien 21, 90-94, 101, 186
Metallurgie (Metallverarbeitung) 86-88, 118, 119, 130, 143, 144, 205, 206
Mikro-Klimata 58
Milet 137
militärisch-agrarische Gesellschaften 84, 89, 101, 102, 125, 129, 142, 164, 190

Mithraismus 158
Moloch 104, 105, 122
Monopol der Menschen über
  andere Arten durch die Kon-
  trolle des Feuers 35-37, 65
– früheste Hinweise 29-31, 257
– das Entstehen des 35, 36
– Exklusivität und Universalität
  des 38
– homo erectus 43
– wachsende Kluft zwischen
  Menschen und anderen Tieren
  40
Monopolbildung 35-39, 119,
  215, 218, 219
Moore, Peter D. 24
Moore, R. J. 172, 173
Morris, Desmond 38
Mose 105, 109, 110, 113, 114,
  116
Moskau 151
Muhly, James 86
Multatuli (E. D. Dekker) 234
Mumford, Lewis 231
Myers, Norman 239, 240
Mykene 126, 133
Mythen 12, 24, 127, 170, 171,
  199
Myths of the Origin of Fire
  (Frazer) 12

Nagasaki 233
Nahrung
– Haltbarmachung von 85
– Produktivität des Bodens
  64
Napalm 235
Naphta, Neftar 113, 176
Narzißmus der kleinen Unter-
  schiede 167, 167
Naturwissenschaften 12, 207,
  208, 252, 258-271
Nebukadnezar 116

necklace murders (»Halsketten-
  morde«) 264
Needham, Joseph 180
Nehemia 113, 119, 120
Neolithikum
– europäisches 69-73
– Waldbrände infolge natürli-
  cher Ursachen 24
– Jagen als Vorgänger der Wei-
  dewirtschaft 67, 68
– Brandrodungswirtschaft be-
  treibende Bauern 71, 72
Nero 150, 151, 161
Neuengland 48
Neues Testament als Quelle 159-
  162, 174
New York 261, 262
– »blackout« (Stromausfall)
  243
Newbold, R. F. 151
Newcastle 194, 225
Niederlande 185, 191, 195, 197,
  202, 226, 232
Nikomedia 152, 153, 190
Njall's Saga 201
Normandie 181
Normannen 176
Odyssee (Homer) 79, 126, 129-
  134
Odysseus 127, 134
Oeconomicus (Xenophon) 136
Öfen 74, 78, 84, 85
Offenbarung des Johannes 161
oikos (Griechischer Familien-
  haushalt) 130
ökologische Folgen des Einsat-
  zes von Feuer heute 267
ökologische Strategien 70, 268,
  269
ökologische Übergänge 20
ökologisches Regime 65
Öl 176, 177, 186, 197, 209, 219,
  220

298

Opfer 101, 102-108, 158
- Tier- 154, 155
- Menschen- 102-106
Organisation 81, 86, 87, 143,
  162, 227, 267
Orléans 173

Paläolithikum 84, 132, 210, 247,
  271
Palästina 100, 101, 121, 159
Paris 170, 171
Pathological Firesetting (Lewis
  und Yarnell) 255
Patras 158
Patrokles 131, 132
Pausanias 158
Pepys, Samuel 189
Perikles 127
Perlès, Catherine 32, 53, 248
Persepolis 142
Persien 81, 93, 137, 138
Peru 73, 81
Pest (s. Schwarzer Tod)
Pflanzen
- Getreide 64
- Domestizierung der 63, 64
- Kontrolle der Menschen über
  62-64
- Pyrophyten 27, 246
Pflügen 73, 78
Phantome 128
Philadelphia 200
Philipp II 126
Philippinen 237
Philister 118, 119
Phlogiston 207, 208
Phönizier 85
physiologische Veränderungen
- durch Kochen 52
- Verdauungssystem 52
- Hände und Zähne 54
Pinamonti, Pietro 174
Pisaner 176

Platää 139
Platon 147, 156, 162
Plinius der Ältere 128
Plinius der Jüngere 152
Plündern und Brennen, Brand-
  schatzen 89, 90, 123, 233, 256
Plutarch 150
Port Moresby, Neuguinea 236
Prärie 48
Prehistoric Europe (Clark) 71
Priester 80, 82, 93, 94, 101,
  106, 107, 123, 124, 168,
  242
Primary Source (Myers) 239
Primaten 35, 36, 40, 41, 51, 52
Produktivität des Bodens 63, 64,
  74-77
Prometheus 12, 128, 155
Prytaneum (griechischer Tempel)
  156
Psychoanalyse 33, 54, 55, 251,
  254
Psychologie 22, 50, 251
- der Brandstifter 254-256
Pyne, Stephen 49
Pyromanie (s. Brandstiftung)
Pyrophobie 254
Pyrophyten 27, 246
Pyrotechnologie 89, 143

Quack, H. P. G. 212

Radcliffe-Brown, A. R. 258, 259
Radzinowicz, Leon 201
Rainbird, J. S. 150
Rauchen 217, 252
Rauchzeichen/Feuersignale 56,
  140
Réaumur, R. A. F. de 207
Regenwälder 238, 239
Reichstagsbrand 1933 233
Reinigung 170, 173, 255, 256,
  265

Religion, Feuer in
– Griechenland und Rom 154-162
– im alten Israel 99-113
– im vorindustriellen Europa 166-175; Verbrennen auf dem Scheiterhaufen 172-175; Feuerkulte 166-168; Feuerfeste 169-172; heidnische Bräuche 168-170; Narzißmus der kleinen Unterschiede 168; organisierte Religion 167
Renfrew, Colin 15, 88
Rennes 189-191
Ribeiro, Darcy 258
Riten 60
Roden 45-51, 69, 236, 237
römisches Fußbodenheizsystem 146
Römisches Reich
– Aristokratie 127
– Brände im 147-154; Entschädigung 152, 153
– Entwaldung 162-164
– Feuer 64 n. Chr. 150, 151, 159, 189
– Feuerschutz 147-154; Bauvorschriften 149; Feuerwehr (familia publica und privata) 150, 152-154; offene Feuer von Pächtern 149
– Fußbodenheizsystem 146
– insulae 145, 146, 149, 151
– militärische Macht 137-142
– soziale Schichtung und Feuergebrauch 145-146
– Quellen 127
– Tempelfeuer 156
Rotterdam 232
Rudraprayag, Indien 132
Rushdie, Salman 261
Rußland 73, 151, 176, 269

Säbelzahntiger 42
Sahlins, Marshall 78
Säkularisierung 157, 158
Salomon 119
Salomon, Ernst von 233
Sammeln
– Übergang zur Agrarisierung 62
– Abhängigkeit vom Sammeln 63
Sammeln von Feuerholz als Umwegverhalten 32
Samson 118
San Francisco - Erdbeben, 1871 224
Sanuto, Marino 187
Sardes 137
Sartre, Jean-Paul 174
Sauer, Carl 13, 47
Saulus 99
Schärfen von Werkzeugen 56
Scheiterhaufen 172-176
Schießpulver 179-183
Schiffe, Zerstörung durch Feuer 131
Schimpansen 36, 37, 40, 41, 51, 52
Schlagen und Abbrennen, Brandrodung
– Umweltveränderungen durch 72
– Pflüge ersetzen 73
– überwiegende Praxis 68-73, 196, 235-245
– ein Schritt im Zivilisationsprozeß 69, 70
Schmelzöfen 115, 136, 160, 206
Schmiede 83, 85-89, 118, 119, 143, 144, 167, 198
– königliche 89
Schoffeleers, J. M. 242
Schwarzer Tod (Pest) 195, 196
sea coal 194, 195

Selbstdomestizierung 34
Selbstkontrolle 23, 34, 255
Serbien 96
Seuchen machen Geschichte:
  Geißeln der Völker (Mc Neill)
  22
shifted cultivators 239
Sierra Leone 235
Simmons, I. G. 212
Simons, Lyda 156
Slicher van Bath, B. H. 197
Smith, Adam 166
Sodom 113-115
soziale Klassen 215, 216, 260,
  261
soziale Kontrolle 22, 23
soziale Schichtung 80, 142-146,
  261, 262
soziale Unterschiede 54, 55
soziale Zwänge 165
soziales Feuer (gesellschaftliches
  Feuer) 248
Spanischer Bürgerkrieg (1936-
  39) 232
Sparta 126, 138-140
Spencer, Herbert 218
Spezialisierung 82, 83, 143, 157,
  162, 230, 251, 267
Städte, s. Feuergefahr in Städten
Stahl, Ann Brower 52
Steine zertrümmern 56
Steinen, Karl von den 25-27
»Steinifizierung« 185, 188
Sterkfontein, Südafrika 41
Steuereintreiber 203, 204
Stewart, Omer C. 13, 46
Streichhölzer 217-219, 251,
  259
Suetonius 150
Swartkrans, Südafrika 30
symbolisches Verbrennen 262,
  263
Syrakus 142

Tacitus 150, 153, 159, 189
Tarde, Gabriel 204
Tasman, Abel 48
Technologie 206-208
Tempelfeuer 95, 96, 120, 143,
  147, 156, 157
Theologie 168
Thermodynamik 208
Thermometer 207
Thirgood, J. V. 162, 163
Thukydides 139-142
Tiere
– Vögel, die Feuer tragen 28
– Katzenmassaker 170, 171
– Schimpansen 36, 37, 40, 41,
  51, 52
– Domestizierung der 63, 64
– Elefanten 43
– Pferde 155
– Beherrschung der - durch die
  Menschen 37, 38, 44, 45, 57,
  62, 63
– neolithische Jäger als Züchter
  67, 68
– Primaten, eingeschränkte Fä-
  higkeit mit Feuer umzugehen
  40, 41, 51, 52
– Reaktion auf Waldbrände 25-
  28
– Säbelzahntiger 42
– Opferungen 158
– wachsende Kluft zwischen
  Menschen und 40-45
– wilde 65
Tiwi 250
Tocqueville, Alexis de 165, 212,
  216
Tokio 233
Töpfer 83-85, 143-145, 205
Töpferware 84, 85
Torf 195
Torralba, Spanien 43, 44
Trajan 152, 153

Triade der Kontrollen 22, 33, 37
Trojaner 131-134
Tschernobyl 269
Tunzelmann, G. N. von 213
Türkei 176
Tylor, Edward 13
Tyros 141

Über den Prozeß der Zivilisation (Elias) 14-17, 164, 165, 172, 260
Überlebenseinheiten 57
Umwegverhalten 32, 65
Urformen der Kultur (Benedict) 16

Van Creveld, Martin 114
Van der Heyden, Jan 188, 190, 226
Vegetation, beeinflußt durch Feuer 47
Venedig 187
verbrannte Erde 233
Verbrennungsprozesse 11, 51, 207, 220
Verdauungssystem der Menschen 52
Vergil 131
Vergnügen durch Feuer 59
Verlust des Feuers 60
Vernichtungskämpfe 36, 115, 215
Versailles 197
Versicherungen 151, 154, 192, 193, 201, 229
Vertrautheit mit Feuer 78, 81, 91, 102, 121-124, 248-254
Vesta 128, 126, 157
Vietnam 235
Vigiles 150, 153
Vitruvius 148
Voltaire, Arouet de 208

Vorhistorisches Europa (Clark) 71
Vulcanius 128, 143
Vulkanausbrüche 24

Waagen 207, 208
Waffen 87-90, 119
Waldbrände
– nach der letzten Eiszeit 66, 67
– Reaktion der Tiere auf 25-28
– Nutzen von 26-29, 66
– griechische Klassiker über 135
– Kronenfeuer 25
– Entwaldung 162-164
– Bodenfeuer 25
– Reaktionen der Menschen auf 26, 27
– prähistorische - infolge natürlicher Ursachen 24
– Oberflächenfeuer 25
– s.a. Brandwirtschaft, Schlagen und Abbrennen
Wärme, s. Hitze
Was ist Soziologie? (Elias) 116
Washburn, S. L. 38
Wasserkraft 213
Weber, Max 136
wechselseitige Abhängigkeit 116, 221
Weidewirtschaft, Hirtenwesen 67
Weihrauch (s. Altäre)
Werke und Tage (Hesiod) 135, 136, 145
Westgoten 161
White, K. D. 143
Whyte, Lynn 134
Wickham-Jones, C. R. 87
Wiedertäufer 201
Wissenschaft 205-208
Wittwenverbrennung 261
Wrigley, A. E. 195, 209

Xenophon 136

Yagaw Hanunóo 237, 241, 243
Yarnell, Helen 255

Zentralheizung 198
Zerstörung (Destruktivität) 88,
 231, 255, 256
Zeus 154-156
»Ziegelfizierung« 185, 186, 189
Zivilisation
– die Kontrolle des Feuers und
 14-17, 34, 128
– Definition 14-17

– Domestizierung des Feuers
 und 18, 19, 61
– Schlagen und Abbrennen in
 der 68-70
Zivilisationskampagnen, -offen-
 siven 105, 161, 171, 187, 228,
 252
Zivilisationsprozesse 18, 19, 61,
 165, 166, 245, 249, 266, 269
Zivilisationszwänge 136, 182
Zoroastrianismus 83, 168
Zukudiem, Beijing 30
Zünfte (Gilden) 89, 187

insel taschenbuch 2613: Johan Goudsblom, Die Entdeckung des Feuers. Der vorliegende Band folgt in unveränderter Form der gebundenen Ausgabe: Johan Goudsblom, Feuer und Zivilisation. © Suhrkamp Verlag Frankfurt am Main 1995.
Umschlagabbildung: Jean Victor Delville. Prometheus (Ausschnitt), 1907. © VG Bild-Kunst, Bonn 2000

insel sachbuch

Hans-Jürg Braun
Das Jenseits
Die Vorstellungen der Menschheit
über das Leben nach dem Tod
it 2516. 576 Seiten

Joseph Campbell
Der Heros in tausend Gestalten
Aus dem Amerikanischen von Karl Koehne
it 2556. 451 Seiten

Paul Davies
Der Plan Gottes
Das Rätsel unserer Existenz und die Wissenschaft
Aus dem Englischen von Anita Ehlers
it 1934. 300 Seiten

Georges Dumézil
Der schwarze Mönch in Varennes
Aus dem Französischen von Eva Moldenhauer
it 2511. 150 Seiten

Mircea Eliade
Ewige Bilder und Sinnbilder
Über die magisch-religiöse Symbolik
it 2512. 218 Seiten

Mircea Eliade
Das Heilige und das Profane
Vom Wesen des Religiösen
it 2242. 189 Seiten

Jens Malte Fischer
Richard Wagners »Das Judentum
in der Musik«
it 2617. 384 Seiten

Geheimnisse der Schöpfung
Über Mystik und Rationalität
Herausgegeben von Dieter Zimmermann
it 2555. 384 Seiten

Johan Goudsblom
Die Entdeckung
des Feuers
it 2613. 312 Seiten

Bernd Ulrich Hucker
Otto IV.
Normannenprinz auf dem Kaiserthron
it 2557. 640 Seiten

Bernulf Kanitscheider/ Bettina Dessau
Von Lust und Freude
Gedanken zu einer hedonistischen
Lebensorientierung
it 2558. 290 Seiten

David Kinsley
Indische Göttinnen
Weibliche Gottheiten im Hinduismus
Aus dem Amerikanischen
von Rainer Grafenhorst
it 2616. 370 Seiten

Günter Kollert
Der Gesang des Meeres
Die portugiesischen Entdeckungsfahrten
als Mythos der Neuzeit
it 2614. 336 Seiten

Lawrence M. Krauss
Schwarze Materie
Aus dem Amerikanischen von Anita Ehlers
Mit zahlreichen Abbildungen
it 2240. 434 Seiten

Giacomo Marramao
Die Säkularisierung der westlichen Welt
Aus dem Italienischen von Günter Memmert
it 2559. 173 Seiten

Bruce Mazlish
Faustkeil und Elektronenrechner
Die Annäherung von Mensch und Maschine
it 2244. 412 Seiten

Modernes Mittelalter
Neue Bilder einer populären Epoche
Herausgegeben von Joachim Heinzle
it 2513. 496 Seiten

Ivan Morris
Samurai oder Von der Würde des Scheiterns
Tragische Helden in der Geschichte Japans
Aus dem Amerikanischen von Ursula Gräfe
und Gunther Ludwig
it 2515. 590 Seiten

NF 11/3/2.00

Ernst R. Sandvoss
Sternstunden des Prometheus
Vom Weltbild zum Weltmodell
it 2243. 445 Seiten

Joachim Schlör
Tel Aviv – Vom Traum zur Stadt
Reise durch Kultur und Geschichte
it 2514. 330 Seiten

Der Tod in den Weltkulturen und Weltreligionen
Herausgegeben von Constantin von Barloewen
it 2612. 650 Seiten

Fred Alan Wolf
Parallele Universen
Die Suche nach anderen Welten
Mit einem Vorwort des Verfassers
zur deutschen Ausgabe
Aus dem Amerikanischen von Anita Ehlers
Mit Abbildungen
it 2241. 301 Seiten

Max Zeller
Träume – Visionen der Nacht
Aus dem Amerikanischen von Deniz Cramer
it 2560. 220 Seiten